工业工程专业新形态系列教材

质量与可靠性管理

（第四版）

主　编　方志耕

副主编　陶良彦　陈洪转

　　　　欧阳林寒　关叶青

科学出版社

北　京

内 容 简 介

"21 世纪是质量的世纪",产品和服务质量与每个人都有着直接或间接的关系。本书从质量管理的实际工作出发,在简述质量与可靠性管理发展脉络的基础上,以质量管理典型方法、质量管理体系、设计质量管理、工序质量控制、质量检验、质量成本管理为主线,系统地介绍了质量管理的理论和方法体系。同时,考虑到航空航天复杂装备的质量是以可靠性为中心的质量,对安全性、适航性、维修性等的要求极高,本书还介绍了可靠性管理、安全性管理、适航管理等内容并增加了部分质量可靠性试验。

本书可作为经济管理类各专业本科生的教学用书,也可作为质量工程、可靠性管理等方向研究生的重要参考书,还可以作为企业质量可靠性管理人员等相关人员的参考读物。

图书在版编目 (CIP) 数据

质量与可靠性管理/方志耕主编. —4 版. —北京:科学出版社,2023.10

工业工程专业新形态系列教材

ISBN 978-7-03-071765-8

Ⅰ. ①质… Ⅱ. ①方… Ⅲ. ①质量管理–高等学校–教材 ②可靠性管理–高等学校–教材 Ⅳ. ①F273.2

中国版本图书馆 CIP 数据核字 (2022) 第 037233 号

责任编辑:方小丽 / 责任校对:贾伟娟
责任印制:张 伟 / 封面设计:蓝正设计

科 学 出 版 社 出版

北京东黄城根北街 16 号
邮政编码:100717
http://www.sciencep.com

北京中石油彩色印刷有限责任公司 印刷

科学出版社发行 各地新华书店经销

*

2007 年 1 月第 一 版 开本:787×1092 1/16
2011 年 3 月第 二 版 印张:19 1/4
2017 年 5 月第 三 版 字数:456 000
2023 年 10 月第 四 版 2023 年 10 月第九次印刷

定价:58.00 元

(如有印装质量问题,我社负责调换)

前　言

我国正大力实施质量强国战略，推动质量变革。党的十九大报告突出强调了质量，提出坚持质量第一、推动经济发展质量变革、显著增强经济质量优势、建设质量强国等重大命题。党的二十大报告指出：加快建设制造强国、质量强国、航天强国、交通强国、网络强国、数字中国。质量人才是实施质量强国战略的重要基础，加强课程和教材建设是健全质量人才培养体系的重要一环。同时，当今世界正处在大发展大变革大调整之中，新一轮科技和工业革命正在孕育，工业 4.0、人工智能、大数据、智能制造、"双一流"等新概念层出不穷，新时代对质量管理教材建设提出了更高的要求。为适应当前及今后我国高等学校教学内容和教学方法深化改革的需要，结合近年来质量管理的新成果和教学过程中的经验，我们组织从事质量管理教学与研究的教师编写了本书。

本书从质量管理的实际工作出发，将质量管理的相关理论、方法与工程实践相结合，在全面论述质量管理理论及方法的基础上，以质量管理的典型方法、质量管理体系、设计质量管理、工序质量控制、质量检验、质量成本管理为主线，系统地介绍了质量管理的理论和方法体系。同时，将教学团队复杂装备研制管理的学科特色融入教学内容，引入可靠性、安全性等高阶内容，实现科研教学相互促进的良性循环。考虑到航空航天复杂装备的质量是以可靠性为中心的质量，对安全性、适航性、维修性等要求极高，本书增加了可靠性管理、安全性管理、适航性标准等内容，并增加了部分质量可靠性试验。

本书得到了江苏省高等学校重点教材《质量与可靠性管理》，南京航空航天大学精品课程建设项目"质量管理与控制"（2019JG09103K），南京航空航天大学新 IE 实践教学系列教材——质量可靠性管理，南京航空航天大学研究生教材建设项目等的资助，并得到了中国优选法统筹法与经济数学研究会分支机构复杂装备研制管理专业委员会和灰色系统专业委员会的大力支持。

本书由南京航空航天大学方志耕担任主编，负责全书结构的策划和最后的统稿工作，以及第 1 章、第 5 章、第 8 章的编写工作；陈洪转负责第 3 章、第 4 章的编写工作；欧阳林寒负责第 2 章、第 7 章的编写工作；关叶青负责第 6 章的编写工作；陶良彦负责第 9 章和第 11 章的编写工作；王龙（中国商飞上海飞机设计研究院）负责第 10 章的编写工作；全书由方志耕总纂。

在本书编写的过程中，杜泱泱、吴双等博士研究生和邱玺睿、赵潞、李云宇、梁爱琳、卢宁宁、王雪纯、韩力、熊仪等硕士研究生做了大量的资料搜集和文稿整理等工作，在此表示衷心的感谢！

　　本书在策划和编写过程中，编者一方面总结了自身教学实践中的体会，另一方面吸收了近年来出版的相关教材及论文中许多有益的内容。在此对参考文献作者表示衷心的感谢。鉴于编者水平有限，书中难免有不足之处，恳请专家、同行及读者批评指正。

编　者

2023 年 6 月

目　录

第1章

质量管理概述

本章提要：20 世纪 90 年代以来，全球出现了"质量第一"现象。各个国家众多的"星级"公司和企业，都在为使自己的产品和服务达到世界一流质量而采取有效的对策。质量对全社会和全球经济的作用日益重要已经成了 21 世纪的新特征。质量不仅是国际市场中竞争的主要手段，还对人类安全和生存环境造成威胁，因此，探讨质量管理的新理论、新方法成为企业家与学者的追踪热点。本章将从质量入手，系统地介绍质量与质量管理相关的概念，并进一步延伸到全面的质量管理，由点到面逐步深入，为质量管理工具铺垫理论。

随着世界经济一体化的发展，市场竞争越来越激烈。21 世纪，"made in China"现象引起了全球的关注，我国要成为全世界的制造中心，除了低廉的劳动力，关键还是产品的质量，"made in China"应该是"世界级质量"的标志，而不是质量低劣的标志。"世界级质量"也就是世界最高水准的质量。任何国家的产品和服务，如果达不到世界级质量的水准，就难以在国际市场的竞争中取胜；加入世界贸易组织的国家，在无法采用关税壁垒等保护方式的情况下，其产品甚至难以在国内站稳脚跟。过去在质量管理中有"3σ 法则"，即容许不合格品率达到 2.7‰（10^{-3}）的水平，现在提出了"6σ 法则"，即容许不合格品率达到 0.002ppm（即 2ppb；ppm: parts per million，10^{-6}；ppb: parts per billion，10^{-9}）的水平；也就是说，对不合格品率的要求比过去严格了 135 万倍。这就是当前质量面临的国际环境。

■ 1.1 质量及质量管理

1.1.1 质量的定义

质量的概念在不同的历史时期有着不同的内涵。质量的概念最初仅用于产品，如今逐渐延伸到服务、过程、体系和组织以及以上任意项的组合中。

按照 2000 版 ISO 9000 标准，质量的定义为："一组固有特性满足要求的程度。"

1. 关于"固有特性"

特性是指可区分的特征。例如，物理方面的特性（机械的、电的、化学的或生物学的特性等）；感官上的特性（嗅觉、触觉、味觉、视觉、听觉等）；行为方面的特性（礼貌、诚实、正直等）；人体工效方面的特性（如生理的特性或有关人身安全的特性）；功能方面的特性（飞机的最高速度等）。

特性可以是固有的或赋予的。固有特性就是指在某事或某物中本来就有的，尤其是那种永久的特性。例如，产品的尺寸、体积、重量，机械产品的力学性能、可靠性、可维修性，化工产品的化学性能、安全性等。赋予特性不是固有的，是人们后来施加的，如产品的价格、交货期、保修时间、运输方式等。

固有特性与赋予特性是相对的。某些产品的赋予特性可能是另一些产品的固有特性，例如，交货期及运输方式对硬件产品而言属于赋予特性，但对运输服务而言就属于固有特性。

2. 关于"要求"

要求是指明示的、通常隐含的或必须履行的需求或期望。

"明示的"可以理解为规定的要求，如在销售合同中或技术文件中阐明的要求或顾客明确提出的要求。

"通常隐含的"是指组织、顾客和其他相关方的惯例或一般做法，所考虑的需求或期望是不言而喻的，如化妆品应对顾客皮肤具有保护性等。一般情况下，顾客或相关方的文件（如标准）中不会对这类要求给出明确的规定，供方应根据自身产品的用途和特性进行识别，并做出规定。

"必须履行的"是指法律法规要求的或有强制性标准要求的，如《中华人民共和国食品安全法》等，供方在产品实现的过程中，必须执行。要求可以由不同相关方提出，不同的相关方对同一产品的要求可能是不相同的。例如，对汽车来说，顾客要求美观、舒适、轻便、省油，社会要求其对环境不产生污染。组织在确定产品要求时，应兼顾各相关方的要求。

要求可以是多方面的，可由不同的相关方提出。当需要指出时，可以采用修饰词表示，如产品要求、质量管理体系要求、顾客要求等。

3. 质量的内涵

质量的内涵由一组固有特性组成，并且这些固有特性是以满足顾客及其他相关方要求的能力加以表征，质量具有广义性、时效性和相对性。

质量的广义性：质量不仅指产品的质量，还可以指过程的质量和体系的质量。组织的顾客及其他相关方对组织的产品、过程或体系都可能提出要求。

质量的时效性：组织的顾客及其他相关方对组织的产品、过程和体系的需求与期望是不断变化的，因此，组织应不断地调整对质量的要求，想方设法地满足顾客及其他相关方的要求，并争取超越他们的期望。

质量的相对性：组织的顾客和其他相关方可能对同一产品的功能提出不同的需求，也可能对同一产品的同一功能提出不同的需求。需求不同，质量要求也就不同，只有满足需求的产品才会被认为是质量好的产品。

质量的优劣是满足要求程度的一种体现。它须在同一等级基础上做比较，不能与其他等级混淆。等级是对功能用途相同但质量要求不同的产品、过程或体系所做的分类或分级。

1.1.2　与质量有关的术语

1. 过程

过程（process）是一组将输入转化为输出的相互关联或相互作用的活动。过程由输入、实施活动和输出三个环节组成。所有的经营活动都是由各种过程组成的，最终输出的是产品或服务。

一个过程的输入通常是其他过程的输出，过程的输出也可能是下一个或多个过程的输入。每个组织不止一个过程，也不是若干个过程的简单叠加，是一个过程网络，过程的输出应可测量，因此，质量目标的实现情况可通过对每个过程的输出结果进行测量来给出。

例如，采购过程，其输入是采购清单和合格供方名单，其输出是采购产品，并且通过对采购产品的验证来对采购过程的质量进行评定。

2. 产品

产品（product）是过程的结果。一般有以下四种通用的产品类别。

（1）服务（如运输）。服务通常是无形的，并且是在供方和顾客的接触面上至少需要完成一项活动的结果。服务的提供可涉及：在顾客提供的有形产品（如维修的汽车）上所完成的活动；在顾客提供的无形产品（如为准备税款申报书所需的收益表）上所完成的活动；无形产品的交付（如知识传授方面的信息提供）；为顾客创造氛围（如在宾馆休息或在饭店用餐时）。

（2）软件（如计算机程序、字典）。软件由信息组成，通常是无形产品并可以方法、论文或程序的形式存在。

（3）硬件（如发动机等机械零件）。硬件通常是有形产品，其量具有计数的特性。

（4）流程性材料（如润滑油）。流程性材料通常是有形产品，其量具有连续的特性。硬件和流程性材料经常被称为货物。

3. 质量特性

质量特性（quality characteristic）是产品、过程或体系与要求有关的固有特性。

硬件和流程性材料产品的质量特性有性能、适用性、可信性（可用性、可靠性、可维修性）、安全性、环境适应性、经济性和美学性等。

服务质量特性可分为服务的时间性、功能性、安全性、经济性、舒适性和文明性六种类型，不同的服务对各种特性要求的测量点有所不同。

软件类产品的质量特性大致有功能性、可靠性、适用性、效率性、可维护性、可移植性、保密性和经济性等。

4. 顾客

顾客（customer）是接受产品的组织或个人。

通常，顾客有狭义和广义的概念。狭义的顾客是指产品和服务的最终使用者或接受者。广义的顾客，按照过程模型的观点，一个过程输出的接受者即为顾客。企业可以看作由许多过程构成的过程网络，其中某个过程是它前向过程的顾客，又是它后向过程的供方。对于一个企业来说，顾客包括内部顾客和外部顾客。企业的顾客矩阵结构示意图如图 1-1 所示。

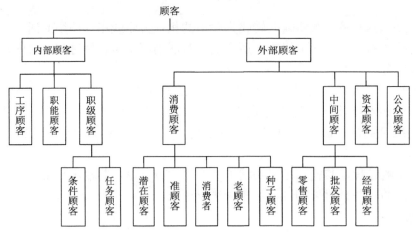

图 1-1　企业的顾客矩阵结构示意图

1）外部顾客

外部顾客是指在企业外部市场环境中，在流通领域与企业有（或可能会有）产品、服务和货币交换关系的组织（群体）或个人。主要包括消费顾客、中间顾客、资本顾客和公众顾客四种类型。

（1）消费顾客。消费顾客主要包括种子顾客、老顾客、消费者、准顾客和潜在顾客等五种类型。

①种子顾客。种子顾客是企业的核心顾客。种子顾客有以下特征：第一，重复或大量购买企业某品牌的产品或服务，成为企业的忠诚顾客，也就是种子顾客。第二，种子顾客由于对企业的某产品或服务感到满意而产生一定程度的忠诚，并具有一定的传播性。例如，主动向他人推荐该企业的产品或服务，为企业带来新顾客机会。

②老顾客。老顾客也称为"常客"，对某企业的产品或服务感到满意，表现为重复购买等具体行为，成为企业的基本顾客群体，其中的一部分有可能演变为种子顾客。

③消费者。通常，人们所称为"顾客"的狭义概念指的就是消费者。消费者是直接购买企业的产品或服务的庞大市场群体。如果企业能够使消费者满意，他们中的一部分或大部分有可能变为老顾客，或者继续转化为种子顾客。所以，消费者是企业提高顾客忠诚度的源泉。

④准顾客。这类顾客对企业的产品或服务已经有一定的认识，但由于种种原因并没有购买行动，只是和企业的产品或服务"擦肩而过"的"过客"。可见，准顾客也是贴近企业的市场资源。

⑤潜在顾客。潜在顾客构成企业最广阔的市场发展空间，企业对潜在顾客的研究，直接为产品策略提供科学的依据。

（2）中间顾客。中间顾客不属于内部顾客范畴，它是介于企业和消费顾客之间的顾客，两重性是中间顾客的基本特征。通常，中间顾客主要分为以下三种类型。

①零售顾客。零售顾客是中间顾客中直接与消费顾客发生交易的一类顾客。应该说，这类顾客构成了中间顾客的主体群。

②批发顾客。通常情况下，批发顾客并不直接与消费顾客发生交易，而是通过二级中间顾客的购买行为间接接触消费顾客。"批发"的性质决定了该类顾客的交易量比零售顾客大。

③经销顾客。经销顾客具有类似零售顾客和批发顾客的双重功能。一方面，经销顾客有机会直接和消费顾客发生交易；另一方面，经销顾客也通过二级中间顾客间接与消费顾客接触。经销顾客是一类最具个性的中间顾客，该类顾客最接近企业，在相当程度上代表企业的利益，表现出内部顾客的特征；而在企业的根本利益的销售保障流程环节上，经销顾客是实质上的外部顾客。

（3）资本顾客。银行是企业的主要资本顾客，银行通过向企业放贷的方式购买资本增值效益。在企业与银行的交易过程中，企业出售的"产品"是企业的无形资本，包括信誉和资本增值的核心能力，而银行向企业提供的是金融资本。

（4）公众顾客。政府是企业的公众顾客，因为政府代表着公众的利益，一方面向企业提供维持经营活动的基础资源；另一方面政府代表国家和公众利益要求企业自觉履行社会责任和公民义务，企业以税收的形式为公众代表者——政府所提供的经营资源支付费用只是其中的内容之一。从某种意义上，企业的综合产品是对社会的贡献，公众顾客对企业的满意程度取决于企业的社会贡献。

2）内部顾客

内部顾客是一个广义的概念，包括企业内部从业人员，如基层员工、部门主管、经理；也包括股东。内部顾客主要分为以下三种类型。

（1）工序顾客。在企业的生产经营活动中，生产和服务流程的各个环节之间存在着互为顾客的关系，由此产生了工序顾客的概念。下道工序是上道工序的顾客。

（2）职能顾客。企业的组织结构一般由不同的职能部门组成，不同层次上的组织单元互为职能顾客，从而实现企业统一运作的整体优势。

（3）职级顾客。在企业内部，可以将纵向上下级互为顾客的关系描述为职级顾客。包括任务顾客（下达工作任务的人或机构）和条件顾客（为完成工作任务提供条件的人或机构）。

5. 顾客满意

顾客满意（customer satisfaction）是顾客对其要求已被满足的程度的感受。

按照预期期望理论，顾客满意是指顾客的感觉状况水平，这种水平是顾客对企业的产品和服务所预期的绩效与顾客的期望进行比较的结果。如果所预期的绩效不及顾客的期望，那么顾客就不满意；如果所预期的绩效与顾客的期望相称，那么顾客就满意；如果所预期的绩效超过顾客的期望，那么顾客就十分满意。摩托罗拉公司质量总裁戴尔从企业的角度指出"顾客满意是成功地理解某一顾客或某部分顾客的偏好，并着手为满足顾客需要做出相应努力的结果"。

1.1.3　质量管理定义

质量管理是指导和控制组织的关于质量的相互协调的活动。

该定义可以从以下几个方面理解。

（1）质量管理的职能，是计划、组织、指挥、协调和控制。质量管理是组织经营管理的一部分，因此，质量管理也应具备管理的一般职能，特别是在质量方面指挥和控制组织的职能。

（2）质量管理的首要任务，是制定组织的质量方针和质量目标，并使之贯彻和实现。

（3）质量管理的基本活动，为了贯彻和实现组织的质量方针与质量目标，质量管理要通过质量策划、质量控制、质量保证和质量改进等活动来进行。

（4）质量管理的核心，是建立健全质量管理体系。组织的最高管理者应正式发布本组织的质量方针，根据质量方针确立质量目标，并在此基础上按照质量管理的基本原则和 ISO 9000 标准，运用管理的系统方法建立健全质量管理体系，配备必要的人力和物质资源，充分调动全体员工的积极性，开展各项质量活动，不断提高顾客的满意度。

1.1.4 与质量管理相关的术语

1. 质量方针

质量方针（quality policy）是由组织的最高管理者正式发布的该组织的质量宗旨和方向。

质量方针是组织经营总方针的组成部分，质量管理原则是制定质量方针的依据。质量方针应体现组织的质量宗旨和质量方向，应反映对顾客的承诺；质量方针应为制定质量目标提供框架；质量方针应形成书面文件，由组织最高管理者正式发布，并动员全体员工贯彻实施。

2. 质量目标

质量目标（quality objective）是在质量方面所追求的目标。

质量目标是质量方针的具体体现，通常对组织的相关职能和层次分别规定质量目标；质量目标既要先进又要可行；质量目标要加以量化，以便于实施和检查；质量目标要逐层进行分解，加以细化，具体落实。

3. 质量策划

质量策划（quality planning）是质量管理的一部分，致力于制定质量目标并规定必要的运行过程和相关资源以实现质量目标。

质量策划的关键是制定质量目标并设法实现。组织无论对于老产品的改进还是新产品的开发均必须进行质量策划，确定研制什么样的产品、具有什么样的性能、达到什么样的水平，并提出明确的质量目标，规定必要的作业过程，提供必要的人员和设备等资源，落实相应的管理职责，最后形成书面的文件即质量计划。

4. 质量控制

质量控制（quality control）是质量管理的一部分，致力于满足质量要求。

质量控制的目的是保证质量，满足要求。为此，要解决要求（标准）是什么，如何实现（过程），需要对什么进行控制等问题。

质量控制是一个设定标准（根据质量要求）、测量结果、发现偏差、采取纠正或预防措施的过程,质量控制不是质量检验。例如,为控制采购过程的质量采取的控制措施有:制订采购计划,通过评定选择合格供方,规定对进货产品质量的验证方法,做好相关质量记录并定期进行业绩分析。为控制某一生产过程的质量可以用控制图对过程特性或过程参数实施连续监控,及时发现异常波动并采取相应的措施。为控制特殊过程的质量可以通过作业指导书、设备维护、人员培训、工艺方法优化等措施来实施。

5. 质量保证

质量保证(quality assurance)是质量管理的一部分,致力于提高质量要求会得到满足的信任。

质量保证是企业向顾客提供其生产等各个环节是有能力提交合格产品的证据,这些证据是有计划和系统的质量活动的产物。质量保证的关键是提供信任。保证质量、满足要求是质量保证的基础和前提,质量管理体系的建立和有效运行是提供信任的重要手段。

质量保证要求,即顾客对供方质量管理体系的要求往往需要证实,以使顾客有足够的信任。证实的方法有:供方的合格声明;提供形成文件的基本证据(如质量手册、第三方的形式检验报告);提供由其他顾客认定的证据;顾客亲自审核;由第三方进行审核;提供经国家认可的认证机构出具的认证证据。

质量保证有内部质量保证和外部质量保证之分,内部质量保证是组织向自己的管理者提供信任;外部质量保证是组织向顾客或其他相关方提供信任。

6. 质量改进

质量改进(quality improvement)是质量管理的一部分,致力于增强满足质量要求的能力。

质量改进的关键是增强能力,使组织满足质量要求。要求可以是有关任何方面的,如有效性、效率或可追溯性。质量改进的对象可能涉及组织的质量管理体系、过程和产品,组织应注意识别需改进的项目和关键质量要求,考虑改进所需的过程,以增强组织体系或过程实现产品并使其满足要求的能力。

7. 质量管理体系

质量管理体系(quality management system,QMS)是在质量方面指挥和控制组织的管理体系。

(1)体系是相互关联或相互作用的一组要素。

(2)管理体系是建立方针和目标并实现这些目标的体系。一个组织的管理体系可包括若干个不同的管理体系,如质量管理体系、财务管理体系或环境管理体系。

■ 1.2　质量管理的发展历程

质量管理学作为一门实践性较强的管理科学,随着现代管理科学的理论和实践的发展,经历了大半个世纪,已发展成为一门比较成熟的独立学科。质量管理的发展一般可分为以下三个阶段,如图 1-2 所示。

图 1-2   质量管理发展的三个阶段

1.2.1   质量检验阶段

质量检验阶段是从 20 世纪初至 30 年代末，是质量管理的初级阶段。在这一阶段，人们对质量管理的理解还只限于对有形产品质量的检验，在生产制造过程中，主要是通过严格检验来保证转入下道工序的零部件质量以及入库或出厂的产品质量。

20 世纪初，由于生产的发展，生产中分工与协作的关系越来越复杂，"操作者的质量管理"容易造成质量标准的不一致性和工作效率的低下，越来越不适应生产力的发展。美国的泰勒（Taylor）提出科学管理理论，要求按照职能的不同进行合理的分工，首次将质量检验作为一种管理职能从生产过程中分离出来，建立了专职质量检验制度。这对保证产品质量起到了重要的积极作用。大量生产条件下的互换性理论和规格公差的概念也为质量检验奠定了理论基础，这些理论规定了产品的技术标准和适宜的加工精度。质量检验人员根据技术标准，利用各种测试手段，对零部件和成品进行检查，做出合格与不合格的判断，不允许不合格品进入下道工序或出厂，对产品的质量起到了把关的作用。

但是，客观上，从科学管理的角度看，质量检验阶段的检验职能有很大的局限性，主要体现在以下几个方面：①由于是事后检验，没有在制造过程中起到预防和控制作用，即使检验出废品，质量问题造成的损失已难以挽回。②它要求对成品进行百分之百的检验，即"全数检查"，但是，有时在经济上并不合理，有时从技术上也不可能。③只有检验部门负责质量管理，其他部门和员工，特别是直接操作者不参与质量检验和管理，容易与质量检验人员产生矛盾，不利于产品质量的提高。

1.2.2   统计质量控制阶段

客观上，由于传统的以事后把关为特点的质量检验与日益发展的工业生产管理系统相矛盾，已经远远不能适应和满足工业生产的实际要求。所以，产生了统计质量控制理论和方法，质量管理强调"用数据说话"，强调应用统计方法进行科学管理。这个阶段的代表时期是 20 世纪 40 年代至 50 年代末。

统计质量控制（statistical quality control，SQC）阶段是质量管理发展史上的一个重要阶段。从质量管理的指导思想上看，它是利用数理统计原理，预防产生废品并检验产品质量的方法，即由事后把关变为事前预防；从管理方法上看，广泛深入地应用了数理统计的原理和统计的检查方法；从管理行为上看，由专职检验人员转移给专业的质量控制工程师承担。

统计方法的应用减少了不合格品，降低了生产费用。但是也存在许多不足：①统计技术难度较大，使得人们误以为"质量管理就是深奥的统计方法"，因而对质量管理产生了一种"高不可攀、望而生畏"的感觉，难以调动员工参与质量管理的积极性。②过分强调质量控制的统计方法，而忽视其组织管理工作，因此不被高层管理者重视。③仅偏重于工序管理，没有对整个产品质量的形成过程进行控制。④仍以满足产品标准为目的，而不是以满足用户的需求为目的。

1.2.3　全面质量管理阶段

20 世纪 60 年代以后，质量管理科学发生了"质"的变化。这个阶段的质量管理不再以质量技术为主线，而是以质量经营为主线。

20 世纪 60 年代，社会生产力迅速发展，科学技术日新月异，质量管理上也出现了许多新情况。其表现为：市场竞争加剧，企业迫切需要现代的经营管理科学作为指导；出现了许多大型、精密、复杂的工业产品和工程，这些产品对安全性和可靠性的要求越来越高；行为学派的兴起使得质量管理中越来越重视人的作用，出现了依靠员工自我控制的无缺陷运动和质量管理小组等；保护消费者的运动蓬勃兴起，广大消费者要求质量可靠的产品的呼声越来越高。

此时，美国的费根堡姆（Feigenbaum）与朱兰（Juran）等提出了全面质量管理（total quality management，TQM）的概念。全面质量管理主要就是"三全"的管理，"三全"是指：①全面的质量，即不限于产品质量，包括服务质量和工作质量等在内的广义的质量；②全过程，即不限于生产过程，包括市场调研、产品开发设计、生产技术准备、制造、检验、销售、售后服务等质量环的全过程；③全员参加，即不限于领导和管理干部，而是全体工作人员都要参加，质量第一，人人有责。事实上，上述"三全"就是系统科学全局观点的反映，所以有些专家学者称全面质量管理为质量系统工程。

从统计质量控制发展到全面质量管理，是质量管理工作的一个质的飞跃，全面质量管理活动的兴起标志着质量管理进入了一个新的阶段，它使质量管理更加完善，成为一种新的科学化管理技术。随着对全面质量管理认识的不断深入，人们认识到全面质量管理实质上是一种以质量为核心的经营管理，可以称为质量经营。

质量管理发展的三个阶段不是孤立的、互相排斥的，前一个阶段是后一个阶段的基础，后一个阶段是前一个阶段的继承和发展。

质量管理发展主要阶段的基本特点如图 1-3 所示。

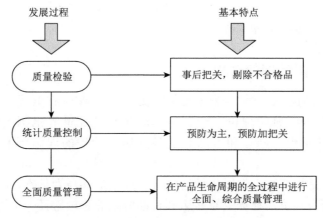

图 1-3　质量管理发展主要阶段的基本特点

1.2.4   全面质量管理在我国的发展历程

1976 年经我国质量管理专家、中国工程院院士刘源张提倡，全面质量管理在我国的企业里开始推行，逐渐形成了我国自己的全面质量管理。我国全面质量管理大致可划分为三个时代。

第一个时代，国家推行的时代。在国务院的采纳和国家经济贸易委员会的领导下，我国开展了全面质量管理的宣传教育培训试点和推广工作。这个时代依然处于计划经济时代，行政机构在全国的企业中推行全面质量管理上发挥了不可替代的权威性作用。质量控制（quality control，QC）小组活动在企业中广泛开展，在班组工人里建立 QC 小组互教互学，集思广益，发现并解决工作岗位上的质量问题。1980 年，《工业企业推行全面质量管理暂行办法》规定质量管理是企业管理的中心环节，改变了全国企业对质量的认识和在质量管理上的做法。这个时代是质量管理的启蒙时代。

第二个时代，国家监管的时代。这个时代从计划经济过渡到市场经济的基本体制已经建立了。在政府职能的转变和企业经营的改变背景下，中国的质量管理发生了相应的变化。首先质量管理由国家推行转变为由国家监管的体制，企业自己对产品质量负责，政府则是监管企业是否尽到责任。其次，国家加强了质量方面的法律法规的建设。1993 年通过并开始执行的《中华人民共和国产品质量法》（以下简称《产品质量法》）明确了企业对产品质量的责任，同年的《中华人民共和国消费者权益保护法》从用户的角度对产品质量做出了规定。1989 年国家成立了全国质量管理和质量保证标准化技术委员会，企业开始普遍认识到产品的质量管理与企业的质量体系同等重要，全面质量管理逐渐有了抓手。

第三个时代，国际化的时代。2000 年中国加入了世界贸易组织，从此中国的质量管理国际化了，不单纯是国际标准的采用或管理方法的国际接轨，而是在国际上要受到世界贸易组织规定或许可的各种约束。标准化工作在这个时代得到国家的极大重视。刘源张认为"质量管理和标准化是表里一体的关系，质量管理是标准化的落实和发展，标准化是质量管理的基础和依据"。"人才培养、品牌战略、标准化"成了这个时代质量管理的三大战略。中国的全面质量管理有了自己的全盘考虑。

■ 1.3   全面质量管理

1.3.1   全面质量管理的含义

全面质量管理的诞生，是质量管理发展史上一个辉煌的里程碑，是当今世界质量管理最基本、最为经典的理论之一。全面质量管理在世界范围内的传播、应用和发展，充分证明其思想、原理和方法对于各国质量管理的理论研究和实际应用的指导价值。

全面质量管理是指一个组织以质量为中心，以全员参与为基础，目的在于通过让顾客满意和本组织所有成员及社会受益而达到长期成功的管理途径。全面质量管理并不等同于质量管理，质量管理只是组织所有管理活动之一，与其他管理活动（如生产管理、计划管理、财务管理、人事管理等）并存。全面质量管理适用于组织的所有管理活动和所有相关方，全面质量管理思想具体表现在以下几点。

（1）强调一个组织以质量为中心，否则不是全面质量管理。

（2）强调组织内所有部门和所有层次的人员参与。

（3）强调全员的教育和培训。

（4）强调最高管理者的强有力而持续的领导和参与。

（5）强调抓住管理思想、质量目标、管理体系和科学技术四个要领。

（6）强调谋求长期的经济效益和社会效益。

1.3.2　全面质量管理的特点

全面质量管理的特点可归纳为"五全"，即全面质量的管理、全过程的管理、全员的管理、全面运用各种管理方法和提高全社会的效益。

1. 全面质量的管理

管理对象的全面性。首先是指质量的全面性，不仅包括产品质量，还包括工作质量。只有提高工作质量，才能最终提高产品和服务质量。其次是指对影响产品和服务质量因素的全面控制。影响产品质量的因素很多，包括人员、机器设备、材料、工艺、检测手段和环境等。只有对这些因素进行全面控制，才能提高产品和工作质量。

2. 全过程的管理

管理范围的全面性。全面质量管理不局限于一个工序或制造过程，而是贯穿于包括市场调研、设计、规划的编制和产品研制、采购、工艺准备、生产制造、检验和实验、包装和储存、销售和发运、安装和运行、技术服务和维护、用户处置的产品质量的产生、形成和实现的全过程。在这一全过程中，将影响产品质量的操作者、机器设备、材料、工艺方法和测量方法、环境等诸因素全面地加以控制，形成一个综合性的保证体系，做到以防为主、防检结合、重在提高的管理。

3. 全员的管理

参与人员的全面性。全员管理的含义是全面质量管理要全员参加、人人有责，即上至最高管理者下到所有员工都参加质量管理，分担一定的责任。质量好坏是企业各项工作的综合反映，所有部门、全体员工的质量职能有效发挥程度都影响着产品质量。同时，应加强企业内各职能和业务部门之间的横向合作，发挥质量管理的最大效用。

4. 全面运用各种管理方法

应用方法的全面性。随着现代化大生产和科学技术的发展，质量管理在长期的实践中形成了多样化、复合型的方法体系，如 PDCA（plan，do，check，act，策划、实施、检查、处置）循环、朱兰三部曲、数理统计技术与方法、价值分析方法、运筹学方法及老七种工具（分层法、检查表、因果图、排列图、直方图、散布图、控制图）、新七种工具（关联图、树图、过程决策程序图、网络图、矩阵图、亲和图、流程图）、ISO 9000 族标准方法和 6σ 管理法。

5. 提高全社会的效益

全面质量管理强调让顾客满意、本单位成员和社会受益，谋求长期的经济效益和社会效益，即要提高包括本企业效益在内的以质量成效为核心的整个社会的经济效益，而不是仅仅使本企业获得利润。

1.3.3　全面质量管理的工作原则

1. 预防原则

首先，在企业的质量管理工作中，要认真贯彻预防的原则，凡事要防患于未然。例如，在产品设计阶段就应该采用失效模式、效应及后果分析（failure mode effects and criticality analysis，FMECA）与失效树分析（failure tree analysis，FTA）等方法找出产品的薄弱环节，在设计上加以改进，消除隐患；还可以直接采用田口稳健性设计方法进行设计。

其次，在产品制造阶段应该采用统计过程控制（statistical process control，SPC）和统计过程控制与诊断（statistical process control and diagnosis，SPCD）等科学方法对生产过程进行控制，尽量把不合格品消灭在产生之前。

最后，在产品的检验阶段，不论对最终产品还是在制品，都要及时反馈并认真处理质量信息。

2. 经济原则

全面质量管理强调质量，但无论质量保证的水平或预防不合格的程度都是没有止境的，必须考虑经济性，建立合理的经济界限。这就是经济原则。因此，在产品设计制定质量标准时，在生产过程进行质量控制时，在选择质量检验方式为抽样检验或全数检验时，都必须考虑其经济效益。

3. 协作原则

协作是大生产的必然要求。生产和管理分工越细，就越要求协作。一个具体单位的质量问题往往涉及许多部门，如无良好的协作，是很难解决的。因此，强调协作是全面质量管理的一条重要原则。这也反映了系统科学全局观点的要求。

4. 按照PDCA循环组织活动

PDCA循环是质量体系活动所应遵循的科学工作程序，也是全面质量管理的基本活动方法。PDCA循环的概念最早是由美国质量管理专家戴明提出的，所以又称"戴明循环"。全面质量管理方法的基本思路是一切按照PDCA循环办事。它反映了质量管理活动应遵循的科学程序。

1.3.4　全面质量管理的基础工作

1. 质量教育工作

产品质量的好坏最终取决于员工的质量意识、技术水平和企业管理水平，开展全面质量管理活动必须从提高员工的素质抓起。石川馨提出："质量管理始于教育，终于教育。"要搞好质量管理，首先应该使全体员工认识质量管理的重要性，树立质量第一的思想；其次要提高人的技能素质，把质量教育工作作为搞好全面质量管理的第一道工序。企业应完善教育培训制度，正确识别培训需求，选用或编写适合本企业的教学资料，从最高管理层开始，因人制宜采取多种形式，逐层进行培训，并对培训效果进行正确评价，同时还要注意质量管理教育培训的持久性。质量教育的内容主要有以下几个方面。

（1）质量意识教育。增强质量意识，牢固树立质量第一、用户第一的思想是搞好质量管理、提高产品质量的思想基础。

（2）质量管理知识教育。要搞好质量管理，就需要学习它的基本思想、理论和方法，掌握开展质量管理的业务技能。

（3）专业技术和技能教育。专业技术和技能教育是对职工进行的技术基础知识和操作技能的培训。产品质量的好坏，归根到底取决于职工队伍的技术水平和管理水平。只有通过技术培训，使职工熟知产品性能、用途、生产工艺流程、岗位操作技能和检测方法等，才能保证生产出优质的产品。

2. 标准化工作

标准是对重复性事物和概念所作的统一规定。它以科学、技术和实践经验的综合成果为基础，经有关方面协商一致，由主管机构批准，以特定形式发布，作为共同遵守的准则和依据。标准化是在经济、技术、科学及管理等社会实践中，对重复性事物和概念，通过制定、发布和实施标准，达到统一，以获得最佳秩序和社会效益。按照标准本身的属性，标准可分为技术标准、经济标准和管理标准。

（1）技术标准。技术标准是指规定和衡量标准化对象技术特性的标准，包括基础标准、产品标准、方法标准和工作标准。①基础标准即对一定范围内的标准化对象的共性因素所作的统一规定。如标准化工作和技术工作的通则性标准、通用技术语言标准、有关产品系列化方面的基础标准、有关互换性方面的标准、安全与环境保护标准等。②产品标准即对产品的结构、规格、质量特性、检验方法、包装、存储和运输方法所作的技术规定。③方法标准即对各项技术活动的方法所规定的标准。④工作标准即对技术工作的范围、构成、程序、要求、效果、检查方法等所作的规定。技术标准按其协调统一的程度及适用的范围可划分为不同的级别。通常把这种层次关系称为标准分级。国际上有国际标准和区域标准，即由国际标准化组织（International Organization for Standardization，ISO）和国际电工委员会（International Electrotechnical Commission，IEC）所制定的标准。我国有国家标准、行业标准、地方标准和企业标准。

（2）经济标准。经济标准是指规定和衡量标准化对象的经济性能与经济价值的标准。它一般包括：各类消耗标准；各项费用标准；原材料、半成品、成品及人员、设备、资金的占用标准；各类生产效率标准和投资效益标准。

（3）管理标准。管理标准是管理机构为行使其职能而制定的具有特定管理功能的标准。它又可划分为产品管理标准、工作管理标准、方法管理标准、管理基础标准等。

3. 计量工作

计量是实现单位统一和量值准确可靠的测量。它涉及整个测量领域并对整个测量领域起指导、监督、保证和仲裁作用。它具有准确性、法制性、技术性和经济性等特点。

产品质量标准需要依靠准确可靠的计量测试方法来制定，最终产品达到规定标准的情况也需要依靠计量测试来鉴别。计量工作的要求是：计量器具和测试设备必须配备齐全；根据具体情况选择正确的计量测试方法；正确合理地使用计量器具，保证量值的准确和统一；严格执行计量器具的检定规程，计量器具应及时修理和报废；做好计量器具的保管、验收、储存、发放等组织管理工作。为了做好上述工作，企业应设置专门的计量管理机构和建立计量管理制度。

4. 质量信息工作

整个企业的管理活动，从本质上讲是信息流动的过程，企业管理活动的对象是人、财、物和信息，管理的职能之一是协调，协调的实质是信息反馈与控制。要搞好质量管理，提高产品质量，就要对影响产品质量的因素做到心中有数。因此，质量信息是改进产品质量、改善各环节工作质量不可缺少的依据，是正确认识影响质量诸因素的变化和产品质量波动的内在联系的基本依据，也是企业决策层制订质量计划和进行决策的依据。因此，质量信息是质量管理的耳目，是质量管理的又一基础工作。

5. 质量责任制

质量责任制是指企业各个职能部门和各个岗位的员工在质量管理中的职责与权限，它要求明确规定各部门和各类人员在质量工作中的具体职责与任务，落实其责任和权利，并与考核和奖励相结合，以便做到质量工作事事有人管、人人有专责、办事有标准、工作有检查。一旦发现产品质量问题，就可以查清责任，总结经验教训，更好地保证和提高产品质量。实行质量责任制，把质量责任作为质量考核的主要内容能增强职工的责任心，保证和提高产品质量。因此，质量责任制也是质量管理的基础工作，是稳定和提高产品质量行之有效的措施。

6. 质量文化建设

质量文化是企业文化的重要组成部分，是指企业在生产经营活动中形成的质量形象、质量管理体系文件、质量目标、质量意识、质量精神、质量行为和质量价值观等"软件"，以及企业所提供的产品质量水平等"硬件"的总和。进行质量文化建设，对一个企业的生存和发展至关重要，进行质量文化建设时，应注意几个方面的工作：重视企业最高决策人的作用、不断加强质量意识教育、创造良好的工作环境和实施质量文化工程。

➤复习思考题

1-1 质量管理的三个发展阶段及其特点是什么？

1-2 质量的含义是什么？

1-3 产品的含义是什么？

1-4 什么是质量管理？它的主要内容是什么？

1-5 举例说明组织的顾客组成。

1-6 什么是全面质量管理？谈谈你对全面质量管理的理解。

第2章

质量管理与改进的基本工具

本章提要：持续不断的质量改进是质量管理的基本特点，"质量改进永无止境"是质量管理的基本信念。通过改进质量形成过程中各环节的工作，才能使产品、服务质量不断提高，从而使企业不断地保持竞争的优势。

本章介绍的质量改进的工具与技术，主要包括质量管理老七种工具：分层法、检查表、因果图、排列图、直方图、散布图、控制图；新七种工具：关联图、树图、过程决策程序图、网络图、矩阵图、亲和图、流程图。这些方法不仅应用于质量改进阶段，还应用于整个质量管理过程中。

■ 2.1 质量改进的老七种工具与技术

2.1.1 分层法

分层法也称为分类法或分组法，是分析影响质量（或其他问题）原因的一种方法。它把搜集到的质量数据依照使用目的、性质、来源、影响因素等进行分类，把性质相同、在同一生产条件下搜集到的质量特性数据归并在一组，把划分的组称为"层"，通过数据分层，把错综复杂的影响质量的因素分析清楚，以便采取措施加以解决。

数据分层与搜集数据的目的性紧密相连，目的不同，分层的方法和粗细程度也不同；数据分层与对生产情况掌握的程度有关，如果对生产过程的了解甚少，分层就比较困难。所以，分层要结合生产实际情况进行。分层法经常同质量管理中的其他方法一起使用，可将数据分层之后再进行加工，整理成分层排列图、分层直方图、分层控制图、分层散布图等。

在实际工作中，搜集到许多反映质量特性的数据，如果只是简单地把这些数据放在一起，是很难看出问题的，通过分层把搜集来的数据按照不同的目的和要求加以分类，把性质相同、在同一生产条件下搜集的数据归在一起，就可以使杂乱无章的数据和错综复杂的因素系统化、条理化，使数据所反映的问题明显、突出，便于抓住主要问题并找出对策。

例2.1 某区局投递班某年上半年投递邮件发生差错50件。可以对数据进行如下分层，以便找出原因，明确责任，进行改进。

（1）按发生差错的时间分层，见表2-1。

表 2-1   按发生差错的时间分层（半年）

月份	1	2	3	4	5	6	合计
差错/件	18	3	12	10	2	5	50

（2）按差错种类分层，见表 2-2。

表 2-2   按差错种类分层

种类	误投	丢失签收卡	漏盖戳记	漏投	漏开信箱	其他	合计
差错/件	20	14	7	5	3	1	50

（3）按照操作人员分层，见表 2-3。

表 2-3   按照操作人员分层

工人	A	B	C	D	E	合计
差错/件	18	11	10	6	5	50

通过这三种分层可以看出：分层时标志的选择十分重要，标志选择不当就不能达到"把不同性质的问题划分清楚"的目的，所以分层标志的选择应使层内数据尽可能均匀，层与层之间数据差异明显。按发生差错的时间分层时，各月差异不明显，1 月份差错稍多，可能是受业务量的影响；按差错种类分层时，误投及丢失签收卡的差错严重，应作为重点问题来解决；从按照操作人员分层的情况来看，A、B 和 C 的差错所占比重较大。经过分层就可以有针对性地分析原因，找出解决问题的办法。

2.1.2   检查表

检查表是用于将搜集的数据进行规范化的表格，即把产品可能出现的情况及其分类预先列成表，在检查产品时只需在相应分类中进行统计，并可从检查表中进行粗略的整理和简单的原因分析，为下一步的统计分析与判断质量状况创造良好条件。在设计检查表时应注意便于工人记录，把文字部分尽可能列入检查表中，工人只需简单的描点和打钩，以不影响操作为宜。根据使用不同，常用的检查表有不合格品检查表、缺陷位置检查表和成品质量检查表等，表 2-4 是不合格品项目检查表示例。

表 2-4   不合格品项目检查表

数量 项目 日期	交验数	合格数	不良品数			不良品类型			不良品率/%
			废品数	次品数	返修品数	废品类型	次品类型	返修品类型	

检查员_____

例 2.2   某针织厂成衣车间换针管理检查表。针织厂有各种各样的管理统计报表，通过对统计报表的分析来寻找问题，进行改善。某针织厂的成衣车间，服装缝纫中断针、撞针的情况时有发生，断针遗留在服装中会对消费者产生伤害，引起赔偿纠纷，甚至要负法律责任。另外，发生撞针后针尖发毛，易在缝纫过程中扎断或扎伤纱线形成缝纫针洞，造成严重的质量问题。《换针管理检查表》（表 2-5）要求填写断针（或撞针）发生的时间、班次、车台、缝工等基本信息，说明发生事故时缝制服装的款式、规格、颜色、当时缝制的部位等。当一盒针用完后应及时领取新针，领取新针时针盒、坏针需上交。

表 2-5　换针管理检查表

检查类型	检查内容	检查结果						
坏针盒粘贴处	领用日期							
	领用人							
	加工车台							
	加工部位							
	规格/颜色							
	退还人							
	退还日期							
织针型号_____ 织针规格_____ 领用人_____ 发放人_____ 领用日期_____	原因（断/撞）							
	针是否齐全							
	坏针（断针或撞针）粘贴处							
	确认人							
	负责人							

说明：断针不完整时要用红笔在断针粘贴处画图标明，以备处理。

《换针管理检查表》的信息不仅适用于清除当前断针及预防缝纫针洞，还可将表中的信息进行统计分析，发现不可预见的质量问题和工艺设计方面的问题。例如，某车间通过对一段时间表上的信息进行统计分析，发现这段时期断针事件增加，而且成衣的缝纫针洞也明显增加，经分析，其原因是缝纫针使用时间过长，毛针率增加。将缝纫针全部换掉后，断针率和缝纫针洞均明显改善。又如，生产某新产品时，在领子缝制时特别容易断针，经分析是工艺设计上的问题，因为该处缝制层数偏多，织物过厚，通过工艺改进将织物错开，断针率明显下降。

2.1.3　因果图

1. 因果图的概念和结构

任何一项质量问题的发生或存在都是有原因的，而且经常是多种复杂因素平行或交错地共同作用所致，要有效地解决质量问题，首先要从不遗漏地找出这些原因入手，而且要从粗到细地追究到最原始的因素，因果图正是解决这一问题的有效工具。

因果图是一种用于分析质量特性（结果）与影响质量特性的因素（原因）之间关系的图，其形状如鱼刺，故又称鱼刺图，通过对影响质量特性的因素进行全面系统的观察和分析，可以找出质量因素与质量特性的因果关系，最终找出解决问题的办法。因果图使用起来简便有效，在质量管理活动中应用广泛。

因果图是由以下几部分组成的（图2-1）。

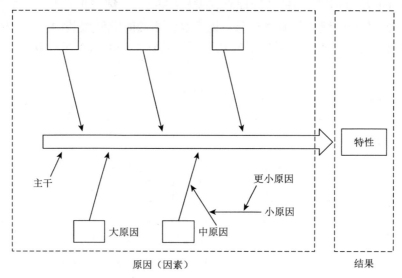

图 2-1　因果图的形式

1）特性

特性即生产过程或工作过程中出现的结果，一般指尺寸、重量、强度等与质量有关的特性，以及工时、产量、机器的开动率、不合格率、缺陷数、事故件数、成本等与工作质量有关的特性。因果图中所提出的特性，是指要通过管理工作和技术措施予以解决并能够解决的问题。

2）原因

原因即对质量特性产生影响的主要因素，一般是导致质量特性发生分散的几个主要来源。原因通常又分为大原因、中原因、小原因等。一般可以从人、机、料、法、环及测量等多个方面去寻找。在一个具体的问题中，不一定每一个方面的原因都要具备。

3）枝干

枝干是表示特性（结果）与原因关系或原因与原因间关系的各种箭头，其中，把全部原因同质量特性联系起来的是主干；把个别原因同主干联系起来的是大枝；把逐层细分的因素（一直细分到可以采取具体措施的程度）同各个要因联系起来的是中枝、小枝和细枝。

2. 因果图的作图步骤

（1）确认质量特性（结果）。质量特性是准备改善和控制的对象。应当通过有效的调查研究加以确认，也可以通过画排列图确认。

（2）画出特性（结果）与主干。

（3）选取影响特性的大原因。先找出影响质量特性的大原因，再进一步找出影响质量特性的中原因、小原因。在图上画出中枝、小枝和细枝等。注意所分析的各层次原因之间的关系必须是因果关系，分析原因直到能采取措施。

（4）检查各项主要因素和细分因素是否有遗漏。

（5）对特别重要的原因要附以标记，用明显的记号框起来。特别重要的原因，即对质量特性影响较大的因素，可通过排列图来确定。

（6）记载必要的有关事项，如因果图的标题、制图者、时间及其他备查事项。

例 2.3　用因果图来分析药品受潮的原因。图 2-2 为药品受潮原因的因果图分析。

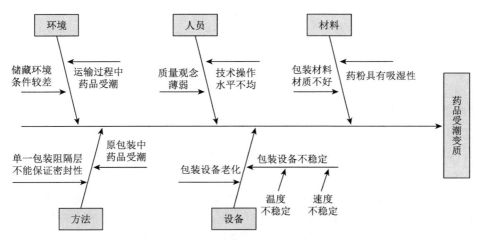

图 2-2　药品受潮原因的因果图分析

2.1.4　排列图

排列图也称帕累托（Pareto）图，是找出影响产品质量主要问题的一种有效方法。排列图最早由帕累托用来分析社会财富分布状况。他发现少数人占有大量财富，即"关键的少数和次要的多数"的关系。后来，美国质量管理学家朱兰把帕累托的原理应用于质量管理，作为改善质量活动中寻找主要因素的一种工具，即分析从哪里入手解决质量问题，其经济效果最好。

1. 排列图的概念和结构

排列图，就是根据"关键的少数和次要的多数"的原理，将数据分项目排列作图，以直观的方法来表明质量问题的主次及关键所在的一种方法，是针对各种问题按原因或状况分类，把数据从大到小排列而作出的累计柱状图。

排列图在质量管理中主要用来抓质量的关键性问题。

2. 排列图的作图步骤

排列图是由两个纵坐标、一个横坐标、n 个柱形条和一条曲线组成的，左边的纵坐标表示频数（件数、金额、时间等），右边的纵坐标表示频率（以百分比表示）。有时，为了方便，也可把两个纵坐标都画在左边。横坐标表示影响质量的各个因素，按影响程度从左至右排列，柱形条的高度表示某个因素影响的大小，曲线表示各影响因素的累计百分数，这条曲线称为帕累托曲线（排列线）。

1）按分类项目搜集数据

笼统的数据是无法作图的。作图时必须按分类项目搜集数据。

搜集数据的时间区间无原则性的规定，应随所要分析的问题而异。例如，可按日、周、旬、月、季、年等，划分作图期间的目的是便于比较效果。

2）统计某个项目在该期间的记录数据并按频数大小顺序排列

首先统计每个项目的发生频数，它决定排列图的高低。然后根据需要统计各项频数所占的百分比（频率）。最后，可按频数（频率）的大小顺序排列，并计算累计百分比，画成排列图用表。

3）画排列图中的立方图

一般画图最好用坐标纸，纵、横坐标轴的标度要适当，纵坐标轴表示评价尺度，横坐标轴表示分类项目。

在横坐标轴上，按给出的频数大小顺序，把分类项目从左到右排列。"其他"一项不论其数值大小，务必排在最后一项。

在纵坐标轴上，按各项之频数为排列图高，以横坐标轴项目为底宽，一一画出对应的立方图。图宽应相同，每个直方之间不留间隙，如果需要分开，它们之间的间隔也要相同。

4）画排列线

为了观察各项累计占总体的百分比，可按右边纵坐标轴的标度画出排列线（又称帕累托线）。排列线的起点，可画在直方柱的中间、顶端中间或顶端右边的线上，其他各折点可按比例标注，并在折点处标上累计百分比。

5）在排列图上标注有关事项和标题

搜集数据的时间区间（何时至何时）、条件（检查方法、检查员等）、检查个数、不合格总数等，必须详细记载。在质量管理中，这些信息都非常重要。

3. 排列图的观察分析

可采用 ABC 分析法确定重点项目。ABC 分析法是把问题项目按其重要程度分为三级。

具体做法是把构成排列曲线的累计百分数分为三个等级：0%～80%为 A 类，是累计百分数在 80%以上的因素，是影响质量的主要因素，是要解决的重点问题；累计百分数在 80%～90%的为 B 类，是次要因素；累计百分数在 90%～100%的为 C 类，是一般因素。

例 2.4   对某企业铸造车间某日生产的 160 件产品的缺陷情况进行统计，并按缺陷项目作出统计表如表 2-6 所示，作出排列图并进行分析。

表 2-6   某铸造车间某日产品缺陷情况统计

缺陷项目	缺陷数/件
气孔	42
裂纹	7
掉砂	69
壁薄	10
壁厚	23
溅铁水	5
其他	4

作图步骤如下。

（1）按排列图的作图要求将缺陷项目进行重新排列（表 2-7）。

表 2-7　排列图数据表

缺陷项目	缺陷数/件	频率	累计频率
掉砂	69	43.1%	43.1%
气孔	42	26.2%	69.3%
壁厚	23	14.4%	83.7%
壁薄	10	6.3%	90.0%
裂纹	7	4.4%	94.4%
溅铁水	5	3.1%	97.5%
其他	4	2.5%	100%
总计	160	100%	

（2）计算各排列项目所占百分比（频率）。

（3）计算各排列项目所占累计百分比（累计频率）。

（4）根据各缺陷项目的统计数（频数）画出排列图（图 2-3）。

（5）根据各排列项目所占累计百分比画出排列图中的排列线。

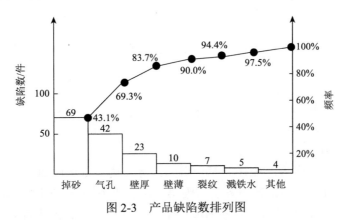

图 2-3　产品缺陷数排列图

分析：从图中可以看出，掉砂、气孔、壁厚三项缺陷累计百分比为 83.7%，为 A 类因素，是要解决的主要问题。

2.1.5　直方图

1. 直方图的概念

直方图法是从总体中随机抽取样本，将从样本中获得的数据进行整理，从而找出数据变化的规律，以便预测工序质量的好坏等。

2. 直方图的作用

（1）显示各种数值出现的相对频率。

（2）揭示数据的中心、散布及形状。

（3）快速阐明数据的潜在分布。

（4）为预测过程提供有用信息。

（5）可以判断"过程是否满足顾客的需求"。

例 2.5　某厂冶炼出来的不锈钢含铬量实测数据如表 2-8 所示，试作直方图来分析该厂不锈钢冶炼情况。

表 2-8　不锈钢含铬量实测数据

17.53	17.49	17.71	17.63	17.81	17.77	17.50	17.58	17.67	17.35
17.44	17.67	17.83	17.63	17.69	17.59	17.69	17.67	17.70	17.47
17.77	17.42	17.77	17.68	17.65	17.68	17.66	17.49	17.62	17.63
17.71	17.62	17.94	17.68	17.60	17.66	17.71	17.40	17.59	17.53
17.67	17.67	17.79	17.81	17.46	17.71	17.52	17.65	17.65	17.64
17.61	17.20	17.74	17.80	17.68	17.59	17.55	17.74	17.84	17.29
17.55	17.45	17.45	17.37	17.73	17.51	17.44	17.52	17.58	17.56
17.51	17.47	17.53	17.56	18.00	17.47	17.54	17.57	17.42	17.49
17.59	17.54	17.57	17.42	17.67	17.51	17.51	17.63	17.36	17.60
17.59	17.57	17.84	17.68	17.68	17.58	17.48	17.55	17.53	17.43

作直方图的步骤如下。

步骤 1：搜集计量值数据，见表 2-9。

步骤 2：找出数据中的最大值（记作 L）和最小值（记作 S），计算二者的差 $L–S$。由表 2-8 得

$$L = 18.00，S = 17.20，L–S = 18.00–17.20 = 0.80$$

步骤 3：根据数据个数 n 确定数据分组数 K（$K \approx \sqrt{n}$），并计算组距 h。初步取 $K = 10$，于是得 $h = \dfrac{L-S}{K} = \dfrac{0.8}{10} = 0.08$。

步骤 4：计算分组组界。先计算第一组的组界。由于 $S = 17.20$，故取第一组的下界限为 17.195，以使 17.20 不落在组界上，则第一组的上界限为 $17.195 + h = 17.275$。再确定其余组的组界。将前一组的组界各增加一个组距 h 即得该组的组界。例如，第二组的组界为（$17.195 \sim 17.275$）+ 0.08 =（$17.275 \sim 17.355$）。如此一直计算到包含最大值的一组。各组组界参见表 2-9，此时 $K = 11$。

表 2-9　频数分布表

组号（1）	组界值（2）	频数统计（3）	频数（4）	累计频数（5）	频率（6）	累计频率（7）
1	17.195～17.275	（划正字统计）	1	1	0.01	0.01
2	17.275～17.355		2	3	0.02	0.03
3	17.355～17.435		8	11	0.08	0.11
4	17.435～17.515		15	26	0.15	0.26
5	17.515～17.595		25	51	0.25	0.51

续表

组号（1）	组界值（2）	频数统计（3）	频数（4）	累计频数（5）	频率（6）	累计频率（7）
6	17.595～17.675		22	73	0.22	0.73
7	17.675～17.755		14	87	0.14	0.87
8	17.755～17.835		9	96	0.09	0.96
9	17.835～17.915		2	98	0.02	0.98
10	17.915～17.995		1	99	0.01	0.99
11	17.995～18.075		1	100	0.01	1.00
小计			100		1.00	

步骤 5：将 100 个数据按大小归入各组，计算各组的频数，作频数分布表，参见表 2-9。

步骤 6：画直方图。在以频数为纵坐标，不锈钢含铬量为横坐标的图上，以各组的频数为高，组距为底，依次画出各组的直方，即成直方图，参见图 2-4。

由图可见，不锈钢含铬量分布具有下列性质：①形状是单峰的且近似对称；②中心倾向为 17.598%，接近规格中心 17.75%；③分散程度尚可。因此，该厂不锈钢的冶炼生产基本正常。

为了能定量分析工序质量分布的状况，即在数值上度量质量分布的中心倾向和分散程度，可采用样本均值和样本标准差。令样本测定值为 $x_1, x_2, \cdots, x_n$，则样本均值为

$$\bar{x} = \frac{1}{n}\sum_{i=1}^{n} x_i$$

它是反映样本中心倾向的一个重要尺度。样本标准差为

$$s = \sqrt{\frac{1}{n-1}\sum_{i=1}^{n}(x_i - \bar{x})^2}$$

它是样本方差的平方根，反映样本数据的分散程度。在图 2-4 中，不锈钢含铬量的样本均值为

$$\bar{x} = \left(\frac{1}{100}\sum_{i=1}^{100} x_i\right) = 17.599$$

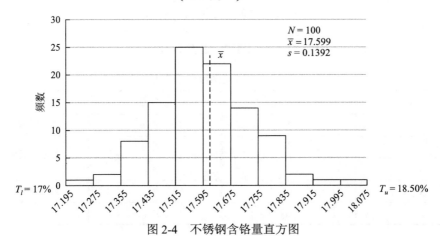

图 2-4　不锈钢含铬量直方图

样本标准差为

$$s = \sqrt{\frac{1}{99}\sum_{i=1}^{100}(x_i - 17.599)^2} = 0.1392$$

2.1.6 散布图

散布图又称散点图或相关图，是用来分析研究两个对应变量之间是否存在相关关系的一种作图方法。例如，产品加工前后的尺寸、产品的硬度和强度等都是对应的两个变量，它们之间可能存在着一定的不确定关系，这可以用散布图来研究。

散布图的作法就是把由实验或观测得到的统计数据用点子在平面图上表示出来。常见的散布图有如图 2-5 所示的几种典型形式，反映了两个变量 y 与 x 之间的相关关系。

（1）强正相关。y 随着 x 的增大而增大，且点子分散程度小，参见图 2-5（a）。

（2）弱正相关。y 随着 x 的增大而增大，但点子分散程度大，参见图 2-5（b）。

（3）强负相关。y 随着 x 的增大而减小，且点子分散程度小，参见图 2-5（c）。

（4）弱负相关。y 随着 x 的增大而减小，但点子分散程度大，参见图 2-5（d）。

（5）不相关。y 与 x 无明显规律，参见图 2-5（e）。

（6）非线性相关。y 与 x 呈曲线变化关系，参见图 2-5（f）。

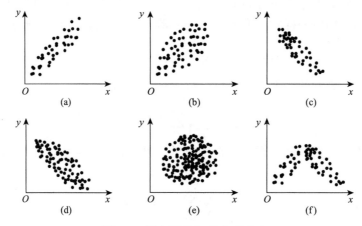

图 2-5 散布图的六种典型形式

例 2.6 某产品的产量与温度的观测数据如表 2-10 所示。

表 2-10 产量与温度的观测数据

温度/℃	产量/g	温度/℃	产量/g
1	3	6	14
2	5	7	15
3	7	8	17
4	10	9	20
5	11	10	21

将表 2-10 的数据以(x, y)成对地描在平面直角坐标系中，得到如图 2-6 所示的散布图。由此散布图可看出，y 随 x 的增大而增大，且点子基本上集中在某一直线附近，与图 2-5（a）相符，即产量与温度呈强正相关关系。

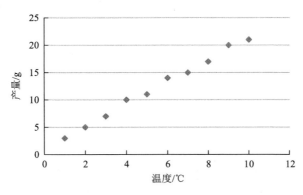

图 2-6　产量与温度散布图

2.1.7　控制图

控制图在 5.3 节专门介绍。

2.2　质量改进的新七种工具与技术

2.2.1　关联图

1. 关联图的基本概念

用箭线表示事物之间因果关系的图形称为关联图，关联图主要是用来整理、分析、解决在原因、结果、目的和手段等方面存在的复杂关系的问题。它用箭线的形式在逻辑上把质量问题各因素之间的"原因—结果"、"手段—目的"关系表示出来，从而暴露和展开其各个侧面，以利于最终从综合角度来处理问题。

因果图虽也用于分析问题的因果关系，但它是就各大类原因分别进行纵向分析，不能解决因素间的横向联系，所以只适于分析较为简单的问题；关联图则适于分析较为复杂的问题。

2. 关联图的作图步骤

（1）以所要解决的质量问题为中心展开讨论，分析原因及其子原因，以及各因素的因果关系或目的与手段关系，列出全部因素。

（2）使用简单而贴切的语言，简明扼要地表达出这些因素。

（3）把因果关系用箭线加以连接。

（4）从图中掌握全貌，审查复核有无遗漏和不确切之处。

（5）进一步归纳出重点因素或项目。

（6）针对重点因素或项目采取对策。

例 2.7　某厂装配合格品率偏低，产生不少废品，一直认为操作人员水平低是其主要原因。运用关联图重新探讨，发现许多与以往观点不同的因素，最后由现场工人责任转向管理责任，找出教育培训不够、生产时间安排太紧等问题，着手解决后废品率大幅度下降。寻找产生废品损失原因关联图如图 2-7 所示。

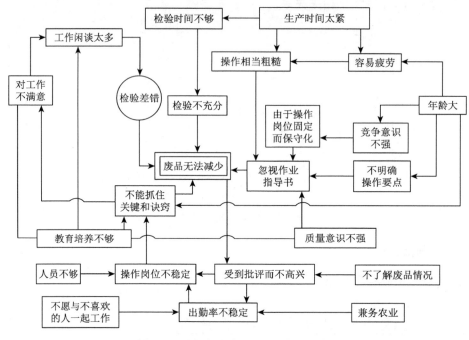

图 2-7   寻找产生废品损失原因关联图

2.2.2   系统图（树图）

1. 系统图的基本概念

系统图就是把达到目的所需的手段和方法按系统展开，然后利用系统图掌握问题的全貌，明确问题的重点，找到实现目的的最佳手段和方法。为了达到某种目的而选择某种手段，为了采取这种手段又必须考虑其下一水平的手段，这样，上一水平的手段对于下一水平的手段来说就成为目的。据此，可把达到某一目的所需的手段层层展开为图形，综览问题的全貌，明确问题的重点，合理地寻求达到预定目的的最佳手段或策略。系统图如图 2-8 所示。

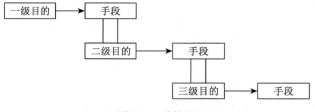

图 2-8   系统图

系统图大致有两类：一类是将问题的要素展开为"目的—手段"关系的"构成要素展开型"；另一类是将解决问题（达到目的）时所采取的手段和措施作系统展开的"措施展开型"。

2. 系统图的作图步骤

（1）确定目的或目标。最终目的要明确、具体化、数量化。若目标有约束条件，也应一并标出。

（2）提出手段和措施。

（3）评价手段和措施，以决定取舍。对搜集、罗列的各种手段进行初步评审、调查，确定其取舍。在取舍时，对离奇的设想要特别注意，不要草率否定，它一旦被证实或实现，往往在效果上是一个大的突破。

（4）手段措施卡片化。

（5）目的手段系统化。一般根据三个方面展开：①达到这个目的需要什么手段？②把上一级手段看作目的，还需要什么手段？③采取了这些手段，目的是否能够达到？

（6）制订实施计划。即系统图中最末一级的手段（措施），必须逐项制订出实施计划，确定其具体内容、日程进度、责任者等。

2.2.3　过程决策程序图

1. 过程决策程序图的基本概念

过程决策程序图（process decision program chart，PDPC）是指为了实现预定的质量目标，事先进行必要的计划或设计，预测可能出现的问题，分别确定每种情况下的对策和处理程序，以确定实现最佳结果的途径的方法。在过程进展中，如果出现意外的情况，也可用 PDPC 法迅速修整轨道，以达到理想结果。

2. 过程决策程序图法的应用思路与步骤

（1）根据有关信息提出问题和相应对策。在此，应根据已有资料预测各种可能的问题，并准备好相应的对策，以提高达到目标的准确度。

例如，如图 2-9 所示，不良品率高的状态为 A_0，希望不良品率减少之后达到 Z 状态。在此阶段可考虑从 A_0 到 Z 的手段有 $A_1 A_2 \cdots A_p$ 系列，希望此系列能顺利进行。

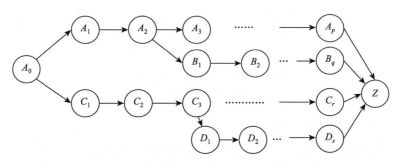

图 2-9　PDPC

（2）对于慢性质量问题，应随着事态的发展不断追加系列。如图 2-9 所示，若认为 A_3 实现的难度大，则可考虑从 A_2 开始经由 $B_1 B_2 \cdots B_q$ 系列达到 Z 状态；如果上述两系列均行不通，尽管多花了一些费用也要考虑采用 $C_1 C_2 \cdots C_r$ 或 $C_1 C_2 C_3 D_1 D_2 \cdots D_s$ 这两条途径来达到理想目标。

因此，在运用 PDPC 法时不仅要考虑一个手段系列，而且为了提高达到目标的明确度和可能性，有必要事先列出几个手段系列。当然随着事态的发展，还应根据所获得的信息追加系列，进而提高达到理想状态的可能性。

2.2.4　网络图

网络图又称矢线图或箭条图，是把计划评审法（program evaluation and review technique，PERT）和关键路线法（critical path method，CPM）用于质量管理，用以制订质量管理日程计划、明确质量管理的关键和进行进度控制的方法。

2.2.5　矩阵图

1. 基本概念

矩阵图法就是从作为问题的事件中，找出成对的因素，排列成矩阵图（图 2-10），然后根据矩阵图来分析问题，确定关键点的方法。

矩阵图法是通过多因素综合思考，探索解决问题的方法。在复杂的质量问题中，找出成对的质量因素，分别排列成行和列，在其交点处表示其关系程度，据此可以找出存在哪些问题和问题的形态，从而找到解决问题的思路。

2. 作图步骤

（1）列出质量因素。

（2）把成对因素排列成行和列，表示其对应关系。

		A					
		A_1	A_2	$\cdots$	A_i	$\cdots$	A_n
B	B_1						
	B_2						
	$\cdots$						
	B_j				着眼点		
	$\cdots$						
	B_m						

图 2-10　矩阵图

（3）选择合适的矩阵图类型。

（4）在成对因素交点处表示其关系程度，一般凭经验进行定性判断，可分为三种：密切、较密切、一般（或可能有关系），并用不同符号表示。

（5）根据关系程度确定必须控制的重点因素。

（6）针对重点因素作对策表。

制作矩阵图的关键是将什么样的事项组合起来，以及应将哪些水平要素同所提出的事项相对应。应组合的事项需随问题的内容而定，不能一概而论。

如果作矩阵图所需对应的事件确定了，则可将每一事件的要素利用"系统图"展开，直到得出具有意义的末级水平的要素，然后将两事件的各要素对应起来即可作出系统图与矩阵图组合使用的矩阵图，如图 2-11 所示。

例 2.8　输电铁塔生产过程中，不良品的种类有工件锈蚀、材质规格错误、工件尺寸错误、钢号与实物不符、连接孔错误等。这些局部的质量问题导致大量不良品出现，下面通过矩阵图 2-12 进行分析，其中，"◎"表示关系密切，"○"表示有关系，"△"表示可能有关系。

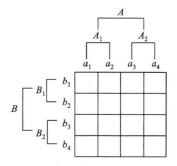

图 2-11　系统图与矩阵图结合的矩阵图

得到了矩阵关系图后，在不良品解决对策分析中就有的放矢了。

		原材料	人员	设备	设计	软件	方法
	工件锈蚀	○	○				
	材质规格错误		○				
	工件尺寸错误		○	△		△	○
	钢号与实物不符		◎				
	连接孔错误		○	△	○	○	○
	组合尺寸错误		○	○	△		○
	焊接夹渣气孔	○	△	○			
	工件遗失		○				
	塔材变形	○	○				○
原因	现象	原材料	人员	设备	设计	软件	方法
	工序						
	放样		◎		○	○	○
	裁纸样板		◎				○
	工令下放		◎				○
	制铁样板		◎				○
	备料	○	○				○
	工令核对		○				
	数孔编程		○			○	
	冲（钻）孔		◎	○		○	
	制钢号		◎				
	堆放						○
	审核组合图						

图 2-12　矩阵关系图

2.2.6　亲和图（KJ 法）

1. KJ 法的含义

KJ 法是将处于杂乱无章状态的语言文字资料，根据其内在的相互关系（亲和性）加以整理，然后抓住问题的本质，找出解决问题的新途径。此法是由日本川嘉田二郎（Kawakita Jiro）首创并推广应用的，故名 KJ 法。

KJ 法适用于解决范围比较大，无论如何要解决但又不能轻易解决的问题，需要从容思考和分析。KJ 法通过重复使用 A 型图解来解决问题。A 型图解，就是把搜集来的资料按其亲和性，即按其相互接近的情况加以综合的方法，这是一种感性的综合，属于创造性思考方法。

KJ 法与统计法都是从实际出发，根据事实来考虑问题。KJ 法与统计法比较如表 2-11 所示。

表 2-11　KJ 法与统计法比较

比较方面	统计法	KJ 法
方法类型	假设查证型	问题发现型
现象处理与资料种类	现象数量化，搜集数值性资料	现象不需数量化，搜集语言、文字、图像三类资料
方法侧重点	侧重分析和分层	侧重综合，特别是不同质的综合
问题解决方式	用理论分析问题	用感情归纳问题
思想方法	西方的思想方法	具有创造性的思想方法

2. KJ 法的作图步骤

1）确定课题

一般选择下述范围的题目来确定课题。

（1）澄清事实：事物表象处于杂乱无章的状态，希望进行系统整理，了解其规律性。

（2）形成构思：思想处于混乱状态，希望理出头绪，明确思路。

（3）变革现状：希望改变现状，摆脱成见束缚，建立新理论、新观念。

（4）创立体系：将已有的思想体系加以分解，创立新的体系。

（5）筹划组织：集合不同见解的成员，组成相互理解的小组，以便于解决问题。

（6）贯彻意图：通过倾听下级的意见，借以贯彻自己的意图和方针。

2）搜集语言文字资料

一般有四种方法。

（1）直接观察法：亲自到现场观察了解。

（2）面谈阅读法：倾听别人的意见，研究文献资料。

（3）个人思考法：可以采用备忘录式的记录方法，利用回忆和内心反省提出新的设想。

（4）头脑风暴法：通过集体讨论，进行智力激励。

3）语言资料卡片化

把搜集到的语言资料，按内容逐个分类，并分别用独立的意义、确切的词汇和短语扼要地综合，制成卡片，应能真实地反映自然状态。

4）汇合卡片

将所有卡片汇合在一起，把内容相近的归为一类，并按顺序排列，进行编号。

5）做标题卡

同一类卡片放在一起，经编号后扎牢作为一张卡片使用，把该类的本质内容用简单语言归纳出来，并记录在一张卡片上，称为标题卡。

6）作图

无法归类的卡片为"孤立"卡片，自成一组。把最终汇集好的卡片，按照比较容易寻找的相互位置进行展开排列，并按照既定的位置，把卡片粘到一张大纸板上，用适当的记号勾画其相互关系。

7）口头发表

一边看 A 型图解，一边按图内容进行讲解，说明卡片的内容和自己的理解。

8）写调查报告

一边看 A 型图解，一边构思结构内容，写成文章。事实要用是与否，解释要用我认为、似乎、好像等，以便区别。

KJ 法适用于横向协调较多、范围比较广泛的工作。如研究开发、质量保证、市场调查、推行全面质量管理、开展 QC 小组活动等。

例 2.9　图 2-13 为某厂如何开展 QC 小组活动的 KJ 法的一部分。

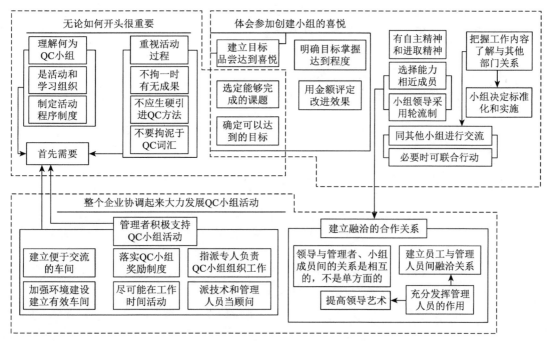

图 2-13　如何开展 QC 小组活动（KJ 法）

2.2.7　流程图

1. 流程图的概念

流程图就是将一个过程的步骤用图的形式表示出来的一种图示技术。通过对一个过程各步骤之间关系的研究，一般能发现故障问题存在的潜在原因，知道哪些环节可以进行质量改进。流程图的图例如图 2-14 所示。

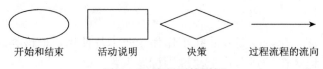

图 2-14   流程图的图例

2. 流程图的画图步骤

（1）判别过程的开始与结束。

（2）观察或设想从开始到结束的整个过程。

（3）规定在该过程中的步骤（输入活动、判定、决定、输出）。

（4）画出表示该过程的一张流程图的草图。

（5）与该过程中所涉及的有关人员共同审核该草图。

（6）根据评审结果，改进流程图的草图。

（7）与实际过程比较，验证改进后的流程图。

（8）注明正式流程图的形成日期，以备将来使用和参考。

➤复习思考题

2-1   质量管理与改进的基本工具的作用是什么？

2-2   质量改进新、老七种工具分别是什么？

2-3   新、老七种工具的主要内容分别是什么？

2-4   新、老七种工具各自有什么特点？

2-5   举例说明新、老七种工具在实际中的应用。

第 3 章

ISO 9000 标准与适航性标准

本章提要: 当今时代,质量管理的重点已转变到以"顾客满意、持续改进"为核心的质量管理体系的建立和有效运行上,质量管理体系得以有效运行的基础是 ISO 9000 族标准的建立和执行。本章在回顾总结 ISO 9000 族标准发展过程的基础上,详细介绍 ISO 9000:2015,并介绍质量审核与认证的相关知识,最后结合具体案例对质量管理体系的建立与实施进行详细阐述。

3.1 ISO 9000 的产生与发展

3.1.1 国际标准化组织

国际标准化组织(ISO)诞生于 1947 年,是以英国、法国、荷兰为首的资本主义国家,为把本国的标准扩展为国际标准,取得国际认可,占据竞争优势,建议组建的一个全球统一标准组织。由于这些国家的工业先进并在世界工业范围内具有很大影响,此倡议迅速得到以欧洲国家为主的 27 个中、小国家的响应,从而成立了国际标准化组织。国际标准化组织的宗旨是:在全世界范围内促进标准化工作的发展,以便于国际物资交流和互助,并扩大在文化、科学和经济方面的合作。截至 2023 年 6 月底国际标准化组织已有正式成员 168 个,1978 年我国成为国际标准化组织的正式成员。

3.1.2 ISO 9000 的产生

任何产品或服务都是通过规范或技术标准来体现顾客需要的,随着生活水平的提高,经济增长率的不断提升,顾客对产品质量的期望越来越高。但是如果提供和支持生产的组织管理体系不完善,就不可能始终如一地生产出满足顾客要求的产品。如何保证产品与服务及其他方面都合格,这些问题长时间困扰着各类组织,迫切需要一套完善的管理体系来约束、控制输入—输出的全过程,也是动态平衡的过程。同时也是为保证现有的产品与服务随着不断的变化而得到更好的控制,证明整体运作均达到国际标准,满足国际市场需求,因此产生了 ISO 9000 质量体系标准。

20 世纪 60 年代,随着国际交往的日益增多,产品的国际化流动必然带来产品质量保证和产品责任国际化问题。从 70 年代开始,美、英、法等国相继有了本国的质量管理标准，但标准不一致，给不同国家、企业在技术合作、质量认证和贸易往来等方面带来困难，增加了国际贸易壁垒，引起了国际社会的广泛关注，产品要打入国际市场，必须要符合国际化的标准要求。1973 年，在荷兰海牙召开的海牙国际司法会议上通过了《关于产品责任适用法律的公约》；随后，欧洲理事会在丹麦斯特拉斯堡缔结了《欧洲共同体关于造成人身伤害与死亡的产品责任的欧洲公约》。随着全球经济的发展，许多国家和地区性组织发布了一系列的质量管理与质量保证标准，作为贸易往来供需双方的依据和评价的规范，但缺乏国际统一的质量管理和质量保证的语言与准则。

1979 年，英国标准学会（British Standards Institution，BSI）向国际标准化组织提交正式提案，建议成立一个新的技术委员会，负责制定有关质量保证技术和应用的国际标准，这个新的技术委员会很快被批准，编号为 ISO/TC176，分配给这个标准委员会的标准总编号为 ISO 9000，秘书处设在加拿大。经过八年的工作，在 ISO/TC176 各国专家的共同努力下，通过总结世界各国特别是工业发达国家质量管理和协调各国的质量标准差异，国际标准化组织于 1987 年正式发布了第一部管理标准，即 ISO 9000 质量管理和质量保证系列标准，使世界主要工业发达国家的质量管理和质量保证的原则、方法与程序，统一在国际标准的基础上，标志着质量管理和质量保证走向了规范化、程序化的新高度。

3.1.3　ISO 9000 族标准的发展

ISO 9000 族标准自 1987 年颁布以来，很快在全球范围内产生了前所未有的效果，它以神奇魅力，为数以万计的企业所采用，并得到实践的证实，被世界上 80 多个国家和地区共同采用为国家和地区标准，产生了良好的宏观经济效益和社会效益。我国于 1988 年等效采用 ISO 9000 标准，1994 年等同采用 ISO 9000 族标准版本，至 1999 年底已有 15000 多家企业通过了认证。

与此同时，ISO 9000 族标准由原来的五个标准经过逐渐增加补充发展为数十个标准。1994 年经过第一次修订形成 1994（年）版 ISO 9000 族标准，2000 年经过第二次修订形成 2000（年）版 ISO 9000 族标准，2008 年经过第三次修订形成 2008（年）版 ISO 9000 族标准。

作为国际通用标准同时又可作为企业质量提升的基本管理体系《ISO 9001：2015 质量管理体系要求》于 2015 年 9 月 23 日正式发布，《ISO 9001：2008 质量管理体系要求》于 2018 年 9 月所有的证书作废且失效。中华人民共和国国家标准于 2016 年 12 月 30 日发布了《质量管理体系 要求》（GB/T 19001—2016），于 2017 年 7 月 1 日实施。

■ 3.2　ISO 9000：2015 标准的构成和特点

ISO 9000：2015 族标准延续了 ISO 9000：2008 族标准的基本体系结构和特点。下面分别介绍 ISO 9000：2015 族标准的体系结构和特点。

3.2.1　ISO 9000：2015 族标准的文件结构

ISO 9000：2015 族标准由一系列关于质量管理的标准、指南、技术规范、技术报告、小册子和网络文件组成。

其中，由四项密切相关的质量管理体系标准构成了 ISO 9000：2015 族标准的核心标准，如表 3-1 所示。

表 3-1 ISO 9000：2015 核心标准的构成

编号	名称
ISO 9000：2015	质量管理体系 基础和术语
ISO 9001：2015	质量管理体系 要求
ISO 9004：2009	质量管理体系 组织持续成功管理 质量管理方法
ISO 19011：2011	管理体系审核指南

其中，ISO 9001：2015《质量管理体系 要求》（简称 ISO 9001 标准）是最主要的、用于第三方认证或合同目的的标准。通常说的某公司通过了 ISO 9000 认证，就是指通过 ISO 9001 标准的认证。

目前，我国等同采用了 ISO 9000 族标准，我国标准与上述四个主要标准分别对应的是：《质量管理体系 基础和术语》（GB/T 19000—2016）；《质量管理体系 要求》（GB/T 19001—2016）；《追求组织的持续成功 质量管理方法》（GB/T 19004—2011）（已作废）；《管理体系审核指南》（GB/T 19011—2021）。

ISO 9001 认证，可以理解为质量体系的注册，就是由国家批准的、公正的第三方机构（认证机构）依据 ISO 9001 标准，对企业的质量体系实施评定，向公众证明该企业的质量体系符合 ISO 9001 标准的要求，提供合格产品，公众可以相信该企业的服务承诺和企业的产品质量的一致性。

从用途上，ISO 9000：2015 族标准又分为三类标准，即 A 类、B 类和 C 类。

A 类标准为管理体系要求标准，向市场提供有关组织的管理体系的相关规范，以证明组织的管理体系是否符合内部和外部要求（例如，通过内部审核和外部审核予以评定）的标准。如管理体系要求标准、专业管理体系要求标准。

B 类标准为管理体系指导标准，通过对管理体系要求标准各要素提供附加指导或提供非同于管理体系要求标准的独立指导，以帮助组织实施或完善管理体系的标准。如使用标准的指导，建立、改进和改善管理体系的指导，专业管理体系指导标准。

C 类标准为管理体系相关标准，就管理体系的特定部分提供详细信息或就管理体系的相关支持技术提供指导的标准。

目前，ISO 9000：2015 族标准如表 3-2 所示。

表 3-2 ISO 9000：2015 族标准

编号	名称	类型
ISO 9000：2015	质量管理体系 基础和术语	C
ISO 9001：2015	质量管理体系 要求	A
ISO 9004：2009	质量管理体系 组织持续成功管理 质量管理方法	B
ISO19011：2011	管理体系审核指南	C

续表

编号	名称	类型
ISO 10001：2007	质量管理顾客满意：组织行为规范指南	C
ISO 10002：2004	质量管理顾客满意：组织处理投诉指南	C
ISO 10003：2007	质量管理顾客满意：组织外部争议解决指南	C
ISO/TS 10004：2010	质量管理顾客满意：监视和测量指南	C
ISO 10005：2005	质量管理质量计划指南	C
ISO 10006：2003	质量管理项目质量管理指南	B
ISO 10007：2003	质量管理技术状态管理指南	C
ISO 10012：2003	质量管理体系测量过程和测量设备的要求	B
ISO/TR 10013：2003	质量管理体系文件指南	C
ISO 10014：2006	质量管理实现财务和经济效益指南	B
ISO 10015：1999	质量管理培训指南	C
ISO/TR 10017：2003	质量管理 ISO 9001：2000 统计技术指南	C
ISO 10019：2005	质量管理体系咨询师的选择及其服务使用指南	C
ISO/TS 16949：2009	质量管理体系汽车生产部件及相关维修部件组织应用 ISO 9001：2008 的特殊要求	A
ISO 19011：2002	质量和（或）环境管理体系审核指南	C
ISO 手册：2008	ISO 9000 族标准的选择和使用	C
ISO 手册：2000	质量管理原则及其应用指南	C
ISO 手册：2002	小型组织实施 ISO 9001：2000 指南	C

3.2.2 ISO 9000：2015 族标准的特点

从 2008 版到 2015 版的修改，是 ISO 9001 标准从 1987 年第一版发布以来的四次技术修订中影响最大的一次修订，修订主要变化有：

（1）采用了 ISO 指令第一部分附录 SL 中的高层次架构（HLS）。

（2）明确要求基于风险的思想，以支持和改进对过程方法的理解与应用。

（3）更少规定要求。

（4）更少强调文件化。

（5）改善对服务业的适用性。

（6）要求需要定义质量管理体系的界限。

（7）对组织的环境更重视。

（8）增加领导力的要求。

（9）更加注重取得预期成果，以提高客户满意度。

2015 版标准的某些术语和概念也发生了变化，具体变化如下。

（1）用"产品和服务"替代了"产品"，强调产品和服务的差异，使标准的适用性更广泛。

（2）增加了理解相关方的需求和期望的要求，标准 4.2 条款规定的要求包括了组织确定与质量管理体系有关的相关方，并确定来自这些相关方的要求。

（3）增加了基于风险的思维条款，删去了"预防措施"条款，要求组织理解其组织环境，并以确定风险和机遇作为策划的基础，这意味着将基于风险的思维应用于策划和实施质量管理体系过程。

（4）关于标准的适用性，不再使用"删减"一词，但组织可能需要评审要求的适用性，确定是不适用的，判断标准是该要求不导致影响产品和服务的符合性、不影响增强顾客满意的目标。

（5）标准取消了质量手册、文件化程序等大量强制性文件的要求，合并了文件和记录，统一为"成文信息"。

在 2008 版中使用的特定术语如"文件""形成文件的程序""质量手册"或"质量计划"等，在该版标准中表述的要求为"成文信息"；在 2008 版中使用"记录"这一术语表示提供符合要求的证据所需要的文件，在该版标准中表述的要求为"保留成文信息"。

（6）增加了组织的知识条款，明确提出了"知识"也是组织实施、保持和改进质量管理体系所需的一种资源。

（7）用"外部提供过程、产品和服务"取代"采购"和"外包过程"。2015 版与 2008 版标准之间的主要术语差异如表 3-3 所示。

表 3-3　ISO 9001：2008 与 ISO 9001：2015 之间的主要术语差异

编号	ISO 9001：2008	ISO 9001：2015
1	产品	产品和服务
2	删减条款	—
3	管理者代表	— （分派类似的职责和权限，但不要求委任一名管理者代表）
4	文件、质量手册、形成文件的程序、记录	成文信息
5	工作环境	过程运行环境
6	监视和测量设备	监视和测量资源
7	采购产品	外部提供的产品和服务
8	供方	外部供方

2015 版标准更加适用于所有类型的组织，更加适合于企业建立整合管理体系，更加关注质量管理体系的有效性和效率。在术语、整体结构、具体要求方面对 2008 版进行了完善，增加了一些新要求，对同一条款内的子条款和要求的排列顺序进行了必要的调整。深化和引入了一些新的理论基础和工具，修改后标准的适用性更好，标准在引言和附录上也作了较大修改，整体感觉非常完美。

可以说，ISO 9000 族标准的发展及修订的程度变化，如果把 1987 版和 1994 版当1.0 版、2000 版和 2008 版当 2.0 版，则 2015 版为 3.0 版。ISO 9000 族标准是百年工业化进程中质量管理经验的科学总结，是已被世界各国广泛、持续采用和认同的国际标准。

3.2.3 ISO 9000：2015 族标准的基础——质量管理七项原则

ISO 总结了质量管理近百年的实践经验，吸纳了当代最杰出的质量管理专家的理念，用高度概括而又易于理解的语言，总结出质量管理七项原则，它是主导质量管理体系要求的一种哲学思想，包括了质量管理的全部精华，构成了质量管理知识体系的理论基础。质量管理七项原则适用于任何类型的组织以及任何类型的产品，这些原则也是建立质量管理体系的理论基础。质量管理七项原则见表 3-4。

表 3-4　质量管理七项原则

序号	质量管理的原则	质量管理原则的内涵
1	以顾客为关注焦点	组织依存于顾客。因此，组织应当理解顾客当前的和未来的需求，满足顾客要求并争取超越顾客期望。质量管理的主要目标是满足顾客需求并努力超越顾客的期望。公司能够吸引、维持顾客和增加其他相关信心是成功的。在与顾客沟通交流中不断地了解顾客现在和未来的要求，并满足和超过顾客要求，公司将获得长期的发展
2	领导作用	公司各级领导建立一致的目标和方向，创造并实现公司的质量目标。在建立目标时保持公司战略一致
3	全员积极参与	各级人员都是组织之本，唯有其充分参与，才能使他们为组织的利益发挥其才干。质量管理并非某个人去完成，而是所有的人都需要参与。为了有效和高效地管理公司，尊重并使各级人员参与、认可、授权和能力提升，促进人员积极参与实现公司的质量目标
4	过程方法	将活动和相关的资源作为过程进行管理，可以更高效地得到期望的结果。只有将活动作为相互关联的连贯系统进行运行的过程来理解和管理，才能更加有效和高效地得到一致的、可预知的结果。质量管理体系是相互关联的过程组成，理解质量管理体系产生的结果，能够使公司优化其体系和绩效
5	改进	持续改进总体业绩应当是组织的永恒目标。公司成功不在于一时，而在于不断的改进，持续的成功。公司不仅要改进并保持当前绩效水平，还需要做出反应并创造新的机会
6	基于事实的决策方法	有效决策是建立在数据和信息分析的基础上的。基于数据和信息的分析与评价的决定，更有可能产生预期的结果。决策是一个复杂的过程，并且总是包含一些不确定性。它经常涉及多种类型和来源的输入及其解释，这些解释可能是主观的。重要的是理解因果关系和可能的非预期后果。对事实、证据和数据的分析可导致决策更加客观和可信任
7	关系管理	组织与供方的相互依存的、互利的关系可增强双方创造价值的能力。公司的成功不仅需要完成自己的绩效目标和支持，也需要相关的绩效目标和支持。当公司管理其与所有相关方的关系以使相关方对公司的绩效影响最佳时，才更有可能实现持续成功。对供方及合作伙伴的关系网的管理是尤为重要的

3.3　质量管理体系要求——ISO 9001：2015

ISO 9000 族标准区分了质量管理体系要求和产品要求。

ISO 9001 规定了质量管理体系要求。质量管理体系要求是通用的，适用于所有行业或经济领域，不论其提供何种类别的产品。ISO 9001 本身并不规定产品要求。产品要求可由顾客规定，或由组织通过预测顾客的要求规定，或由法规规定。在某些情况下，产品要求和有关过程的要求可包含在如技术规范、产品标准、过程标准、合同协议和法规要求中。

3.3.1 质量管理体系的总要求

1. 总则条款

采用质量管理体系是组织的一项战略决策，能够帮助其提高整体绩效，为推动可持续发展奠定良好基础。

组织根据本标准实施质量管理体系的潜在益处如下。

（1）稳定提供满足顾客要求以及适用的法律法规要求的产品和服务的能力。

（2）促成增强顾客满意的机会。

（3）应对与组织环境和目标相关的风险与机遇。

（4）证实符合规定的质量管理体系要求的能力。

本标准可用于内部和外部各方。

实施本标准并非需要：统一不同质量管理体系的架构；形成与本标准条款结构相一致的文件；在组织内使用本标准的特定术语。

本标准规定的质量管理体系要求是对产品和服务要求的补充。

2. 条款说明

条款主要说明以下几个问题。

（1）采用质量管理体系是组织的一项战略性决策。

（2）组织实施质量管理体系能获得的益处或潜在益处是：①能稳定且可持续地生产和提供合格的产品与服务，这些产品和服务符合顾客要求且满足法律法规要求；②采用本标准能提高顾客满意的概率；③能够应对与组织环境和目标相关的风险及机遇；④向顾客和相关方显示与证实本组织符合规定的质量管理体系要求的能力。

（3）本标准是第一方、第二方和第三方审核的依据，用于评定组织满足顾客要求、满足法律法规要求和满足组织自身要求的能力。

（4）对实施质量管理体系的组织架构和所需要的文件形式不做统一要求，这给组织编写质量管理体系文件带来了难度。

（5）组织使用的术语不要求与标准特定术语一致。

（6）本标准所规定的质量管理体系要求是对产品要求的补充，不能替代。

组织应按标准的要求建立质量管理体系，将其形成文件，加以实施和保持，并持续改进其有效性。

组织应做到以下几点。

（1）确定质量管理体系所需的过程及其在整个组织中的应用。

（2）确定这些过程的顺序和相互作用。

（3）确定所需的准则和方法，以确保这些过程的运行和控制有效。

（4）确保可以获得必要的资源和信息，以支持这些过程的运行和监视。

（5）监视、测量（适用时）和分析这些过程。

（6）实施必要的措施，以实现所策划的结果和对这些过程的持续改进。

3.3.2　质量管理体系的文件要求

质量管理体系文件是描述一个组织质量管理体系结构、过程程序、人员职责、所需资源等内容的一整套文件。在 ISO 9001：2015（GB/T 19001—2016）标准中，质量管理体系的所有文件、记录等均表述为"成文信息"（即形成文件的信息），它包含质量手册、程序文件、作业指导书、质量记录等。在本版标准中，取消了质量手册条款，也不再对程序文件作统一要求，因此组织在策划、制定质量管理体系文件（成文信息）时难度更大、形式也更灵活多样。此处主要讨论质量手册、程序文件、作业指导书、质量记录等文件的编写。

1. 质量管理体系文件（成文信息）的作用

质量管理体系文件的作用：一是作为指南和依据，指导组织建立质量管理体系并按ISO 9001 标准和质量管理体系文件实施运行；二是作为准则，和 ISO 9001 标准、相关法律法规一起作为质量管理体系的审核准则；三是作为记录和证据，证明组织保持和持续改进质量管理体系的有效性。因此建立质量管理体系的一个重要工作就是把适合组织管理体系运行且行之有效的管理方法、过程程序予以制度化，形成一套统一、完整和严密的体系文件，即成文信息。

按照文件属性和作用的不同，质量管理体系文件可分为指导性文件和证实性文件两类。指导性文件用于明确要求或规定实施某项活动或过程的方法，如质量管理体系文件中的程序文件、作业性文件等；证实性文件用于证实某项活动或过程的进行情况，如质量管理体系文件中的记录等。

质量管理体系文件的具体作用如下。

（1）可以表达质量管理的有关信息，使人们沟通意图，统一行动。

（2）可以界定部门有关人员的职责和权限，处理过程之间的接口，使质量管理体系成为职责分明、协调一致的有机整体。

（3）可以保证组织质量方针和质量目标的实现。

（4）可以作为组织员工培训的教材。

（5）可以作为审核和评估的客观证据。

（6）可以作为质量管理体系持续改进的依据。

质量管理体系文件的作用能否充分发挥，关键在于文件能否得到切实执行。这里有两个前提条件：一是文件要有良好的适宜性和可操作性。若文件形式、内容过于繁杂，会造成理解和实施的困难；但过于简单，就不能达到规范和指导工作的作用。二是要对文件内容进行必要的学习和培训，使员工熟悉、理解文件的内容和要求，从而减少执行文件的盲目性，提高自觉性。

2. 质量管理体系文件的要求及构成

1）质量管理体系文件的要求

ISO 9001：2015 标准对质量管理体系文件做了相应的要求。

条款 4.4 "质量管理体系及其过程"要求组织按需要的程度"保持成文信息"，以支持过程运行，并按需要的程度保留成文信息以确信其过程按策划进行。

条款 7.5.1 "总则"解释了质量管理体系文件应包含：

（1）该标准要求的成文信息；

（2）组织所确定的，为确保质量管理体系有效性所需的成文信息。

该条款后的注解说明，各组织的质量管理体系成文信息可因以下情况而不同：

（1）组织的规模，以及其活动、过程、产品和服务的类型；

（2）过程及其相互作用的复杂程度；

（3）人员能力。

所有构成质量管理体系的组成部分的成文信息必须按条款 7.5"成文信息"受控。具体来说，ISO 9001 标准对质量管理体系文件的要求分为两个部分：一部分是标准所要求的文件信息；另一部分是组织为确保质量管理体系有效运行，从组织的实际情况出发，根据需要安排的各种运行文件。标准全文共有 25 个地方提到应保持或保留成文信息（即形成文件或提供符合要求的证据的记录）。

ISO 9001：2015 标准对质量管理体系文件的结构和格式并无硬性规定，体系文件编制需要采取合理的方式表达，可以是形成书面文件、表格、记录、图片、录像、录音、宣传标语等，由企业自定。这些要求将是第二方、第三方审核的直接证据，是质量管理体系运行符合标准要求、顾客要求、法规要求的直接证据。

2）质量管理体系文件的构成

本版标准取消了质量手册、形成文件的程序等术语，统一用"成文信息"这样非常模糊的词表述。同时文件和记录也不再作区分，记录已全部用"活动结果的证据的成文信息"代替。

本版标准在证据方面，更强调的是动作产生的结果，而非事情本身。更强调有没有做，而不是有没有。整个标准中要求的记录，也不强制要求做记录，只要能提供出让人相信的证据就行，不用刻意去"做"记录，证据就宽泛得多，不仅文字、影像、声音可以作为记录，很多之前不能成为记录的证据，如痕迹、外部信息、数据分析等，都能成为证据。

本版标准较大地改变了以往版本对体系文件惯有的数量、层次和结构等的要求，这对新版标准的使用者来说，对文件要求的理解和实施过程带来了或多或少的困扰，为此，《ISO 9001：2015 中形成文件的信息要求的指南》（ISO/TC 176/SC2/N1276）的"ISO 9001：2015 条款 7.5 的指南"做了描述。

从上述指南可以看出，一个组织的运作通常使用的质量管理体系文件可分为高层文件、低层（或特定）文件、记录三个方面的文件。标准对文件的形式、层次和数量的要求也变得"模糊、宽松"了，组织在满足"ISO 9001：2015 版标准所要求的成文信息"的前提下，根据组织的需要再编写一些文件，只要能建立质量管理体系，能确保过程运行沟通，能为已实现的结果提供证据，就可以符合标准的要求。具体地讲，质量管理体系文件可以是：质量管理体系的范围，质量方针，质量目标，组织结构图，过程路线图、流程图和/或过程描述，程序，作业和/或测试指引，规范，包含内部沟通的文件，批准的供应商清单，测试和检验计划，质量计划，质量手册，战略计划，表格，记录等。

由此可见，ISO 9001：2015 标准相对于旧版标准，对文件数量的要求似乎要"少"些。因此，对于已按 ISO 9001：2008 标准建立质量管理体系的组织，并不需要修订所有形成文件的信息以满足 ISO 9001：2015 标准的要求。如果组织的质量管理体系是根据其有效的运行方式和过程方法理论建立的，那么是完全可行的。当然，为了简化其质量管理体系，组织可以对现有形成文件的信息进行简化和/或合并。

对于按 ISO 9001：2015 标准新建立质量管理体系的组织，在满足标准对成文信息要求的前提下，为了便于把握好编写的文件架构和条理性，可以选择：①按层次划分来编写；②按类型划分来编写。

组织应以灵活的方式将其质量管理体系形成文件。质量管理体系文件可以与组织的全部活动或部分活动有关，必须强调这些是指"一个形成文件的质量管理体系"，而不是一个"文件体系"。

3. 文件结构

质量管理体系文件应包括以下内容。

（1）形成文件的质量方针和质量目标。

（2）质量手册。

（3）本标准所要求的形成文件的程序和记录。

（4）组织确定的为确保其过程有效策划、运行和控制所需的文件，包括记录。

不同组织质量管理体系文件的详略程度应随组织的规模、人员的能力、工序的复杂程度等因素而定。

4. 文件控制

组织应对质量管理体系文件进行控制，并编写形成文件的程序——文件控制程序，质量管理体系所要求的文件是实施并保证质量管理体系的基础，充分、适宜的文件能促使体系的有效运行。标准对文件控制做出以下要求。

（1）文件发布前得到批准，以确保文件是充分的和适宜的。

（2）必要时对文件进行评审与更新，并再次批准。

（3）确保文件的更改和现行修订状态得到识别。

（4）确保在使用处可得到适用文件的有效版本。

（5）确保文件清晰，易于识别。

（6）确保外来文件得到识别，并控制其分发。

（7）防止作废文件的非预期意外使用，对这样的文件进行适当的标识。

3.3.3　质量管理体系的四大过程

由 ISO 9000：2015 标准表述的质量管理体系模式是以过程为基础的，体现了质量管理的原则：过程方法，如图 3-1 所示，在整个质量管理体系大过程中，包含了管理职责，资源管理，产品实现，测量、分析和改进四个主要过程。

1. 管理职责

标准规定了组织最高管理者（在最高层指挥和控制组织的一个人或一组人）在质量管理体系中应履行的职责。

（1）最高管理者应作出承诺。

（2）最高管理者应以顾客为关注焦点。

（3）最高管理者应正式发布质量方针。

（4）最高管理者应确保建立质量目标。

（5）最高管理者应确保质量管理体系策划。

（6）最高管理者应确保规定组织的职责和权限。

（7）最高管理者应指定管理者代表。

（8）最高管理者应确保内部沟通。

（9）最高管理者应进行管理评审。

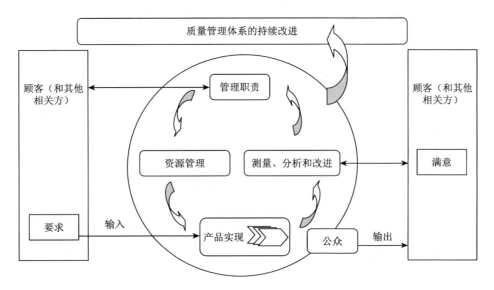

图 3-1　以过程为基础的质量管理体系模式

2. 资源管理

（1）资源提供。组织应确定并提供以下方面所需的资源：①实施、保持质量管理体系并持续改进其有效性；②通过满足顾客要求，增强顾客满意。

（2）人力资源。质量管理体系要求所有从事影响产品质量工作的人员应有能力胜任所在岗位的工作，这种能力是基于适当的教育、培训、技能和经验，从事影响产品要求符合性工作的人员应是能够胜任的。

（3）基础设施。组织应确定、提供并维护为达到产品符合要求所需的基础设施。

（4）工作环境。组织应确定和管理为达到产品符合要求所需的工作环境。

3. 产品实现

产品实现过程是质量管理体系中，从识别与体系相关产品要求开始到向顾客交付产品并包括交付后服务的全部过程，也是质量管理体系直接增值的过程。产品实现所需的过程包括产品实现的策划、与顾客有关的过程、设计和开发、采购、生产和服务提供五大过程，这些过程又包括相应的一系列子过程。

（1）产品实现的策划。组织应策划和开发产品实现所需的过程并与质量管理体系其他过程的要求相一致。无论提供有形产品或无形产品，都要经过一系列有序的过程和子过程来实现。

（2）与顾客有关的过程。与顾客有关的过程包括确定与产品有关的要求、评审与产品有关的要求以及与顾客沟通三个子过程。

（3）设计和开发。设计和开发是指将顾客要求转换为产品、过程、体系的规定的特性或规范的一组过程。组织应确定与产品要求有关的设计开发输入，并形成文件和保持记录，应依据策划的安排在适当阶段对设计开发进行系统的评审、验证和确认，应对产品设计开发的更改是否满足要求予以控制，并形成文件或保持记录。

（4）采购。组织必须对采购过程予以控制，包括评价和选择供方、制定采购产品要求和对采购产品验证活动的识别与安排等活动。评价结果及评价所引起的任何必要措施的记录应予以保持。

（5）生产和服务提供。

①生产和服务提供的控制与确认。组织应根据产品或服务的特点及其运作过程的特点予以适当的策划和控制，确保在受控条件下进行生产和服务提供。当生产和服务提供过程的输出不能由后续的监视或测量加以验证时，组织应对任何这样的过程实施确认。

②标志和可追溯性。为防止在实现过程中产品的混淆和误用，以及实现必要的产品（服务）追溯，利用产品标识识别产品特定特性或状态。

③顾客财产。组织应爱护组织控制或使用的顾客财产，包括：顾客提供的构成产品的部件或组件；顾客提供的用于修理、维护或升级的产品；顾客直接提供的包装材料；服务作业涉及的顾客财产；顾客的知识产权。

④产品防护。组织应针对产品的符合性，如质量特性，提供有效的防护措施，包括：建立并保持适当的防护标识；提供适当的搬运方式和设备；根据产品特点和顾客要求包装产品等。

⑤监视和测量设备的控制。组织应确定产品实现过程中所需要实施的监视和测量任务，包括为验证产品符合确定要求的全部监视、测量、检验、试验和验证活动，并确定这些活动中所涉及的监视和测量装置全部纳入受控范围。

4. 测量、分析和改进

质量管理体系不仅要建立、实施、保持，还必须持续改进其有效性。这是质量管理体系按照过程方法进行自我完善的重要环节。

（1）监视和测量。监视和测量的对象包括体系、过程、产品。

对体系的监视和测量又包括采用顾客满意和内部审核两种方式。

①顾客满意。使顾客满意并增强顾客满意，超越顾客期望，是组织建立、实施和改进质量管理体系的目标，组织应当建立顾客满意测量信息的搜集和处理渠道。

②内部审核。开展内部审核可以包括对产品、过程的审核，重点是对质量管理体系的审核，是为查明质量管理体系实施效果是否达到规定要求，以便及时发现问题，纠正错误，使质量管理体系有效运行并得以保持。

过程的监视和测量。组织应采取适宜的方法对产品及其实现过程进行监视和测量。如设立监控点、应用统计技术和过程能力分析、巡回检查等。

（2）不合格品的控制。组织应对未满足要求的产品——不合格品及时进行识别和控制。

（3）数据分析。组织应确定、搜集来自各方面的数据并对其进行分析。

（4）改进。

①持续改进。组织应利用质量方针、质量目标、审核结果、数据分析、纠正和预防措施以及管理评审，持续改进质量管理体系的有效性。

②纠正措施。组织应采取措施，以消除不合格的原因，防止不合格的再发生。纠正措施应与所遇到不合格的影响程度相适应。

③预防措施。组织应确定措施，以消除潜在不合格的原因，防止不合格的发生。预防措施应与潜在问题的影响程度相适应。

组织还应建立并实施形成文件的纠正措施、预防措施，及时发现潜在的不合格情况，防止不合格品发生，是质量管理体系不断完善和促进持续改进的重要活动。

■ 3.4　质量审核与认证

3.4.1　质量审核的含义及其类型

质量管理体系审核是组织在建立、实施体系以后必须进行的一项管理活动。组织进行审核的目的：一是评价和确定自身质量管理体系符合要求的程度和体系有效性，并寻找改进的机会；二是获得外部的认证认可。因此，体系审核是保证组织质量管理体系持续有效运行并持续改进的重要手段。

1. 审核

（1）审核的定义：为获得审核证据并对其进行客观的评价，以确定满足审核准则的程度所进行的系统的、独立的并形成文件的过程。

（2）定义说明：审核是一个系统的、独立的并形成文件的过程。

系统是指审核是一项正式的、有序的活动。如果是外部审核，则须按组织与认证机构签署的合同进行，如果是内部审核，则需要组织的最高管理者的授权，无论外部审核还是内部审核，都是有组织、有计划并按规定的程序进行的。

独立是指审核是一项客观的、公平和公正的活动，在审核过程中以审核准则为依据，尊重事实和证据，得出客观公正的结论，不能随意扩大或缩小这些事实和准则的范围。同时，审核员必须与审核活动没有直接的责任关系。

审核是一个形成文件的过程。审核的文件是相伴于审核活动而产生的。审核的策划、准备、实施、评价等各阶段都会形成文件，如审核计划、检查表、抽样计划、审核记录、不符合报告、审核报告等。

审核是"为获得审核证据并对其进行客观的评价，以确定满足审核准则的程度所进行的系统的、独立的并形成文件的过程"。从定义中可以看出，审核的目的是确定审核准则是否得到满足，审核的方法是要获取证据并对证据进行客观评价，审核的要求是审核过程应具有系统性、独立性和文件化。

质量审核是指确定质量活动和有关结果是否符合计划安排，以及这些安排是否有效地实施并适合于达到预定目标的、有系统、独立的检查。根据审核的对象，质量审核可分为质量管理体系审核、过程质量审核、产品质量审核。以下详细介绍质量管理体系审核的类型。

审核可以是为内部或外部的目的，因此质量管理体系审核常常分为内部质量管理体系审核和外部质量管理体系审核两大类。

2. 第一方审核（又称内部审核）

第一方审核用于内部目的，由组织自己或以组织的名义进行的对其自身的产品、过程或服务的质量管理体系审核，可以作为组织声明自我合格的基础。

第一方审核的目的是保持组织质量管理体系持续有效的运行，综合评价自身质量管理体系的运行状态，评价质量活动及结果的有效性，同时对审核中发现的不合格采取纠正和改进措施。

第一方审核又称为内部审核。审核员通常是本组织经过培训的内部审核员，必要时也可以聘请外部人员参加。

实施第一方审核的主要原因有以下几点。

（1）质量管理体系标准的要求。

（2）增强满足质量要求的能力，旨在顾客满意。

（3）在接受外部审核之前进行自我评价，及时采取纠正和改进措施，以减少不合格项。

（4）推动组织的质量管理体系持续改进。

3. 外部质量管理体系审核

外部质量管理体系审核可分为第二方审核和第三方审核两类。

1）第二方审核

第二方审核是由组织的相关方如顾客、发包方或其他人以顾客的名义进行的审核，目的是评价组织具有稳定的提供满足顾客要求和法律法规要求的产品和服务的能力。审核依据应更注重双方签订的合同要求，以确定组织的质量管理体系与标准或顾客的特定要求的符合程度。按不同的审核情况，第二方审核可以分为正式审核、非正式审核、供方评价、预先调查和未经宣布的突然审核等几种方式，审核的结果通常作为顾客决定购买的因素。

实施第二方审核的主要原因如下。

（1）质量管理体系标准的要求，如外部提供的过程、产品和服务的控制条款的要求。

（2）确保产品和服务符合规定的要求。

（3）增加双方对质量要求的理解，取得共识，建立互利的关系管理。

2）第三方审核

第三方审核由外部独立的第三方认证/注册机构进行，对受审核组织所进行的质量管理体系符合性的审核。一般来说，第三方审核的目的是认证注册，以此来证实组织有能力稳定地提供满足顾客和适用的法律法规要求的产品、增强顾客满意，以便占领和扩大市场。

第三方审核是组织自愿的，而不是强制的，审核依据是管理体系标准或规范。实施第三方审核的主要理由如下。

（1）依据国际质量管理体系标准对其组织满足顾客及适用法律法规要求能力的证实，获得第三方认证机构颁发的质量管理体系认证证书。

（2）避免过多的第二方审核，减少组织和顾客双方的费用。

（3）改进组织的质量管理体系。

（4）提高组织信誉，增强市场竞争能力。第三方审核中，审核员对受审核方不提出如何改进的建议。当组织要求为审核员提出有关建议时，应向受审核方说明，第三方审核的独立、公正地位决定了审核员不应提出如何改进的建议。

3.4.2　质量认证的含义及其程序

关税贸易总协定（General Agreement on Tariffs and Trade，GATT）的贸易技术壁垒协议"乌拉圭回合"文本，强调了合格质量评定程序在国际贸易中的重要作用，1986 年 ISO 合格评定委员会（ISO/CASCO）颁布了 ISO/IEC48 号指南 *Guidelines for Third-party Assessment and Registration of a Supplier's Quality System*（第三方对质量体系进行评定和注册的导则）进一步促进了国际质量体系认证的协调和发展，使 ISO 9000 族标准质量体系认证风行全球，成为国际贸易中不可忽视的关键因素之一。我国的质量体系认证工作正式起步于 1992 年，依据我国《产品质量法》，1994 年 4 月 23 日国家技术监督局正式批准成立中国认证人员委员会（China National Registration Board for Auditors，CNACR），开始建立和实施中国质量体系认证国家认可制度。近年来，我国的质量认证工作走上了快速、健康发展的轨道，认证机构、培训机构、认证咨询机构和认证人员的数量都在不断扩大。

1. 质量认证的含义

质量认证是指由一个权威机构（第三方）对产品或质量体系作出合格的评定。这种认证已经发展成为世界范围内广泛的国际认证，它不受供、需双方经济利益的影响，是建立在公正、科学的基础之上的第三方认证，是世界各国对产品质量和企业质量管理体系进行评价、监督、管理的通行做法和认证制度。质量认证包括以下四个方面的内容。

（1）认证的对象是产品（产品质量认证）或过程（质量体系认证）。

（2）认证的依据是标准或技术规范。ISO 9000 系列标准的发布为认证提供了必要条件，认证标准必须符合以下条件：①明确规定专门的技术特征；②规定准确而又能重现的测试方法；③统一的评定程序；④应承认并且促进技术发展。

（3）认证的方式是颁发合格证书或加施合格标志。

（4）认证的主体是第三方认证机构。

2. 质量管理体系认证条件

质量管理体系认证的对象是质量体系，即质量保证能力。它的主要依据是 ISO 9000：2015 标准。它的作用是能够提高顾客对供方的信任，增加订货，减少顾客对供方的检查评定，有利于顾客选择合格的供方。质量管理体系认证是自愿的，企业通过体系认证获得的体系认证证书不能用在所生产的产品上，但可以用于正确的宣传，它是 ISO 向各国推荐的认证制度之一。

质量管理体系认证的实施过程可分为两个阶段：第一阶段，认证的申请和评审阶段。其主要任务是受理申请，并对申请组织的质量管理体系进行审核和评定，决定是否批准认证、注册和发证。第二阶段，对获准认证的组织的质量管理体系进行监督审核和管理。目的是在认证有效期内持续符合质量管理体系标准的要求。

质量管理体系认证要求符合以下条件：①独立的具有法律地位的合法组织；②产品符合国家标准或行业标准要求或能按需方的图纸或提出的要求进行生产和提供服务；③正在进行生产或提供服务并有持续 3 个月以上的符合要求的生产记录；④有按照 ISO 9000 族国际标准建立的质量管理体系文件；⑤质量管理体系运行无严重不合格。审核质量管理体系运行正常与否的依据是检查企业质量管理行为是否符合质量管理体系文件的要求。

3. 质量管理体系认证程序

1）认证申请

（1）申请人提交一份正式的由其授权代表签署的申请书，申请书或其附件应包括：

①申请方简况，如组织的性质、名称、地址、法律地位以及有关人力和技术资源。

②申请认证的覆盖的产品或服务范围。

③法人营业执照复印件，必要时提供资质证明、生产许可证复印件。

④咨询机构和咨询人员名单。

⑤最近一次国家产品质量监督检查情况。

⑥有关质量体系及活动的一般信息。

⑦申请人同意遵守认证要求，提供评价所需要的信息。

⑧对拟认证体系所适用的标准和其他引用文件的说明。

（2）认证中心根据申请人的需要提供有关公开文件。

（3）认证中心在收到申请方的申请材料之日起，经合同评审以后 30 天内作出受理、不受理或改进后受理的决定，并通知委托方（受审核方）。以确保：

①认证的各项要求规定明确，形成文件并得到理解。

②认证中心与申请方之间在理解上的差异得到解决。

③对于申请方申请的认证范围、运作场所及一些特殊要求，如申请方使用的语言等，认证机构有能力实施认证。

④必要时认证中心要求受审核方补充材料和说明。

（4）双方签订"质量体系认证合同"。当某一特定的认证计划或认证要求需要做出解释时，由认证中心代表负责按认可机构承认的文件进行解释，并向有关方面发布。

（5）对收到的信息，将用于现场审核评定的准备。认证中心承诺保密并妥善保管。

2）现场审核前的准备

（1）在现场审核前，申请方按照 ISO 9000 标准建立的文件化质量体系运行时间应达到 3 个月，至少提前 2 个月向认证中心提交质量手册及所需相关文件。

（2）认证中心准备组建审核组，指定专职审核员或审核组长作为正式审核的一部分进行质量手册审查，审查以后填写《文件审核报告》通知受审核方，并保存记录。

（3）认证中心应准备在文件审查通过以后，与受审核方协商确定审核日期并考虑必要的管理安排。在初次审核前，受审核方应至少提供一次内部质量审核和管理评审的实施记录。

（4）认证中心任命一个合格的审核组，确定审核组长，代表认证中心实施现场审核。

①审核组成员由国家注册审核员担任。

②必要时聘请专业的技术专家协助审核。

③审核组成员、专家姓名由认证中心提前通知受审核方，并提醒受审核方对所指派审核员和专家是否有异议。如以上人员与受审核方可能发生利益冲突，受审核方有权要求更换人员，但必须征得认证中心的同意。

（5）认证中心正式任命审核组，编制审核计划。审核计划和日期应得到受审核方的同意，必要时在编制审核计划之前安排初访受审核方，察看现场，了解特殊要求。

3）现场审核

审核依据受审核方选定的认证标准，在合同确定的产品范围内审核受审核方的质量体系，主要程序如下。

（1）召开首次会议。

①介绍审核组成员及分工。

②明确审核目的、依据文件和范围。

③说明审核方式，确认审核计划及需要澄清的问题。

（2）实施现场审核。搜集证据对不符合项写出不符合报告单，对不符合项类型评价的原则如下。

①严重不符合项：质量体系与约定的质量体系标准或文件的要求不符；造成系统性区域性严重失效或可造成严重后果；可直接导致产品质量不合格的不符合等。

②轻微的或一般的不符合项：孤立的人为错误；文件偶尔未被遵守造成的后果不严重；对系统不会产生重要影响的不符合等。

（3）审核组编写审核报告做出审核结论，其审核结论有以下三种情况。

①没有或仅有少量的一般不符合，可建议通过认证。

②存在多个严重不符合，短期内不可能改正，则建议不予通过认证。

③存在个别严重不符合，短期内可能改正，则建议推迟通过认证。

（4）向受审核方通报审核情况、结论。

（5）召开末次会议，宣读审核报告，受审核方对审核结果进行确认。

（6）认证中心跟踪受审核方对不符合项采取纠正措施的效果。

4）认证批准

（1）认证中心对审核结论进行审定、批准。自现场审核后一个月内、最迟不超过两个月通知受审核方，并纳入认证后的监督管理。

（2）认证中心负责认证合格后注册、登记、颁发由认证中心总经理批准的认证证书，并在指定的出版物上公布质量体系认证注册单位名录。公布和公告的范围包括认证合格企业名单及相应信息（产品范围、质量保证模式标准、批准日期、证书编号等）。

（3）对不能批准认证的企业，认证中心要给予正式通知，说明未能通过的理由，企业再次提出申请，至少6个月后才能受理。

5）监督审核与管理

在认证证书3年有效期内，认证机构负责对认证证书持有企业的质量管理体系进行监督审核与管理。首次监督审核一般在获证半年后进行，以后每年不超过2次。

质量体系认证程序：①递交认证申请书和签约；②提交质量体系文件；③实施现场审核；④批准与注册认证发证；⑤认证后的跟踪监督。

程序②具体包括企业在体系文件正式颁布运行后，将质量体系文件及有关资料提交给认证机构，认证机构审核文件是否符合申请认证的ISO 9000质量管理标准，对不符合处，写出修改，企业根据修改页的要求，对文件谬误处进行修改，并将修改意见内容以修改页的形式返回认证中心，认证中心对修改及纠错措施进行跟踪。

程序④一般有以下三种情况出现：①审核过程发现三项以上严重不符合项则不予通过；②审核过程中发现1～2项严重不符合项或若干一般不符合项的，根据情况定出整改时间，延期通过；③未发现不合格项，即行通过。审核组的审核报告经认证中心管理委员会讨论通过后，向认证机构推荐注册。认证机构一般在管理委员会会议后10～20天将认证证书颁发给企业。

■ 3.5 质量管理体系的建立与实施

3.5.1 质量管理体系的建立

质量管理体系是通过周期性改进，随着时间的推移而逐步发展的动态系统。无论其是否经过正式策划，每个组织都有质量管理活动。GB/T 19000为如何建立正规的体系，以管理这些活动提供了指南。确定组织中现存的活动和这些活动对组织环境的适宜性是必要的。GB/T 19000、GB/T 19001和GB/T 19004可用于帮助组织建立一个完善的质量管理体系。

正规的质量管理体系为策划、实施、监视和改进质量管理活动的绩效提供了框架。质量管理体系无须复杂化，而是要准确地反映组织的需求。在建立质量管理体系的过程中，GB/T 19000给出的基本概念和原则可提供有价值的指南。

质量管理体系策划不是一劳永逸的，而是一个持续的过程。质量管理体系的策划随着组织的学习和环境的变化而逐渐完善。计划要考虑组织的所有质量活动，并确保覆盖GB/T 19000的全部指南和GB/T 19001的要求。该计划应经批准后实施。

定期监视和评价质量管理体系计划的执行情况及其绩效状况，对组织来说是非常重要的。经过深思熟虑的指标，更有利于监视和评价活动的开展。

审核是一种评价质量管理体系有效性的方法，以识别风险和确定是否满足要求。为了有效地进行审核，需要搜集有形和无形的证据。在对所搜集的证据进行分析的基础上，采取纠正和改进措施。所获取的知识可能会带来创新，使质量管理体系绩效达到更高的水平。

质量管理体系的建立和运行过程见图 3-2。

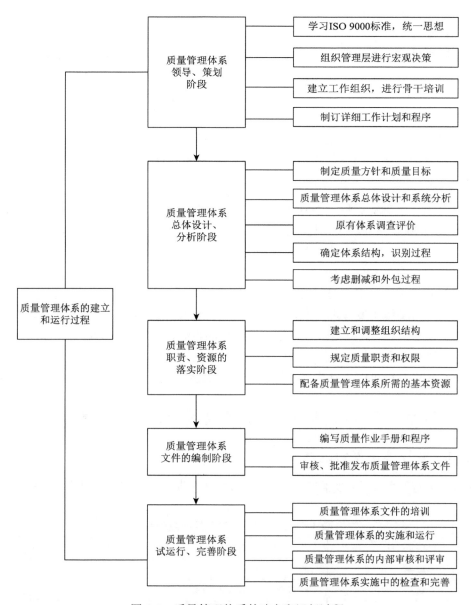

图 3-2　质量管理体系的建立和运行过程

3.5.2　质量管理体系的实施

1. 质量管理体系的实施、运行和保持

质量管理体系文件是否可行有效，要在运行中检查，这一阶段的工作如下。

（1）质量管理体系实施的教育培训；

（2）质量管理体系的实施运行；

（3）内审计划的编制与审批；

（4）内部质量管理体系审核；

（5）纠正措施跟踪；

（6）管理评审。

评价质量管理体系，首先看文件化的质量管理体系是否建立，然后看是否按文件要求贯彻实施，最后看在提供预期的结果方面是否有效。以上三个问题的回答，决定了对质量管理体系的评价结果。内审与管理评审是企业内部对质量管理体系评审、检查、评价的方法，在体系文件中，对开展此项工作的目的、要求、时间间隔等均应有所规定。在质量管理体系实施、运行过程中，企业应逐步建立起一种长期有效的信息反馈系统，对审核中发现的问题，应及时采取纠正措施，建立起一种自我改进和完善的机制。

2. 质量管理体系的合格评定

在以上工作全部完成后，企业可根据需要申请第三方认证。

贯彻 ISO 9000 标准，建立与实施质量管理体系是一项涉及方方面面、系统性、复杂性的工作。很多企业在建立质量管理体系之前，对 ISO 9000 没有接触，靠企业本身来完成这项工作有一定的难度，因此，聘请外部的专家或顾问指导、协助企业建立健全科学有效的质量管理体系，是多数企业的习惯做法。

企业建立与实施质量管理体系，无论采用何种途径，关键要树立正确的观念，坚持从头做起，从领导做起，树立第一次就把事情做好的良好习惯，以此为起点，以质量管理为突破口，把这种观念、想法、做法推广到企业管理的方方面面，做到凡事有章可循，凡事有人负责，凡事有据可依，凡事有准控制，企业就会少走弯路，达到事半功倍的效果。

■ 3.6 质量、环境、职业健康安全管理体系的整合

3.6.1 管理体系整合的意义

企业主要有五个方面的受益者，他们对企业的典型期望与要求各有侧重，如表 3-5 所示。

表 3-5 企业的受益者及其典型期望

企业的受益者	典型的期望或需要	ISO 制定国际管理标准
顾客	产品质量	ISO 9000 族标准 OHSAS 18000 系列标准 ISO 14000 系列标准
员工	职业/工作满意、生命安全	
社区	认真负责、社会服务、环境保护	
所有方	投资收益	
供方	持续经营的机会	

国际标准化组织（ISO）针对顾客、社区、员工的需要，分别制定了 ISO 9000 族标准、ISO 14000 系列标准，用来规范企业的质量管理、环境管理、安全生产管理。截至 2023 年 4 月，根据全国认证认可信息公共服务平台数据，我国共有有效质量管理体系认证证书 844 315 个，涉及组织数 794 465 个；环境管理体系认证证书总数为 433 723 个，

涉及组织数 426 042 个；职业健康安全管理体系认证证书数目和涉及组织数分别为 385 392 个和 378 303 个。企业获得环境管理体系认证证书处于加速发展的态势，职业健康安全管理体系认证正在兴起。这些企业都必须按国际管理标准，针对企业实际分别建立文件化的质量管理体系、环境管理体系、职业健康安全管理体系，如果三个管理体系分别独立运作于一个企业，会带来管理效率的降低，协调成本和审核成本的增加等问题。如何对企业质量管理体系、环境管理体系、职业健康安全管理体系进行整合，实现管理体系一体化，就成为一个迫切的课题，本节将探讨 ISO 9000 质量管理体系、ISO 14001 环境管理体系、OHSAS 18001 职业健康安全管理体系的整合。

3.6.2　管理体系整合的基础

ISO 9000 质量管理体系、ISO 14001 环境管理体系、OHSAS 18001 职业健康安全管理体系整合的基础如下。

（1）质量、环境、职业健康安全管理体系均遵循 PDCA 循环。

（2）质量、环境、职业健康安全管理体系均鼓励与其他管理体系的整合。

（3）ISO 9001：2015、ISO 14001：2015、ISO 45001：2015 三个国际管理标准的编写结构相似。

3.6.3　管理体系整合的实施

企业整合管理体系，可以按照 PDCA 循环，即"策划—实施—检查—处置"的方式进行。

1. 企业整合管理体系的策划（plan）

企业的最高管理层对建立与实施一体化管理体系的必要性、可行性应有充分的认识，也要对其艰巨性、复杂性有足够的认识，以加强企业的领导和决策。在此基础上做好以下工作。

（1）根据企业的经营方针和目标，制定并批准发布本企业的质量方针、环境方针和职业安全卫生方针，以明确企业在质量、环境和职业安全卫生方面追求的宗旨与方向。

（2）根据企业的发展战略和建立一体化管理体系的需要，确定企业的组织机构并进行职责分配，并且能够稳定一段时间，否则，待文件化管理体系建立后再变动，返工的工作量太大。

（3）明确建立整合型管理体系的领导小组和工作小组。领导小组最好由最高管理者亲自负责，各部门负责人参加。工作小组最好由管理者代表负责，业务骨干参加。

（4）编制并批准整合型管理体系的工作计划。其主要内容包括工作阶段的划分、每一工作阶段的工作内容及达到的目的、时间安排、执行者等。

2. 企业整合管理体系的实施（do）

1）进行教育培训

在建立和实施整合型管理体系的不同阶段，应进行不同的培训。其主要内容包括培训 ISO 9001、ISO 14001 和 OHSAS 18001 标准的基本知识；对编制体系文件的骨干进行文件编制的培训；对内审员和骨干进行审核知识的培训；对不同层次员工开展体系手册和程序文件的培训。

2）整合企业的管理体系文件

企业涉及的管理体系文件主要有以下五种。

（1）文件化的质量方针、环境方针、职业安全卫生方针。

（2）管理手册。企业管理手册的整合主要有两种：一是由三个单独的管理手册构成；二是将 ISO 9001、ISO 14001、OHSAS 18001 标准的要求整合在一个手册中。

（3）程序文件。整合型管理体系的程序文件主要有两种类型：一是通用的程序文件，主要包括培训控制、文件控制、记录管理、不合格管理、内部审核、管理评审、纠正措施、预防措施、信息交流与沟通、监视和测量装置控制等；二是特定的程序文件。

（4）作业指导文件。企业管理体系的作业指导文件主要指用于质量管理、环境管理、职业安全卫生管理的各种作业指导书、工艺操作规程、工作标准、管理规定等。

（5）记录。对于通用的程序文件及作业指导文件所涉及的记录，采用统一的记录格式，对于特别的程序文件及作业指导文件所涉及的记录应编制特定的记录格式。

上述文件经审批后，作为企业内部法规来规范企业各级人员的行为。

3）按照整合后的管理体系文件试运行

针对不同层次的人员进行质量方针、环境方针、职业安全与卫生方针、管理手册、程序文件、作业指导文件等方面的培训，明确各自岗位的职责、目标、工作方法以及所依据的文件，并严格要求按程序办事。

3．企业整合管理体系的检查（check）

对整合后的企业管理体系可进行三级检查：一级是对其日常运行状况实施监视、测量、检查，及时发现问题和解决问题；二级是由企业聘任和授权的经过培训的内审员，按照一定的程序至少进行一次覆盖 ISO 9001、ISO 14001、OHSAS 18001 标准全部要求和所有部门的内部体系审核，重点对管理体系运行的符合性进行检查，并对发现的不合格项进行跟踪验证；三级是由最高管理者按计划主持管理评审活动，重点评审整合后管理体系的适宜性、有效性和充分性。

4．企业整合管理体系的处置（action）

对上述三级检查中发现的管理体系的问题，从人、机、料、法、环等方面分析原因，把该原因消除掉，防止类似问题再次发生，则企业的管理体系将有所改进和提高。

3.7　飞机适航标准

3.7.1　适航及适航管理概述

1．适航性

适航性在辞典中的定义：Fitness to Fly，航空器适于在空中飞行的性质。

维基百科中定义，适航性是航空器适合于安全飞行的一种度量。航空器的适航性通过国家民航当局颁发适航证予以认可，同时，通过实施必需的维修保养以保证航空器持续适航。

Guidelines and Methods for Conducting the Safety Assessment Process on Civil Airborne Systems and Equipment（民用机载系统和设备安全评估流程的指南和方法）（SAE ARP4761）中，将适航性定义为：航空器、航空器系统或部件安全运行并完成预期功能的一种状态。

美国科学院的《改进航空安全性》给出的定义："适航性是航空器在经申明并被核准的使用限制之内和预期的使用环境中运行时，其本体（包括各系统、部件、操作等）的安全性和物理完整性。"

德国民航当局（Luftfahrt-Bundesamt，LBA）对适航性的定义：航空器的设计、制造符合可接受的安全标准，达到适当的要求（在预期的使用环境中和在经申明并被核准的使用限制下），并具有可接受的大纲一致的维修。

《国际民航公约》附件 8 和美国联邦法典 CFR14-3.5 中对航空器适航性的定义：航空器、发动机、螺旋桨或部件符合其被批准的设计并处于满足安全运行条件的状态。

2. 适航管理

民用航空器适航管理是以保障民用航空器的安全性为目标的技术管理，是政府适航管理部门在制定了各种最低安全标准的基础上，对民用航空器的设计、制造、使用和维修等环节进行科学统一的审查、鉴定、监督和管理。适航管理的宗旨是保障民用航空安全，维护公众利益。促进民用航空事业的发展。适航管理的过程贯穿于民用航空器从孕育、诞生到寿命终止的全过程。从适航管理的阶段来分，一般可分为初始适航管理和持续适航管理。

初始适航管理是对设计、制造的管理，是指在民用航空器交付使用之前。适航主管部门依据适航规章和程序，对民用航空器的设计和制造所进行的型号合格审定与生产许可审定，以确保民用航空器和民用航空器部件的设计、制造是按照适航主管部门的规定进行的。

持续适航管理是对使用、维修的管理，是指在民用航空器满足初始适航标准和规范，取得适航证并投入运行后，为保持它在设计制造时的基本安全标准或适航水平，为保证民用航空器始终处于安全运行状态而进行的管理。

适航管理中的初始适航和持续性适航相辅相成、密不可分。两者没有明确的界限，而是"你中有我，我中有你"的有机闭环。两者的交融与关联，则构成了适航管理的一个整体和全部内容。

3.7.2　适航管理标准体系

1. ICAO 标准体系

国际民用航空组织（International Civil Aviation Organization，ICAO）是联合国的一个专门机构，1944 年为促进全世界民用航空安全、有序的发展而成立。在美国政府的邀请下，52 个国家于 1944 年参加了在芝加哥召开的国际会议，签订了《国际民用航空公约》（通称《芝加哥公约》）。

《国际民用航空公约》确认了国家的领空主权原则，规定了成员国的权利和义务。ICAO 以《国际民用航空公约》附件的形式制定了各种国际标准和建议措施，其中的标准是 ICAO 成员国同意遵循的指令。如果成员国有与 ICAO 不同的标准，那么该成员国必须告知 ICAO 其中的差别，建议措施为非强制方法。随着国际民用航空的发展，ICAO 一直在不断修订《国际民用航空公约》的附件内容。目前，《国际民用航空公约》共有 19 个技术附件：

（1）附件 1　人员执照的颁发。

（2）附件 2　空中规则。

（3）附件 3　国际空中航行气象服务。

（4）附件 4　航图。

（5）附件 5　空中和地面运行中所使用的计量单位。

（6）附件 6　航空器的运行。

（7）附件 7　航空器国籍和登记标志。

（8）附件 8　航空器适航性。

（9）附件 9　简化手续。

（10）附件 10　航空电信。

（11）附件 11　空中交通服务。

（12）附件 12　搜寻与援救。

（13）附件 13　航空器事故和事故征候调查。

（14）附件 14　机场。

（15）附件 15　航空情报服务。

（16）附件 16　环境保护。

（17）附件 17　保安：保护国际民用航空免遭非法干扰行为。

（18）附件 18　危险品的安全航空运输。

（19）附件 19　安全管理。

其中，与适航条例相关的附件如下。

附件 6　航空器的运行。该附件涵盖国际商业航空运输用航空器的运行相关的标准和建议，包括承运人审定规章及国际通用航空活动相关的技术与运行规章（含维修）。

附件 8　航空器适航性。该附件涵盖定义制定型号合格审定要求的最低适航水平的标准，是航空器适航证国际认可的基础，用于航空器进入缔约国及着陆。该附件还包含关于民用航空器管理当局组织和职能的有关规定。

附件 16　环境保护。该附件涵盖不同航空器种类（螺旋桨驱动、喷气驱动和直升机）的相关航空器噪声审定标准，包括准确的测试过程、明确的度量要求。该附件也包含有关航空器发动机排放中化学成分毒性的审定标准。

2. FAA 标准体系

美国联邦航空局（Federal Aviation Administration，FAA）是美国运输部下属，负责民用航空管理的机构。前身是成立于 1926 年的美国商务部航空司。1958 年单独成立美国联邦航空局，主要任务是保障民用航空的飞行安全，促进民航事业的发展。

FAA 为保证民用航空安全制定了 FAR（Federal Aviation Regulation，联邦航空条例）。

FAR 是 FAA 的主要法规，是必须遵守的法令。FAR 属联邦条例汇编（Code of Federal Regulations，CFR）的第 14 卷（航空航天卷）。FAR 主要体系文件如表 3-6 所示。

表 3-6　FAR 主要体系文件

序号	编号	主要内容
1	FAR-21	产品和零部件合格审定程序
2	FAR-23	适航标准：正常类、通用类、特技类和通勤类飞机
3	FAR-25	适航标准：运输类飞机
4	FAR-26	运输类飞机的持续适航和安全改进
5	FAR-27	适航标准：正常类旋翼航空器
6	FAR-29	适航标准：运输类旋翼航空器
7	FAR-31	适航标准：载人自由气球
8	FAR-33	适航标准：航空发动机
9	FAR-34	涡轮发动机飞机的燃油排泄和排污要求
10	FAR-35	适航标准：螺旋桨
11	FAR-36	噪声标准：适航器型号合格审定和适航审定
12	FAR-39	适航指令
13	FAR-43	维修、预防性维修、翻修和改装
14	FAR-45	鉴定和注册标识
15	FAR-91	一般运行和飞行规则
16	FAR-101	系留气球、风筝、无人火箭和自由气球
17	FAR-103	超轻型飞机
18	FAR-119	认证：航空公司和商业运营商
19	FAR-121	运行要求：国内、国际和补充运行
20	FAR-125	认证和运行：座位容量 20 座及以上或最大有效载荷达 6000 磅（2722 kg）或以上的飞机；并且管理在这些飞机上的人员
21	FAR-129	运行：外国公共航空运输承运人
22	FAR-133	旋翼机外部负载运行
23	FAR-135	运行要求：通勤和按需运行以及管理在这些飞机上人员的法规
24	FAR-136	商业航空旅游和国家公园空中旅游管理
25	FAR-137	农用飞机运行
26	FAR-145	维修单位
27	FAR-147	航空维修技术人员学校
28	FAR-183	局方代表

3. EASA 标准体系

为了打破美国在航空工业的垄断，并在整个欧洲实施统一的航空管理和监控实施机制，2002 年 6 月，欧盟十五国在布鲁塞尔的会议上决定成立欧洲航空安全局（European

Aviation Safety Agency，EASA），目标是最大限度地保护公民的安全，促进欧盟航空业的发展。

与美国 FAA 独立颁布的咨询通告不同，欧洲将类似咨询通告的法律文件作为规章的一部分，定义为可接受的符合性方法（acceptable means of compliance，AMC）和指导材料（guidance material，GM）。EASA 大量引用可接受的工业界的各种标准作为对规章的解释，同样在作为国家法律的适航标准和作为航空工程技术成果的工业标准规范之间起到衔接作用。

EASA 标准体系分为适航审定实施条例和持续性适航实施条例两个部分。

适航审定实施条例包括第 21 部（Part 21）和审定规定两部分。目前有效的审定规定有：

（1）CS——定义和缩写。

（2）CS-22——滑翔机和动力滑翔机。

（3）CS-23——正常类、实用类、特技类和通勤类飞机。

（4）CS-25——大飞机。

（5）CS-27——小旋翼机。

（6）CS-29——大旋翼机。

（7）CS-VLR——甚轻型旋翼机。

（8）CS-VLA——甚轻型飞机。

（9）CS-E——发动机。

（10）CS-P——螺旋桨。

（11）CS-34——航空器发动机排出物和燃机排除。

（12）CS-36——航空器噪声。

（13）CS-APU——辅助动力装置。

（14）CS-ETSO——欧洲技术标准规定。

（15）CS-AWO——全天候运行。

（16）AMC-20——针对产品、零部件和电气设备适航的一般 AMC。

（17）CS-31 HB——热气球。

持续性适航实施条例包括下列各部。

第 M 部（Part-M）——持续适航（continuing airworthiness）。第 M 部制定了确保维持适航所要采取的措施，包括维修，详细说明了在这样的持续适航管理中所涉及的个人和机构需要满足的条件。

第 66 部（Part-66）——人员审定（certifying staff）。第 66 部针对固定翼飞机和直升机制定了航空器维修许可证颁发和其有效性与使用的条件要求。

第 145 部（Part-145）——维修机构批准（maintenance organization approvals）。第 145 部针对具有资格颁发或延续航空器和部件维修批准的机构制定了其需要满足的要求。

第 147 部（Part-147）——培训机构要求（training organization requirements）。第 147 部制定了为按照第 66 部实施培训和考试而征求批准的机构所需满足的要求。

每部规章和审定条例都包含两部分指导材料：可接受的符合性方法（AMC）和指导材料（GM）。可接受的符合性方法叙述的是一种如何获得审定规定或规章要求的方法，它不是唯一的，也不是强制性的。指导材料是对审定规定或规章要求的说明。

每部规章和审定规定的制定都要按照规定的程序进行。规章草案需征求公众意见。公布的规章草案称为建议修正案通知。

4. CCAR 标准体系

自中华人民共和国成立以来，我国航空事业不断发展，借鉴了 ICAO、FAR、EASA 的成功经验并融合了我国民航事业的自身特点，建立了一套完整的适航标准体系——中国民用航空规章（China Civil Aviation Regulations，CCAR），如图 3-3 所示。

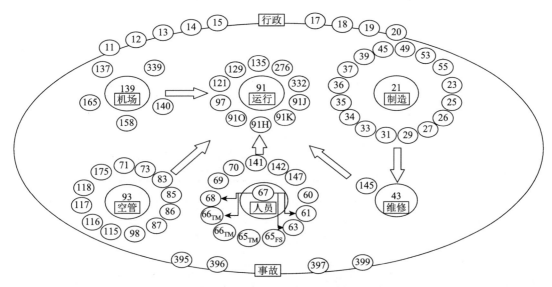

图 3-3　CCAR 规章体系图

中国民用航空规章中，有上百部规章涉及适航标准，基本符合 ICAO 标准和建议措施，主要分为行政程序、初始适航设计制造、持续适航运行管理、维修管理、航空人员、空中管制、机场管理、航空器搜寻援救和事故调查八个部分。中国民用航空规章按照部别分类标示为"中国民用航空规章第 X 部"，英文代码为"CCAR-X"。

CAAR 规章体系详细内容如表 3-7 所示。

表 3-7　CCAR 规章体系

序号	类别	编号	名称
1		CCAR-11	规章制定程序规定
2		CCAR-12	职能部门规范性文件制定程序规定
3		CCAR-13	行政检查工作规则
4	行政程序	CCAR-14	行政处罚实施办法
5		CCAR-15	行政许可工作规则
6		CCAR-17	行政机关行政赔偿办法
7		CCAR-18	航空监察员规定

续表

序号	类别	编号	名称
8	行政程序	CCAR-19	行政复议办法
9		CCAR-20	关于修订和废止部分民用航空规章的决定
10	初始适航设计制造	CCAR-21	产品和零部件合格审定规定
11		CCAR-23	正常类、实用类、特技类和通勤类飞机适航规定
12		CCAR-25	运输类飞机适航标准
13		CCAR-26	运输类飞机的持续适航和安全改进规定
14		CCAR-27	正常类旋翼航空器适航规定
15		CCAR-29	运输类旋翼航空器适航规定
16		CCAR-31	载人自由气球适航规定
17		CCAR-33	航空发动机适航规定
18		CCAR-34	涡轮发动机飞机燃油排泄和排气排出物规定
19		CCAR-35	螺旋桨适航标准
20		CCAR-36	航空器型号和适航合格审定噪声规定
21		CCAR-37	材料、零部件和机载设备技术标准规定
22		CCAR-39	民用航空器适航指令规定
23		CCAR-45	民用航空器国籍登记规定
24		CCAR-49	航空器权利登记条例实施办法
25		CCAR-53	民用航空用化学产品适航规定
26		CCAR-55	民用航空油料适航规定
27	持续适航运行管理	CCAR-91	一般运行和飞行规则
28		CCAR-91J	私用大型
29		CCAR-91K	代管人
30		CCAR-91H	商业非运输
31		CCAR-91O	超轻型飞行器
32		CCAR-97	航空器机场运行最低标准的制定与实施规定
33		CCAR-121	大型飞机公共航空运输承运人运行合格审定规则
34		CCAR-129	外国公共航空运输承运人运行合格审定规则
35		CCAR-135FS	小型航空器商业运输运营人
36		CCAR-276	危险品运输管理规定
37		CCAR-332	公共航空旅客运输飞行中安全保卫规则
38	维修管理	CCAR-43	维修和改装一般规则
39		CCAR-145	民用航空器维修单位合格审定规定
40	航空人员	CCAR-61	驾驶员、飞行教员和地面教员合格审定规则
41		CCAR-63	领航员、飞行机械员、飞行通信员合格审定规则
42		CCAR-65FS	飞行签派员执照管理规则

序号	类别	编号	名称
43	航空人员	CCAR-65TM1	电信人员执照管理规则
44		CCAR-65TM2	气象人员执照管理规则
45		CCAR-TM3	情报员执照管理规则
46		CCAR-TM4	情报培训管理规则
47		CCAR-66	航空器维修人员执照管理规则
48		CCAR-66TM	空中交通管制员执照管理规则
49		CCAR-68	航空安全员管理规定
50		CCAR-60	飞行模拟设备的鉴定和使用规则
51		CCAR-67	航空人员医学标准和体检合格证管理规则
52		CCAR-69	航空安全员合格审定规则
53		CCAR-70	空中交通管制培训管理规则
54		CCAR-141	驾驶员学校合格审定规则
55		CCAR-142	飞行训练中心合格审定规则
56		CCAR-147	维修技术人员学校合格审定规定
57	空中管制	CCAR-71	民用航空使用空域办法
58		CCAR-73	民用航空预先飞行计划管理办法
59		CCAR-83	民用航空空中交通管理运行单位安全管理规则
60		CCAR-85	空中交通管理设备开放、运行管理规则
61		CCAR-86	民用航空通信导航监视设备飞行校验管理规则
62		CCAR-87	空中交通通信导航监视设备使用许可管理办法
63		CCAR-93	民用航空空中交通管理规则
64		CCAR-98	平行跑道同时仪表运行管理规定
65		CCAR-115	通信导航雷达工作规则
66		CCAR-116	气象探测环境管理办法
67		CCAR-117	航空气象工作规则
68		CCAR-118	航空无线电管理规定
69		CCAR-175	航空情报工作规则
70	机场管理	CCAR-137	民用机场专用设备使用管理规定
71		CCAR-139CA	民用机场使用许可规定
72		CCAR-140	民用机场运行安全管理规定
73		CCAR-158	民用机场建设管理规定
74		CCAR-165	民航专业工程质量监督管理规定
75		CCAR-339	民用航空安全检查规则
76	航空器搜寻援救和事故调查	CCAR-395	民用航空器事故和飞行事故征候调查规定
77		CCAR-396	民用航空安全信息管理规定

续表

序号	类别	编号	名称
78	航空器搜寻援救和事故调查	CCAR-397	中国民用航空应急管理规定
79		CCAR-399	民用航空器飞行事故应急反应和家属援助规定

➤复习思考题

3-1　简述 2015 版 ISO 9001 标准的主体内容。

3-2　试述八项质量管理原则。

3-3　试述 2015 版 ISO 9000 族核心标准的构成。

3-4　试述产品质量认证的特点及与质量管理体系认证的关系。

3-5　请对照 ISO 9001：2015 标准，对以下案例进行分析，从审核员的角度找出案例中的不符合项，并简述不符合的原因，提出纠正及改进措施。

（1）某建筑公司第一项目部正在建设一栋 20 层办公楼。审核员问项目经理："对于存在或潜在的不合格项如何进行控制？"，项目经理说："除了上个月内审时发现的三项不合格均已采取了纠正措施外，平时没有发现什么不合格或潜在的不合格，因此就没必要采取纠正或预防措施了。"该公司的审核取证时间是由本次审核前一年算起，而工程已开工十个月了。

（2）某厂市场部的职责之一是负责与顾客沟通。审核员在审查市场部时询问市场部经理："你们部门的工作目标是什么？"，市场部经理说："我们主要以销售人员的销售业绩作为考核目标。因为现在市场竞争太激烈，我们采取末位淘汰制，如果销售业绩不好就只好下岗。"

第4章

设计质量管理

本章提要：设计质量管理是企业进行全面质量管理的重要组成部分，是现代质量管理的核心。科技人员在进行科研开发工作、产品与工艺设计时，必须要回答顾客所需要的功能是什么、目前产品具备哪些功能、产品选用的材料有何局限性、如何设计出产品最佳参数组合等系列问题。本章将系统地介绍常用的设计质量管理方法：质量功能展开（quality function deployment，QFD）、可靠性设计、正交试验设计和三次设计方法等，解决设计阶段做什么及如何做的问题，确定最佳的设计参数组合，最大限度地满足系统可靠性及顾客的需求，为产品的设计质量管理与控制提供有力的支持工具。

设计是产品开发研制的首要程序，是产品质量的源头，决定了产品的"固有质量"。20世纪80年代以后，国外的大公司和国内的一些企业逐步认识到产品设计质量对产品质量的贡献，认识到产品设计质量创新在产品全生命周期内的重要地位，把许多新技术、新理论和新方法运用到产品的设计阶段，以控制产品的设计质量，从源头上控制产品质量。

设计质量管理就是按照规定的程序和规范，控制和协调各阶段的设计工作，以保证产品的设计质量，及时地以最少的耗费完成设计工作。常用的设计质量管理方法有质量功能展开（QFD）、可靠性设计、正交试验设计和三次设计方法等。采用QFD方法，可以得到顾客对产品的要求，知道顾客想要什么样的产品，能够确定产品设计的方向和目标，最大限度地满足顾客的需求。可靠性设计以保证和提高系统可靠性为目的，是实现产品固有可靠性要求的最关键的环节。通过正交试验和三次设计，可以对得到的系统功能原型进行参数设计和容差设计，得到产品各个设计参数的最佳水平值及其组合，获得价格合理、质量性能稳定的产品，控制产品的设计质量。

4.1 质量功能展开

质量功能展开是把顾客对产品的需求进行多层次的演绎分析，转化为产品的设计质量。QFD首创于日本。1972年，日本三菱重工有限公司的神户造船厂首次使用了"质量表"，分析如何把用户、消费者的需求变换成工程措施、设计要求。从内容上看，明显受到美国已广为推广的价值分析与价值工程（value analysis and value engineering，VA &

VE）的影响。从初期的 QFD 实例资料报道来看，运用对象还限于不太复杂的简单产品，如打火机、咖啡、自动销售机等。20 世纪 80 年代传到美国，在并行工程中运用，如飞机通信系统等大型复杂系统，获得成功后，QFD 的应用面及其重要意义得到大大扩展及提高。美国国防部 1988 年颁布的国防部指令 DODD 5000.51 "Total Quality Management"中明确规定 QFD 为承制美军产品的厂商必须采用的技术。

4.1.1　QFD 实施方法

QFD 的基本原理就是用质量屋（quality house，QH）的形式，量化分析顾客需求与工程措施间的关系度，经数据分析处理后找出满足顾客需求贡献最大的工程措施，即关键措施，从而指导设计人员抓住主要矛盾，开展稳定性优化设计，开发出顾客满意的产品。

下面以圆珠笔的开发为例，使读者对 QFD 有一个初步的了解。圆珠笔是最通用的书写工具，其书写的字迹质量与用碳素墨水钢笔的书写质量接近，字迹流畅、均匀、牢固、不褪色，适于长期或永久保留，因此可在任何正式的场合使用。国产圆珠笔的质量与国外先进水平相比，还有很大差距。为了提高国产圆珠笔质量，进军国际市场，采用 QFD 方法进行出口圆珠笔的开发。

1. 质量屋的建立

1）概念及基本要素

为了用 QFD 指导圆珠笔的开发，首先要明确质量屋的概念。

质量屋也称质量表（quality chart 或 quality table），是一种形象直观的二元矩阵展开图表。图 4-1 是在分析、比较、综合国外各种形式质量屋的基础上，结合国情，并根据我国自己的实践经验设计的中国化的质量屋方案。在大量工程应用中，该方案具有良好的适用性。其基本结构要素如下。

（1）左墙：顾客需求及其重要度。

（2）天花板：工程措施（设计要求或质量特性）。

（3）房间：关系矩阵。

（4）地板：工程措施的指标及其重要度。

（5）屋顶：相关矩阵。

（6）右墙：市场竞争能力评估矩阵。

（7）地下室：技术竞争能力评估矩阵。

质量屋的结构借用了建筑上的术语，好懂易记，并形象地喻示 QFD 方法的结果是使顾客可以在质量大厦的庇护下，满意地享用他们所需要的产品或服务，采用质量屋的形式进行矩阵展开，不但直观易懂，具有吸引力，而且在分析和处理的信息量方面，以及在处理的深入程度和量化程度上比其他的质量控制工具（如因果图等）要好得多。

为了建立质量屋，开发人员必须掌握第一手的市场信息，整理出对该产品的顾客需求，评定各项需求的重要程度，填入质量屋的左墙。

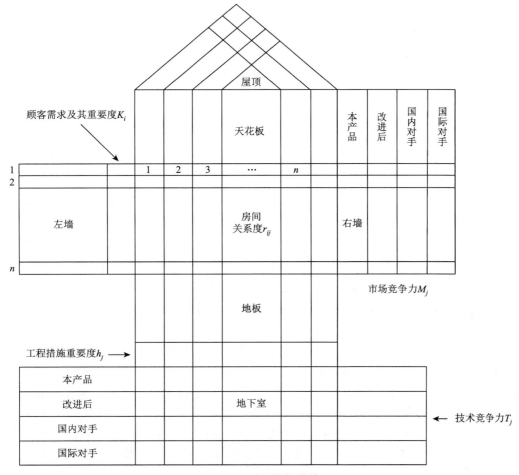

图 4-1　质量屋的结构

从技术角度，为满足上述顾客需求，提出对应的工程措施（产品设计要求），明确产品应具备的质量特性，整理后填入质量屋的天花板。

质量屋的房间用于记录顾客需求与工程措施之间的关系矩阵，其取值 r_{ij} 代表第 i 项顾客需求与第 j 项工程措施的关系度，关系越密切，取值越大。

屋顶用于评估各项工程措施之间的相关程度。主要是因为各项工程措施可能存在交互作用（包括互相叠加强化或互相抵触削弱），在选择工程措施及指标时必须考虑交互作用的影响。相关影响度可按表 4-1 分类。

表 4-1　影响度划分表

影响程度	符号	影响程度	符号
强正影响	◎	强负影响	#
正影响	○	无影响	空白
负影响	×		

在质量屋的地板上填入工程措施的指标及其重要度。

给产品的市场竞争能力和技术竞争能力进行评估打分，填入质量屋右墙和地下室的相应部分。这样，质量屋的建造即告完成。

2）建立质量屋需要注意的问题

（1）选择适当的项目。QFD 的基本原理虽然不难理解，但实施当中仍然有一定的技巧，初学者在进行工程实践时，可能会由于顾客需求、工程措施分析不全面或相互混淆、量化评估不够规范等种种原因而带来挫折，影响 QFD 的成效。这样的问题要通过实践经验的积累逐渐避免。因此，进行 QFD 实践时应遵守由易到难的原则，开始时选择规模适当的项目，如已有产品的改进或改型，所需的时间和精力不太多，效果也好衡量，通过一个一个的成功加深体会，为在大型复杂产品开发中应用 QFD 打下基础。

（2）视情剪裁质量屋。在具体应用中，可以根据实际情况对质量屋进行适当的剪裁和扩充。例如，一般地下室（技术竞争能力评估）和右墙（市场竞争能力评估）在产品规划阶段的质量屋中必须有，但在零部件展开、工艺计划、生产计划阶段可以根据需要决定是否适用；屋顶（相关矩阵）也可以根据实际情况决定取舍，用于方案选择的质量屋，因其工程措施为各项备选方案，故可以不考虑相关矩阵。左墙（顾客需求）及其重要度和天花板（工程措施）根据情况可只建立一级顾客需求和工程措施，也可考虑细分为多级顾客需求和工程措施。

质量屋的部件结构应当灵活运用。例如，左墙和天花板在第一级质量屋中一般为顾客的要求和产品设计要求，但在第二级及以后的质量屋中应根据上一级质量屋的天花板和地板的重点内容转换为下一级质量屋的左墙的原理进行处理。又如，随着左墙与天花板项目的改变，相应的称谓也可改变，如在第一级质量屋中，左墙与天花板分别被称为"顾客需求"和"设计要求"；在第二级质量屋中，则分别被称为"设计要求"和"零部件特性"等。另外，根据需要在右墙的内容中可以加入"顾客投诉频度"和"卖点"等。质量屋的形式也可根据实际应用需要而改变。

（3）应用质量屋进行设计方案优选。质量屋对于设计、工艺、施工、生产方案的优选迭代是非常有用的工具。对多个备选方案进行优选时，关系矩阵（房间）的数值代表的是方案对于实现每项需求的有效性。可按以下准则打分：9 分——很有效；7 分——相当有效；5 分——有效；3 分——有一定效果；1 分——有微弱效果；8 分、6 分、4 分、2 分分别代表的有效程度介于各自相邻的两个奇数分值之间当选取一个基准方案再进行方案改进和优选时，一般可置基准方案的有效度为"0"，候选方案对于某项需求的有效性高于基准方案时置"+1"，低于基准方案时置"−1"，与基准方案相当时置"0"。

（4）重视权衡研究。当相关矩阵（尖屋顶）中出现负相关和强负相关时，说明对应的两项工程措施间存在交互作用。处理办法有两个。一个是细化目标顾客群。对于定位更精确的目标顾客群，可能其要求的质量只需其中的一项工程措施即可满足，或者强负相关的工程措施的重要度有很大差别，可据此开发工程措施侧重点不同的系列产品。另一个是综合权衡，以最大限度地满足顾客需要为目标，对矛盾的工程措施进行深入的权衡分析，以便调整工程措施，减弱其交互作用，或对两项工程措施决定取舍。

还有一类异常的情况也值得关注，即当技术水平与市场竞争能力在某项顾客需求上出现矛盾时，应进行深入分析并采取必需的对策。例如，第 i 项顾客需求与重要度很高

的第 m 项工程措施的关系度很高，对应于第 i 项顾客需求设定的新产品的市场竞争能力很强，但对应于第 m 项工程措施的技术水平却很低时，应考虑能否进行技术改造或设计、工艺方法的改进等以提高第 m 项工程措施的技术水平，降低产品寿命周期的成本，保证产品在第 i 项顾客需求方面的市场竞争能力。或反过来，如果第 m 项工程措施的技术水平受国力制约，确实难以提高，考虑是否可适当降低第 i 项顾客需求所对应的新产品市场竞争能力值。

又如，对应于第 j 项顾客需求，新产品的市场竞争能力很低，与第 j 项顾客需求关系度很高的第 n 项工程措施的技术水平却很高，此时应考虑第 j 项顾客需求对应的新产品市场竞争能力是否确定得合理？如该项顾客需求的重要度较高并且其他各项工程措施亦有潜力时，可考虑适当提高第 j 项顾客需求对应的市场竞争能力。

2. 顾客需求与工程措施的设定

为了建立质量屋，必须首先搜集顾客信息，整理得出顾客需求。

顾客或市场的需求往往比较笼统、定性和朴素，有些意见可能有局限性。另外，随着时间的推移、经济和技术的发展、消费环境的变化，市场需求也是不断变化的。应当尽可能完整地、及时地搜集第一手的市场信息。在此基础上，对这些原始信息进行整理、加工和提炼，形成系统的、有层次、有条理、有前瞻性的顾客需求。这项工作是极其重要的，它是一个组织正确地制定产品开发战略、设定产品质量目标的基础。

经过广泛调研，顾客对圆珠笔的要求主要有：书写要流利，字迹永不褪色，外形美观，使用方便，价格适中，有适当的耐用性。将这六条整理后作为顾客需求填入质量屋左墙。

从技术的角度出发，应针对顾客的需求，进行产品质量特性（设计要求）的展开（需要时可以把质量特性划分层次），按隶属关系整理成表格，形成质量屋中的天花板部分。

3. 关键措施与瓶颈技术的确定

为了从上述工程措施中挑选出具有关键意义的几项，首先要对顾客需求进行评估，给出各项需求的重要度值；然后，确定顾客需求与工程措施之间的关系度（关系矩阵），最后分别计算每项工程措施与全部顾客需求的加权关系度之和并进行比较。加权系数即相应的顾客需求的重要度。加权关系度之和大（亦即对满足顾客需求贡献大）的那些工程措施就是关键措施。将每项工程措施对顾客需求的加权关系度之和称为工程措施的重要度，根据该重要度明确重点，集中力量实现关键的工程措施，把好钢用在刀刃上，最大限度地发挥人力、物力的作用。

关键措施的重要度应明显高于一般工程措施的重要度。例如，可将重要度高于所有工程措施的平均重要度 1.25 倍以上的工程措施列为关键措施。

4. 四个阶段的质量功能展开

由于产品开发一般要经过产品规划、零部件展开、工艺计划、生产计划四个阶段，因此有必要进行四个阶段的质量功能展开。根据某一层次的产品就是其隶属产品的"顾客"和本道工序就是上一道工序的"顾客"的原理，各个开发阶段均可建立质量屋，且各阶段的质量屋内容有内在的联系。上一阶段质量屋天花板的主要项目（关键工程措施及指标）将转换为下一阶段质量屋的左墙。质量屋的结构要素在各个阶段大体通用，但可根据具体情况适当剪裁和扩充。第一阶段（产品规划阶段）质量屋一般是最完整的，其他阶段的质量屋有可能将右墙、地下室等要素剪裁。图 4-2 表示四个阶段的质量功能展开。其中零部件展开阶段质量屋"左墙"的顾客需求应是产品规划阶段质量屋中关键的工程措施（设计要求），"天花板"是为实现设计要求而提出的零部件特性。与此相仿，工艺计划阶段质量屋的"左墙"应为零部件特性，"天花板"是工艺要求；生产计划阶段质量屋的"左墙"应为工艺要求，"天花板"是生产要求。

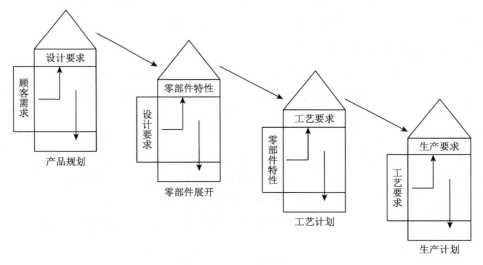

图 4-2　四个阶段的质量功能展开

并不是所有的质量功能展开都需要完整地包括上述四个阶段。根据 QFD 工作对象的复杂程度，可以对四个阶段的质量功能展开进行剪裁或扩充。

5. 质量屋的迭代与完善

第一轮的质量屋编制完成后，通过实际运行，可能会发现 QFD 工作小组的认识和推断不符合或者不完全符合顾客的原意，从而导致一些顾客需求没有在质量屋中体现，或者没有正确地体现。另外，有些工程措施考虑不周，或者在实践中可能无法实现。有时顾客需求也并非都来自最终顾客，还需考虑包括协作单位、产品安装、运输、储存、销售、维修保障等各个环节的要求。为使产品满足最终顾客的需求（包括潜在需求），QFD 小组在产品的研制过程中，必须随时发现问题，并及时修改质量屋，使质量屋不断地得到迭代和完善，直到四个阶段的质量屋能够很好地满足产品设计、制定工艺、生产制造等全过程的需要。

第一轮四个阶段的质量屋大致在产品初步设计结束时完成。随着产品研制工作的深入，需要对各阶段的质量屋及时地、不断地进行迭代、完善，尤其在初步设计结束和投产决策两个节点，应进行 QFD 的评审。在产品进入市场前形成最终的四个阶段的质量屋，成为产品技术归档资料的一部分。质量屋的迭代与完善可结合设计评审、工艺评审和产品评审进行。

在新产品上市后，应继续应用 QFD 方法，开展和优化售后服务，搜集、研究顾客的意见，应用 QFD 方法不断改进产品，提高产品质量，推出新的款式、型号，满足市场新的需求。

6. 并行工程与 QFD 的结合运用

并行工程的发展与市场竞争的推动和信息技术的发展密切相关：一方面，由于竞争的激化，出现了经济全球化的趋势，有实力的企业纷纷提出了全球营销战略，要求在大范围和短时间内将产品投放市场并尽可能降低成本；另一方面，随着生产和装配向自动化方向发展，计算机技术的广泛应用，CAD/CAM（computer aided design/ computer aided manufacturing，计算机辅助设计/计算机辅助制造）技术的深入发展，要求产品设计和工艺人员加强合作以改进产品的可生产性，保证产品的质量。为适应这一环境，需要对产品设计、工艺设计、制造等活动进行并行的分析和实施，研制全过程中的信息数据应在整个组织内发布并由各个部门共享，从而推动并行工程的发展。这意味着产品设计、工艺、生产和其他研制工作并行地开展，包括使有关的、有用的和所有潜在的信息在全组织各部门间流动，在方案论证阶段即并行地考虑安排各项有关工作，在产品设计阶段充分考虑工艺、制造、运输、维修和售后服务的需要，以便最大限度地缩短产品开发周期，并保证一次成功。

由于 QFD 方法有效地支持了产品开发的策划工作，在组织结构上采用跨专业综合小组的形式，它的实施为并行工程的开展提供了一种载体，成为直观、形象、功能强大的工具。四个阶段的质量屋是按照并行工程原理，在产品开发早期就同步完成的，规划了产品全生命周期的全部工作，尽可能暴露各种矛盾并予以解决，这样就避免了返工和报废，缩短了产品的研制周期，降低了成本，提高了产品的质量，保证产品研制一次成功。

当然，并行 QFD 对跨专业综合小组提出了更高的要求，即不同的阶段应有不同技术背景的小组成员参与攻关，如图 4-3 所示；对同一小组成员，由于并行工程的需要，应兼顾不同阶段的质量功能展开。

并行的 QFD 的另一个表现是，在较复杂产品的开发中，在零部件展开阶段可能不止建立一个质量屋，而是相互平行的各专业或各子系统分别根据产品规划阶段的输出建立自己的零部件展开质量屋，并行地进行 QFD，从各自的角度对产品的设计要求进行全面系统的演绎分析，对工艺计划及生产计划阶段也是如此。

4.1.2　QFD 工作程序

QFD 的工作程序：确定开展 QFD 的项目；成立多功能综合 QFD 小组；顾客需求展开；关键质量需求确定；技术需求展开；编制质量表；关键质量特性确定。

1. 确定开展 QFD 的项目

原则上 QFD 适用于任何产品开发项目及管理、服务项目；对参与国内、国际市场竞争的产品和服务项目，QFD 最能发挥其作用，为组织带来高效益。由于 QFD 通常需要跨部门合作,实施中有一定工作量,应根据项目工作范围、涉及部门,由适当级别的负责人来确定是否应用 QFD 技术。一般,对于一项完整的产品(商品),即便是像圆珠笔那样的简单产品,由于其开发涉及组织的所有部门和各个专业,应当由组织负责人来决定和批准 QFD 项目的立项。对于现有产品的质量改进和可靠性增长,以及某个零部件或某道工艺的改进,则可根据其涉及面的大小,由较低级别负责人或直接责任者来提出 QFD 项目的立项。

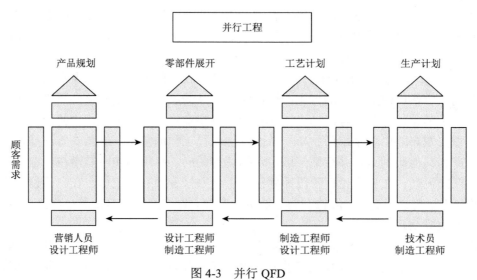

图 4-3   并行 QFD

2. 成立多功能综合 QFD 小组

1)多功能小组的组成

在应用 QFD 时,必须强调矩阵管理,既要加强纵向(专业内部)的联系,也要加强横向(项目方面)的联系。就像纺织一块布,经线和纬线都要结实,织出的布质地才均匀坚实。通常工程专业的纵向联系较密切(与行政隶属关系一致),横向联系则较薄弱。加强专业横向联系的行之有效的方法是成立一个多功能的、综合的 QFD 工作小组,这个小组应有项目负责人 1 名或 2 名,有市场营销、设计、工艺、制造、计划管理、质量管理、财务、成品附件、器材、销售、售后服务等有关部门人员参加。QFD 小组的活动,有助于消除不同部门不同专业间的壁垒和隔阂,使产品或服务更好地满足顾客的要求。为了便于小组高效率地完成工作,小组成员不宜过多。

为了更充分地分析和准确地把握顾客的需求(包括潜在的需求),在有条件的情况下,应邀请顾客代表参加 QFD 小组,并充分地利用从各种途径获得的产品质量与可靠性信息。

当 QFD 工作对象为某项质量问题的改进、某个故障的纠正、某个部件的设计修改,或某道工艺的改进时,QFD 小组成员的范围可适当缩小,只要有关人员参加即可。

美国瑞侃(Raychem)公司曾经组建 QFD 小组,任务是开发适于美国市场的电视用连接器系统。小组的组成是:市场、销售、制造和质量工程师各 1 名,开发工程师 2 名,公司技术工程师 2 名。在该项目进行过程中，基于特定的需要，采购代表也参与了小组的工作。

由于 QFD 小组要在某项工作的整个周期内活动并发挥作用，QFD 小组的负责人应由熟悉该项工作各方面情况的技术或行政负责人或具有组织能力的资历深有威望的人士来担任，以便使 QFD 小组卓有成效，QFD 分析结果能迅速付诸实施。在一段较长的时间内，该项工作的技术或行政负责人可能变动，QFD 小组负责人也应视情况相应变动。必须推选或指定 1 名责任心强、知识面宽、熟练掌握 QFD 方法的人作为 QFD 小组的记录员，全面地记录整理 QFD 小组活动开展中的情况，并形成必要的报告。

2）团队工作法

QFD 小组的成员来自不同的部门，专业能力互为补充，有着明确的目标，在小组中运用团队工作法可以极大地提高小组的效能。视需要对小组成员进行团队精神的培训，重点是提高成员间相互交流的技能，明确 QFD 小组的运作方式。

按团队工作法的要求，QFD 小组成员间互相信任、互相支持，各司其职，以主人翁的精神无保留地参与团队工作。团队负责人不是传统意义上的长官，而是活动的推进者和协调者。团队内信息公开，知识经验相互交流，采用头脑风暴法等方法开展工作。领导层给予团队充分授权和资源保证，积极推动团队的发展。团队成员通过共同的努力，在 QFD 项目的开发中不断取得进展，产生成就感，并以更积极的态度投身于团队工作中。团队工作法充分发挥了不同专业成员的积极性，保证了 QFD 工作的深入；反过来，QFD 方法的应用也对团队精神发挥了促进作用，改进了专业间的横向合作交流，促进了团队工作法的发展和经验、信息的积累等。

3. 顾客需求展开

顾客对产品的需求可区分为基本需求（basic need）、特性需求（performance need）和激动人心的需求（excitement need）。基本需求是顾客对产品的基本要求，界定了此类产品的必备能力，如汽车应能行驶、轮胎应能承载车身。这类需求由于被视为理所当然的，因此在顾客提供的信息中往往被遗漏，但如果得不到满足，会大大增加顾客的不满意度。特性需求是顾客对产品功能和性能的期望，如汽车的时速、乘坐舒适度等。在市场调查中得到的大部分需求属于特性需求。对这类需求，顾客的满意程度与需求实现程度大致成正比。激动人心的需求是顾客潜在的或尚未考虑到的需求，主要靠生产商发掘。如能提出这样的令顾客喜出望外的需求并在产品中实现，会使产品具有"魅力质量"，极大地吸引顾客，显著提高顾客满意度。在搜集顾客需求时，应注意这三类需求的区分，不要遗漏。当然，这三类需求也是相对的，随着产品的进步、顾客要求的提高，原来的激动人心的需求会逐步转化为特性需求，原来的特性需求则会转化为基本需求。

顾客需求的分析是 QFD 的关键环节，必须给予充分的重视，在国外，这一过程被称为搜集"顾客的声音"（voice of customer，VOC）。应注意"顾客的声音"中的"顾客"是一个广义的概念。除了产品使用者和潜在使用者，必要时还应包括主管部门、分销商、产品维修人员等在产品生命周期内关系密切的组织和人员。对于大型复杂产品的开发，顾客的声音将来自更多的方面。另外，涉及环境、安全等方面的国家和行业的法令、法规、标准、规范，构成了产品开发的约束条件，也应列入顾客需求的范畴。从组织长远的利益考虑，还必须深入地分析研究和考虑顾客的潜在需求及产品的更新换代规划、组织的发展方向与发展战略等。

在 QFD 的实施过程中，顾客需求分析要展开的工作如下。

（1）确定研究和分析的对象。确保改进产品或服务很好地满足顾客需求。

（2）顾客需求搜集、整理。需要搜集的信息主要是：顾客对未来产品的需求；同类产品质量跟踪和售后服务信息分析；了解现有产品中令顾客满意及抱怨的质量特性；分析公司的战略在产品开发中的贯彻方式；将有关政策法规等纳入顾客需求；产品现状与趋势分析等。

（3）顾客需求陈述。对顾客需求进行分解、归并、筛选，表述用语应简洁、正确而无异议，一项顾客需求只表达一个特定的意思，还应使工程人员易于理解，以便工程人员据此提出相应的解决方案。

（4）顾客需求的展开。也就是建立顾客需求之间的层次关系。这种层次关系一般分到准则（B）、指标（C）级，分级不宜太多，最末级的需求项目一般不超过 9 个。

4. 关键质量需求确定

关键质量需求确定，在 QFD 中也称质量策划。根据关键顾客质量需求表，需要确定顾客需求的重要度、做比较分析、确定改进目标以及关键顾客需求。同时，可进行市场竞争力的分析。

1）重要度 K_i

确定各项顾客需求在顾客心中的重要程度。重要度的确定，可采用李克特五级评分。在对顾客进行调查时，请顾客对某项需求按影响满意程度，在 5、4、3、2、1 中选择一个数为评价值。这五个数对应不同的影响程度：5——影响大（非常关注）；4——有影响（关注）；3——一般（无所谓）；2——没有影响（不关注）；1——完全没有影响（很不关注）。

为提高精确度，可采用层次分析法（analytic hierarchy process，AHP）确定各项需求的重要度。

2）比较分析

比较分析就是对企业产品的满意度评价。评价也可以采用李克特五级评分。比较分析的评价值的含义是：5——非常满意；4——满意；3——无所谓满意不满意；2——不满意；1——非常不满意。

3）改进目标

改进目标有以下三项内容。

（1）改进目标。根据重要度（认知质量）及比较研究（感知质量）的评价结果，结合项目目标，制定改进目标。在此，改进目标是对顾客需求程度的表述，而不是对产品质量特性的需求。例如，某项需求的重要度评价为"4"，说明需求对满意度有影响；比较研究的评价为"3"，无所谓满意不满意。该需求的改进目标应为"5"（至少"4"），这样才能确保顾客期望的实现。

（2）水平提高率

$$水平提高率 = \frac{改进目标}{本公司满意度评价} \qquad (4\text{-}1)$$

（3）商品特性点。综合上述因素以及产品质量特性（魅力质量、一元质量亦称特性质量和当然质量），设定顾客需求的商品特征点。通常表示为：◎——特别重要的商品特性点；○——比较重要的商品特性点；空白——一般的商品特性点。

4）关键客户需求

根据上述内容，先计算顾客需求的绝对权重：

$$绝对权重 = 重要度（平均）\times 水平提高率 \times 商品特性点 \qquad (4\text{-}2)$$

其中，商品特性点"◎"之值为 1.5；"○"之值为 1.2；空白一般为 1。然后，换算成顾客需求的权值（即关键顾客需求的排序）：

$$权值(Q_j) = 绝对权重 / 各个需求绝对权重之和 \times 100\% \qquad (4\text{-}3)$$

5）市场竞争能力分析

市场竞争能力 $M_i(i=1,2,\cdots,m)$ 可取五个数值：1——无竞争力可言，产品积压，无销路；2——竞争力低下，市场占有份额低；3——可以进入市场，但并不拥有优势；4——在国内市场竞争中拥有优势；5——在国内市场竞争中拥有较大优势，可参与国际市场竞争，占有一定的国际市场份额。

M_i 中的 i 为项数，i 取不同值分别代表本产品现有的市场竞争力，竞争对手（包括国内、国际）的市场竞争力以及产品改进后的市场竞争能力。对市场竞争能力指数 M 按下式计算：

$$M = \frac{\sum K_i M_i}{5\sum K_i} \qquad (4\text{-}4)$$

其中，K_i 为重要度。M 的值越大越好。

5. 技术需求展开

技术需求（最终产品特性），是由顾客的需求推演而来的一系列具体的"可测量的"技术需求指标（工程措施），是用标准化的形式表述以满足顾客需求的手段，是对顾客需求的响应。技术需求展开有以下几个步骤。

（1）有顾客需求的各项目中，抽出技术（质量）要素。

（2）用 KJ 法聚类，将抽出的类似的技术指标放在一起，然后求出高一级科目，并确定其名称。

（3）根据聚类编制展开表。通过汇总整理，将各指标的质量特性明确化（一般展开到三级水平），根据技术的复杂程度，也可以分二级或直接列出）。

技术要求的成功展开是满足顾客需求的技术保证，因此必须对准顾客的需求焦点，识别主要的质量要求，测定质量特性，确保改进设计成功。

6. 编制质量表

质量表是质量屋的本体部分，用于描述技术需求（产品特性）对各个顾客需求的贡献和影响程度的关系矩阵。质量屋的关系矩阵可用数学表达式 $R = [r_{ij}]_{nc \times np}$ 表示。r_{ij} 是指

第 j 个技术需求对第 i 个顾客需求的贡献和影响程度,即两者的相关程度,建议采用关系度 1、3、5、7、9 等关系度等级,其中,1——r_{ij} 对应的技术要求与顾客需求间存在微弱的关系;3——r_{ij} 对应的技术要求与顾客需求间存在较弱的关系;5——r_{ij} 对应的技术要求与顾客需求间存在一般的关系;7——r_{ij} 对应的技术要求与顾客需求间存在密切的关系;9——r_{ij} 对应的技术要求与顾客需求间存在非常密切的关系。

根据实际情况必要时可采用中间等级:2——介于 1,3 之间;4——介于 3,5 之间;6——介于 5,7 之间;8——介于 7,9 之间。

7. 关键质量特性确定

关键质量特性确定即输出质量设定,是设计的主要标志。精良的设计赋予质量新的含义,把握住关键质量特性(critical to quality,CTQ)就能正确反映产品和服务满足顾客的需求。确定关键质量特性,需要进行重要度评价、比较分析及设计输出目标。

1)特性重要度评价

计算技术要求(工程措施)的重要度 h_j:

$$h_j = \sum K_i r_{ij} \tag{4-5}$$

其中,r_{ij} 为质量表的元素,K_i 为顾客需求重要度。因为特性重要度评价是把"关键顾客需求"向"关键质量特性"变化,故有用权值 Q_i 作为顾客需求重要度,此时,

$$h_j = \sum Q_i r_{ij} \tag{4-6}$$

h_j 的取值越大,则技术要求(工程措施)A_j 越重要。数值 h_j 最大的工程措施(技术要求)列为关键措施。

2)比较分析

比较分析需要分析各项技术要求的技术水平 T_j(技术难度)以及对手的情况。技术水平可分为 5 个等级:1——技术水平低下;2——技术水平一般;3——技术水平达到行业先进水平;4——技术水平达到国内先进水平;5——技术水平达到国际先进水平。

通过对技术水平的分析及国内、国际对手的比较,可得到技术竞争能力指数:

$$T = \sum h_j T_j / 5 \sum h_j \tag{4-7}$$

然后可计算综合竞争能力指数 C:

$$C = MT \tag{4-8}$$

C 值越大说明竞争能力越强。

3)设计输出特性目标

根据技术指标的重要度、比较分析的结果及其与项目目标的联系、技术能力和资源状况,给出技术指标的改进方向和具体目标。目标有三种类型:望大特性、望小特性和望目特性,可用表 4-2 所示的符号表示。

4.1.3 QFD 应用示例

德国 Centrotherm 公司专业生产太阳能电池设备,可提供全套太阳能电池生产设备及技术,其高产能环保型扩散炉、管式 PECVD、烘干/烧结炉、清洗腐蚀制绒设备以及周边 PN 结刻蚀设备等代表了当今世界的最高水平,占领了国际上主要的高端生产线市

场,近两年始终处于满负荷生产状态。PECVD(plasma enhance chemical vapour deposition,等离子增强化学气象沉积）系统是一种利用镀膜舟和高频等离子激发器的系列发生器在一定的条件下发生反应，沉积成薄膜材料的技术。

表 4-2　输出特性目标

类型	标准值	符号
望大特性	$\mu = USL$	⇑
望小特性	$\mu = USL$	⇓
望目特性	$LSL \leqslant \mu = USL$	⊗

开发某种型号的 PECVD 设备，项目组搜集有关顾客提供的信息，经过整理、加工、提炼，形成顾客需求六条，填入顾客需求展开表（表 4-3)。

表 4-3　顾客需求展开表

顾客需求	准则层 B	指标层 C	
顾客满意	生产性能 B_1	1.沉淀的薄膜质量好 2.对有害气体防护好 3.可靠性高且便于维修	C_{11} C_{12} C_{13}
	外形 B_2	4.可比国内同型号设备大 5.美观且与生产线其他设备和谐	C_{21} C_{22}
	经济性 B_3	6.价格适中	C_{31}

按式 $M = \dfrac{\sum K_i M_i}{5\sum K_i}$ 计算市场竞争能力指数，现在 $\sum K_i = 19$，

$$M_本 = \frac{\sum K_i M_i}{5\sum K_i} = \frac{5\times 4 + 5\times 3 + 4\times 3 + 2\times 3 + 1\times 3 + 2\times 4}{5\times 19} = 0.674;$$

$$M_改 = 0.874;\quad M_内 = 0.653;\quad M_外 = 0.989$$

将结果填入表 4-4，至此已完成市场竞争能力指数确定表。

表 4-4　市场竞争能力指数确定表

	重要度	比较分析			改进目标 $M_改$
		本产品 $M_本$	国内对手 $M_内$	国外对手 $M_外$	
1. 沉淀的薄膜质量好	5	4	4	5	5
2. 对有害气体防护好	5	3	3	5	4
3. 可靠性高且便于维修	4	3	3	5	4
4. 可比国内同型号设备大	2	3	3	5	4
5. 美观且与生产线其他设备和谐	1	3	3	5	4
6. 价格适中	2	4	3	4	5
市场竞争能力指数		0.674	0.653	0.989	0.874

根据顾客需求，进行技术特性的描述，抽出的技术要求有控制系统设计、真空系统设计、可靠性维修性设计、成本等，展开成表 4-5。然后，对技术要求之间作相关分析，本例要求的相关影响如图 4-4 所示。

技术要求（工程措施）＼顾客需求	重要度 $K_{i,j}$	控制系统设计	真空系统设计	气路系统设计	推拉舟装置及其他系统设计	RF电源设计	可靠性维修性设计	成本	市场竞争力 M_j 本产品	改进后	国内对手	国际对手
1. 沉淀的薄膜质量好	5	9	3	5	5	5	5	1	4	5	4	5
2. 对有害气体防护好	5	3	5	9	5		7	3	3	4	3	5
3. 可靠性高且便于维修	4	5	5	7	5		7	5	3	4	3	5
4. 可比国内同型号设备大	2	1	1	1	1	1	3	1	3	4	3	5
5. 美观且与生产线其他设备和谐	1	1					1		3	4	3	5
6. 价格适中	2	1	1	1	1	2	1	3	4	5	3	4
		主机和功能单元的电路设计	泵的抽气速率达标能排除副产品	气密性设计达到要求	晶片舟进出反应室平稳	射频电源与负载间的阻抗匹配良好	MTBF = 250h MTTR = 60h	售价不超过100万元	0.67	0.87	0.65	0.98
									市场竞争能力 M			
工程措施重要度 h_j		85	64	102	74	53	96	49				

技术竞争能力 T_j										
	本产品	4	4	3	3	3	4	4	0.712	
	改进后	5	5	4	4	4	5	5	0.912	技术竞争能力指数 T
	国内对手	3	4	3	3	3	3	3	0.624	
	国际对手	5	5	5	5	5	5	4	0.981	

图 4-4 某种型号 PEVCD 设备一级质量屋

注：MTBF 为平均故障间隔时间（mean time between failure）；MTTR 为平均故障修复时间（mean time to repair）

表 4-5 技术要求展开

技术需求	技术指标						
	控制系统设计	真空系统设计	气路系统设计	推拉舟装置及其他系统设计	RF 电源设计	可靠性维修性设计	成本
	特征值	特征值	特征值	特征值	特征值	特征值	特征值

根据顾客需求与技术要求之间的关联性，有质量表如表 4-6 所示。

表 4-6 质量表

顾客需求	技术需求						
	控制系统设计	真空系统设计	气路系统设计	推拉舟装置及其他系统设计	RF 电源设计	可靠性维修性设计	成本
沉淀的薄膜质量好	9	3	5	5	5	5	1
对有害气体防护好	3	5	9	5		7	3
可靠性高且便于维修	5	5	7	5	5	7	5
可比国内同型号设备大	1	1	1	1	1	3	1
美观且与生产线其他设备和谐	1						1
价格适中	1	1	1	1	3	1	3

各项技术要求（工程措施）重要度 h_j 为

$$h_1 = \sum K_i r_{ij} = 5 \times 9 + 5 \times 3 + 4 \times 5 + 2 \times 1 + 1 \times 1 + 2 \times 1 = 85;$$
$$h_2 = 64; h_3 = 102; h_4 = 74; h_5 = 53; h_6 = 96; h_7 = 49$$

经进一步分析，控制系统的设计主要是主机和功能单元的电路设计；真空系统的技术要求是泵的抽气速率达标及能排除副产品；气路设计要求气密性设计达到要求；推拉舟的设计要求晶片舟进出反应室平稳；RF 电源的设计要求射频电源与负载间的阻抗匹配良好；可靠性、维修性分别为 MTBF = 250h 及 MTTR = 60h；控制成本使售价不超过 100 万元。由以上可知，关键措施应是气密性设计及可靠性维修性设计。各项指标的技术水平如表 4-7 所示。

表 4-7 技术措施及竞争力

技术指标	控制系统设计	真空系统设计	气路系统设计	推拉舟装置及其他系统设计	RF 电源设计	可靠性维修性设计	成本	
技术要求重要度 h_j	85	64	102	74	53	96	49	$\sum h_j = 523$
本产品 $T_{本}$	4	4	3	3	3	4	4	0.712
改进后 $T_{改}$	5	5	4	4	4	5	5	0.912
国内对手 $T_{内}$	3	4	3	3	3	3	3	0.624
国外对手 $T_{外}$	5	5	5	5	5	5	4	0.981

竞争能力指数：

$$T_{本} = \frac{\sum h_j T_j}{5 \sum h_j} = \frac{85 \times 4 + 64 \times 4 + 102 \times 3 + 74 \times 3 + 53 \times 3 + 96 \times 4 + 49 \times 4}{5 \times 523} = 0.712$$

同理，$T_{改} = 0.912$；$T_{内} = 0.624$；$T_{外} = 0.981$。

4.2　可靠性设计

4.2.1　问题的提出

第二次世界大战前，在产品的设计、试制、制造、储存、运输及使用维护中着重研究性能指标，尽管没有明确地引用"可靠性"一词，但是也考虑到产品的耐久性、寿命、稳定性、维修性和安全性等。这实际上已运用了可靠性的概念。

把可靠性问题作为专门的问题来研究，是从第二次世界大战开始的。当时，交战双方调集了大量的兵力和兵器参战，出现了雷达、持航式导弹、弹道式导弹等较复杂的新武器。这些武器的"心脏"——电子设备屡出故障，丧失了应有的战斗力。例如，德军向英国发射的 V1 飞弹，多数在中途爆炸，有的甚至在发射场上空爆炸，引起德国军方和舆论界的重视，便开始应用概率论建立数学模型来研究可靠性，后因战争失败而中断。美国运往远东地区的装备故障十分严重，空军机上电子设备有 60%以上发生故障，海军舰上电子设备有 70%以上发生故障。为保障装备的正常工作，美军组成了庞大的维修队伍、后勤保障队伍。美国政府、军界、企业界和学术界高度重视，于 1943 年联合成立了可靠性研究小组。这就是可靠性研究的开始。当时的研究对象是元器件（主要是电子管），虽然取得了不少成果，但整体提高不大，直到 20 世纪 40 年代末 50 年代初，设备可靠性仍很低。例如，1949 年美军无线电通信设备约有 14%的时间，水声设备约有 48%的时间，雷达设备约有 84%的时间处于故障状态。1950 年美国海军电子设备约有 2/3 不能正常工作，美军 2600 种 16.5 万台设备在一年内发生了 100 多万次故障。据统计，对电子设备每年的维修费是设备购置费的 60%~500%。20 世纪 50 年代成立了不少研究小组，研究生产故障少、维修费用低的产品。直到 1959 年，美军的维修费用仍占国防预算的 25%。1957 年美国国防部电子元器件可靠性顾问团（Advisory Group on Reliability of Electronic Equipment，AGREE）提出了 AGREE 报告，基本上确定了可靠性工程的研究方向。它的许多思想和结论至今仍有指导作用。60 年代初开始进行维修性设计和评价的研究，到 60 年代末，已从狭义的可靠性发展到广义的可靠性（包括狭义可靠性、维修性和有效性）的研究。至今，可靠性工程已成为多学科的边缘学科，已从航空、宇航工业普及到民用工业。

企业的兴亡取决于产品的竞争力，企业丧失竞争力就难以生存。决定产品竞争力的重要因素是产品的可靠性。现在，军用产品都要求达到一定的可靠性指标，否则就不能接收，成为废品。20 世纪 60 年代中期，美国每年因产品质量不可靠要损失约 400 亿美元；苏联 1958 年损失了 1500 亿～2000 亿卢布；澳大利亚 1976 年外贸损失 8 亿～10 亿美元，造成 15 万个中小企业濒临破产；日本人把可靠性当作"国家兴"的大事，其产品可靠性相当高，博得世界用户的称赞，赢得了市场。

现在，国内对于产品的可靠性已非常重视，产品可靠性增长得很快。

总之，在科学和技术迅速发展的今天，产品的可靠性显得尤其突出。国家已把可靠性列为评价产品的重要质量指标，它直接关系到产品研制的成败。产品的可靠性与性能、成本和研制周期等基本价值目标有着密切的关系。如果在确定价值目标的价值时，忽视了对可靠性或在设计和生产中不能保证产品所应有的可靠性，其性能就不能充分地发挥，甚至无实用价值，从而可能造成不可估量的损失，为之付出的一切代价都会丧失，即使应用这种产品，也可能带来不可估量的潜在危害（包括生命安全和政治上的损失）。但是，如果不适当地提出可靠性指标也是不应该的，它会带来技术上的困难、资金和时间的浪费，也就会损害其他基本价值目标，从而降低产品的总价值。那么如何控制产品的可靠性呢？

4.2.2 可靠性定义

可靠性是产品在规定条件下和规定时间内，完成规定功能的能力。可靠性高，意味着寿命长、故障少、维修费用低；可靠性低，意味着寿命短，故障多、维修费用高。可靠性差轻则影响工作，重则造成起火爆炸、机毁人亡等灾难性事故。对于许多产品，人们不但关心其技术性能，更关心其可靠性。在某些情况下，顾客宁可产品的功能有适当的减少，也要保证较高的可靠性。为正确理解可靠性的概念，应把握以下三个关系。

（1）产品的可靠性与规定条件的关系。可靠性概念中所说的规定条件包括使用或储存时的环境条件，如温度、湿度、气压、振动、冲击、辐射、应力等。例如，同一个半导体器件，在不同的负载下，其可靠性不同，负载越大，可靠性越低。同一台设备在陆地和海洋中工作时的可靠性不同，在室内和室外使用时的可靠性也会有差异。通常条件越恶劣，可靠性越低。

（2）产品的可靠性与规定时间的关系。同一元器件或设备在同样的条件下，随着使用时间的增加，可靠性逐渐下降。这里时间概念具有广泛的含义，可以用次数、周期、强度等表示。一般随着工作时间延长，可靠性会降低。

（3）产品的可靠性与规定功能的关系。规定功能就是指产品规定了的必须具备的功能及其技术经济指标，如待机时间、容量、速度、亮度、承载能力、工作精度、经济指标等。可靠性是对规定功能的定量描述。

4.2.3 可靠性度量

上述可靠性的概念只是对可靠性进行的定性描述。为了准确地度量和评价可靠度与可靠性，需要对其相应能力进行定量描述。这些定量指标称为可靠性特征量。具体有可靠度、故障率（或失效率）、平均故障间隔时间（或失效前平均时间）、平均故障修复时间、维修度和可用度等。

1. 可靠度

可靠度 $R(t)$ 是指产品在规定条件下和规定时间内，无故障地完成规定功能的概率。规定的条件是指产品所处的环境条件以及维护、使用条件。规定的时间是指以时、日、月等表示的时间间隔。为了准确地度量和评价产品的可靠度，必须明确哪些技术指标在达不到要求时才算失效或故障。

可靠度的数学表达式为

$$R(t) = \frac{N(t)}{N} \qquad (4\text{-}9)$$

式中，N 为产品总数；$N(t)$ 为工作到时刻 t 仍能完成规定功能的产品数。

与可靠度相对应的另一个指标是不可靠度 $Q(t)$，是在规定的条件下和规定的时间内，发生故障或失效的概率。其数学表达式为

$$Q(t) = \frac{N_f(t)}{N} \qquad (4\text{-}10)$$

式中，$N_f(t)$ 为工作到时刻 t 已发生故障的产品数。

显然，可靠度和不可靠度之间具有下面的关系：

$$R(t) + Q(t) = 1 \qquad (4\text{-}11)$$

不可靠度分布函数的导数就是故障密度 $f(t)$，即

$$f(t) = \frac{\mathrm{d}Q}{\mathrm{d}t} \qquad (4\text{-}12)$$

或者

$$f(t) = -\frac{\mathrm{d}R}{\mathrm{d}t} \qquad (4\text{-}13)$$

对 $f(t) = \dfrac{\mathrm{d}Q}{\mathrm{d}t}$ 求积分得到

$$Q(t) = \int_0^t f(t)\mathrm{d}t \qquad (4\text{-}14)$$

于是

$$R(t) = 1 - \int_0^t f(t)\mathrm{d}t \qquad (4\text{-}15)$$

$R(t)$、$Q(t)$ 与 $f(t)$ 随时间变化的关系如图 4-5 所示。

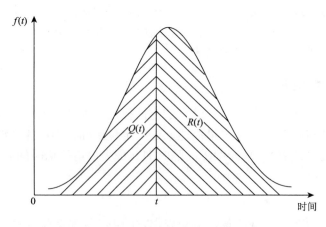

图 4-5　$R(t)$、$Q(t)$ 与 $f(t)$ 随时间变化的关系

从图 4-5 可看出，从 0 时刻开始，随着时间 t 的增加，$Q(t)$ 从 0～1 是增大的；$R(t)$ 从 0～1 是减小的。

2. 故障率

故障率 $\lambda(t)$ 是指产品工作到时刻 t，在以后的单位时间内发生故障的概率，也称瞬时故障率。对于不可修复的产品，称为失效率。故障率（或失效率）是可靠性理论中的一个重要概念，在实践中，许多产品就是用故障率（或失效率）的大小来确定其等级的。图 4-6 为可靠度分布曲线。

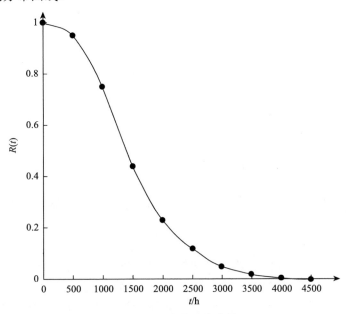

图 4-6　可靠度分布曲线

根据故障率的定义，可知

$$
\begin{aligned}
\lambda(t) &= \lim_{\Delta t \to 0} \frac{P(t < T \leqslant t + \Delta t \mid T > t)}{\Delta t} \\
&= \lim_{\Delta t \to 0} \frac{P(t < T \leqslant t + \Delta t)}{\Delta t} \bigg/ P(T > t) \\
&= \frac{\mathrm{d}Q(t)}{\mathrm{d}t} \cdot \frac{1}{R(t)} \\
&= \frac{f(t)}{R(t)}
\end{aligned}
\tag{4-16}
$$

则

$$
\begin{aligned}
\lambda(t) &= \frac{f(t)}{R(t)} \\
&= -\frac{\mathrm{d}R(t)}{\mathrm{d}t} \cdot \frac{1}{R(t)} \\
&= -\frac{\mathrm{d}(\ln R(t))}{\mathrm{d}t}
\end{aligned}
\tag{4-17}
$$

于是

$$R(t) = e^{-\int_0^t \lambda(t)\mathrm{d}t} \tag{4-18}$$

如果故障率 $\lambda(t)$ 是常数，不妨设为 λ，那么，可靠度服从负指数分布：

$$R(t) = e^{-\lambda t} \tag{4-19}$$

大量统计结果表明，多数产品的故障率服从一种典型的故障率曲线，这种曲线两头高，中间低，如图4-7所示。

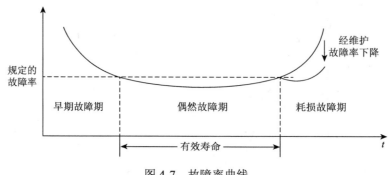

图4-7　故障率曲线

曲线分为三个部分，第一部分为早期故障期，第二部分为偶然故障期，第三部分为耗损故障期。

在早期故障期，故障率随时间而减少，故障是产品中寿命短的零件及设计上的疏忽和生产工艺的质量欠佳引起的。这个时期的主要任务是找出不可靠的原因，使故障率稳定下来。常用的方法是进行排除早期故障或潜在故障的试验。

在偶然故障期，故障率最低而且稳定，近似为常数，故障的发生是随机的。在这个时期，产品处于最佳时期。这个时期的长度称为有效寿命。

在耗损故障期，构成产品的零件已经老化耗损，寿命衰竭，因而故障率上升。如果能够事先知道耗损开始的时间，在此稍早一点时间更换故障零件，就可以把故障率降下来，延长可维护产品的有效寿命。

3. 平均故障间隔时间

平均故障间隔时间（MTBF）是指产品两次故障间隔内正常工作的时间。对于不可修复的产品是指开始工作至失效的平均时间，即失效前平均时间（mean time to failure，MTTF）。根据定义，平均故障间隔时间或失效前平均时间即产品的平均寿命 θ，θ 与故障率 λ 呈倒数关系，即

$$\theta = \frac{1}{\lambda} \tag{4-20}$$

实际工程计算中，采用平均值去估算，即

$$\theta = \frac{\sum_{i=1}^{n} t_i}{n} \tag{4-21}$$

式中，t_i 为第 i 个故障间隔内产品发挥正常功能的时间。

4. 平均故障修复时间

平均故障修复时间（MTTR）是指产品出现故障到恢复正常工作所需的时间。实际工程计算中，采用平均值去估算，即

$$\text{MTTR} = \frac{\sum_{i=1}^{n} \Delta t_i}{n} \tag{4-22}$$

式中，Δt_i 为第 i 个故障的修复时间。

平均故障修复时间的倒数为修理率 μ，是指单位时间内完成修理的概率，即

$$\mu = \frac{1}{\text{MTTR}} \tag{4-23}$$

5. 维修度

维修度 $M(t)$ 是指可修复产品在规定条件下进行维修，并在规定时间内完成维修的概率。维修度的分布和不可靠度分布相似，如果修理率是常数，那么维修度服从下面的指数分布：

$$M(t) = 1 - e^{-\mu t} \tag{4-24}$$

6. 可用度

可用度 A 是指产品的平均故障间隔时间与总时间（平均故障间隔时间与平均故障修复时间之和）的比值，即

$$A = \frac{\text{MTBF}}{\text{MTBF} + \text{MTTR}} \tag{4-25}$$

或者另一个表达式：

$$A = \frac{\mu}{\mu + \lambda} \tag{4-26}$$

可用度是一个综合指标，全面反映了产品的可靠性与维修性。如果产品在可靠度之外，发生故障后经修理恢复到正常状态的概率大，那么该产品处于可用的概率就大。

4.3 正交试验设计

正交试验设计（简称正交）是统计数学的重要分支。它是以概率论数理统计、专业技术知识和实践经验为基础，充分利用标准化的正交表来安排试验方案，并对试验结果进行计算分析，最终达到减少试验次数，缩短试验周期，迅速找到优化方案的一种科学计算方法。它是产品设计过程和质量管理的重要工具与方法。

第二次世界大战后，试验设计作为质量管理技术之一，受到各国的高度重视，以日本人田口玄一为首的一批研究人员在 1949 年发明了用正交表安排试验方案。1952 年田口

玄一运用正交表进行试验取得了全面成功，之后正交试验设计法在日本的工业生产中得到迅速推广。据统计，在正交法推广的头 10 年，试验项目超过 100 万项，其中三分之一的项目效果显著，获得了极大的经济效益。我国从 20 世纪 50 年代开始，以中国科学院数学研究所的研究人员为基础深入研究正交试验设计这门科学，并逐步应用到工农业生产中，其后正交试验设计得到了广泛研究。

4.3.1 正交试验概述

1. 正交表的构成

正交表可以用一张 n 行 k 列的表来表示，表的每一行对应一次试验，每列对应一个因素。若某因素有 t 个水平，则可用 $1, 2, \cdots, t$ 表示该因素相应的水平。如果根据已定的 n、k、t，设计出满足以下条件的表格，则此表格为正交表。

（1）在任意一列中，各水平出现的次数相同，即水平 1, 2, 3…出现的次数相同；

（2）任意两列同行上水平组合的有序数对 11, 12, 13, 21, 22, 23 出现的次数相等。

表 4-8 是一个四因素三水平的正交表。这个表有 4 列，每列的数字代表因素的水平；表有 9 行，每行表示一种因素的水平组合，即一个试验条件。

正交表是一种规格化的表格，通常用记号 $L_i(t^q)$ 表示，故也称 L 表。其中，i 为行数，试验次数；q 为安排因素个数；t 为因素的水平数。

如表 4-8 可记为 $L_9(3^4)$，其中 L 表示正交表，L 的下标 9 表示试验的次数，3^4 表示应用此表最多可安排三水平四因素的试验。常用的正交表有 $L_4(2^3)$，$L_8(2^7)$，$L_{16}(2^{15})$，$L_9(3^9)$，$L_{27}(3^{13})$，$L_{16}(4^5)$，$L_{18}(2\times3^7)$ 等，其中 $L_{18}(2\times3^7)$ 称为混合型正交表。

表 4-8 正交表

因素试验号	A_1	A_2	A_3	A_4
1	1	1	1	1
2	1	2	2	2
3	1	3	3	3
4	2	1	2	3
5	2	2	3	1
6	2	3	1	2
7	3	1	3	2
8	3	2	1	3
9	3	3	2	1

2. 正交试验设计的一般原理

正交试验设计的一般性描述为：设计水平数为 $t_1, t_2, \cdots, t_k$ 的 k 个因素做 n 次试验，如果满足以下条件，则称为正交试验。

（1）每个因素的不同水平在试验中出现相同的次数（均衡性）；

（2）任意两因素的不同水平组合在试验中出现相同的次数（正交性）。

图 4-8 与图 4-9 分别给出三因素二水平、三水平的均衡性和正交性的几何描述。

根据以上定义，等重复的完全试验显然满足均衡性、正交性条件，因此也是正交试验。完全试验的次数与试验涉及的因素数和因素所需的水平数有关。例如，三因素二水平的完全试验需作 $2 \times 2 \times 2 = 8$ 次试验，而正交试验只需 4 次（图4-8）；三因素三水平的完全试验需作 $3 \times 3 \times 3 = 27$ 次试验，而正交试验只需 9 次（图4-9）。一般地，完全试验需作 $N = t_1 \times t_2 \times \cdots \times t_k$ 次试验，当因素较多时，要求试验次数很多，如 10 因素三水平的完全试验数为 $3^{10} = 59049$ 次。因此，完全试验往往是做不到的。通常所说的正交试验，是指既满足均衡性、正交性，而试验次数 n 又远小于 N 的试验设计。

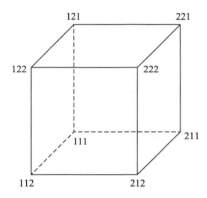

图 4-8 三因素二水平正交性的几何描述

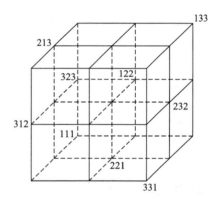

图 4-9 三因素三水平正交性的几何描述

3. 正交试验设计的基本方法

从方法论看，正交试验设计可分为直观分析和方差分析，一次试验和分批试验。就试验结果指标而言，正交试验设计可分为单指标试验与多指标试验。从因素对指标影响的角度，正交试验设计又可分为无交互作用试验和有交互作用试验。

正交试验设计的一般步骤如下。

（1）明确试验的目标，确定试验指标。

（2）挑因素，选水平。

（3）选用正交表，表头设计。

（4）确定试验计划方案。

分析试验结果，确定因素适宜的水平组合。

下面通过实例说明正交试验设计的步骤。本例属于单指标试验，不考虑交互作用的情况。

例 4.1 某炼铁厂为了提高铁水温度，需要通过试验选择最好的生产方案。经初步分析，主要有三个因素影响铁水温度，分别是焦比、风压和底焦高度，每个因素都考虑三个水平，具体情况如表 4-9 所示。问对这三个因素水平如何安排，才能获得最高的铁水温度？

表 4-9　因素水平

水平	因素		
	焦比 A	风压 B/133Pa	底焦高度 C/m
1	1∶16	170	1.2
2	1∶18	230	1.5
3	1∶14	200	1.3

（1）确定试验指标。首先确定试验指标为铁水温度。

（2）因素及水平的选择。考虑有焦比、风压和底焦高度三个因素，每个因素都考虑三个水平。

（3）选用正交表，表头设计。选择正交表为 $L_9(3^4)$（附表 1），表头设计如表 4-10 所示。

表 4-10　表头设计

因素	A	B	C
列号	1	2	3

（4）试验方案及结果，如表 4-11 所示。

（5）试验结果分析。

按选定的 9 个试验进行，将每次试验测得的铁水温度记录下来。由于铁水温度数值较大，把每一个铁水温度的值都减去 1350，便于计算。

表 4-11　正交试验数值及结果

试验号	1 A	2 B	3 C	铁水温度/℃	铁水温度值 减去 1350
1	1	1	1	1365	15
2	1	2	2	1395	45
3	1	3	3	1385	35
4	2	1	2	1390	40
5	2	2	3	1395	45
6	2	3	1	1380	30
7	3	1	3	1390	40
8	3	2	1	1390	40
9	3	3	2	1410	60
K_1	95	95	85		
K_2	115	130	145		
K_3	140	125	120		

续表

试验号	1 A	2 B	3 C	铁水温度/℃	铁水温度值 减去 1350
$k_1\left(=\dfrac{K_1}{3}\right)$	31.7	31.7	35.0		
$k_2\left(=\dfrac{K_2}{3}\right)$	38.3	43.3	48.3		
$k_3\left(=\dfrac{K_3}{3}\right)$	46.7	41.7	40.0		
极差	15.0	11.6	13.3		
优方案	A_3	B_2	C_2		按影响大小排序为 $A_3C_2B_2$

K_1 这一行的 3 个数，分别是因素 A、B、C 的第 1 个水平所在的试验中对应的铁水温度（减去 1350）之和。类似地，K_2、K_3 这一行的 3 个数，分别是因素 A、B、C 的第 2、3 个水平所在的试验中对应的铁水温度（减去 1350）之和。

k_1、k_2、k_3 这 3 行的 3 个数，分别是 K_1、K_2、K_3 这 3 行的 3 个数除以 3 所得的结果，也就是各水平所对应的平均值。

同一列中，k_1、k_2、k_3 这三个数中的最大者减去最小者所得的差称为极差。一般而言，各列的极差是不同的，这说明各因素的水平改变时对试验指标的影响是不同的。极差最大的那一列，其对应因素的水平改变时对试验指标的影响最大，那个因素就是要考虑的主要因素。这里算出三列的极差分别为 15.0、11.6、13.3，显然第 1 列因素 A（焦比）的极差最大。它的三个水平所对应的铁水温度（减去 1350）平均值分别为 31.7、38.3、46.7，以第 3 水平所对应的数值为最大，所以取它的第 3 水平最好。第 3 列因素 C（底焦高度）的极差为 13.3，仅次于因素 A，它的三个水平所对应的数值分别为 35.0、48.3、40.0，以第 2 水平所对应的数值为最大，所以取它的第 2 水平最好。第 2 列因素 B（风压）的极差最小，它的三个水平所对应的数值分别为 31.7、43.3、41.7，以第 2 水平所对应的数值为最大，所以取它的第 2 水平最好。

从以上分析可以得出结论：各因素对试验指标（铁水温度）的影响按大小次序来说应当是 A、C、B；最好的方案是 $A_3C_2B_2$。

4.3.2　多指标的正交试验设计

多指标正交试验，就是考察指标多于两个的试验，需设法兼顾使之达到尽可能好的、比较满意的工艺条件，故试验分析比单指标复杂。常用的方法有综合平衡法和综合评分法。

1. 综合平衡法

综合平衡法的基本作法是：首先对各项指标进行分析，与单指标的分析方法完全一样，找出各项指标的较优生产条件，然后将各项指标的较优生产条件综合平衡，找出兼顾各项指标都尽可能好的生产条件。

例 **4.2** 某光学厂进行反光镜加工工艺试验，以提高其光洁度合格率和缩短工时，选取的因素水平如表 4-12 所示。

表 4-12　因素水平表

水平	因素			
	抛光液含量 A	抛光模新旧 B	玻璃 C	抛光模硬度 D
1	99%	新	退休料	正常
2	45%	旧	新料	偏硬

根据本试验的目的，需要考察的指标有两项：光洁度合格率 Y，越高越好；工作时间 Z 越小越好。选用 $L_8(2^7)$ 正交表来安排该试验，试验方案、结果和分别对两项指标所做的计算与分析列于表 4-13 中。

表 4-13　试验结果分析计算表

试验号		D 1	B 2	A 4	C 7	指标	
						合格率 Y	工作时间 Z/h
1		1（正常）	1（新）	1（99%）	1（退休料）	93%	4
2		1	1	2（45%）	2（新料）	91%	10
3		1	2（旧）	1	2	29%	6
4		1	2	2	1	56%	6
5		2（偏硬）	1	1	2	71%	4
6		2	1	2	1	73%	11
7		2	2	1	1	83%	3
8		2	2	2	2	84%	14
合格率	I	269	328	276	305	因素主次：$BDCA$ 较优生产条件：$B_1D_2C_1A_2$	
	II	311	252	304	275		
	R	42	76	28	30		
工作时间	I	26	29	17	24	因素主次：$ACDB$ 较优生产条件：$A_1C_1D_1B_{1,2}$	
	II	32	29	41	34		
	R	6	0	24	10		

综合平衡法的一般原则是：当各指标的重要性不一样时，选取水平应保证重要的指标；当各指标的重要性相仿时，选取水平应优先照顾主要因素或大多数的倾向。本例中，因素 A 对工作时间是主要因素，对合格率是次要因素，故取 A_1；因素 B 对合格率是主要因素，对工作时间是次要因素，且两个水平的作用相近，故取 B_1；因素 C 在两项指标中都是 C_1 好，故取 C_1；因素 D 对合格率是较主要的因素，对工作时间是较次要的因素，故取 D_2。经综合平衡，最后得到的较优生产条件为 $A_1B_1C_1D_2$。

2. 综合评分法

综合评分法是用评分的方法将多个指标综合成一个单一的指标——得分，用每次试验的得分来代表这次试验的结果，用各号试验的分数作为数据进行分析的方法。常用的评分方法有：①排队评分法，即把各项试验结果按优劣排队，顺序排好后，根据相邻名次的实际差别，给出统一的分数。②公式评分法，即首先对每项指标按优劣评分，然后把各项指标的得分按一定的公式组合起来，形成一个综合的得分。

仍以例 4.2 说明如何用综合评分法分析多个指标试验的结果。

首先对每项指标单独评分，对合格率，规定合格率为 93% 者评分为 9.3，合格率为 91% 者为 9.1 分，其余类推。对工作时间，规定时间最少者（3h）评为 10 分，多 1 小时扣一分，时间最多者评为 0 分。因为合格率是一项重要指标，工作时间是一项次要指标，以加权方式得到综合评分：

$$综合评分 = 2 \times 合格率得分 + 工作时间得分$$

例如，第 1 号试验综合评分 $= 2 \times 9.3 + 9 = 27.6$，全部综合评分的计算、分析列于表 4-14 中。

表 4-14　试验结果综合评分分析计算表

试验号	D 1	B 2	A 4	C 7	合格率 Y/%	工作时间 Z/h	综合得分
1	1	1	1	1	93	4	27.6
2	1	1	2	2	91	10	21.2
3	1	2	1	2	29	6	12.8
4	1	2	2	1	56	6	18.2
5	2	1	1	2	71	4	23.2
6	2	1	2	1	73	11	16.6
7	2	2	1	1	83	3	26.6
8	2	2	2	2	84	14	16.8
I	79.8	88.6	90.2	89.0	因素主次：$ACBD$		
II	83.2	74.4	72.8	74.0	较优生产条件：$A_1B_1C_1D_2$		
R	3.4	14.2	17.4	15.0			

由表 4-14 可以看出，按综合评分法所得的较优生产条件与综合平衡法的结论一致。

4.3.3　存在交互作用的正交试验设计

多因素试验的结果，往往是多个因素的综合效应，有时会发生两个因素间的交互作用。此时，在正交试验设计过程中，就应考虑因素间的相互影响。下面通过例子说明如何进行交互作用的正交试验设计。

例 4.3　某轴承厂为提高轴承质量，降低成本，决定用正交试验设计改进回火工艺，以改变因退火后轴承圈硬度过大、回炉度高达 15% 的状况。经技术分析，影响退火后轴承圈硬度的因素及相应的水平如表 4-15 所示。且已知三因素两两之间有交互作用。试确定最佳工艺条件。

表 4-15   因素水平表

水平	A 上升温度/℃	B 保温时间/h	C 出炉温度/℃
1	800	6	400
2	825	8	300

（1）采用合格率作为试验指标。由于这是三因素二水平问题，选用 $L_8(2^7)$，可安排 7 个因素 8 次试验，即使考虑交互作用，也能满足试验设计的要求。借助 $L_8(2^7)$（附表 1），表头设计如表 4-16 所示。

表 4-16   表头设计

因素	A	B	AB	C	AC	BC	
列号	1	2	3	4	5	6	7

（2）试验方案与结果如表 4-17 所示。

（3）结果分析。利用正交表作结果分析，如表 4-18 所示。

据各因素的极差可知，在所考虑的三因素中，保温时间（因素 B）对合格率的影响最为显著，A、C 次之。交互作用 AC 与 BC 的影响更显著。因此，必须计算 A、B 及 B、C 两对因素不同水平组合对试验结果的影响，通过比较找到最合适的水平组合。交互作用对指标的影响，也可在正交表上体现。例如，A_1C_1 对指标的影响，为试验结果分析表的 y_i 列中 A_1 与 C_1 相应行的值的平均值。因为在 1、3 号试验中，因素 A、C 均取第 1 水平，故 1、3 号试验含 A_1C_1 的交互作用，其影响为 $\frac{1}{2}(60+80)=70$。类似地可得 A、B 其他组合的交互作用的影响。于是，有 AC 与 BC 的二元分析表（表 4-19）。根据极差，A、B、C 三因素均应选择 1 水平，即选择 A_1、B_1、C_1。但因素 C 取水平 2 时与因素 A、B 的两两交互作用，优于取水平 1 时的作用。因此，最优的工艺条件为 $B_1A_1C_2$。

表 4-17   试验方案与结果

试验号	A 1	B 2	C 4	试验指标合格率/%
1	800	6	400	60
2	800	6	400	95
3	800	8	500	80
4	800	8	500	70
5	825	6	500	85
6	825	6	500	75
7	825	8	400	90
8	825	8	400	45

表 4-18 试验结果分析表

试验号	A 1	B 2	AB 3	C 4	AC 5	BC 6	7	合格率/% (y_i)
1	1	1	1	1	1	1	1	60
2	1	1	1	2	2	2	2	95
3	1	2	2	1	1	2	2	80
4	1	2	2	2	2	1	1	70
5	2	1	2	1	2	1	2	85
6	2	1	2	2	1	2	1	75
7	2	2	1	1	2	2	1	90
8	2	2	1	2	1	1	2	45
K_1	305	315	290	315	260	260	(295)	
K_2	295	285	310	285	340	340	(315)	
k_1	76.25	78.75	72.5	78.75	65	65	73.75	$\sum y_i = 600$
k_2	73.75	71.25	77.5	71.25	85	85	78.75	
R	2.5	7.5	5.0	7.5	20.0	20.0	5.0	

表 4-19 二元分析表

		C_1	C_2
A	A_1	70	82.5
	A_2	87.5	60
B	B_1	72.5	85
	B_2	85	57.5

4.4 三次设计原理

20 世纪 70 年代，日本著名质量管理专家田口玄一创立了三次设计理论，他将产品的整个设计工作分为三个阶段，即系统设计（一次设计）、参数设计（二次设计）和容差设计（三次设计）。三次设计的核心思想是在产品设计阶段就进行质量控制，试图用最低的制造成本生产出满足顾客要求的、对社会造成损失最小的产品。三次设计把专业技术与统计技术紧密结合起来，通过试验和计算，用较低的成本和较短的时间寻求出设计参数的最佳组合，使产品达到最好的输出特性。

4.4.1 基本概念

1. 质量的定义

通常认为产品的质量就是产品满足用户需要的程度。田口提出新的产品质量定义：质量是指上市后给社会带来的损失。给社会带来的损失是指产品的功能（即产品质量特性）的波动，以及产品弊害项目所造成的损失。

田口的质量定义可以表示为

质量 = 功能波动的损失 + 使用成本 + 弊害项目的损失

式中，弊害项目是指在生产中对工人有害的项目，如污染、噪声及安全性等。从质量管理的角度看，质量控制的目的是控制质量特性的波动，满足质量要求。因此在三项损失中，重点应考虑第一项，即功能波动的损失。

2. 质量干扰

引起产品的功能波动的原因，通常称为质量干扰。质量干扰的表现形式多种多样，大致可以分为以下三种类型。

（1）外干扰。在产品使用或运行时，由于环境及使用条件的变化或波动，如温度、湿度、位置、输入电压、磁场、机械振动、尘埃等的变化或波动而引起的产品功能波动。这些干扰会使质量性能不稳定，影响产品功能的正常发挥。

（2）内干扰。在储存或使用过程中，产品本身的零件、材料随着时间的推移而发生质量变化，从而引起产品功能波动。

（3）产品间波动。由于机器、材料、加工方法、工人、测量和环境（即 5M1E）的变化，按同一规格和生产条件生产出来的一批产品，在质量特性上存在波动。这种波动称为产品间波动。

为保证产品的质量，应采取措施减少这三种干扰的影响，即应考虑提高产品的抗干扰能力。

4.4.2　系统设计原理及应用

系统设计即产品的功能设计，其任务是规定产品的功能，确定产品的基本结构，提出初始设计方案。

系统设计是"三次设计"的基础，对于结构复杂的产品，要全面考察各种参数对质量特性值的影响情况。这仅凭专业技术进行定性的判断是不够的，因为这样无法定量地找出经济合理的最佳参数组合。通过系统设计可以选择需要考察的因素及其水平，这里所说的因素是指构成产品这一系统的元件或构件，水平是指元件或构件的参数（或取值）。系统设计可以使用计算和实验两种方法。实验法就是进行某些模拟试验，以获得所需要的数据和结论，选择出最佳方案；用计算法进行设计，不必做出样品，只需用理论公式计算质量特性，并依据对计算结果的统计分析修改和完善系统设计即可。另外，对于重要的设计项目，还必须进行可行性分析，论证其技术的先进性和经济的合理性。

4.4.3　参数设计原理及应用

参数设计是产品设计的核心工作。参数设计就是选择出影响质量特性值的各元件参数的最佳值及最适宜的组合，使系统的质量特性波动小、稳定性好。在产品的制造和使用过程中，由于受到多种因素的影响，产品的输出特性总是存在着波动。要绝对消除这种波动是不可能的，但是通过合理选择参数的组合，可以大大减小这种波动的程度，从而保持质量的稳定性。

实践证明，许多产品的输出特性与参数的不同组合之间存在着非线性的函数关系。如图 4-10 所示，当因素 x 由 x_1 水平移动到 x_2 水平时，对应的特性值 y 将由 y_1 移动到 y_2。假定 x_1 水平和 x_2 水平的波动均为 Δx_1，所对应的 y_1 和 y_2 特性值的波动分别为 Δy_1 和 Δy_2。此时，虽然 x_1 水平和 x_2 水平的波动都是 Δx_1，但由于函数关系，对应的特征值 y 的波动 Δy_2 和 Δy_1 并不相等，Δy_2 要比 Δy_1 小得多，相应的特性值 Δy_2 要比 Δy_1 高。假设此时的特性值要求越高越好，这种波动变化就达到了综合性的理想效果；若特性值以 y_1 为理想要求目标值，则有 $(y_2 - y_1) = M$ 的差值。此时要达到综合性的理想效果，必须进一步利用非线性关系和因素水平匹配，设法消除（或弥补）M 值的差值。

在产品设计中的参数（因素）是比较多的，不难找到一个与特性 y 呈线性关系的 z 因素，如图 4-11 所示。其线性关系为

$$y = \varphi(z) = az - b \tag{4-27}$$

由于该方程的导数为常量数，$\mathrm{d}\varphi(z) / \mathrm{d}z = a$，因此不管 z 取何值，并不影响输出特性 y 的变化率。故当因素 z 加入该系统后，并不影响原来参数组合 x 同输出特性 y 之间的变化关系。这就是说，既能保持输出特性波动小的优点（如取 x_2 值），又能通过改变 Z 值的大小使输出特性 y 值由 y_2 调回到 y_2' 减小了 M。因为原 y_2 比 y_1 高出 M，改变值可使其降低一个 M 值，也就是说回到了原来的 y_1。这表明只要合理选择 x_2，可以使输出特性的波动减小到所要求的程度，然后根据目标值 y_1 及 x_2，选择合理的 z 值，使其保持 y_1 的数值。

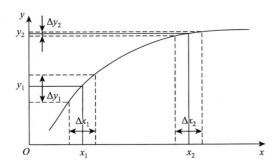 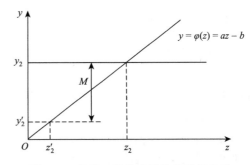

图 4-10 输出特性和因素组合的关系图   图 4-11 参数 z 和输出特性的线性关系

例 4.4 有一晶体管稳压电源，输入交流电后，希望得到稳定的输出电压，目标值为直流 110V，且其波动范围必须控制在 $\pm 2V$，试比较分析以往的设计与参数设计的优劣，并提出优化设计方案。

解： 决定稳压电源输出特性的主要因素是晶体管的电流放大倍数 H_{FE}，H_{FE} 与输出特性呈非线性关系；另一因素是调节电阻 R 的大小，其与输出特性呈线性关系，如图 4-12 所示。

在以往的设计中，如果输出电压与目标值发生偏离，设计人员只要调整晶体管的工作点，使输出电压达到目标值就算完成任务，而不考虑 H_{FE} 发生变动时输出电压的波动。例如，原稳压电源的晶体管工作点在 $A_1 = 20$，对应的输出电压为 95V，这时，设计人员可以把 H_{FE} 调整到 $A_2 = 40$，输出电压达到 110V，其设计工作好像就完成了。可是晶体管

的 H_{FE} 总会有一定范围的波动,假定为设计中心值 $A_2 = 40$, H_{FE} 就将在 $20\sim60$ ($A_1\sim A_3$)波动,对应的输出电压波动范围将是 $95\sim120V$ 。如果用严格挑选元器件以 H_{FE} 减少波动范围的办法来解决这个问题,势必增加成本。如果采用参数设计的思想,利用晶体管电流放大倍数与输出特性之间的非线性关系,则可经济合理地解决这个问题。如选取工作点为 $A_4 = 80$,其输出电压的波动范围就可以在 $120\sim122V$,波动幅度大大减小,稳定性得到改善。不过,当选取 A_4 为工作点时,其输出电压的中心值为121V,比要求的目标值110V产生了11V的正偏移量。这个偏移量可以用线性元件电阻进行校正。通过改变电阻 R 的大小来调整输出电压,使其达到110V。本例中把电阻从 B_3 调整到 B_4 ,使电路中产生一个11V的负偏移量,把输出电压从121V调回到110V。如此设计,既可达到所规定的目标值,又可使电路工作更加稳定和经济合理,如图4-12所示。

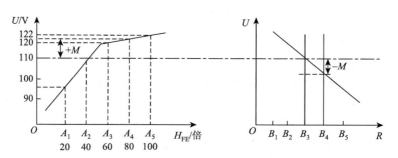

图 4-12　参数 H_{FE} 、 R 同输出特性的关系

4.4.4　容差设计原理及应用

1. 容差设计的概念

产品功能界限 $\pm\Delta_0$ 是由于产品质量特性的波动而使产品丧失功能的质量特性临界值。实际上, $\pm\Delta_0$ 就是产品的公差范围,即允许产品特性值 y 在目标值 m 附近有 $\pm\Delta_0$ 的波动,但这只是技术上的合理选择,在经济上不一定合理,因此,应当在经济损失最小的原则下来制定公差范围 $(m - \Delta, m + \Delta)$ 。为研究方便,通常把公差的一半称为容差,只要确定了容差,也就确定了公差。

容差设计是在参数设计确定了最佳参数组合以后,进一步运用统计方法确定各个参数的公差范围,并分析研究参数公差范围和产品成本的关系的方法,通过容差设计可以确定各参数的最合理的容差,使总损失最小。

2. 质量损失函数

产品质量客观存在着波动,波动有可能造成损失,所以质量损失与波动程度相关。质量损失函数是指产品质量的特征值偏离设计的目标值所造成的经济损失随偏离程度的变化关系。设产品设计的目标值为 m ,实际取值为 y ,当 $y = m$ 时,其损失为 0;当 $y \neq m$,即 $|y - m| \neq 0$ 时,就有可能造成损失,质量损失函数记为 $L(y)$ 。为了得到 $L(y)$ 的表达式,将函数 $L(y)$ 在 $y = m$ 的周围展开为泰勒级数,即

$$L(y) = L(m) + \frac{L'(m)}{1!}(y - m) + \frac{L''(m)}{2!}(y - m)^2 + \cdots \qquad (4\text{-}28)$$

由于 $y=m$ 时，$L(m)=0$，即 $L(y)$ 在 $y=m$ 处存在极小值，所以其一阶导数 $L'(m)=0$，上式右端第一、二项均为 0；当 $y\neq m$，即 $|y-m|\neq 0$ 时，实际取值 y 在目标值 m 附近变化，$|y-m|$ 非常小，故式中第四项以后的所有高次项可以忽略不计，则质量损失函数 $L(y)$ 的近似表达式为

$$L(y)=k(y-m)^2 \tag{4-29}$$

式中，$(y-m)^2$ 反映了质量特性值与目标值的接近程度，即产品功能波动大小。k 是一个与 y 无关的常数，为单位平方偏差的经济损失，k 值越大，损失也越大。$L(y)$ 为二次函数，故质量损失函数曲线是以 m 为中心的抛物线，如图 4-13 所示。质量损失函数中的系数 k 的确定有下述两种方法：

（1）根据功能界限 Δ_0 和丧失功能损失 A_0 确定 k 功能界限 Δ_0 是产品能够正常发挥功能的界限值。若产品的质量特性值为 y，目标值为 m，则当 $|y-m|<\Delta_0$ 时，产品能正常发挥功能，当 $|y-m|\geq\Delta_0$ 时，产品丧失功能。设产品丧失功能时的损失为 A_0，可以认为在 $y=m\pm\Delta_0$ 两点上，$L(y)$ 均为 A_0。由公式 $L(y)=k(y-m)^2$ 得

$$k=\frac{A_0}{\Delta_0^2} \tag{4-30}$$

（2）根据容差 Δ 和产品不合格的损失 A 确定 k。容差是指产品合格的范围，当 $|y-m|\leq\Delta$ 时，产品为合格品；当 $|y-m|>\Delta$ 时，产品为不合格品。若产品为不合格品时损失为 A，则在 $y=m\pm\Delta$ 两点上，均有 $L(y)=A$，如图 4-14 所示。由上述公式 $L(y)=k(y-m)^2$ 得

$$k=\frac{A}{\Delta^2} \tag{4-31}$$

因此

$$k=\frac{A_0}{\Delta_0^2}=\frac{A}{\Delta^2} \tag{4-32}$$

3. 容差的确定

设产品容差 $\Delta=|y_0-m|$，如图 4-14 所示，设质量特性值 y 对 m 的偏离达到容差 Δ 时，不合格所造成的损失为 A；y 对 m 的偏离超过容差 Δ 时，不合格所造成的损失与偏离 Δ 的损失是相同的。则损失函数为

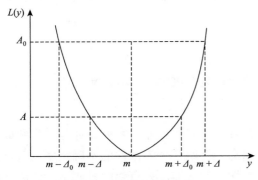

图 4-13 质量损失函数

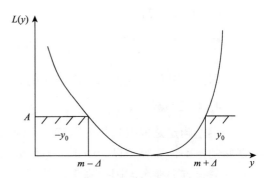

图 4-14 产品容差示意图

$$L(y) = \begin{cases} K(y-m)^2, |y-m| < \Delta \\ A, |y-m| \geqslant \Delta \end{cases} \qquad (4\text{-}33)$$

因为 $k = \dfrac{A_0}{\Delta_0^2}$ ，则损失函数与产品特性值功能界限的关系为

$$L(y) = \frac{A_0}{\Delta_0^2}(y-m)^2 \qquad (4\text{-}34)$$

当 $y = m \pm \Delta$ 时， $L(y) = \dfrac{A}{\Delta_0^2}(m \pm \Delta - m)^2 = A$ ，则

$$\Delta = \sqrt{\frac{A}{A_0}}\Delta_0 \qquad (4\text{-}35)$$

例 4.5 某电视机电源电路的直流输出电压 y 的目标值 $m = 110\text{V}$ ，功能界限 $\Delta_0 = 25\text{V}$ ，丧失功能的损失 $A_0 = 300$ 元，不合格时的返修费 $A = 1$ 元。求损失函数中的系数 k 和容差 Δ 。若某产品的直流输出电压 $y = 112\text{V}$ ，此产品该不该投放市场。

解：（1） $k = \dfrac{A_0}{\Delta_0^2} = \dfrac{300}{25^2} = 0.48$

损失函数为

$$L(y) = 0.48(y - 110)^2$$

（2）又因为 $k = \dfrac{A_0}{\Delta_0^2} = \dfrac{A}{\Delta^2}$

所以 $\Delta = \sqrt{\dfrac{A}{A_0}}\Delta_0 = \sqrt{\dfrac{1}{300}} \times 25\text{V} = 1.4\text{V}$

（3）当 $y = 112\text{V}$ 时，相应的损失为

$$L(112) = 0.48(112 - 110)^2 \text{元} = 1.92 \text{元}$$

若不经返修就投放市场，企业虽然少花 1 元返修费，但可能会给顾客造成 1.92 元的损失，所以该产品不该投放市场。

例 4.6 某压电晶体点火器的主要性能指标是瞬态电压，其目标值为 13000V，功能界限为 $\Delta_0 = 500\text{V}$ 丧失功能带来的损失为 5 元。出厂前产品不合格作报废处理的损失为 2.8 元，求该产品的容差。

解：容差 $\Delta = \sqrt{\dfrac{A}{A_0}}\Delta_0 = \sqrt{\dfrac{2.8}{5}} \times 500\text{V} = 374.25\text{V}$

即压电晶体点火器的瞬态电压的允许变化范围为 $13000\text{V} \pm 374.25\text{V}$ 。

4. 容差设计的方法

容差确定是根据功能界限确定系统或零部件、元器件容差，容差设计是质量和成本之间的平衡，在容差设计中，一方面要考虑提高一个或几个零部件的不确定度以改进质量，另一方面要考虑因提高零部件不确定度所增加的成本。只有当改进质量所获取的收

益大于成本的增加时，才应提高零部件的不确定度。容差设计是对影响产品输出特性的诸因素进行分析研究，通过分析研究找出关键因素，并计算损失函数，权衡质量收益，从而确定使产品寿命周期成本最低的零部件、元器件的容差。

　　例 4.7　某机械产品的原材料可以从 A_1、A_2、A_3 中选择。三种材料的温度系数 b、每年的磨损量 B 及价格如表 4-20 所示。产品的功能界限 $\Delta_0 = 6\text{mm}$ 丧失功能时的损失 $A_0 = 180$ 元。产品在标准温度下的特性值等目标值 m，试问选用哪种材料比较合理？

表 4-20　材料特性数据表

材料	$b/(\text{mm/℃})$	$B/(\text{mm/年})$	价格/元
A_1	0.08	0.15	1.8
A_2	0.03	0.06	3.5
A_3	0.01	0.05	6.3

　　解： 已知 $L(y) = \dfrac{A_0}{\Delta_0^2}\Delta^2$，其中 $A_0 = 180$ 元，$\Delta_0 = 6\text{mm}$，Δ^2 是由温度和磨损造成波动的合计方差，即 $\Delta^2 = \Delta_1^2 + \Delta_2^2$。

　　Δ_1^2 为温度波动方差，$\Delta_1^2 = b^2 \delta_温^2$。

　　Δ_2^2 为磨损波动方差，在 $0 \sim T$ 年内，偏离目标值方差的平均值为

$$\Delta_2^2 = \delta_T^2 = \frac{1}{T}\int_0^T (M - Bt - m)^2 \mathrm{d}t = \frac{T^2}{3}B^2$$

　　将 $\delta_温 = 15℃$ 和 $T = 20$ 代入式 $\Delta^2 = \Delta_1^2 + \Delta_2^2$ 中，分别求得 A_1、A_2、A_3 三种材料的方差及质量损失为

$$A_1： \Delta^2 = 0.08^2 \times 15^2 + (20^2/3) \times 0.15^2 = 4.44$$

$$L(y) = (180/6^2) \times 4.44 \text{元} = 22.2 \text{元}$$

$$A_2： \Delta^2 = 0.03^2 \times 15^2 + (20^2/3) \times 0.06^2 = 0.6825$$

$$L(y) = (180/6^2) \times 0.6825 \text{元} \approx 3.41 \text{元}$$

$$A_3： \Delta^2 = 0.01^2 \times 15^2 + (20^2/3) \times 0.05^2 = 0.3558$$

$$L(y) = (180/6^2) \times 0.3558 \text{元} \approx 1.78 \text{元}$$

　　将上述计算结果整理，如表 4-21 所示，表中总损失为价格与质量损失之和，其最小值为 6.19 元，故选用材料 A_2 最为合理。

表 4-21　容差设计表

材料	$b/(\text{mm/℃})$	$B/(\text{mm/年})$	价格/元	质量损失/元	总损失/元
A_1	0.08	0.15	1.8	22.2	24
A_2	0.03	0.06	3.5	3.41	6.91
A_3	0.01	0.05	6.3	1.78	8.08

➤复习思考题

4-1　质量功能展开有哪些潜在的应用场景？

4-2　什么是质量三次设计？

4-3　为了杀灭木毒蛾，需配置一种杀虫剂，在试制中考虑使用三种药剂进行配置，每种药剂就是一个因子，每个因子均取三个水平，选定因素水平表如表 4-22 所示。

表 4-22　选定因素水平表

因素水平	核多角体病毒（亿/ml）A	白僵菌（亿/g）B	80%敌敌畏（稀释倍数）C
1	1	2	1∶10000
2	0.1	1	1∶15000
3	0.01	0.5	1∶20000

现用正交表 $L_9(3^4)$ 进行试验，试验指标为死亡率，越大越好，试验计划及结果如表 4-23 所示。

表 4-23　试验计划及结果

因素试验号	A	B	C		死亡率 y
1	1	1	1	1	69.56
2	1	2	2	2	70.91
3	1	3	3	3	63.15
4	2	2	3	1	37.76
5	2	3	1	2	36.29
6	2	1	2	3	42.53
7	3	3	2	1	22.79
8	3	1	3	2	32.46
9	3	2	1	3	30.85

试通过极差分析确定适宜的因素水平组合及因素的显著性次序。

第5章

统计控制方法与工序质量管理

产品质量特性通常用各种数量指标，即质量指标来表示，通过对其进行检查，将所得结果与技术标准作比较，从而判断产品是否合格，或评定其优劣。然而，"流水线上无法生产出完全相同的两件产品"，由于各种因素的作用，产品质量特性值或大或小地发生变异。造成质量变异的原因何在？如何记录质量变异及找到其中的主要原因？本章介绍的控制图和工序质量控制将回答这些关键的问题。正是工序的统计控制实现了产品质量管理的三个根本性的转变：从定性描述为主转变为定量分析为主；从事后检验为主转变为事前预防、事中控制为主；从产品检验为主转变为过程控制为主。本章运用统计方法与原理，分析质量特性数据的分布规律，其中的工序质量控制方法将有助于企业对生产或服务过程中的各个阶段进行监控，从而使过程始终处于受控状态，以达到管理和控制产品质量的目的。

5.1 质量变异的统计规律

美国管理学家戴明强调通过减少生产和设计过程的变异性来改进产品与服务的质量。他认为，不可预见的变异是影响产品质量的主要因素，统计技术是不可缺少的管理工具。同一批量产品，即使所采用的原材料、生产工艺和操作方法均相同，其中每个产品的质量特性值也不可能丝毫不差，它们之间或多或少总有些差别，产品质量间的这种差别称为质量变异。

5.1.1 产生质量变异的原因

产品的质量水平取决于六个方面的原因：操作人员（man）、机器（machine）、原辅材料（material）、方法（method）、测量（measurement）和环境（environment），即5M1E。在每一个方面都会存在不可预测的偶然波动，如原材料理化性能指标的不均匀性、原材料的加工处理方法不同、设备精度或震动引起的误差、操作人员情绪不稳引起的动作变异、天气温度的突然升降等都会引起产品质量特性的变异或波动。为了把质量变异控制在可接受的范围以内，把这六个方面的原因分为偶然性原因和必然性原因两大类。

偶然性原因又称随机性原因或不可避免的原因。偶然性原因经常存在，它造成产品质量的变异比较小。如操作人员技术上的微小变化、机器设备的小振动、原材料性质的小差异、环境温度的微小变化等。这类原因的出现带有随机性，一般不易识别，且难以消除，即使能够消除往往在经济上也是不合算的。

必然性原因又称系统性原因或异常原因。必然性原因往往突然发生，造成产品质量的变异较大。如操作人员未按操作规程作业、机器设备严重损坏、原材料混有其他杂质、作业环境突变等。这类原因的出现有一定的规律性，容易识别和查找，且易于采取措施予以消除。

值得注意的是，随着人们质量意识的提高和科技水平的提高，一些原来被视为偶然性的原因会被当作必然性原因来对待。把造成质量变异的原因划分为偶然性和必然性两大原因具有重要的管理意义。在质量管理实践中，应把有限的人力、物力和财力放在必然性原因上。如果生产过程中造成质量变异的原因全部属于偶然性原因，那么，生产过程就处于统计控制的稳定状态。在这种情况下，已经生产出来的和正在生产的产品质量变异在可接受的范围内。反之，如果生产过程中有必然性原因在起作用，那么，生产过程就脱离了统计控制状态，应及时识别和查找原因，并采取有效措施消除这些必然性原因，使生产过程重新回到统计控制的稳定状态。

5.1.2 质量数据的类型

质量数据是指由产品质量特性值所组成的数据集，任何产品质量管理活动都应实施定量化。狭义的质量数据主要是与产品质量相关的数据，如不良品数、合格率、直通率、返修率等。广义的质量数据是指能反映各项工作质量的数据，如质量成本损失、生产批量、库存积压、无效作业时间等，这些质量数据都将成为精益质量管理的研究改进对象。质量水平通过数据来体现，质量变异需要用质量数据来描述。

质量数据按数轴上数的基本属性可以分为两大类，即计数值和计量值，其中计数值根据质量特性值本身的特点，又可以分为计件值和计点值。计数值是数轴上的整数形式，如统计产品的合格品及不合格品的件数，就用 0, 1, 2, … 整数记录。假如有一批量 $N = 100$ 件的产品批，在未经检验之前，其中的不合格品件数是未知的，那么可以用 X 表示其中不合格品件数，则 X 的取值范围为 $X = \{0, 1, 2, \cdots, 100\}$，$X$ 在概率论中称为离散型随机变量，因为它的取值范围虽然明确，但取值具有随机性，只有在检验之后才能确定。如果检验的是铸件下的气孔数或布匹上的疵点数，那么所统计的计点值也是离散型随机变量。

计量值表现为数轴上可以连续取值的数据，它通常由测量得到，如只要测量的精度能够达到，那么就可以将螺栓的长度测度到无限精确，其误差要多么小就有多么小。如果把螺栓长度作为随机变量 X，那么 X 称为连续型随机变量。

如上所述，质量数据分类可以概括如下。

5.1.3　计数值的变异规律及度量

1. 超几何分布

超几何分布（hypergeometric distribution）的研究对象是有限总体无放回抽样，即考虑样本抽取后对总体的影响。总体可以是一批数量有限的产品（如 $N=100$ 件），在进行产品检验时，从中随机抽取样本（如 $n=10$ 件）后，因为样本中可能含有不合格品，所以使总体批产品的内涵发生了变化，超几何分布是处理考虑这类影响的一类概率分布，其应用条件是有限总体无放回抽样。

计算 n 件中恰含有 d 件（$d=1,2,\cdots,n$）不合格品的超几何分布概率公式为

$$P(d)=\frac{C_D^d C_{N-D}^{n-d}}{C_N^n}$$

其中，N 为产品批量；D 为 N 中的不合格品数；$N–D$ 为 N 中的合格品数；n 为从 N 中随机抽取的样本大小；d 为 n 中的不合格品数；$n-d$ 为 n 中的合格品数；C_D^d 表示不合格品的组合；C_{N-D}^{n-d} 表示合格品的组合；C_N^n 表示从 N 中随机抽取 n 件的组合。

超几何分布的期望和方差可按下式计算：

$$E(d)=np$$
$$\text{Var}(d)=\frac{N-n}{npq}$$

例 5.1　将生产中的 12 个乒乓球放入一个盒中，其中有三个不合格品，现从中随机抽取 $n=4$ 的样本进行检验，试求发现其中有一个不合格品的概率。

解：由已知得 $N=12$，$D=3$，$n=4$，$d=1$，由超几何分布概率公式，所求概率为

$$P(d=1)=\frac{C_D^d C_{N-D}^{n-d}}{C_N^n}=\frac{C_3^1 C_9^3}{C_{12}^4}=0.509$$

例 5.2　在产品验收检查中，将 20 个零件作为一批交验，从中随机抽取四件进行检验。由于各交验批的产品质量不同，其超几何概率分布也不同，假设连续交验的四批零件中所含不合格品数分别为 1 件，3 件，5 件和 7 件，试通过计算和图形说明它们的概率分布形态。

解：（1）当 $N=20$，$D=1$，$n=4$ 时，
$$P(d\leqslant1)=P(d=0)+P(d=1)$$
$$=\frac{C_1^0 C_{19}^4}{C_{20}^4}+\frac{C_1^1 C_{19}^3}{C_{20}^4}$$
$$=0.8+0.2$$
$$=1$$

（2）当 $N=20$，$D=3$，$n=4$ 时，
$$P(d\leqslant3)=P(d=0)+P(d=1)+P(d=2)+P(d=3)$$
$$=\frac{C_3^0 C_{17}^4}{C_{20}^4}+\frac{C_3^1 C_{17}^3}{C_{20}^4}+\frac{C_3^2 C_{17}^2}{C_{20}^4}+\frac{C_3^3 C_{17}^1}{C_{20}^4}$$
$$=0.491+0.421+0.084+0.004$$
$$=1$$

（3）当 $N = 20$，$D = 5$，$n = 4$ 时，

$$P(d \leqslant 4) = P(d=0) + P(d=1) + P(d=2) + P(d=3) + P(d=4)$$

$$= \frac{C_5^0 C_{15}^4}{C_{20}^4} + \frac{C_5^1 C_{15}^3}{C_{20}^4} + \frac{C_5^2 C_{15}^2}{C_{20}^4} + \frac{C_5^3 C_{15}^1}{C_{20}^4} + \frac{C_5^4 C_{15}^0}{C_{20}^4}$$

$$= 0.28 + 0.469 + 0.217 + 0.031 + 0.001$$

$$= 1$$

（4）当 $N = 20$，$D = 7$，$n = 4$ 时，

$$P(d \leqslant 4) = P(d=0) + P(d=1) + P(d=2) + P(d=3) + P(d=4)$$

$$= \frac{C_7^0 C_{13}^4}{C_{20}^4} + \frac{C_7^1 C_{13}^3}{C_{20}^4} + \frac{C_7^2 C_{13}^2}{C_{20}^4} + \frac{C_7^3 C_{13}^1}{C_{20}^4} + \frac{C_7^4 C_{13}^0}{C_{20}^4}$$

$$= 0.148 + 0.413 + 0.338 + 0.094 + 0.007$$

$$= 1$$

将上述计算的结果分别绘制成概率分布图，如图 5-1 所示，它们使产品质量和样本中的不合格品数以及概率分布的关系更加直观。

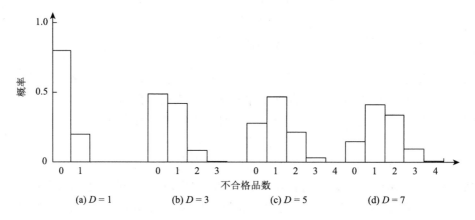

图 5-1　不同质量批的超几何分布（$N = 20$，$n = 4$）

2. 二项分布

二项分布（binomial probability distribution）的研究对象是总体无限有放回抽样，当研究的产品批量很大时，如 $N = 1000$ 件或者 $N \to \infty$（实际中的一个连续的生产过程可以作为总体），再用超几何分布去研究是十分困难的，用二项分布解决就变得容易了。

根据概率论与数理统计的推断原理，当 $N \geqslant 10n$ 时，可以用二项分布逼近超几何分布，其误差在工程上是允许的，由概率统计原理证明超几何分布的极限形式是二项分布。

根据伯努利（Bernouli）定理，二项分布的概率计算公式为

$$P(d) = C_n^d p^d (1-p)^{n-d}$$

其中，n 为样本大小；d 为 n 中的不合格品数；p 为产品的不合格品率；q 为产品的合格率，即 $q = 1-p$。

二项分布规律主要用于具有计件值特征的质量特性值分布规律的研究。例如，在产

品的检验和验收中，批产品合格与否的判断，以及在工序控制过程中所应用的不合格品率 p 控制图和不合格品数 pN 控制图的统计分析。

例 5.3 有一批产品，批量很大，$N = 1000$，产品不合格率 $p = 0.01$。现从中随机抽取 $n = 10$ 件，试计算样本中发现有 1 件不合格品的概率？至少有 2 件不合格品的概率又有多大？

解：（1）批量很大，可以将产品总体视作符合二项分布，所求概率为

$$P(d = 1) = C_n^d p^d (1-p)^{n-d}$$
$$= C_{10}^1 (0.01)^1 (1 - 0.01)^9$$
$$= 0.091$$

若考虑样本对超几何分布总体的影响，则计算结果为

$$P(d = 1) = \frac{C_n^d C_{N-D}^{n-d}}{C_N^n} = \frac{C_{Np}^d C_{N-Np}^{n-d}}{C_N^n} = \frac{C_{10}^1 C_{990}^9}{C_{1000}^{10}} = 0.092$$

显然用超几何分布计算是最准确的，但计算比较烦琐，由于 $N \geqslant 10n$ 的条件满足，所以可以采用二项分布近似计算。

（2）所求概率为

$$P(d \geqslant 2) = 1 - P(d < 2)$$
$$= 1 - P(d = 0) - P(d = 1)$$
$$= 1 - C_{10}^0 (0.01)^0 (0.99)^{10} - C_{10}^1 (0.01)^1 (0.99)^9$$
$$= 1 - 0.904 - 0.091$$
$$= 0.005$$

例 5.4 有一交验批 N 很大，产品不合格率为 p，样本大小为 n，试绘图描述以下条件的二项分布规律，并加以分析。

$$(1)\, p = 0.10, \begin{cases} n = 5 \\ n = 15 \\ n = 30 \end{cases} \qquad (2)\, p = 0.05, \begin{cases} n = 5 \\ n = 15 \\ n = 30 \end{cases}$$

解：（1）对于相同质量水平的交验批，当样本大小 n 增加时，二项分布逐渐趋于一种对称分布，即正态分布（由大数定律和中心极限定理证明），如图 5-2 和图 5-3 所示（计算从略），以图 5-2 为显著。

$$(a) \begin{cases} p = 0.10 \\ n = 5 \end{cases} \qquad (b) \begin{cases} p = 0.10 \\ n = 15 \end{cases} \qquad (c) \begin{cases} p = 0.10 \\ n = 30 \end{cases}$$

$$(d) \begin{cases} p = 0.05 \\ n = 5 \end{cases} \qquad (e) \begin{cases} p = 0.05 \\ n = 15 \end{cases} \qquad (f) \begin{cases} p = 0.05 \\ n = 30 \end{cases}$$

（2）对于相同的样本大小，不同质量水平的交验批，二项分布规律随不合格品率的增大而逐渐趋于一种对称分布，即正态分布（本节后面将加以介绍），如图 5-2（c）和图 5-3（c）比较所示。

在图 5-4 和图 5-5 所显示的两族折线图中，能够更清楚地看出上述的分析趋势。同时，可以由图 5-4 中的 $p = 0.25$，$n = 24$，以及图 5-5 中的 $p = 0.1$，$n = 50$ 得出以下结论：

当 $N \geq 10n$，$p \leq 0.1$ 或 $np \geq 5$ 时，可以用正态分布代替二项分布进行近似计算，实际上在一定的条件下，正态分布是二项分布的极限形式。

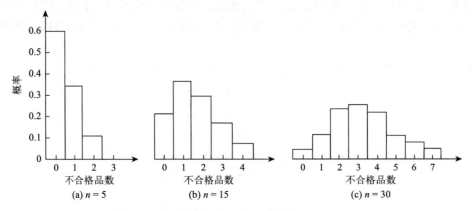

图 5-2　不同样本大小 n 的二项分布（$p = 0.10$）

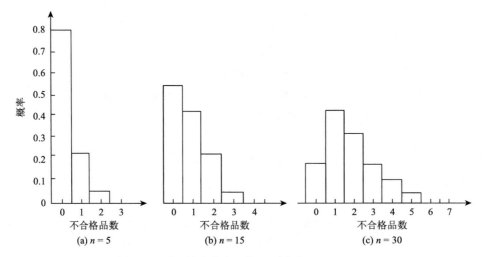

图 5-3　不同样本大小 n 的二项分布（$p = 0.05$）

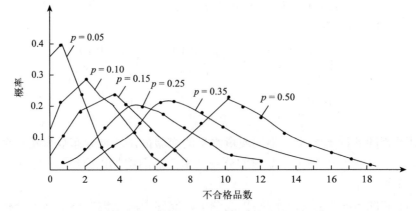

图 5-4　相同样本大小 n 的二项分布（$n = 24$）

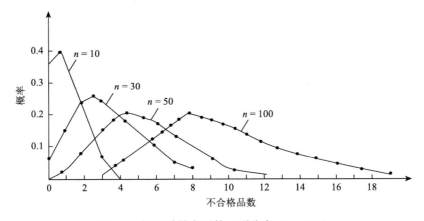

图 5-5　相同质量水平的二项分布（$p = 0.1$）

二项分布的期望和方差的计算公式为

$$E(d) = np$$

$$\text{Var}(d) = \sqrt{npq}$$

其中，n 为样本大小；p 为总体的不合格品率；q 为总体的合格品率。

3. 泊松分布

泊松分布（Poisson distribution）的研究对象是具有计点值特征的质量特性值，如布匹上出现疵点的规律、机床发生故障的规律等。自然界和生活中也有大量现象服从泊松分布规律，如每天超市的顾客人数，每分钟到达公共汽车站的乘客人数等。

泊松分布的概率计算公式为

$$P(d = k) = \frac{\lambda^k e^{-\lambda}}{k!}$$

其中，$\lambda = np$，n 为样本大小，p 为单位不合格率（缺陷率）；$e = 2.718281$。

泊松分布的期望和方差为

$$E(d) = \lambda$$

$$\text{Var}(d) = \lambda$$

例 5.5　在产品的加工过程中，观察产品在装配中发生的缺陷，经统计每台产品的平均装配缺陷数 $\lambda = 0.5$，试求发现恰有 1 个缺陷的概率。

解： $P(d = 1) = \dfrac{\lambda^k e^{-\lambda}}{k!} = \dfrac{0.5^1 e^{-0.5}}{1!} = 0.303$

上式可借助附表 2 方便得

$$P(d = 1) = P(d \leqslant 1) - P(d = 0)$$
$$= 0.910 - 0.607$$
$$= 0.303$$

例 5.6　利用例 5.3 的条件，采用泊松分布计算例 5.5。

解： $\lambda = np = 10 \times 0.01 = 0.1$

$$P(d=1)=\frac{\lambda^{k}\mathrm{e}^{-\lambda}}{k!}=\frac{0.1^{1}\mathrm{e}^{-0.1}}{1!}$$

查附表 2 得 $P(d=1)=0.091$ 。

实际上，当 $\lambda=np<4$ 时，用二项分布和泊松分布计算可以得出几乎相同的结果，而用泊松分布计算显然更方便，可以查泊松分布表（附表 2）。根据泊松定理，当 $\lambda=np\geqslant 5$ 时，正态分布是泊松分布的极限形式，如图 5-6 所示。

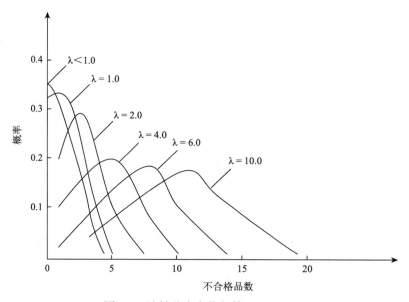

图 5-6　泊松分布变化规律（ $\lambda=np$ ）

5.1.4　计量值的变异规律及度量

1. 正态分布的研究对象

在企业的生产和经营活动中，正态分布是应用最为广泛的一种概率分布。例如，在机械加工的生产活动中，当质量特性值具有计量性质时，就应用正态分布去控制和研究质量变化的规律，包括公差标准的制定、生产误差的计算和分析、生产设备的调整、工序能力的分析、产品质量的控制和验收等。因此，了解正态分布的基本参数和生产过程状态的关系是十分必要的。

2. 正态分布概率计算

若 X 为计量质量特性值，并服从正态分布，则记作 $X\sim N(\mu,\sigma^{2})$ 。正态分布的概率计算公式为

$$P\{X<x\}=F(x)=\frac{1}{\sqrt{2\pi}\sigma}\int_{-\infty}^{x}\mathrm{e}^{\frac{(x-\mu)^{2}}{2\sigma^{2}}}\mathrm{d}x$$

其中， μ 为总体期望； σ^{2} 为总体方差。

当 $\mu=0,\sigma=1$ 时的正态分布称为标准正态分布，记作 $X\sim N(0,1)$ 。用标准正态分布

研究实际问题是十分方便的，可以借助标准正态分布表计算其分布概率，标准正态分布的概率密度曲线如图 5-7 所示，标准正态分布的概率计算公式为

$$\Phi(x) = \int_{-\infty}^{x} \frac{1}{\sqrt{2\pi}} e^{-\frac{x^2}{2}} dx$$

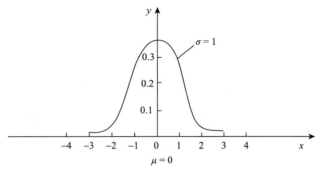

图 5-7　标准正态分布曲线

3. 正态分布的期望和标准差

正态分布的期望 μ，也称为平均值，它描述了质量特性值分布的集中位置，如图 5-8 所示。正态分布的标准差描述了质量特性值 x 分布的分散程度，如图 5-9 所示。μ 和 σ 为正态分布的两个重要基本参数，只要 μ 和 σ 确定下来，那么服从正态分布的质量特性值 x 的分布曲线就唯一确定了，这在实际应用中是十分重要的。如图 5-8 所示，x 表示某加工零件的长度尺寸，假设 $\mu_0 = 3$ 的分布符合质量标准，$\mu_1 = 1$ 的分布就显示了零件长度尺寸偏短的一个失控的生产状态。如果根据生产过程搜集的数据统计分析的结果为这种状态，就必须分析原因并采取措施恢复到 $\mu_0 = 3$ 的控制状态，否则会出现大量的不合格品；$\mu_2 = 6$ 的分布状态也属于失控状态，此时描述的零件尺寸显然偏长。上述关于分布中心 μ 发生左或右的偏移状态，都属于生产过程的非正常状态。

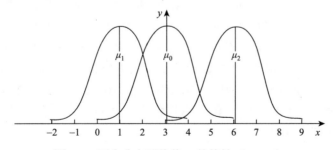

图 5-8　正态分布平均值 μ 的特性（$\sigma = 0$）

如图 5-9 所示，该标准正态分布通过三次生产状态的统计分析，μ 没有发生变化（$\mu = 0$），σ 出现了三种不同的值：$\sigma_1 = 0.5, \sigma_2 = 1$ 和 $\sigma_3 = 1.5$。假设 $\sigma_2 = 1$ 是符合质量标准要求的标准差，那么，$\sigma_2 = 1.5$ 的生产状态说明零件长度尺寸有更大的分散性。如果与公差界限比较，生产过程很可能会出现超出上、下公差界限的不合格品，这是不允许的。

$\sigma_1 = 0.5$ 的情况说明零件尺寸长度分布更集中，零件加工的精度提高了。σ 的变化也描述了生产过程的状态。总之，如果质量特性值服从或近似服从正态分布规律，那么可以通过 μ 和 σ 的变化控制生产过程状态，这就是工序质量控制的基本原理。

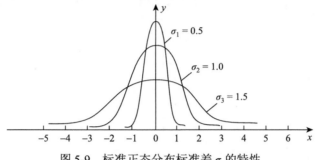

图 5-9   标准正态分布标准差 σ 的特性

4. 3σ 原则

根据标准正态分布规律可以计算以下概率：

$$\Phi(x) = P\{\mu - \sigma < X < \mu + \sigma\}$$
$$= P\{-\sigma < X - \mu < \sigma\}$$
$$= P\left\{-1 < \frac{X-\mu}{\sigma} < 1\right\}$$
$$= \Phi(1) - \Phi(-1)$$

查标准正态分布表得

$$\Phi(x) = \Phi(1) - \Phi(-1) = 0.8413 - 0.1587 = 0.6826$$

同理，

$$P\{\mu - 2\sigma < X < \mu + 2\sigma\} = \Phi(2) - \Phi(-2) = 0.9546$$
$$P\{\mu - 3\sigma < X < \mu + 3\sigma\} = \Phi(3) - \Phi(-3) = 0.9973$$

将上述计算结果用图 5-10 描述，可以得出以下重要结论：若质量特性值 x 服从正态分布，那么，在 $\pm 3\sigma$ 范围内包含了 0.9973 的质量特性值，这就是 3σ 原则。因此可以断言，在 $\pm 3\sigma$ 范围内几乎 100%地描述了质量特性值的总体分布规律。在实际问题的研究中，已知研究的对象其总体服从（或近似服从）正态分布，就不必从 $-\infty$ 到 $+\infty$ 的范围去分析，只着重分析 $\pm 3\sigma$ 范围即可，因为 $\pm 3\sigma$ 范围几乎 100%地代表了总体。应该指出 3σ 原则与 σ 无关，无论 σ 值多大，在 3σ 范围内都包含了 0.9973 的质量特性值，如图 5-11 所示，阴影部分面积均为 0.9973。

5. 正态分布的概率计算

例 5.7   某儿童食品包装的重量平均值为 296g，标准差为 25g，假设该产品重量服从正态分布，已知重量规格下限为 273g，求低于规格下限的不合格品率。

解： 已知产品重量下限 $X_L \sim N(\mu, \sigma^2)$，$\mu \doteq \bar{x} = 296, \sigma = 25, x_L = 273$，所求的不合格品率为计算 $P\{X_L < 273\}$。令 $X = \dfrac{X_L - \mu}{\sigma}$，则 $X \sim N(0,1)$，根据标准正态分布的计算公式为

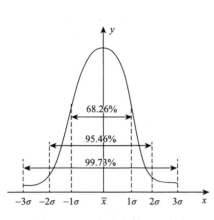

图 5-10　正态分布的 3σ 原则

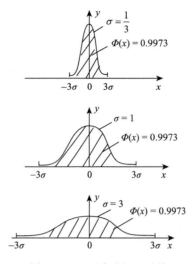

图 5-11　3σ 原则与 σ 无关

$$\Phi(u) = \Phi\left(\frac{x_L - \bar{x}}{\sigma}\right) = \Phi\left(\frac{273 - 296}{25}\right) = \Phi(-0.92)$$

查准正态分布表得 $\Phi(-0.92) = 0.1788$。

如图 5-12 所示，该生产加工工序低于下限的不合格率为 0.1788。

设 $\bar{x} = 296\,\text{g}$ 是产品重量标准的公差中心，若减小不合格品率，并提高产品质量，则需要提高包装重量的精度，也就是要采取有效措施减小 σ，使包装的重量更集中，从而降低不合格品率，保护消费者的利益，提高企业的信誉。如果 $\bar{x} = 296\,\text{g}$ 的公差中心向左偏移，则需要采取措施使分布中心 $\bar{x}(\mu)$ 向右调整，此时低于 x_L 的不合格率品会下降。

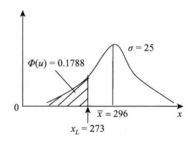

图 5-12　产品重量超出下限的不合格品率

例 5.8　已知 $x_L = 273\,\text{g}$，$\sigma = 25$，对例 5.7 的产品不合格率规定不得超过 0.01，试求 $\bar{x}$ 应控制的中心位置。

解： 已知 $x_L = 273, \sigma = 25$，允许的不合格率为 0.01，根据正态分布的性质，超出质量标准上、下界限的不合格品率各为 0.005，故

$$\Phi(u) = 0.005$$

查标准正态分布表

$$u = -2.58$$

由 $u = \dfrac{x_L - \bar{x}}{\sigma}$ 得

$$\bar{x} = x_L - u\sigma = 273 - (-2.58) \times 25 = 337.5$$

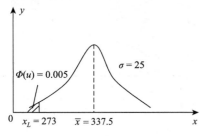

图 5-13　分布中心 $\bar{x}(\mu)$ 向右调整

因此，公差中心定在 337.5g，生产过程中应将分布中心控制在 337.5g，才能保证不合格品率不超过 0.01。调整后的生产过程状态如图 5-13 所示。应当指出，例 5.8 的情况只是一种假设，显然这种情况下公差值 T 相对于 $\bar{x}$ 太大了，因为

$$T / 2 = \bar{x} - x_L = 337.5 - 273 = 64.5$$

所以，$T = 129$。这意味着单件产品顾客和生产者都可能要承受最高可达 64.5g 的重量损失。

例 5.9　（利用例 5.7 和例 5.8 的分析结果）假设 $\bar{x} = 296\,\text{g}$ 为标准的包装重量，允许不合格率为 0.01，$x_L = 273\,\text{g}$，若通过控制 σ 来提高包装的精度，试根据以上条件计算 σ 值。

解： 由已知的不合格率 0.01，得 $\Phi(u) = 0.005$，查标准正态分布表有

$$u = -2.58$$

由 $u = \dfrac{x_L - \bar{x}}{\sigma}$ 得到

$$
\begin{aligned}
\sigma &= \frac{x_L - \bar{x}}{u} \\
&= \frac{273 - 296}{-2.58} \\
&= 8.91
\end{aligned}
$$

可见，提高包装精度以后的产品重量分布状态如图 5-14 所示。应该指出，在实际生产中对分布中心 $\mu(\bar{x})$ 的调整相对于对 σ 的调整容易得多。要将 σ 由 25g 减少到 8.91g，也许要投入一定的资金完成对生产工艺和设备的改进与升级，是否采用此方案需要做可行性分析才能最后决定。

例 5.10　在例 5.7 的条件下，试求包装重量高于 346g 的概率。

解： 如图 5-15 所示，根据标准正态分布的概率计算公式得

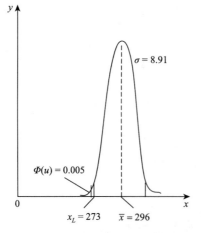

图 5-14　提高包装精度的效果

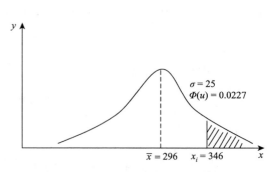

图 5-15　包装重量大于 346g 的概率

$$1-\Phi(u) = 1-\Phi\left(\frac{x_i-\bar{x}}{\sigma}\right)$$

$$=1-\Phi\left(\frac{346-296}{25}\right)$$

$$=1-\Phi(2)$$

查标准正态分布表 $\Phi(2)=0.9773$，可得 $1-\Phi(2)=1-0.9773=0.0227$，所以有 2.27% 的产品包装重量大于 346g。

5.2　生产过程的质量状态

以预防为主是一种主动管理方式，因为生产过程的质量控制的主要目的是保证工序能始终处于受控状态，稳定持续地生产合格产品。为此，必须及时了解产品质量特性值的状态，判断其失控与否。如前所述，这一目的是通过了解和控制 μ 和 σ 两个重要参数实现的。通常，在生产过程中对动态的总体（生产过程）随机抽样，计算所搜集的数据得到的样本统计量，即样本的平均值 $\bar{x}$ 和样本的标准差 s，用 $\bar{x}$ 和 s 去估计 μ 和 σ，将 μ 和 σ 的变化情况与质量标准规格进行比较，再做出生产过程状态的判断，这一过程的依据是数理统计学的统计推断原理。

5.2.1　统计过程控制

过程控制的概念与实施过程监控的方法早在 20 世纪 20 年代就由美国的休哈特（Shewhart）提出。今天的 SPC 与当年的休哈特方法并无根本的区别。在第二次世界大战后期，美国开始将休哈特方法在军工部门推行。但是，上述统计过程控制方法尚未在美国工业牢固扎根，第二次世界大战就已结束。第二次世界大战后，美国成为当时工业强大的国家，没有外来竞争力量去迫使美国公司改变传统方法，只存在美国国内的竞争。由于美国国内各公司都采用相似的方法进行生产，竞争性不够强，于是过程控制方法在 1950～1980 年逐渐从美国工业中消失。

反之，第二次世界大战后经济遭受严重破坏的日本在 1950 年通过休哈特早期的一个同事戴明（Deming）将 SPC 的概念引入日本。从 1950~1980 年，经过 30 年的努力，日本跃居世界质量与生产率的领先地位。美国著名质量管理专家伯格（Berger）指出，日本成功的基石之一就是 SPC。

在日本强有力的竞争之下，从 20 世纪 80 年代起，SPC 在西方工业国家复兴，并列为高科技之一。例如，加拿大钢铁公司（STELCO）在 1988 年列出的七大高科技方向如下：①连铸；②炉外精炼钢包冶金站；③真空除气；④电镀锌流水线；⑤电子测量；⑥高级电子计算机；⑦SPC。

美国从 20 世纪 80 年代起开始推行 SPC。美国汽车工业已大规模推行了 SPC，如福特汽车公司、通用汽车公司、克莱斯勒汽车公司等，在 ISO 9000 的基础上还联合制定了 QS 9000 标准，在与汽车有关的行业中颇为流行。美国钢铁工业也大力推行了 SPC，如美国 LTV（Ling-Temco-Vought，林-特姆科-沃特）钢铁公司、内陆钢铁公司、伯利恒钢铁公司等。SPC 对生产过程进行分析评价，根据反馈信息及时发现系统性因素出现的征兆，并采取措施消除影响，使过程维持在仅受随机性因素影响的受控状态，以达到控制质量的目的。

SPC 是应用数理统计方法的过程控制工具对生产过程中的各个阶段进行监控和分析评价，根据反馈信息及时发现系统性因素出现的征兆，并采取措施消除其影响，使过程维持在仅受随机性因素影响的受控状态，以达到控制质量的目的。SPC 强调全过程的预防，它给企业各类人员都带来好处。对于生产第一线的操作者，可用 SPC 方法改进他们的工作；对于管理干部，可用 SPC 方法消除在生产部门与质量管理部门间的传统的矛盾；对于领导干部，可用 SPC 方法控制产品质量，减少返工与浪费，提高生产率，最终可增加上缴利税。

SPC 的特点如下。①SPC 是全系统的，全过程的，要求全员参加，人人有责。这点与全面质量管理的精神完全一致。②SPC 强调用科学的方法（主要是统计技术，尤其是控制图理论）来保证全过程的预防。③SPC 不仅用于生产过程，还可用于服务过程和一切管理过程。

1. 统计过程控制三个发展阶段

SPC 迄今已经经历了三个发展阶段，即 SPC、SPCD 和 SPCDA（statistical process control diagnosis and adjustment，统计过程控制、诊断与调整）。

（1）第一个阶段为 SPC。它能科学地区分出生产过程中产品质量的偶然波动与异常波动，从而对过程的异常及时告警，以便人们采取措施，消除异常，恢复过程的稳定。这就是统计过程控制。

（2）第二个阶段为 SPCD。SPC 虽然能对过程的异常进行告警，但是它并不能指出是什么异常，发生于何处，即不能进行诊断。1982 年我国的张公绪首创两种质量诊断理论，突破了传统的美国休哈特质量控制理论，开辟了统计质量诊断的新方向。从此 SPC 上升为 SPCD，SPCD 是 SPC 的进一步发展，也是 SPC 的第二个发展阶段。1994 年张公绪和郑慧英提出多元逐步诊断理论，1996 年张公绪提出两种质量多元诊断理论，解决了多工序、多指标系统的质量控制与诊断问题。

（3）第三个阶段为 SPCDA。如同患者确诊后要进行治疗，过程诊断后自然要进行调整，故 SPCDA 是 SPCD 的进一步发展，也是 SPC 的第三个发展阶段。这方面国外起步较早，并称为 ASPC（algorithmic statistical process control，算法的统计过程控制），我国一些学者也正在进行这方面的实用性研究。

2. SPC 和 SPCD 的实施步骤

步骤 1：培训 SPC 和 SPCD。培训内容上要有下列各项：SPC 的重要性；正态分布等统计基本知识；质量管理七种工具，其中特别是要对控制图深入学习；两种质量诊断理论；如何制定过程控制图；如何制定过程控制标准等。

步骤 2：确定关键变量（即关键质量因素）。具体又分为以下两点。

（1）对全厂每道工序都要进行分析（可用因果图），找出对最终产品影响最大的变量，即关键变量（可用排列图）。如美国 LTV 钢铁公司共确定了大约 20000 个关键变量。

（2）找出关键变量后，列出过程控制网图。过程控制网图即在图中按工艺流程顺序将每道工序的关键变量列出。

步骤 3：提出或改进规格标准。具体又分为以下两点。

（1）对步骤 2 得到的每一个关键变量进行具体分析。

（2）对每个关键变量建立过程控制标准，并填写过程控制标准表。本步骤最困难，也最费时间，参考见表 5-1。

表 5-1　过程控制标准表

所在车间		控制点		控制因素		文件号		制定日期	
控制内容									
过程标准									
控制理由									
测量规定									
数据报告途径									
控制图	有无建立控制图		控制图类型		制定者制定日期			批准者批准日期	
纠正性措施									
操作程序									
审核程序									
制定者		审批者				审批日期			

步骤 4：编制控制标准手册，在各部门落实。将具有立法性质的有关过程控制标准的文件编制成简明易懂、便于操作的手册，供各道工序使用。

步骤 5：对过程进行统计监控。主要应用控制图对过程进行监控。若发现问题，则须对上述控制标准手册进行修订，即反馈到步骤 4。

步骤 6：对过程进行诊断并采取措施解决问题，参考以下几点。

（1）可以运用传统的质量管理方法，如七种工具，进行分析。

（2）可以应用诊断理论，如两种质量诊断理论，进行分析和诊断。

（3）在诊断后的纠正过程中有可能引出新的关键质量因素，则反馈到步骤 2、步骤 3、步骤 4。

推行 SPC 的效果是显著的。如美国 LTV 钢铁公司 1984 年实施了 SPC 后，共编制了 600 本上述控制标准手册，劳动生产率提高了 20% 以上。

5.2.2　生产过程状态

生产过程状态从 μ 和 σ 的情况出发可以分为受控状态（in control）和失控状态（out of control）两种表现形式。

1. 受控状态

受控状态即 μ 和 σ 不随时间变化，且在质量规格范围内。如图 5-16 所示，μ_0 和 σ_0 是经调整后控制的理想状态，即符合质量标准要求。从图中可见随着时间的推移，生产过程的质量特性值或其统计量均在控制界限之内，且均匀分布，这就是受控状态，也是生产过程控制的目的。

2. 失控状态

（1）稳定状态（假稳定状态），即 μ 和 σ 不随时间变化，但不符合质量规格要求。

如图 5-17 所示，μ 和 σ 不随时间变化，但质量特性值（或其统计量）的分布超出了控制界限，图中所示为超出上限的情况，这时生产过程处于失控状态，需要采取措施，针对原因将 μ_1 调整恢复到 μ_0 的分布中心位置上。这种情况属于有系统性原因存在的表现形式。

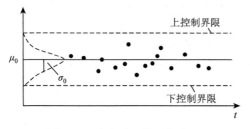

图 5-16　生产过程的受控状态

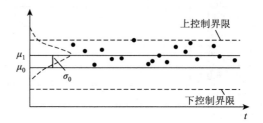

图 5-17　生产过程的失控状态

（2）不稳定状态，即 μ 和 σ 其中之一或两者都随时间变化，但不符合质量规格要求。

如图 5-18 所示，μ 随时间推移发生变化，图中为 μ 逐渐变大的情况。例如，在实际中由于刀具的磨损，加工零件的外径尺寸变得越来越大。这种情况说明生产过程有系统性原因存在，所以发生失控，应该查明原因及时消除影响。如图 5-19 所示，A 为控制状态；B 为 μ 变化而 σ 未变的失控状态；C 为 μ 未变而 σ 变大的失控状态。

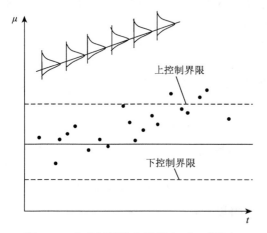

图 5-18　生产过程的失控状态（μ 变化）

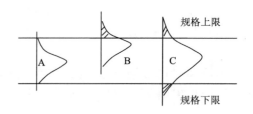

图 5-19　生产过程的状态比较

5.2.3　生产过程状态的统计推断

根据统计推断的参数估计原理，样本平均值 $\bar{x}$ 和样本极差 R 有以下重要性质。

（1）样本平均值 $\bar{x}$ 的数学期望为总体的均值 μ，即 $E(\bar{x}) = \mu$。

（2）用样本平均值 $\bar{x}$ 估计总体的均值 μ，估计的精度与样本大小 n 成反比，与总体标准差 σ 成正比，即 $\sigma_x = \sigma / \sqrt{n}$。

（3）样本极差的平均值 $\overline{R}$ 是总体标准差 σ 的无偏估计量，即 $\sigma = \overline{R}/d_2$。其中 d_2 是与样本量 n 有关的参数，根据数理统计原理计算所得，如表 5-2 所示（计算从略）。

表 5-2　d_2 与 d_3 数据表

样本量 n	d_2	d_3	样本量 n	d_2	d_3
2	1.128	0.853	14	3.407	0.762
3	1.693	0.888	15	3.472	0.755
4	2.059	0.880	16	3.532	0.749
5	2.326	0.864	17	3.588	0.743
6	2.534	0.848	18	3.640	0.738
7	2.704	0.833	19	3.689	0.733
8	2.847	0.820	20	3.735	0.729
9	2.970	0.808	21	3.778	0.724
10	3.028	0.797	22	3.819	0.720
11	3.173	0.787	23	3.858	0.716
12	3.258	0.778	24	3.895	0.712
13	3.336	0.770	25	3.931	0.709

所以，在实际中可以用样本平均值 $\bar{x}$ 估计总体的均值 μ，用样本极差 R 估计总体标准差 σ，统计量 $\bar{x}$ 和 R 在理论上都是无偏估计量。这就解决了实际中的一个重要问题，那就是总体常常是未知的，生产过程状态作为总体是动态的，因此在实际中求出的总体的 μ 和 σ 的真值往往是不真实的或没有必要的。特别是概率论和数理统计原理指出，对任意分布，当样本量 n 充分大时，其样本平均值 $\bar{x}$ 的分布就趋于正态分布。充分大，一般指 $n > 30$ 就可以满足条件。对照总体分布，关于样本 $\bar{x}$ 的分布随 n 的增大而变化的情况，如图 5-20 所示。

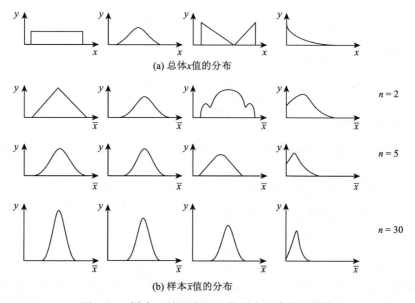

图 5-20　样本 $\bar{x}$ 的分布随 n 的增大而变化的情况

■ 5.3　工序质量控制图

把工序质量的波动限制在要求低范围内所进行的质量活动，称为工序质量控制活动。20 世纪 20 年代，美国的休哈特首先提出了过程控制的概念和实现过程控制的方法。近一个世纪以来，统计过程控制的理论和方法得到了广泛的应用。如果能控制影响工序质量特性值的波动范围和中心位置的主要因素，就能达到控制工序质量的目的。

5.3.1　控制图的概念

控制图是控制生产过程状态和保证工序加工产品质量的重要工具。应用控制图可以对工序过程状态进行分析、预测、判断、监控和改进。如图 5-21 所示，是以单值控制图即 x 图为例说明一般控制图的基本模式。

控制图的横坐标通常表示按时间顺序抽样的样本编号，纵坐标表示质量特性值或质量特性值的统计量（如样本平均值 $\bar{x}$）。控制图有中心线和上、下控制限，控制界限是判断工序过程状态的标准尺度。

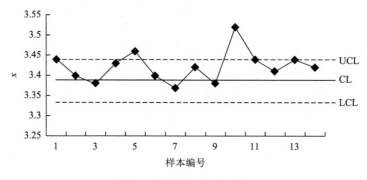

图 5-21　单值控制图（x 图）

注：UCL 为上控制限（upper central limit），CL 为中心线（central line），LCL 为下控制限（lower central limit）

5.3.2　控制图的原理

控制图已广泛应用在大批量生产中的工序质量控制，其依据的原理主要是小概率事件，即认为"小概率事件在一次试验中几乎是不可能发生的"。

1. 控制图的控制界限

通常控制图根据 3σ 原则确定控制界限，如图 5-22 所示，x 图的中心线和上、下控制限如下。中心线：$CL = \mu$（或 $\bar{x}$）。上控制限：$UCL = \mu + 3\sigma$。下控制限：$LCL = \mu - 3\sigma$。

如图 5-23 所示 $\bar{x}$ 控制图的控制界限如下。中心线：$CL = \mu$（或 $\bar{x}$）。上控制限：$UCL = \bar{x} + 3\sigma\bar{x}$。下控制限：$LCL = \bar{x} - 3\sigma\bar{x}$。

2. 控制图的两类错误

1）第一类错误

处于控制状态的生产过程，若以 3σ 原则确定控制界限，那么在抽样检验中，将有99.73%的质量特性值或质量特性值的统计量落在控制界限之内。而落在控制界限之外的概

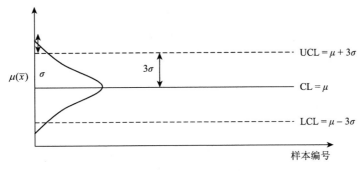

图 5-22　3σ 控制图

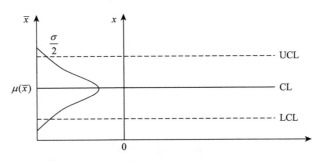

图 5-23　$\bar{x}$ 控制图

率为 0.27%，是一个小概率事件。在控制状态下，小概率事件一旦发生，就会因样本点落在控制界限之外而判断生产过程失控，但是，事实上是虚发信号，由此所做出的错误判断称为控制图的第一类错误。通常把第一类错误的概率记作 α，在 3σ 控制图中，$\alpha = 0.0027$。根据正态分布的原理，$\dfrac{\alpha}{2} = 0.00135$，如图 5-24 所示。

2）第二类错误

如图 5-24 所示，分布中心由 μ_0 变化到 μ_1，生产过程确实失控，但是仍然有一定比例的质量特性值（如 μ_1 状态的阴影部分）落在控制界限之内，由此做出生产过程正常的

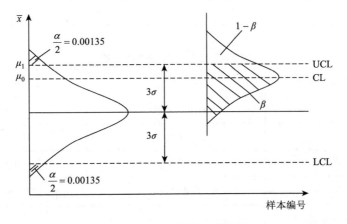

图 5-24　控制图的两类错误

错误判断，这就是控制图的第二类错误。第二类错误的概率通常记作 β，那么 $1-\beta$ 称为控制图的检出力。实际中，β 值可应用正态分布规律进行计算。

　　3. 控制图的分类

　　控制图按质量数据特点可以分为计量值控制图和计数值控制图两大类，根据国家标准《控制图　第 2 部分：常规控制图》（GB/T 17989.2—2020），常用控制图及主要特征如表 5-3 所示。

　　计量值控制图的基本思路是利用样本统计量反映和控制总体数字特征的集中位置（μ）和分散程度（σ），如表 5-4 所示。计量值控制图对系统性原因的存在反应敏感，所以具有及时查明并消除异常的明显作用，其效果比计数值控制图显著。计量值控制图经常用来预防、分析和控制工序加工质量，特别是控制图的联合使用，如表 5-4 所示，能够提供比较多的信息，帮助综合分析工序生产状态，改进加工质量。在生产实际中，有许多产品加工的关键工序和关键工位都设立了控制点，采用计量值控制图对重要质量特性值严格控制，保持充足的工序能力，从而保证关键件的质量，达到整机的优良质量，实践证明是有效的。

表 5-3　常用控制图及主要特征

特征值		分布	控制图名称	符号名称
计量值		正态分布	平均值-极差控制图	$\bar{x}-R$ 控制图
			平均值-标准差控制图	$\bar{x}-S$ 控制图
			中位数-极差控制图	$\tilde{x}-R$ 控制图
			单值-移动极差控制图	$x-R_s$ 控制图
计数值	计件值	二项分布	不合格品率控制图	p 控制图
			不合格品数控制图	p_n 控制图
	计点值	泊松分布	单位缺陷数控制图	μ 控制图
			缺陷数控制图	C 控制图

表 5-4　计量值控制图的分类

控制图名称	集中位置 μ	分散程度 σ
$\bar{x}-R$ 图	样本平均值 $\bar{x}$	样本极差 R
$\bar{x}-S$ 图	样本平均值 $\bar{x}$	样本标准差 S
$\tilde{x}-R$ 图	样本中位数 $\tilde{x}$	样本极差 R
$x-R_s$ 图	样本单值 x	样本移动极差 R_s

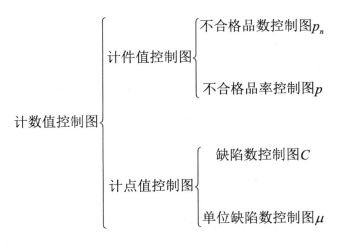

有关计量值和计数值控制图的统计量、系数及控制界限见表 5-5。

表 5-5　计量值和计数值控制图的统计量、系数及控制界限

分类	控制图名称		统计量	控制界限	控制界限修订	统计量及系数说明
计量值控制图	$\bar{x}-R$ 图	$\bar{x}$ 图	样本平均值 $\bar{x}$ 样本极差 R	$CL=\bar{x}(\mu)$ $UCL=\bar{x}+A_2\bar{R}$ $LCL=\bar{x}-A_2\bar{R}$	$CL=\overline{x'}$ $UCL=\overline{x'}+A\sigma'$ $LCL=\overline{x'}-A\sigma'$	$\overline{x'}=\bar{x}_{nw}=\left(\sum\bar{x}-\bar{x}_d\right)/(m-m_d)$． $\sigma'=\bar{R}_{nw}/d_2$　$\bar{R}_{nw}=\left(\sum R-R_d\right)/(m-m_d)$ m：原来的组数；m_d：剔除的组数； $\bar{x}_d$：剔除的样本组的平均值； R_d：剔除一组的极差； $A_1,A_2,d_2,D_1,D_2,D_3,D_4$ 是与 n 有关的参数， 参见表 5-7
		R 图	样本极差 R	$CL=\bar{R}$ $UCL=D_4\bar{R}$ $LCL=D_3\bar{R}$	$CL=\bar{R}_{nw}$ $UCL=D_{2\sigma'}$ $LCL=D_{1\sigma'}$	
	$\bar{x}-S$ 图	$\bar{x}$ 图	样本平均值 $\bar{x}$ 样本标准差 S	$CL=\bar{\bar{x}}$ $UCL=\bar{\bar{x}}+A_1S$ $LCL=\bar{\bar{x}}-A_1S$	$CL=\overline{x'}$ $UCL=\overline{x'}+A\sigma'$ $LCL=\overline{x'}-A\sigma'$	$\sigma'=\bar{\sigma}_{nw}/C_2$ $\bar{\sigma}_{nw}=\left(\sum\sigma-\sigma_d\right)/(m-m_d)$ σ_d：剔除的样本组的标准差； A_1,B_1,B_2,B_3,B_4,C_2 是与 n 有 关的参数，参见表 5-7
		S 图	样本标准差 S	$CL=S$ $UCL=B_4S$ $LCL=B_3S$	$CL=\bar{\sigma}_{nw}$ $UCL=B_{2\sigma'}$ $LCL=B_{1\sigma'}$	
计数值控制图	p 图		不合格品率 p	$CL=\bar{p}$ $UCL=\bar{p}+\sqrt{\dfrac{\bar{p}(1-\bar{p})}{n}}$ $LCL=\bar{p}-\sqrt{\dfrac{\bar{p}(1-\bar{p})}{n}}$	$CL=p'$ $UCL=p'+\sqrt{\dfrac{p'(1-p')}{n}}$ $LCL=p'-\sqrt{\dfrac{p'(1-p')}{n}}$	$p'=\bar{p}_{nw}=\left(\sum np-np_d\right)/\left(\sum n-n_d\right)$ np_d：剔除的样本组内不合格品率； n_d：剔除的样本组的样本容量
	C 图		缺陷数 C	$CL=\bar{C}$ $UCL=\bar{C}+3\sqrt{\bar{C}}$ $LCL=\bar{C}-3\sqrt{\bar{C}}$	$CL=C'$ $UCL=C'+3\sqrt{C'}$ $LCL=C'-3\sqrt{C'}$	$C'=\bar{C}_{nw}=\left(\sum C-C_d\right)/(K-K_d)$ C_d：剔除的样本缺陷数 K_d：剔除的样本组数

5.3.3　控制图的设计

1. 计量值控制图的设计

在计量值控制图中，常用的典型控制图是平均值-极差控制图，即 $\bar{x}-R$ 图，下面就以 $\bar{x}-R$ 图为例说明计量值控制图的设计。

1）搜集数据

假设从齿轮钻孔工序搜集记录 100 个孔径尺寸数据，如表 5-6 所示。表中详细记录了搜集数据的时间，样本大小 $n=4$（$n=4$ 至 5 为宜），共搜集了 25 组合计 100 个数据。并以表格形式规范化计算每组数据的 $\bar{x}$ 和 R，最后容易地得到 $\bar{\bar{x}}$ 和 $\bar{R}$。

表 5-6　齿轮钻孔工序搜集记录的 100 个孔径尺寸数据

样本组	日期	时间	测定值				平均值 $\bar{x}$	极差 R
			x_1	x_2	x_3	x_4		
1		8：50	35	40	32	33	6.35	0.08
2		11：30	46	37	36	41	6.40	0.10
3	12/23	1：45	34	40	34	36	6.36	0.06
4		3：45	69	64	68	59	6.65	0.10
5		4：20	38	34	44	40	6.39	0.10
6		8：35	42	41	43	34	6.40	0.09
7		9：00	44	41	41	46	6.43	0.05
8	12/27	9：40	33	41	38	36	6.37	0.08
9		1：30	48	52	49	51	6.50	0.04
10		2：50	47	43	36	42	6.42	0.11
11		8：30	38	41	39	38	6.39	0.03
12		1：35	37	37	41	37	6.38	0.04
13	12/28	2：25	40	38	47	35	6.40	0.12
14		2：35	38	39	45	42	6.41	0.07
15		3：55	50	42	43	45	6.45	0.08
16		8：25	33	35	29	39	6.34	0.10
17		9：25	41	40	29	34	6.36	0.12
18	12/29	11：00	38	44	28	58	6.42	0.30
19		2：35	33	32	37	38	6.35	0.06
20		3：15	56	55	45	48	6.51	0.11
21		9：35	38	40	45	37	6.40	0.08
22		10：20	39	42	35	40	6.39	0.07
23	12/30	11：35	42	39	39	36	6.39	0.06
24		2：00	43	36	35	38	6.38	0.08
25		4：25	39	38	43	44	6.41	0.06
合计							160.25	2.19
							$\bar{\bar{x}}=6.41$	$\bar{R}=0.09$

注：表中数据基本数为 6.00mm。

2）确定控制界限

$\bar{x}-R$ 控制图是一类联合使用的计量值控制图，其中包括平均值 $\bar{x}$ 控制图和极差 R 控制图。

三条控制界限的位置，在 $\bar{x}$ 控制图上为：中心线 $CL = \mu$（或 $\bar{x}$）；上控制限 $UCL = \bar{x} + 3\sigma_x$；下控制限 $LCL = \bar{x} - 3\sigma_x$。

在 R 控制图上为：中心线 $CL = \bar{R}$；上控制限 $UCL = \bar{R} + 3\sigma_R$；下控制限 $LCL = \bar{R} - 3\sigma_R$。

根据参数估计原理，其中 $\sigma_x = \dfrac{\sigma}{\sqrt{n}}$，$\bar{R} = d_2\sigma$，$\sigma_R = d_3\sigma$，所以，$\bar{x}$ 控制图的上、下控制限为

$$UCL = \bar{x} + 3\sigma_x = \bar{x} + 3\frac{\sigma}{\sqrt{n}} = \bar{x} + \frac{3}{d_2\sqrt{n}}\bar{R} = \bar{x} + A_2\bar{R}$$

$$LCL = \bar{x} - 3\sigma_r = \bar{x} - 3\frac{\sigma}{\sqrt{n}} = \bar{x} - \frac{3}{d_2\sqrt{n}}\bar{R} = \bar{x} - A_2\bar{R}$$

其中，系数 $A_2 = \dfrac{3}{d_2\sqrt{n}}$，$A_2$ 值可以根据样本大小 n 由表 5-7 查得。

同理，R 控制图的控制界限为

$$UCL = \bar{R} + 3\sigma_R = d_2\sigma + 3d_3\sigma = (d_2 + 3d_3)\sigma = (d_2 + 3d_3)\frac{\bar{R}}{d_2} = \left(1 + 3\Delta\frac{d_3}{d_2}\right)\bar{R} = D_4\bar{R}$$

$$LCL = \bar{R} - 3\sigma_R = d_2\sigma - 3d_3\sigma = (d_2 - 3d_3)\sigma = (d_2 - 3d_3)\frac{\bar{R}}{d_2} = \left(1 - 3\Delta\frac{d_3}{d_2}\right)\bar{R} = D_3\bar{R}$$

其中，D_4 和 D_3 是系数，$D_3 = 1 - 3\Delta\dfrac{d_1}{d_2}$；同理，$D_3$ 和 D_4 的值可以根据样本大小 n 由表 5-7 查得。

表 5-7　计算 3σ 控制界限参数

样本大小	平均数控制图			标准数控制图					极差控制图					
	A	A_1	A_2	C_2	B_1	B_2	B_3	B_4	d_2	d_3	D_1	D_2	D_3	D_4
2	2.121	3.760	1.880	0.5642	0	1.843	0	3.627	1.128	0.853	0	3.686	0	3.267
3	1.732	2.394	1.023	0.7236	0	1.858	0	2.568	1.693	0.888	0	4.358	0	2.575
4	1.500	1.880	0.729	0.7979	0	1.808	0	2.266	2.059	0.880	0	4.698	0	2.282
5	1.342	1.596	0.577	0.8407	0	1.756	0	2.089	2.326	0.864	0	4.918	0	2.115
6	1.225	1.410	0.483	0.8686	0.026	1.711	0.030	1.970	2.534	0.848	0	5.078	0	2.004
7	1.134	1.277	0.419	0.8882	0.105	1.672	0.118	1.882	2.704	0.833	0.205	5.203	0.076	1.924
8	1.061	1.175	0.373	0.9027	0.167	1.638	0.185	1.815	2.847	0.820	0.387	5.307	0.136	1.864
9	1.000	1.094	0.337	0.1913	0.219	1.609	0.239	1.761	2.970	0.808	0.546	5.394	0.184	1.816
10	0.949	1.028	0.308	0.9227	0.262	1.584	0.284	1.716	3.078	0.797	0.687	5.469	0.223	1.777
11	0.905	0.973	0.285	0.9300	0.299	1.561	0.321	1.679	3.173	0.787	0.812	5.534	0.256	1.744
12	0.866	0.925	0.266	0.9353	0.331	1.541	0.354	1.646	3.258	0.778	0.924	5.592	0.284	1.716
13	0.832	0.884	0.249	0.9410	0.359	1.523	0.382	1.618	3.336	0.770	1.026	5.646	0.308	1.692
14	0.802	0.848	0.235	0.9453	0.384	1.507	0.406	1.594	3.407	0.762	1.121	5.693	0.329	1.671

续表

样本大小	平均数控制图			标准数控制图					极差控制图					
	A	A_1	A_2	C_2	B_1	B_2	B_3	B_4	d_2	d_3	D_1	D_2	D_3	D_4
15	0.775	0.816	0.223	0.9490	0.406	1.492	0.428	1.572	3.472	0.755	1.207	5.737	0.348	1.652
16	0.750	0.788	0.212	0.9523	0.427	1.478	0.448	1.552	3.532	0.749	1.285	5.779	0.364	1.636
17	0.728	0.762	0.203	0.9551	0.445	1.465	0.466	1.534	3.588	0.734	1.359	5.817	0.379	1.621

由表 5-7 查得，当 $n=4$ 时，$A_2 = 0.729$，$D_3 = 0$，$D_4 = 2.282$，由表 5-6 计算得 $\bar{x} = 6.41$，$\bar{R} = 0.09$。所以 $\bar{x}$ 图的控制界限为

$$CL = \bar{x} = 6.41$$
$$UCL = \bar{x} + A_2\bar{R} = 6.41 + 0.729 \times 0.09 \approx 6.48$$
$$LCL = \bar{x} - A_2\bar{R} = 6.41 - 0.729 \times 0.09 \approx 6.34$$

同理，R 图的控制界限为

$$CL = \bar{R} = 0.09$$
$$UCL = D_4\bar{R} = 2.282 \times 0.09 \approx 0.2$$
$$LCL = D_3\bar{R} = 0$$

3）绘制控制图

如图 5-25 所示为 $\bar{x} - R$ 图的初始控制界限，并将样本统计量 $\bar{x}$ 和 R 逐一描点在图上，

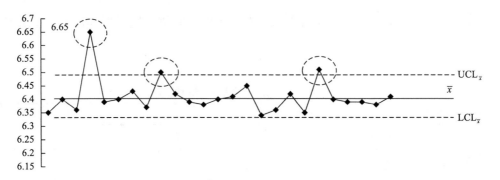

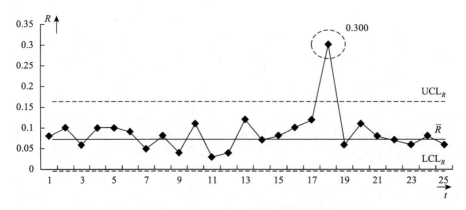

图 5-25　$\bar{x} - R$ 图的初始控制界限

然后用折线连接起来。在实际中，常为使用控制图的工位预先设计标准的控制图表格，便于现场统计填写和绘制控制图。

4）控制界限修正

由图 5-25 的样本点状态显示：

（1）$\bar{x}$ 图中有第 4，9，20 号三个样本点出界；

（2）图中有第 18 号样本点出界；

（3）控制界限内的样本点排列多数偏于中心线以下。

在实际中对上述情况进行具体分析，结果确认第 9 号样本点出界是偶然性原因引起的，第 4，18，20 号三个样本点出界是系统性原因引起的，应该加以剔除，然后利用剩余的样本统计量重新修正控制界限。具体修正如下。

首先按以下公式计算 $\bar{\bar{x}}_{nw}$，$\bar{R}_{nw}$：

$$\bar{\bar{x}}_{nw} = \frac{\sum \bar{x} - \overline{x_d}}{m - m_d} = \frac{160.25 - 6.65 - 6.51}{25 - 2} \approx 6.40$$

$$\bar{R}_{nw} = \frac{\sum R - R_d}{m - m_d} = \frac{2.19 - 0.30}{25 - 1} \approx 0.079$$

其中，$\overline{x_d}$ 为剔除的样本组的平均值；m_d 为剔除的样本组数；R_d 为剔除一组的极差；m 为原有的样本组数。

利用修正的 $\bar{\bar{x}}_{nw}$ 和 $\bar{R}_{nw}$ 确定 $\bar{x}'$ 和 σ' 值：

$$\bar{x}' = \bar{\bar{x}}_{nw} = 6.40$$

查表 5-7，当 $n = 4$ 时，$A = 1.500$，$d_2 = 2.059$，$D_1 = 0$，$D_2 = 4.698$，而

$$\sigma' = \frac{\bar{R}_{nw}}{d_2} = \frac{0.079}{2.059} \approx 0.038$$

所以，修正后的控制界限为

$\bar{x}$ 图：

$$CL = 6.40$$
$$UCL = \bar{x}' + A\sigma' = 6.40 + 1.500 \times 0.038 \approx 6.46$$
$$LCL = \bar{x}' - A\sigma' = 6.40 - 1.500 \times 0.038 \approx 6.34$$

R 图：

$$CL = \bar{R}_{nw} = 0.079 \approx 0.08$$
$$UCL = D_2\sigma' = 4.698 \times 0.038 \approx 0.18$$
$$LCL = D_1\sigma' = 0 \times 0.038 = 0$$

将初始控制界限与修正后的控制界限加以比较，如图 5-26 所示，可见修正后的控制图的线下移，而且控制界限区域变窄。

5）控制图的使用和改进

如图 5-27 所示，经过修正的控制图投入使用后通常要继续改进，以保证和提高控制质量的能力和水平。图 5-27 中二月份的控制图的控制界限就是利用一月份控制图的数据重新进行计算得到的。如此可以清楚地看到控制图的不断改进。图中显示的七月

份控制图状况已经达到了比较好的控制效果。这时，如果认为目的基本达到，就不必再做控制图的每月修正，只做定期抽样检验判断工序状态的保持情况就可以了。

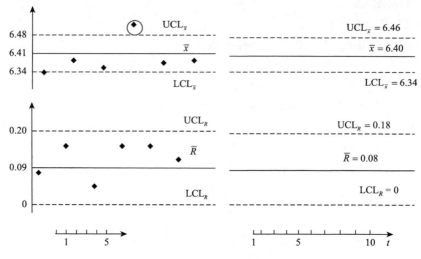

图 5-26 $\bar{x} - R$ 图初始和修正的比较

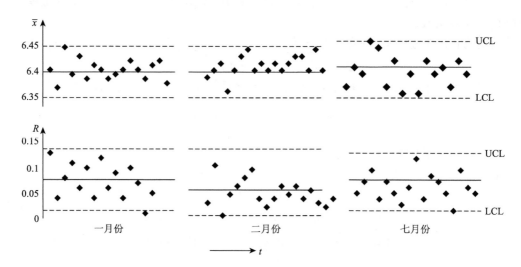

图 5-27 修正后控制图投入使用和改进

其他类型的计量值控制图原理相同，具体设计和使用方法参考有关工序质量控制的专业书籍，在此不再赘述。

2. 计数值控制图的设计

1）计件值控制图的设计

（1）样本大小 n 相同的 p 图。

①搜集数据。假设某产品五月份的检验数据如表 5-8 所示，共检验了 25 个样本，样本大小 $n = 300$。

表 5-8 某产品五月份的检验数据

样本号	样本数 n	不合格数 np	不合格率 p	样本号	样本数 n	不合格数 np	不合格率 p
1	300	12	0.040	14	300	3	0.010
2	300	3	0.010	15	300	0	0.0
3	300	9	0.030	16	300	5	0.017
4	300	4	0.013	17	300	7	0.023
5	300	0	0.0	18	300	8	0.027
6	300	6	0.020	19	300	16	0.053
7	300	6	0.020	20	300	2	0.007
8	300	1	0.003	21	300	5	0.017
9	300	8	0.027	22	300	6	0.020
10	300	11	0.037	23	300	0	0.0
11	300	2	0.007	24	300	3	0.010
12	300	10	0.033	25	300	2	0.007
13	300	9	0.030	合计	7500	138	

②确定控制界限：

$$CL = \bar{p} = \frac{\sum np}{\sum n} = \frac{138}{7500} \approx 0.018$$

$$UCL = \bar{p} + 3\sqrt{\frac{\bar{p}(1-\bar{p})}{n}} = 0.018 + 3\sqrt{\frac{0.018(1-0.018)}{300}} \approx 0.041$$

$$LCL = \bar{p} - 3\sqrt{\frac{\bar{p}(1-\bar{p})}{n}} = 0.018 - 3\sqrt{\frac{0.018(1-0.018)}{300}}$$

$$= -0.005 \cong 0(\text{这种情况通常取}0)$$

③绘制 p 控制图。

④ p 控制图的修正。

由于 p 图的下限不可能为负值，所以定为 0。从图 5-28 可以看出第 19 号样本出界，经过分析是系统性原因引起的，所以要剔除，重新计算不合格品率的平均值。

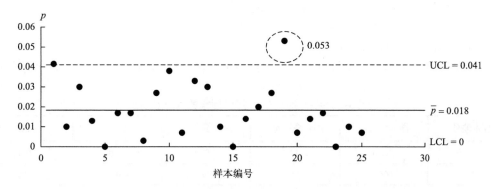

图 5-28 p 图的初始控制界限（ n 相同）

因为

$$\bar{p}_{nw} = \frac{\sum np - np_d}{\sum n - n_d}$$

其中，np_d 为剔除的样本中不合格品数；n_d 为剔除的样本大小。

参照表 5-8 的数据可得

$$\bar{p}_{nw} = \frac{138-16}{7500-300} = 0.017$$

令

$$p' = \bar{p}_{nw}$$

所以，修正后的 p 图控制界限为

$$\mathrm{CL} = p' = 0.017$$

$$\mathrm{UCL} = p' + 3\sqrt{\frac{p'(1-p')}{n}} = 0.017 + 3\sqrt{\frac{0.017(1-0.017)}{300}} = 0.039$$

$$\mathrm{LCL} = p' - 3\sqrt{\frac{p'(1-p')}{n}} \cong 0$$

⑤p 图的使用和改进。利用五月份搜集的数据设计并修正的 p 控制图，在七月份、八月份仍然继续加以改进，如图 5-29 所示，直到控制的质量水平稳定且满足需要。然后，定期检验工序的控制状态，使其保持即可。图 5-33 清楚显示了不断改进的控制图能更好地保证产品的质量。

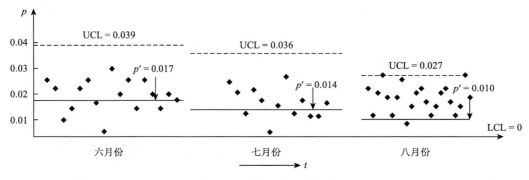

图 5-29　p 图的使用和改进

（2）样本大小 n 不同的 p 图。

①搜集数据。表 5-9 是某手表厂 3～4 月份搜集的 33 组数据，其样本大小各不相同。

表 5-9　某手表厂 3～4 月份搜集的 33 组数据

样本编号	样本大小 n	不合格数 np	不合格率 p	UCL	LCL
3 月 29	2385	47	0.020	0.029	0.011
30	1451	18	0.012	0.031	0.009
31	1935	74	0.038	0.030	0.010

续表

样本编号	样本大小 n	不合格数 np	不合格率 p	UCL	LCL
4月1	2450	42	0.017	0.028	0.012
2	1997	39	0.020	0.029	0.011
5	2168	52	0.024	0.029	0.011
6	1941	47	0.024	0.030	0.010
7	1962	34	0.017	0.030	0.010
8	2244	29	0.013	0.029	0.011
9	1238	39	0.032	0.032	0.008
12	2289	45	0.020	0.029	0.011
13	1464	26	0.018	0.031	0.009
14	2061	49	0.024	0.029	0.011
15	1667	34	0.020	0.030	0.010
16	2350	31	0.013	0.029	0.011
19	2354	38	0.016	0.029	0.011
20	1509	28	0.018	0.031	0.009
21	2190	30	0.014	0.029	0.011
22	2678	113	0.042	0.028	0.012
23	2252	58	0.026	0.029	0.011
26	1641	52	0.032	0.030	0.010
27	1782	19	0.011	0.030	0.010
28	1993	30	0.015	0.030	0.010
29	2382	17	0.007	0.029	0.011
30	2132	46	0.022	0.029	0.011
合计	50515	1037			

②确定控制界限。根据表 5-9 计算所得初始控制界限如最后两列数据（计算从略）。

③绘制 p 控制图。如图 5-30 所示，显示了与图 5-29 的差异。

④ p 控制图的修正。如图 5-30 所示，31 日/3 月，22 日/4 月，26 日/4 月和 29 日/4 月的 4 点在控制界限之外，经分析 31 日/3 月和 22 日/4 月的两个样本点是异常点，应剔除。26 日/4 月是正常点，应保留，而 29 日/4 月是 p 图中的特别优良表现，也应保留。所以，新的不合格品率的平均值为

$$\bar{p}_{nw} = \frac{\sum np - np_d}{\sum n - n_d} = \frac{1037 - 74 - 113}{50515 - 1935 - 2678} \approx 0.0185$$

然后再计算各样本组的修正界限（从略）。实际中，由于各样本组样本大小 n_i 不相同，在 n_i 的差别不大时，为了简化控制界限，也可以采用平均样本数 $\bar{n}$ 来代替各样本组的数 n_i，然后用 $\bar{n}$ 计算控制界限 UCL 和 LCL。

$$\bar{n} = \frac{\sum n}{m} = \frac{50515}{25} = 2020.6 \approx 2000$$

当 $\bar{n} = 2000$ 时，控制限为

$$\text{UCL} = p' + 3\sqrt{\frac{p'(1-p')}{\bar{n}}} = 0.018 + 3\sqrt{\frac{0.018(1-0.018)}{2000}} = 0.027$$

$$\text{LCL} = p' - 3\sqrt{\frac{p'(1-p')}{\bar{n}}} = 0.018 - 3\sqrt{\frac{0.018(1-0.018)}{2000}} = 0.009$$

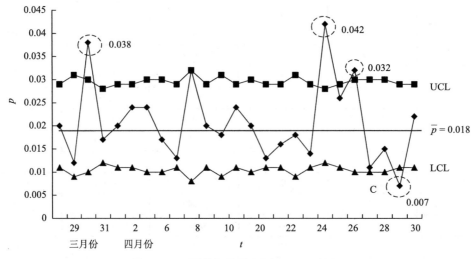

图 5-30 p 图的初始控制界限（n 不同）

如图 5-31 所示，其控制界限比图 5-30 显著简化了，但对明显靠近控制界限的样本点要单独计算其控制界限。例如，11 日/5 月，24 日/5 月，经分析确认 11 日/5 月是异常点，而 24 日/5 月是正常点，超出上界的 14 日/5 月也是异常点。

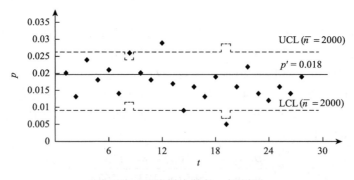

图 5-31   平均样本数的 p 控制图

另外，可以根据实际情况设计如图 5-32 所示的不同样本大小 n、针对同一产品生产的不合格品率控制图，能够比较方便地统计、分析和判断生产过程的质量控制状态。

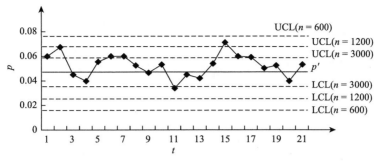

图 5-32　不同样本数的 p 控制界限

2）计点值控制图的设计（缺陷数 C 控制图）

（1）搜集数据。对某产品同一部位 50cm² 表面进行检验，记录其缺陷数。表 5-10 搜集了 25 个样本的数据。

表 5-10　某产品同一部位 50cm² 表面缺陷数检验样本

样本号	样本量/cm²	缺陷数	评注	样本号	样本量/cm²	缺陷数	评注
1	50	7		14	50	3	
2	50	6		15	50	2	
3	50	6		16	50	7	
4	50	3		17	50	5	
5	50	22		18	50	7	
6	50	8	表面粗糙	19	50	2	外壳划伤
7	50	6		20	50	8	
8	50	1		21	50	0	
9	50	0		22	50	4	
10	50	5		23	50	14	
11	50	14		24	50	4	
12	50	3		25	50	3	
13	50	1		总数		$\sum C = 141$	

（2）确定控制界限。根据表 5-10 计算得 C 图的控制界限为

$$CL = \frac{\sum C}{m} = \frac{141}{25} = 5.64$$

$$UCL = \overline{C} + 3\sqrt{\overline{C}} = 5.64 + 3\sqrt{5.64} = 12.76 \cong 13$$

$$LCL = \overline{C} - 3\sqrt{\overline{C}} = 5.64 - 3\sqrt{5.64} = -1.48 \cong 0 \quad （取 0）$$

（3）绘制 C 控制图。将计算所得的控制界限 CL、UCL、LCL 绘在坐标图上，将 25 个样本点逐一标在图 5-37 上，并顺序连成折线图，特别标明出界点。

（4）C 控制图的修正。由图 5-33 可知，第 5，11 和 23 号三个样本点出界。经分析，第 5，23 号两个样本点是系统性原因引起的，应剔除，第 11 号样本点是偶然性原因引起的，可以保留。根据以上分析结果对控制界限加以修正。

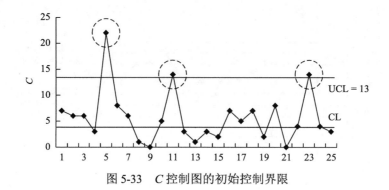

图 5-33 C 控制图的初始控制界限

新的样本缺陷数的平均值 $\bar{C}_{nw}$ 为

$$C' = \bar{C}_{nw} = \frac{\sum C - C_d}{m - m_d} = \frac{141 - 22 - 14}{25 - 2} \approx 4.56$$

所以，控制限为

$$CL = C' = 4.56$$
$$UCL = C' + 3\sqrt{C'} = 4.56 + 3\sqrt{4.56} = 10.97 \cong 11$$
$$LCL = C' - 3\sqrt{C'} = 4.56 - 3\sqrt{4.56} = -1.85 \cong 0 \ （取 0）$$

修正后的控制图投入使用仍可继续得到较佳的 C' 值，然后利用所得的 C' 值再求新的修正界限，以应用于后续的产品质量控制中。如此推移，控制图不断改进（参见图 5-27 和图 5-29），产品质量不断提高，最后稳定在满足要求的水平上。然后，对这一状态定期检测，使其受控状态保持下去，达到合格质量的重复性和再现性。

应该指出，在计数值控制图中，还有不合格品数 p_n 控制图、单位缺陷数 μ 控制图等，其设计原理和使用方法与上述控制图相同（表 5-3），详细内容可参考有关专业书籍。

5.3.4 控制图的分析与判断

用控制图识别生产过程的状态，主要是根据样本数据形成的样本点位置以及变化趋势进行分析和判断。如图 5-34 所示为典型的受控状态，而失控状态表现在以下两个方面。

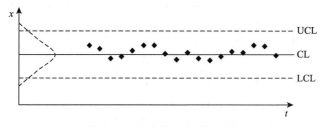

图 5-34 控制图的受控状态

（1）样本点超出控制界限。

（2）样本点在控制界限内，但排列异常。

1. 受控状态

如图 5-34 所示，如果控制图上所有的点都在控制界限以内，而且排列正常，说明生产过程处于统计控制状态。这时生产过程只有偶然性因素影响，在控制图上的正常表现如下。

（1）所有样本点都在控制界限之内。

（2）样本点均匀分布，位于中心线两侧的样本点约各占 1/2。

（3）靠近中心线的样本点约占 2/3。

（4）靠近控制界限的样本点极少。

2. 失控状态

生产过程处于失控状态的明显特征是有一部分样本点超出控制界限。除此之外，如果没有样本点出界，但样本点排列和分布异常，也说明生产过程状态失控。典型失控状态有以下几种情况。

1）有多个样本点连续出现在中心线一侧

（1）连续 7 点或 7 点以上出现在中心线一侧，如图 5-35 所示。

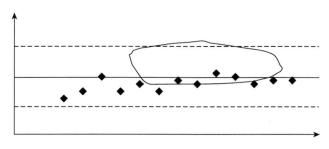

图 5-35 连续 7 点或 7 点以上出现在中心线一侧

（2）连续 11 点至少有 10 点出现在中心线一侧，如图 5-36 所示。

（3）连续 14 点至少有 12 点出现在中心线一侧。

根据概率统计原理，上述类似情况属于小概率事件，一旦发生就说明生产状态失控。

2）连续 7 点上升或下降

如图 5-37 所示，连续 7 点上升或下降也属于小概率事件。

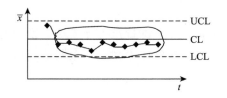

图 5-36 连续 11 点至少有 10 点出现在中心线一侧

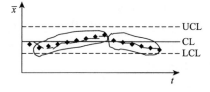

图 5-37 连续 7 点上升或下降

3）有较多的边界点

如图 5-38 所示，图中阴影部分为警戒区，有以下三种情况属于小概率事件。

（1）连续 3 点中有 2 点落在警戒区内。

（2）连续 7 点中有 3 点落在警戒区内。

（3）连续 10 点中有 4 点落在警戒区内。

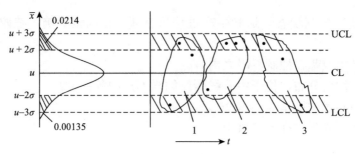

图 5-38　小概率事件情况

4）样本点的周期性变化

如图 5-39 所示，控制图上的样本点呈现周期性的分布状态，说明生产过程中有周期性因素影响，使生产过程失控，所以应该及时查明原因，予以消除。

5）样本点分布的水平突变

如图 5-40 所示，从第 i 个样本点开始，分布的水平位置突然变化，应查明系统性原因，采取纠正措施，使其恢复受控状态。

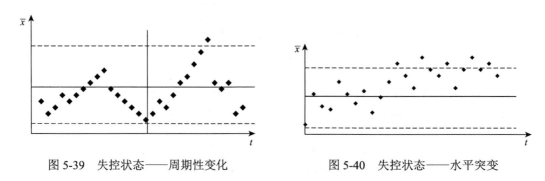

图 5-39　失控状态——周期性变化　　　　图 5-40　失控状态——水平突变

6）样本点分布的水平位置渐变

如图 5-41 所示，样本点的水平位置逐渐变化，偏离受控状态，说明有系统性原因影响，应及时查明情况，并采取措施加以消除。

7）样本点的离散度变大

如图 5-42 所示，控制图中的样本点呈现较大的离散性，即标准差 σ 变大。说明有系统性原因影响。例如，原材料规格不统一，样本来自不同总体等因素，查明情况后要及时采取措施加以消除。

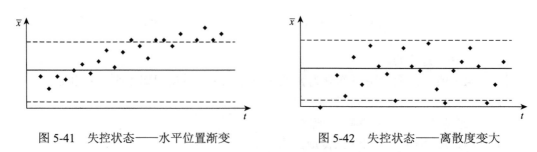

图 5-41　失控状态——水平位置渐变　　　　图 5-42　失控状态——离散度变大

多年来，由于控制图的理论研究和应用的发展，在休哈特控制图基本原理的基础上产生了许多种类的控制图。例如，多变量控制图、验收控制图、指数加权移动平均控制图、累积和控制图、通用控制图、准控制图以及极坐标控制图等。无论哪一类型的控制图，在变化着的制造环境和服务环境中，它的有效性都是控制图研究与应用的关键所在。

5.4　工序能力的测定与分析

5.4.1　工序能力的基本概念

工序能力是指过程处于稳定状态下的实际加工能力，通常用 B 表示。它是衡量工序加工内在一致性的标准。工序能力取决于影响质量的六个方面的因素，即 5M1E，而与规范无关。一般情况下，工序能力和产品质量的实际波动成反比。

工序能力是指工序的加工质量满足技术标准的能力，工序能力测定与分析是企业质量管理的一项基础性工作。无论对质量管理本身，还是对产品设计、工艺制定、计划安排、生产调度和经济核算等都具有重要的意义。企业只有在设计、工艺及计划等工作中，一方面考虑用户要求，另一方面考虑加工过程的工序能力，改善工艺水平，合理组织生产，才能提高企业的生产经营效果。

5.4.2　工序能力指数

工序能力指数是表示工序能力满足产品质量标准程度的指标。技术标准是指生产过程所加工的产品必须达到的质量要求（即标准、公差、允许范围等），一般用 T 来表示。

当工序处于稳定状态时，产品的计量质量特性值有 99.73% 落在 $\mu \pm 3\sigma$ 范围内。即稳定的生产过程所加工的产品至少有 99.73% 落在 6σ 范围内，这几乎包括了全部产品。因此，通常用 6σ 表示工序能力，即 $B = 6\sigma$。

质量标准与工序能力的比值称为工序能力指数，通常以 C_p 表示。根据是否为双向公差要求以及质量特性值分布中心 μ 与公差中心 M 是否重合，可以把 C_p 的计算分为三种情况。

1. 双向公差要求，μ 与 M 重合

根据工序能力指数的基本计算公式：

$$C_p = \frac{T}{6\sigma} \approx \frac{T}{6s} = \frac{T_u - T_L}{6s}$$

其中，T 为公差幅度；T_u 为公差上限；T_L 为公差下限；σ 为总体标准差（实际中，用样本标准差 s 来估计）。

2. 双向公差，μ 与 M 不重合的情况

当分布中心 μ 与公差中心 M 不重合而发生偏移时，要对 C_p 值进行修正。为了区别 μ 与 M 重合情况下的 C_p 值，修正的工序能力指数记作 C_{pk}。C_{pk} 的近似计算公式为

$$C_{pk} = C_p(1 - k)$$

其中，k 为修正系数，且

$$k = \frac{|M - \mu|}{T/2} = \frac{|M - \bar{x}|}{T/2} = \frac{|E|}{T/2}$$

其中，E 称为偏移量，k 也称为偏移系数。

实际中，常用 $\bar{x}$ 来估计 μ。

C_{pk} 的管理含义是：即使加工精度保持不变，当 μ 与 M 不重合时，工序能力也会降低，偏差越大，工序能力越小。所以，在实际质量管理中，不但要控制加工精度，还要尽可能地把加工中心保持在一定的范围内。

例 5.11 某零件加工标准为 140^{+2}_{-1} mm，经抽样 60 件，计算出样本平均值 $x = 140$ mm，标准差 $s = 0.4$ mm，求 C_p 和 C_{pk}。

解： 由 $T_u = 142$，$T_L = 139$，得

$$T = T_u - T_L = 3\text{mm}$$
$$M = (T_u + T_L)/2 = 140.5\text{mm}$$
$$E = M - \bar{x} = 0.5\text{mm}$$

所以有

$$C_p = \frac{T}{6\sigma} \approx \frac{T}{6s} = \frac{3}{6 \times 0.4} = 1.25$$

由

$$k = \frac{|E|}{T/2} = \frac{0.5}{3/2} \approx 0.33$$

得

$$C_{pk} = C_p(1-k) = 1.25 \times (1 - 0.33) = 0.8375$$

3. 单向公差要求

在有些情况下，质量标准只规定单侧的界限，如机电产品的机械强度、耐电压强度、寿命、可靠性等，要求不低于某个下限值，而上限越大越好。有时又只有上限要求，如机械工业产品的清洁度、噪声、几何公差（同心度、平行度、垂直度、径向跳动等）、原材料所含杂质等，其下限越小越好，只要规定一个上限就可以了。

单向公差要求 C_p 值的计算公式是由双向公差要求 C_p 值的基本计算公式推导而来的，即

$$C_p = \frac{T}{6\sigma} = \frac{T_u - T_L}{6\sigma} = \frac{T_u - \mu}{6\sigma} + \frac{\mu - T_L}{6\sigma}$$

因为正态分布是对称分布，所以

$$T_u - \mu = \mu - T_L$$

所以只有下限要求的 C_p 值为

$$C_{pL} = 2\frac{\mu - T_L}{6\sigma} = \frac{\mu - T_L}{3\sigma}$$

同理得

$$C_{pu} = 2\frac{T_u - \mu}{6\sigma} = \frac{T_u - \mu}{3\sigma}$$

5.4.3　工序等级及工序能力评价

利用工序能力指数可把每个工序质量划分为五个等级，如表 5-11 所示。根据工序等级，可以对现在和将来生产的产品有所了解，进而有重点地采取措施加以管理。工序能力等级及工序能力指数值的评价与处置如表 5-11 所示。应当指出，通常工序能力不足或过高，都是指特定生产制造过程、特定产品的特定工序而言的，不应当理解为统一的模式。例如，化工、电子、机械等工业生产过程都具有自身的特点。

表 5-11　工序能力指数 C_p 值评价与处置

C_p	工序等级	图例	工序能力评价	处置对策
>1.67	特级		工序能力过高	降低成本，放宽检验标准
1.33~1.67	一级		工序能力充足	用于重要零件，一般零件放宽检验标准
1.00~1.33	二级		工序能力尚可	一般不作变动
0.67~1.00	三级		工序能力不足	必须采取措施提高工序能力，并加强检验
<0.67	四级		工序能力严重不足	停止生产，立即采取措施，查明原因，实行全检

➤ **复习思考题**

5-1　简述产生质量变异的原因。

5-2　区分偶然性原因和必然性原因在质量管理上有何意义？

5-3　质量控制图分为几种类型？分别说明各种质量控制图的适用对象。

5-4　稳定状态判断原则的内容是什么？

5-5　什么是工序能力？什么是工序能力指数？

5-6　根据正态分布曲线的性质分别说明发生第一类错误和第二类错误的原因。

5-7　针对生产过程中可能出现的各种工序能力指数，应如何进行处置？

5-8　A 公司生产一种房屋装饰用高档管件，其作为供应商同某大型建材批发零售商签署了一项合同。现在 A 公司向该建材批发零售商配送这种管件不久后，收到了一些关于管件的公差过大的投诉。这让 A 公司倍感震惊，因为正是它作为优质管件生产商的良好信誉，才被选为 A 级供应商。由于拥有训练有素、尽职尽责的优秀员工，A 公司对其制造能力一向很有自信。

在总经理的建议下，总裁聘请了一名质量顾问来帮助查找引起这类质量问题的根本原因，想要从根本上解决这类质量问题。质量顾问以切内螺纹加工为突破口进行调查分析。切割操作的理想指标是 40.000mm，公差是 0.125mm。因此，规范上限是 $T_u = 39.875\,\text{mm}$，规范下限是 $T_L = 40.125\,\text{mm}$。顾问建议在 7 天内，随机抽取每班生产的 5 个产品，并记录实际尺寸。表 5-12 汇总了采集到的 7 天中的数据。请就以下问题进行讨论：

（1）根据表 5-12 的数据，绘制质量控制图，生产过程是否受控？如果工序失控，可能的原因是什么？

（2）A 公司螺纹加工的工序能力如何？该公司如何从根本上解决这类质量问题？

表 5-12　A 公司某管件统计数据

轮班	样本	观测值（mm）				
		1	2	3	4	5
1	1	39.970	40.017	39.898	39.937	39.992
2	2	39.947	40.013	39.993	39.997	40.079
3	3	40.050	40.031	39.999	49.963	40.045
1	4	40.064	40.061	40.016	40.041	40.006
2	5	39.948	40.009	39.962	39.990	39.979
3	6	40.016	39.989	39.939	39.981	40.017
1	7	39.946	40.057	39.992	39.973	39.955
2	8	39.981	40.023	39.992	39.992	39.941
3	9	40.043	39.985	40.014	39.986	40.000
1	10	40.013	40.046	40.096	39.975	40.019
2	11	40.043	40.003	40.062	40.025	40.023
3	12	39.994	40.056	40.033	40.011	39.948
1	13	39.995	40.014	40.018	39.966	40.000
2	14	40.018	39.982	40.028	40.029	40.044
3	15	40.018	39.994	39.995	40.029	40.034
1	16	40.025	39.951	40.038	40.009	40.003
2	17	40.048	40.046	39.995	40.053	40.043
3	18	40.030	40.054	39.997	39.993	40.010
1	19	39.991	40.001	40.041	40.036	39.992
2	20	40.022	40.021	40.022	40.008	40.019

第6章

质量检验与抽样方案设计

本章提要： 检验就是通过观察和判断，适当地结合测量、试验所进行的符合性评价。检验是质量控制的一个关键环节，通过检验可以分离并剔除出不合格品；对生产过程及时做出数据分析，可以及时预测不合格品的产生，以避免损失。本章将系统地介绍企业生产中质量检验和抽样检验的相关知识，着重解释分析计数型抽样检验的原理和抽样方案设计，为现代质量管理，特别是组织实施 ISO 9000 质量管理体系与进行质量控制提供重要的工具。

■ 6.1 企业生产中的质量检验

在早期的生产经营活动中，生产和检验本来是合二为一的，生产者就是检验者。随着生产的发展，劳动专业分工的细化，检验逐渐从生产过程中分离出来，成为一个独立的过程。但是，生产和检验是一个有机的整体，检验是生产中不可缺少的环节。

6.1.1 质量检验的概念

在国际标准 ISO 9000：2000《质量管理体系 基础和术语》中将"检验"（inspection）定义为："通过观察和判断，适当地结合测量、试验所进行的符合性评价。"英国标准（BS）将"检验"定义为："按使用要求来测量、检查、试验、计量或比较一个项目的一种或多种特性的过程。"总之，质量检验是指借助某种手段和方法，对产品和质量特性进行测定，并将测得的结果同规定的产品质量标准进行比较，从而判断其合格或者不合格。符合标准的产品为合格品，予以通过；不符合标准的产品为不合格品，根据具体情况予以返修、报废或者降级使用。

6.1.2 质量检验的方式、类型和主要文件

1. 质量检验的方式

质量检验的方式按特征不同主要可作以下五种分类（表 6-1）。

表 6-1　质量检验的方式

特征	分类	定义
数量	全数检验	指对一批待检验的产品100%地进行检验
	抽样检验	根据数理统计原理预先制定的抽样方案，从交验的一批产品中，随机抽取部分样品进行检验，根据样品的检验结果，按照规定的判断准则，判定整批产品是否合格，并决定是接收还是拒收，或采取其他处理方式
质量特性值	计数抽样方法	从批量产品中抽取一定数量的样品（样本），检验该样本中每个样品的质量，确定其合格或不合格，然后统计合格品数，与规定的"合格判定数"比较，决定该批产品是否合格的方法
	计量抽样方法	从批量产品中抽取一定数量的样品数（样本），检验该样本中每个样品的质量，然后与规定的标准值或技术要求进行比较，以决定该批产品是否合格的方法
检验性质	理化检验	借助物理、化学的方法，使用某种测量工具或仪器设备，如千分尺、千分表、验规、显微镜等所进行的检验
	官能检验	根据人的感觉器官对产品的质量进行评价和判断
完整性	破坏性检验	产品的检验是破坏性的，产品被检查以后本身就不复存在或不能再使用了
	非破坏性检验	检验对象被检查以后仍然完整无缺，不影响其使用性能
目的	验收检查	为了判断被检验的产品是否合格，从而决定是否接收该件或该批产品
	监控检查	为了控制生产过程的状态，也就是要检定生产过程是否处于稳定的状态

2. 基本检验类型

质量检验的基本检验类型见表6-2。

表 6-2　基本检验类型表

类型	定义	形式
进货检验	指外购原材料、外购配套件和外协件入厂时的检验	首件（批）样品检验
		成批进货检验
工序检验	为了防止连续出现大批不合格品，避免不合格品流入下道工序继续进行加工，工序检验不仅要检验产品，还要检定影响产品质量的主要工序要素	首件检验
		巡回检验
		末件检验
完工检验	指在某一加工或装配车间全部工序结束后的半成品或成品的检验	半成品检验
		成品检验

3. 质量检验的主要文件

1）过程流程图

过程流程图描述了产品形成的全过程，包括从原材料、零部件的投入，到各个加工和检验环节，以及运输、包装和存储等一系列过程。如图6-1所示是一个衬衫生产简化过程流程图，图6-2是某企业"提供某项电信服务"的过程流程图。可见，服务业的过程流程图也包含一系列的服务节点，且在关键节点上的质量检验是不可缺少的，只是根据生产或服务的特点以及产品结构的不同，质量检验的方式和方法不同。

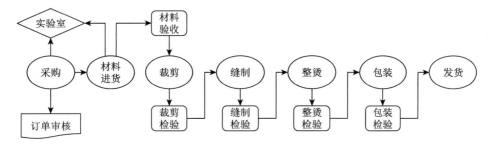

图 6-1 衬衫生产简化过程流程图

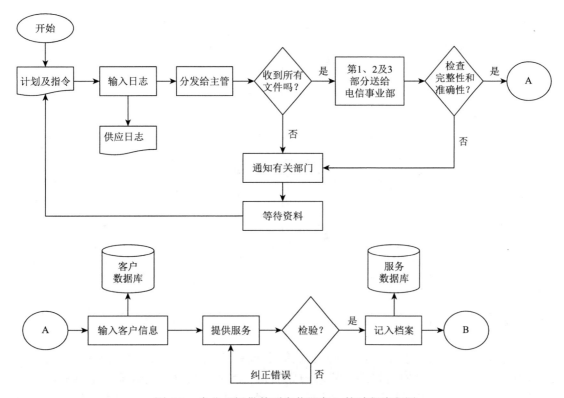

图 6-2 企业"提供某项电信服务"的过程流程图

2）质量特性分析表

质量特性分析表是按产品（包括零件或部件）编制的。如在表 6-3 中应详细列出各道工序所需检验的质量特性，并指出这些特性的主要影响因素，以此作为检验人员进行检验的依据。制定质量特性分析表的主要参考文件有：①产品图纸或技术规格；②工序质量要求及工艺规范；③工序管理点要求；④与顾客或下道工序要求变更有关的质量指标文件。

3）质量检验指导书

质量检验指导书的主要作用是使检验人员按检验指导书规定的检验项目、检验要求和检验方法进行检验，保证质量检验工作的有效性，以防止错检、漏检等情况发生。

表 6-3　工序质量特性分析表

车间：××	产品名称：××		编定日期：××		
生产线或部门：	零件号及名称：		编定者：		
		影响因素			
工序	缺陷	设备	工装	材料	操作者
10 下料	材料及成分、厚度			●	●
	尺寸		●		
	毛刺	●			
20 铣齿	齿距		●		
	齿深		●		
	毛刺	●			
	齿尖锐度	●			
30 铣齿	齿面是否全部锉出	●	●		●
	是否有漏锉的齿	●	●		●
40 抛光	表面粗糙度				●
50 腐蚀印字	字体是否清晰		●		
	打印位置是否正确		●		
60 冲压	尺寸		●		
	毛刺	●			
70 齿部错位	错位是否一致		●		
	划分		●		
80 清洗涂塑	是否有未涂到处	●			

资料来源：中国质量管理协会. 1990. 质量检验. 北京：北京理工大学出版社

　　质量检验指导书的格式，通常根据企业的不同生产类型、不同检验流程等具体情况进行设计。表 6-4 为某厂原材料进厂检验指导书。由表 6-4 可见，质量检验指导书也是检验规程，它相当于传统质量检验管理中的"质量检验卡"。通常，对建立质量控制点的工序，以及关键和重要的零件都必须编制"检验指导书"。检验指导书应对被检验的质量特性提出明确具体的要求，并规定检验方法、抽样方案、所需量具和检验示意图等。表 6-5 为产品质量检验指导书。

表 6-4　原材料进厂检验指导书

物料名称		采购单号	
物料号		使用单位	
检验项目号	质量特性要求	检查方法	检查频次
编制	校对	批准	

表 6-5　产品质量检验指导书

零件名称	零件件号	检验频次	发出日期
TTAl	B×30-02-100	全检	

注意事项	1. 测量前清除毛刺和硬点。 2. 在使用杠杆卡规检验时，其活动脚需松开进出，防止零件表面划伤。 3. 需用量块校准尺寸，并清除量块误差。 4. 在检验接触度时，需保持塞规清洁，防止拉毛、起线。 5. 在使用各种量仪时，应具备有效期内的合格证。

序号	检验项目	检验要求	测量器具	检验方法、方案	重要度
1	尺寸公差：配合间隙	<0.01	内径千分尺、量块、杠杆卡规	与 100 件研配，莫氏锥孔处允许略小	2 级
2	粗糙度：$\Phi60$ 外圆	0.1	样板比较	目测	
3	粗糙度：$\Phi60^{-0.05}_{-0.01}$ 处	0.4	样板比较	目测	
4	粗糙度：莫氏#4 锥孔	0.4/8	样板比较	目测	
5*	圆度：$\Phi60$ 外圆	0.002	杠杆卡规	H3—4	2 级△
6*	平行度：	0.002	杠杆卡规	1—2	2 级△
			（以下略）		

注：*为关键项目，不得申请回用；△为工序质量控制点

4）质量缺陷的严重性分级

质量缺陷的严重性分级最早是由美国贝尔电话公司提出的。最初的质量缺陷严重性分级是在设计人员对质量特性严重性分级的基础上并在一个跨部门组织指导下进行的，这些分级除考虑功能性质量特性外，还必须包括外观、包装等因素。

（1）缺陷严重性分级的缺陷值。以典型的制造业为例，产品质量缺陷的分级是在产品设计人员对质量特性重要性分级的基础上进行的。但在具体划分等级时，必须特别着重考虑对顾客使用的影响。同时，还要根据企业的实际情况和不同的产品工艺。通常采用的分级不宜过多过繁，一般 3～5 级就足够了。把缺陷严重性分为四级，每一级都规定了相应的缺陷值，缺陷严重性分级的缺陷值如表 6-6 所示。

表 6-6　缺陷严重性分级的缺陷值

序号	分级	缺陷的严重性	缺陷值		
1	A 级	致命缺陷	100↓	100↓	240↓
2	B 级	严重缺陷	50↓	50↓	10↓
3	C 级	一般缺陷	25↓	10↓	4↓
4	D 级	轻微缺陷	5	1	1

资料来源：中国质量管理协会.1990.质量检验.北京：北京理工大学出版社

（2）缺陷严重性分级的原则。如果将质量缺陷分为三级，往往是把 C 级和 D 级统称为轻微缺陷。有关资料显示，目前，采用三级分类的趋势有所上升。

A 级：致命缺陷，指质量缺陷将危害生命安全或影响产品重要技术性能。

B 级：严重缺陷，指不符合主要测试项目要求，但不影响生命安全的缺陷。

C 级：轻微缺陷，指不符合次要测试项目要求，但基本不影响产品性能的缺陷。

按照这样的分级，缺陷严重性分级的原则如表 6-7 所示，表 6-8 为某厂的机械产品缺陷分级表。

表 6-7　质量缺陷分级的原则

缺陷等级代码	缺陷	对产品和服务本身的影响	对顾客和社会的危害	承担责任表现
A	致命缺陷（临界缺陷）	产品功能	很大	法律责任，并造成信誉和经济损失
B	严重缺陷（主要缺陷）	产品效用	较大	造成信誉和经济损失
C	轻微缺陷（次要缺陷）	基本不影响功能	较小	不会造成信誉和经济损失

表 6-8　某厂的机械产品缺陷分级表

缺陷内容	缺陷分级 A	B	C
（一）包装质量			
1. 包装箱外部尺寸不符合规定			△
2. 包装箱的摆放不正确、不清楚			△
3. 包装箱的底架不牢固	△		
4. 包装箱的底座或支架固定缺少元件		△	
（略）			
（二）外观质量			
1. 机床上各种标牌歪斜、不平整、不牢固			△
2. 机床结合面边沿、缝隙超过规定			△
3. 外露加工面有明显磕碰、生锈			△
4. 错误安装、漏装标牌		△	
（略）			
（三）结构性能质量			
1. 液压系统漏油、影响液压性能	△		
2. 进给手轮、工作台手轮、液压操作手柄超过规定力		△	
3. 各连锁动作失灵、砂轮架快速进退动作错乱；会造成安全事故	△		
4. 机床噪声超过规定值		△	
（略）			

资料来源：中国质量管理协会.1990.质量检验.北京：北京理工大学出版社

6.1.3　不合格品的管理

不合格品管理是质量检验以致整个质量管理过程中的重要环节。为了区别不合格品和废品这两个不同的概念，通常把不合格品管理称为不良品管理，其中包括废品、返修品和回用品。在不合格品管理的实践中，企业积累总结了以下主要经验。

1. "三不放过" 的原则

一旦出现不合格品，则应：①不查清不合格的原因不放过。因为不查清原因，就无法进行预防和纠正，也不能防止重复发生。②不查清责任不放过。这样做，主要是为了帮助责任者吸取教训，以及时纠正和不断改进。③不落实改进的措施不放过。查清不合格的原因和查清责任者，都是为了落实改进的措施。

2. 两种 "判别" 职能

检验管理工作中有以下两种 "判别" 职能。

（1）符合性判别。符合性判别是指判别生产出来的产品是否符合技术标准，即是否合格，这种判别的职能由检验员或检验部门来承担。

（2）适用性判别。适用性和符合性有密切联系，但不能等同。符合性是相对于质量技术标准来说的，具有比较的性质；适用性是指适合顾客要求。不合格品不等同于废品，它可以判为返修后再用，或者直接回用。这类判别称为适用性判别。由于这类判别是一件技术性较强的工作，因此，检验部门难以胜任，通常由不合格品审理委员会审理决定。这类审理委员会称为 MRB（material review board），一般是由设计、工艺、质量、检验、计划、销售和顾客代表共同组成的，重要产品应有严格的审查程序和制度。

3. 分类处理

对于不合格品通常有以下处理方法。

（1）报废。对于不能使用，如影响人身财产安全或经济上产生严重损失的不合格品，应予以报废处理。

（2）返工。返工是一个程序，它可以完全消除不合格，并使质量特性完全符合要求。通常，检验人员就有权做出返工的决定，而不必提交 "不合格品审理委员会" 审查。

（3）返修。返修与返工的区别在于返修不能完全消除不合格品，只能减轻不合格的程度，使部分不合格品能基本满足使用要求。

（4）原样使用。原样使用也称为直接回用，就是不加返工和返修，直接交给顾客。这种情况必须有严格的申请和审批制度，特别是要将实际情况如实告诉顾客，得到顾客的认可。

4. 不合格品的现场管理

（1）不合格品的标记。凡经检验为不合格品的产品、半成品或零部件，应当根据不合格品的类别，分别涂以不同的颜色或做出特殊的标记。例如，在废品的致废部位涂上红漆，在返修品上涂以黄漆，在回用品上打上 "回用" 的印章等，以示区别。

（2）不合格品的隔离。对各种不合格品在涂上（或打上）标记后应立即分区进行隔离存放，避免在生产中发生混乱。在填写废品单后，应及时放于废品箱或废品库中，严加保管和监视。

隔离区的废品应由专人负责保管，定期处理销毁。不合格品的处理流程如图 6-3 所示。

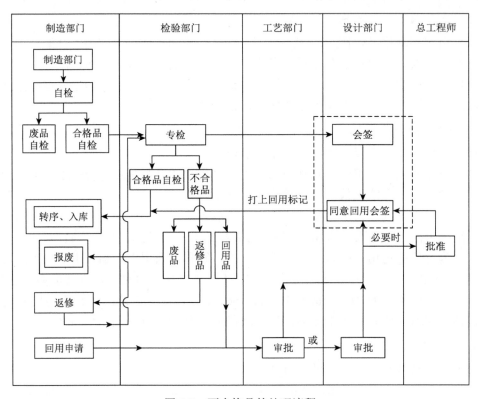

图 6-3   不合格品的处理流程

6.2   抽样检验

6.2.1   抽样检验的术语

质量检验的方式多种多样，选用得当既可获得真实状况，又可以节约检验费用、缩短检验时间。按检验对象的数量，检验方式可分为全数检验和抽样检验两种。

全数检验是逐个检验交验产品的每一个基本单位，要求产品 100%合格。这种检验方式能提供较完整的检验数据，获得较全面的质量信息。

抽样检验是指根据数理统计原理预先制定的抽样方案，从交验的一批产品中，随机抽取部分样品进行检验，根据样品的检验结果，按照规定的判断准则，判定整批产品是否合格，并决定是接收还是拒收该批产品，或采取其他处理方式。既然是以样本数据表征检验对象——一批产品的质量特征，那么就存在一定的风险，合格批的产品不等于其中产品全部合格，不合格批的产品不等于其中产品全部不合格。在质量管理中往往需要解决的是如何确定和选取合适的抽样验收方案，以确保生产方和消费方的利益，为此首先明确抽样检验中的几个常用的术语。

1. 单位产品和样本大小 n

单位产品是为了实施抽样检查而对产品划分的单位量。它是抽样检验的基本单位，如单件产品、一个部件、一定长度或一定重量的产品，与采购、销售、生产和运输过程中的单位产品，可以一致也可以不一致。不合格品的定义，批量的确定，不合格品率的计算都以单位产品为基础。样本是由一个或多个单位产品构成的，通常将样本大小记作 n。

2. 批和批量 N

批也指交验批。它是为实施抽样检查汇集起来的、在一致条件下生产的产品。一致条件是指稳定的生产过程、相同的生产条件和相近的生产时间。

批量指交验批所包含的单位产品数量。在抽样检验中构成了总体，通常用字母 N 表示。批量小，可节约一些抽检费用，但是批量过小会影响抽检的代表性，而且一旦被拒收，其经济损失过大。

3. 合格判定数 A_c

在抽样方案中，预先规定的判定批产品合格的样本中最大允许不合格数，记作 A_c 或 C。

4. 不合格判定数 R_e

在抽样方案中，预先规定的判定批产品不合格的样本中最小不合格数，记作 R_e。

5. 批不合格品率

批不合格品率是批中不合格品数 D 占整个批量 N 的百分比，即

$$p = \frac{D}{N} = \frac{\text{批中不合格品数}}{\text{批量}}(\%)$$

6. 过程平均不合格品率

过程平均不合格品率指连续批产品的平均不合格品率，一般用各批的不合格品率的平均值表示。假设有 k 批产品，其批量分别为 $N_1, N_2, \cdots, N_k$，则过程平均不合格品率为

$$p = \frac{\sum_{i=1}^{k} p_i}{k} = \frac{\sum_{i=1}^{k} D_i}{\sum_{i=1}^{k} N_i}, \quad k \geqslant 20$$

在实际工作中，常以各批样本的平均不合格品率来代替，假设有 k 批产品，其批量分别为 $n_1, n_2, \cdots, n_k$ 各批中相应的不合格品数为 $d_1, d_2, \cdots, d_k$，则过程平均不合格品率为

$$\overline{p} = \frac{\sum_{i=1}^{k} p_i}{k} = \frac{\sum_{i=1}^{k} d_i}{\sum_{i=1}^{k} n_i} \tag{6-1}$$

计算过程平均不合格品率是为了了解交验批产品的整体质量水平，这对设计合理的抽样方案、保证验收产品的质量以及保护生产方和消费方利益都是重要的。

7. 合格质量水平

合格质量水平亦称可接收质量水平（acceptable quality level，AQL），是对连续交验批产品规定的可接收的过程平均不合格品率的上限值。它是生产方能够保证稳定达到的实际质量水平指标，也是消费方所能接受的产品质量水平。

8. 批最大允许不合格品率

批最大允许不合格品率（lot tolerance percent defective，LTPD）是指用户能够接受的产品批的极限不合格品率值。LTPD 值的合理确定直接影响消费方的利益。

9. 生产方风险 α

生产方风险（produce's risk）指生产方所承担的合格批被判为不合格批的风险，记作 α。

10. 消费方风险 β

消费方风险（consumer's risk）指消费方所承担的不合格批被判为合格批的风险，记作 β。

6.2.2　检样方案的种类

1. 一次抽样方案

从批量为 N 的交验产品中只抽取一个样本 n 进行检验。如果 n 中不合格品数 d 小于等于预先规定的一个合格判定数 C，即 $d \leqslant C$ 则判定批产品合格，予以接收；如果 $d > C$，则判定批产品不合格，予以拒收。其操作程序如图 6-4 所示。

例 6.1　当 $N=100, n=10, C=1$ 时，一次抽样方案表示为 $(100,10,1)$。其含义为从批量 100 件的交验产品中，随机抽取 10 件样本检验。如果发现这 10 件产品中有 2 件以上不合格品，则判定该产品不合格，予以拒收。其操作程序如图 6-5 所示。

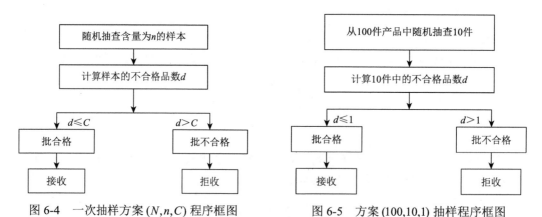

图 6-4　一次抽样方案 (N,n,C) 程序框图　　　图 6-5　方案 $(100,10,1)$ 抽样程序框图

2. 二次抽样方案

从交验批中先后抽取两个样本，其抽样方案包括五个参数，即 $(N, n_1, n_2; C_1, C_2)$ 或 $(N, n_1, n_2; A_{c1}, R_{e1}; A_{c2}, R_{e2})$。其中，$n_1$ 为抽取的第一个样本大小；n_2 为抽取的第二个样本大小；C_1 为抽取第一个样本时不合格判定数；C_2 为抽取第二个样本时不合格判定数；其操作

程序如图 6-6 所示。

例 6.2　某企业生产的电气元件，有些性能测试成本较高，该厂和用户协商，为减少检查样本数量，采用二次抽样方案 $(2500, 80, 80; 2, 5; 6, 7)$。已知批量 $N = 2500$，产品合格质量水平 AQL $= 1.5\%$。其操作程序如图 6-7 所示。

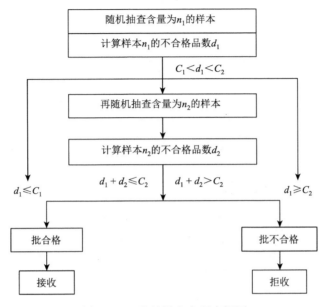

图 6-6　二次抽样方案程序框图

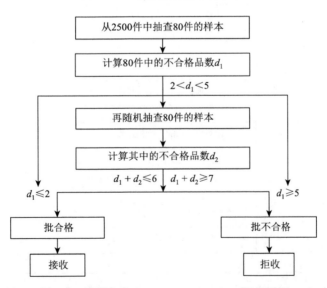

图 6-7　抽样方案 $(2500, 80, 80; 2, 5; 6, 7)$ 程序框图

3. 多次抽样方案

需要经过三次以上的抽样与判断才能定出批质量是否合格的抽样方案称为多次抽样方案。表 6-9 是一个五次抽样方案，其操作程序如图 6-8 所示。

表 6-9　五次抽样方案表

样本编号 i	样本大小 n_i	$\sum_i n_i$	接收数 C_i	拒收数 R_{ei}
1	20	20	*	2
2	20	40	0	3
3	20	60	1	3
4	20	80	2	4
5	20	100	3	4

注：*表示该方案不允许抽查第一个样本之后做出接收的决定

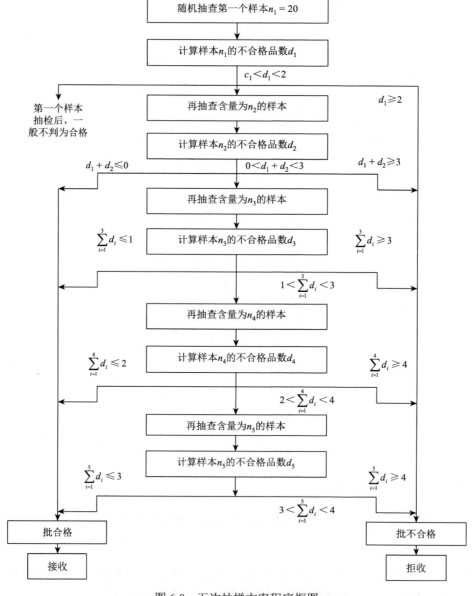

图 6-8　五次抽样方案程序框图

6.3　计数抽样检验

计数抽样检验是指在判断批产品是否可接收时，只利用样本中不合格品数目或者缺陷数目的抽检方法。该方法计算工作量少，检验管理也比较简单，而且能把产品多种质量特性作为整体规定为一个质量标准。

6.3.1　统计分析

接收概率的计算公式如下。

（1）接收概率 $L(p)$。设产品的批量为 N，不合格品率为 p，一次抽样方案（N, n, C），则称随机事件"$d \leq C$"的概率为接收概率，记作 $L(p)$，即

$$L(p) = P\{d \leq C\}$$

（2）接收概率的计算。设产品的批量为 N，不合格品率为 p，则该批产品中的不合格品数 $D = Np$。现从 N 件中任取 n 件，其中恰好有 d 件不合格品的概率为

$$\frac{C_D^d \cdot C_{N-D}^{n-d}}{C_N^n}, \ d = 0, 1, 2, \cdots, \min(D, n)$$

上式称为超几何分布，若合格判定数为 C，则接收概率 $L(p)$ 为

$$L(p) = \sum_{d=0}^{C} \frac{C_D^d \cdot C_{N-D}^{n-d}}{C_N^n} \tag{6-2}$$

当 N 很大，$\frac{n}{N} < 0.1$ 时，超几何分布可用二项分布 $b(d; n, p)$ 近似。当 $n \leq D$ 时，有

$$L(p) = \sum_{d=0}^{C} C_n^d p^d (1-p)^{n-d} \tag{6-3}$$

其中，$p = \frac{D}{N}$。当 $n > D$ 时，有

$$L(p) = \sum_{d=0}^{C} C_n^d f^d (1-f)^{D-d} \tag{6-4}$$

其中，$f = \frac{n}{N}$。当 N 很大，$\frac{n}{N} < 0.1$，且 $p < 0.10$ 时，超几何分布可用泊松分布 $P(d; n, p)$ 近似，即

$$L(p) = \sum_{d=0}^{C} \frac{\lambda^d}{d!} e^{-\lambda} \tag{6-5}$$

例 6.3　设批量 $N = 100$，不合格品率 $p = 0.02$，采用抽样方案 $(N, n, C) = (100, 10, 0)$，求接收概率。

解：用超几何分布计算接收概率 $L(p)$

$$L(p) = \sum_{d=0}^{C} \frac{C_D^d \cdot C_{N-D}^{n-d}}{C_N^n} = \frac{C_2^0 C_{98}^{10}}{C_{100}^{10}} = \frac{90 \times 89}{100 \times 99} = 0.8091$$

例 6.4 设批量 $N = 1000$，不合格品率 $p = 0.04$，采用抽样方案 $(N, n, C) = (1000, 30, 1)$，求接收概率。

解： $\dfrac{n}{N} = \dfrac{30}{1000} = 0.03 < 0.10$，$D = N \cdot P = 1000 \times 0.04 = 40$。

（1）用二项分布计算：

$$L(p) = \sum_{d=0}^{C} C_n^d p^d (1-p)^{n-d} = 0.96^{30} + C_{30}^1 \times 0.04 \times 0.96^{29} = 0.6612$$

（2）用泊松分布计算：

$$\lambda = np = 30 \times 0.04 = 1.2$$

$$L(p) = \sum_{d=0}^{C} \frac{\lambda^d}{d!} \mathrm{e}^{-\lambda} = \mathrm{e}^{-1.2} + 1.2\mathrm{e}^{-1.2} = 0.6626$$

6.3.2　抽样方案的特性曲线——OC 曲线

对于具有不同的不合格率 p_i 的交验批产品，采用抽样方案 (N, n, C)，都可以求出相应的接收概率 $L(p_i)$。现以 p_i 为横坐标，以 $L(p_i)$ 为纵坐标可以画出一条曲线，这条曲线可以表示这一抽样方案的操作特性，简称 OC 曲线（operation characteristic curve）。

例 6.5 对于不同的 p_i，用二项分布计算 $n = 50$，$C = 1$ 的接收概率。

解： 利用式（6-3）得到表 6-10。

表 6-10　$n = 50, C = 1$ 的接收概率（对应不同 p_i）

p_i/%	0	1	2	3	4	5	6	7	8	9	10
$L(p_i)$	1	0.91	0.74	0.56	0.40	0.28	0.19	0.13	0.08	0.05	0.03

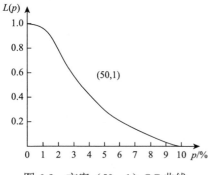

图 6-9　方案（50，1）OC 曲线

利用表 6-10 数据在直角坐标上画出一条 OC 曲线，见图 6-9。该曲线将抽样方案与产品质量联系在一起，当 p 发生变动时，其接收概率的变动幅度迅速，这在一定程度上可以说明抽样方案判断产品质量好坏的能力较强。

6.3.3　OC 曲线的变化规律

对于给定抽样方案，OC 曲线是唯一确定的。OC 曲线的变化依赖三个参数：批量大小 N，样本大小 n，合格判定数 C，三个参数有任何一个改变时，OC 曲线的形状也会改变，方案的性能也会发生变化。

（1）当样本大小 n 和合格判定数 C 一定时，批量 N 对 OC 曲线的影响。如图 6-10 所示的三条 OC 曲线代表三个单次抽样方案 (N, n, C)。它们尽管是三个不同的抽样方案，但其 OC 曲线十分接近。这说明批量 N 的大小对 OC 曲线的影响很小。因此，常常只用 (n, C) 两个参数来表示一个单次抽样方案。事实上，如果将单次抽样方案 $(\infty, 90, 0)$ 的

OC 曲线绘在图 6-10 中，会发现尽管 $N = \infty$，但该抽样方案的 OC 曲线与抽样方案 $(900, 90, 0)$ 的 OC 曲线几乎重合。

（2）当批量 N 和样本大小 n 一定时，合格判定数 C 对 OC 曲线的影响。如图 6-11 所示，用实线表示的三条 OC 曲线代表三个不同的单次抽样方案 (N, n, C)。

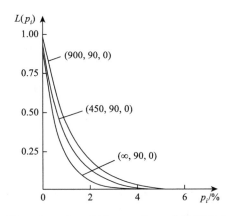

图 6-10　n 和 C 固定，N 对 OC 曲线的影响

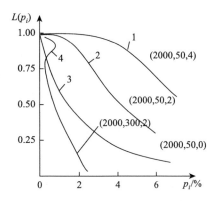

图 6-11　N 和 n 固定，C 对 OC 曲线的影响

随着 C 的变化，OC 曲线在水平位置和曲线倾斜率两方面都发生了变化。当 C 变小时，OC 曲线左移，而且曲线变陡，这说明抽样方案的性能发生了变化。对于同一批交验产品，其不合格率为 p_i，不合格判定数 C 越小的方案，其接收概率也越低，说明抽样方案变得严格了。具体方案严格的程度和合理性，应该从实际出发，根据用户的质量要求和生产者的平均质量水平，对不同的抽样方案的 OC 曲线进行比较分析，确定合理的样本大小 n 和合格判定数 C。另外，随着 C 的增大，接收概率在同一 p_i 水平也增大，说明抽样方案变宽松了。现将图 6-11 OC 曲线 4 和 OC 曲线 2 进行比较，显然，OC 曲线 4 所代表的单次抽样方案比 OC 曲线 2 所代表的单次抽样方案严格得多，上述两个方案的 N 和 C 相同，但 n 不同，说明样本大小 n 越大，方案越严格，这一点在感性上也是容易理解的，因为 n 最大可以取到 n 趋近于 N，此时相当于全检了，检验比例越大，越容易发现不合格品，方案也就变得严格了。

（3）当批量 N 和合格判定数 C 一定时，样本大小 n 对 OC 曲线的影响。

如图 6-12 所示，代表三个单次抽样方案 (N, n, C)。随着 n 变大，OC 曲线变陡，抽样方案变严格了。反之，随着 n 变小，OC 曲线倾斜度逐渐变缓，方案变宽松。

例如，当 $p_i = 0.02$ 时，方案 1、方案 2 和方案 3 的接收概率相差悬殊，利用泊松分布接收概率（累积概率）表查出累积值 $L(p_i)$ 进行定量比较的结果见表 6-11。

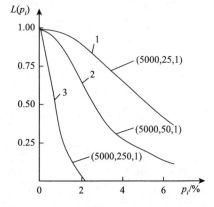

图 6-12　N 和 C 固定，n 对 OC 曲线的影响

表 6-11 不同抽样方案的接收概率

p_i	C	np_i	$L(p_i)$
0.02	1	$25 \times 0.02 = 0.5$	0.910
0.02	1	$50 \times 0.02 = 1.0$	0.736
0.02	1	$250 \times 0.02 = 5.0$	0.041

当 $p_i = 0.02$ 时，样本大小 n 从 250 减少到 25，则接收概率从 0.041 增大到 0.910，可见，对 $p_i = 0.02$ 的同一批交验产品，由于采用样本大小不同的两个抽样方案，其接收概率却差 0.869，这是特别应该引起注意的。由此，可以通过样本大小 n 的变化研究采用合理的验收抽样方案。

6.3.4 生产方风险和消费方风险

1. 理想的 OC 曲线

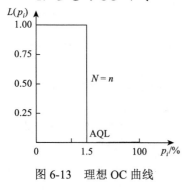

图 6-13 理想 OC 曲线

抽样方案总是涉及消费者和生产者双方的利益，对生产者来说，希望达到用户质量要求的产品批能够高概率被接收，特别要防止优质的产品批被错判拒收；而对消费者来说，则希望尽量避免或减少接收质量差的产品批，一旦产品批质量不合格，应以高概率拒收。如图 6-13 所示，假设用户认为可接收质量水平（AQL）为 1.5%，那么，理想的 OC 曲线应该是当产品批的不合格率 $p_i \leqslant 1.5\%$ 时，对交验的产品批 100% 接收，而当批不合格率 $p_i > 1.5\%$ 时，对交验的产品批 100% 拒收，即

若 $p_i \leqslant 1.5\%$，则 $L(p_i) = 1$；若 $p_i > 1.5\%$，则 $L(p_i) = 0$

这种垂直线型 OC 曲线只有在全数检验情况下才能得到，所以，也称为理想的 OC 曲线。但如前所述，全数检验往往是不现实或没有必要的，那么，抽样检验就成为必然。尽管全数检验的 OC 曲线是不现实的，但它为寻找现实、合理的 OC 曲线指出了方向，那就是遵循消费者和生产者的利益平衡原则。

2. 现实的 OC 曲线

根据概率论与数理统计原理所设计的验收抽样方案的主要特点之一就是它的风险性。由于是用样本推断总体，当然难免犯小概率错误，推断中四种可能判断如表 6-12 所示，所以就引起了产生风险的可能性。如前所述，其风险可分为生产方风险和消费方风险两类。

表 6-12 抽样检查的四种可能判断（一次抽样）

批的真实质量	抽样数据	判断	评价
$p \leqslant p_0$	$d \leqslant A_c$	接收该批	正确
$p \leqslant p_0$	$d > A_c$	拒收该批	犯第一类错误
$p > p_0$	$d \leqslant A_c$	接收该批	犯第二类错误
$p > p_0$	$d > A_c$	拒收该批	正确

（1）生产方风险 α。它是指因采用验收抽样方案使生产方承担将合格批产品错判为不合格而拒收的风险。生产方风险概率 α（犯第一类错误概率）一般在 $0.01\sim$ 0.10 取值，实际中常取 $\alpha = 0.05$，其含义是如果供需双方认可，那么在 100 批合格的交验产品中，生产方要承担的风险是平均有 5 批被错判为不合格而拒收，这是一个统计概念。

（2）消费方风险 β。它是指在抽样验收时，使消费方承担将不合格批产品错判为合格批产品而接收的风险，一般消费方风险概率（犯第二类错误概率）常取 $\beta = 0.10$，其含义是如果供需双方认可，那么在 100 批不合格的交验产品中，消费方要承担的风险是平均有 10 批被错判为合格而接收。

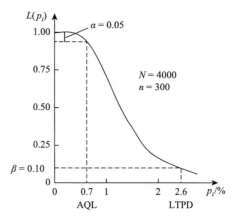

图 6-14　现实的 OC 曲线

如图 6-14 所示，是一个 $N = 4000$，$n = 300$，$C = 4$ 的抽样方案的 OC 曲线，其中包含了四个重要参数，即

$\alpha = 0.05$　$\beta = 0.10$　AQL $= 0.7\%$　LTPD $= 2.6\%$

由此可作如下分析：当 $p_i < 0.7\%$ 时，$L(p_i) > 0.95$；当 $p_i > 0.7\%$ 时，$L(p_i)$ 急剧减小；当 $p_i > 2.6\%$ 时，$L(p_i) < 0.10$。

在实际中，AQL 通常代表生产方和消费方协商后共认可的批产品不合格品率，也是在正常情况下生产方能够达到的过程平均不合格品率，它代表了生产方的平均质量水平。因此，AQL 成为抽样方案的重要参数，这个思路的一般性描述为：当 $p_i < $ AQL 时，$L(p_i) > 1 - \alpha$；当 $p_i > $ AQL 时，$L(p_i) < 1 - \alpha$。

LTPD 代表了消费方能够接受的批不合格品率的极限。因此，LTPD 也成为抽样方案的重要参数，这个思路的一般性描述为：当 $p_i > $ LTPD 时，$L(p_i) < \beta$。

总之，AQL 和 LTPD 是验收抽样检查理论中的两个重要概念，也是设计抽样方案的重要参数，它们代表了抽样方案的特性，也代表了消费方和生产方双方的利益。

6.3.5　百分比抽样的不合理性

百分比抽样，就是不论批量大小如何，都按相同的百分比从批中抽取样本，且合格判定数相同。

百分比抽样貌似公正合理，实际上是很不科学的抽样方法。设产品批量分别为：$N_1 = 1000$，$N_2 = 2000$，$N_3 = 4000$。按百分比抽样，抽取 0.5% 的样本，合格判定数 $C = 0$，由此得三个不同的抽样方案：$(5, 0)$；$(10, 0)$；$(20, 0)$。为直观起见，将三个方案的接收概率列出表（按二项分布计算），见表 6-13。

由表 6-13 不难看出，采用百分比抽样，当批质量相同时，其接收概率有很大的差异。这种差异表明，百分比抽样将造成对大批过严，对小批过宽。因此，生产方乐于以小批交付验收。从接收概率的计算公式看，当 N 很大，$\dfrac{n}{N} < 0.10$ 时，批量 N 的大小对接收

概率的影响甚微，但样本大小 n 对接收概率的影响较大。所以，百分比抽样在理论上是没有科学依据的。

表 6-13　三种抽样方案的接收概率 $L(p)$

(n, C)	p						
	0.01	0.02	0.05	0.10	0.15	0.20	0.25
(5, 0)	0.951	0.904	0.774	0.590	0.444	0.328	0.237
(10, 0)	0.904	0.817	0.599	0.349	0.197	0.107	0.056
(20, 0)	0.818	0.668	0.358	0.122	0.039	0.012	0.003

■ 6.4　计数抽样方案设计

前面介绍了计数抽样方案，人们自然要问：抽样方案中的参数如何确定呢？要回答这个问题，涉及建立抽样方案的准则，不同的准则将得到不同的抽样方案。常用的准则分为三类：标准型准则、挑选型准则和调整型准则。下面介绍在不同准则下的抽样方案。

6.4.1　标准型抽样方案

标准型抽样方案是指所选定的抽样方案能同时满足生产方和消费方的质量保证要求。一般不需要抽样的历史资料，因此，标准型抽样方案适用于孤立批产品的检验。

当给定接收上限 $AQL = p_0$，拒收下限 $LTPD = p_1$，以及生产方风险 α、消费方风险 β，对产品批的不合格品率 p，标准型抽样方案指优质产品批满足 $p \leqslant p_0$ 时，以不低于 $1-\alpha$ 的概率接收；劣质产品批满足 $p \geqslant p_1$ 时，以不超过 β 的概率接收。对于待定的合格判定数 C 和样本中的不合格品数 d，有

$$\begin{cases} P(d \leqslant C) = 1-\alpha, & p = p_0 \\ P(d \leqslant C) = \beta, & p = p_1 \end{cases} \tag{6-6}$$

若样本中的合格品数的概率分布服从泊松分布，则上述方程式（6-6）为

$$\begin{cases} \displaystyle\sum_{d=0}^{C} \frac{(np_0)^d}{d!} \mathrm{e}^{-np_0} = 1-\alpha \\ \displaystyle\sum_{d=0}^{C} \frac{(np_1)^d}{d!} \mathrm{e}^{-np_1} = \beta \end{cases} \tag{6-7}$$

其中，p_0，p_1，α，β 为预先给定的已知数，利用泊松分布累积值表，由两个方程可以得到唯一确定的 n 和 C 值。

当 $\alpha = 0.05$，$\beta = 0.10$ 时，对任意给定的一对 p_0 和 p_1，利用国家标准《不合格品百分数的计数标准型一次抽样检验程序及抽样表》（GB/T 13262—2008）设计的表 6-14，可以查到满足式（6-7）的 n 和 C 值，于是得到所需要的抽样方案（n, C）。

例 6.6　已知 $p_0 = 0.095\%$，$\alpha = 0.05$；$p_1 = 0.95\%$，$\beta = 0.10$，试求一次抽样方案。

解：查表 6-14，由 $p_0 = 0.095\%$ 行和 $p_1 = 0.95\%$ 列相交，其交点为（395, 1），即抽样方案为 $n = 395, C = 1$。

表 6-14　不合格品率的计数标准型一次抽样方案（n, C）

（p_0 和 p_1 单位：%）

p_0 \ p_1	34.0	30.0	26.0	24.0	21.0	19.0	17.0	15.0	13.0	12.0	10.5	9.50	8.50	7.50	6.70	6.00	5.30	4.80	4.20	3.80	3.40	3.00	2.60	2.40	2.10	1.90	1.50	1.30	1.20	1.05	0.95	0.85	0.75	p_1
0.095	7, 0	8, 0	9, 0	10, 0	11, 0	13, 0	15, 0	17, 0	19, 0	22, 0	24, 0	27, 0	30, 0	33, 0	37, 0	41, 0	45, 0	49, 0	54, 0	58, 0	64, 0	68, 0	160, 1	185, 1	210, 1	225, 1	280, 1	315, 1	345, 1	370, 1	395, 1	425, 2	750, 2	0.091~0.100
0.105	7, 0	7, 0	9, 0	10, 0	11, 0	13, 0	15, 0	17, 0	19, 0	21, 0	24, 0	27, 0	29, 0	33, 0	37, 0	40, 0	44, 0	48, 0	52, 0	56, 0	60, 0	150, 1	160, 1	185, 1	200, 1	225, 1	275, 1	310, 1	330, 1	355, 1	380, 1	665, 2	730, 2	0.101~0.112
0.120	7, 0	7, 0	9, 0	10, 0	11, 0	13, 0	15, 0	17, 0	19, 0	21, 0	24, 0	26, 0	29, 0	33, 0	37, 0	40, 0	44, 0	48, 0	50, 0	56, 0	130, 1	150, 1	160, 1	180, 1	200, 1	220, 1	275, 1	295, 1	320, 1	340, 1	595, 2	650, 2	700, 2	0.113~0.125
0.130	7, 0	7, 0	9, 0	10, 0	11, 0	13, 0	15, 0	17, 0	19, 0	21, 0	24, 0	26, 0	29, 0	32, 0	36, 0	39, 0	43, 0	46, 0	50, 0	54, 0	130, 1	150, 1	160, 1	180, 1	200, 1	220, 1	260, 1	285, 1	305, 1	535, 2	580, 2	625, 2	930, 3	0.126~0.140
0.150	6, 0	7, 0	9, 0	10, 0	11, 0	13, 0	15, 0	16, 0	19, 0	21, 0	23, 0	26, 0	28, 0	31, 0	35, 0	38, 0	41, 0	45, 0	48, 0	115, 1	130, 1	150, 1	160, 1	175, 1	195, 1	215, 1	250, 1	270, 1	475, 2	520, 2	545, 2	820, 3	900, 3	0.141~0.160
0.170	6, 0	7, 0	9, 0	10, 0	11, 0	13, 0	15, 0	16, 0	18, 0	21, 0	23, 0	26, 0	27, 0	30, 0	33, 0	35, 0	38, 1	92, 1	100, 1	115, 1	125, 1	140, 1	160, 1	175, 0	190, 1	205, 1	240, 1	430, 2	470, 2	495, 2	740, 3	795, 3	1105, 4	0.161~0.180
0.190	6, 0	7, 0	9, 0	10, 0	11, 0	13, 0	14, 0	16, 0	18, 0	21, 0	22, 0	24, 0	26, 0	29, 0	31, 0	34, 0	82, 1	92, 1	100, 1	115, 1	125, 1	140, 1	155, 1	170, 1	185, 1	200, 1	370, 2	415, 2	440, 2	665, 3	710, 3	980, 4	1295, 5	0.181~0.200
0.210	6, 0	7, 0	9, 0	10, 0	11, 0	13, 0	14, 0	16, 0	18, 0	20, 0	22, 0	23, 0	25, 0	28, 0	30, 0	72, 1	82, 1	92, 1	100, 1	115, 1	125, 1	140, 1	155, 1	165, 1	175, 1	190, 1	365, 2	395, 2	595, 3	635, 3	875, 4	1135, 5	1445, 6	0.201~0.224
0.240	6, 0	7, 0	9, 0	10, 0	11, 0	12, 0	14, 0	16, 0	18, 0	19, 0	21, 0	23, 0	25, 1	64, 1	64, 1	72, 1	82, 1	90, 1	100, 1	115, 1	125, 1	135, 1	145, 1	160, 1	170, 1	300, 2	350, 2	525, 3	570, 3	785, 4	1015, 5	1305, 6	1620, 7	0.225~0.250
0.260	6, 0	7, 0	9, 0	10, 0	11, 0	12, 0	14, 0	16, 0	17, 0	19, 0	20, 0	22, 0	24, 1	56, 1	64, 1	72, 1	80, 1	90, 1	100, 1	110, 1	115, 1	130, 1	155, 2	150, 2	265, 2	290, 2	465, 3	510, 3	705, 4	910, 5	1165, 6	1435, 7	1750, 8	0.251~0.280
0.300	6, 0	7, 0	9, 0	10, 0	11, 0	12, 0	14, 0	15, 0	17, 0	18, 0	19, 0	21, 1	50, 1	56, 1	64, 1	70, 1	80, 1	88, 1	98, 1	110, 1	115, 1	125, 1	135, 2	240, 2	260, 2	275, 2	450, 3	625, 4	810, 5	1025, 6	1275, 7	1545, 8	2055, 10	0.281~0.315
0.340	6, 0	7, 0	9, 0	10, 0	11, 0	12, 0	13, 0	15, 0	16, 0	17, 0	19, 1	45, 1	50, 1	56, 1	62, 1	70, 1	80, 1	86, 1	96, 1	105, 1	110, 1	120, 1	210, 2	230, 2	250, 2	365, 3	555, 4	725, 5	920, 6	1145, 7	1385, 8	1820, 10		0.316~0.355
0.380	6, 0	7, 0	9, 0	10, 0	11, 0	12, 0	13, 0	14, 0	15, 0	17, 1	40, 1	45, 1	50, 1	56, 1	62, 1	70, 1	78, 1	86, 1	92, 1	100, 1	110, 1	190, 2	205, 2	220, 2	330, 3	355, 3	640, 5	820, 6	1025, 7	1235, 8	1630, 10			0.356~0.400
0.420	6, 0	7, 0	8, 0	9, 0	10, 0	11, 0	12, 0	14, 0	15, 1	35, 1	40, 1	45, 1	49, 1	56, 1	62, 1	68, 1	76, 1	82, 1	88, 1	95, 1	165, 2	180, 2	195, 2	295, 3	315, 3	440, 4	725, 6	910, 7	1100, 8	1450, 10				0.401~0.450

续表

p_1 范围	34.0	30.0	26.0	24.0	21.0	19.0	17.0	15.0	13.0	12.0	10.5	9.50	8.50	7.50	6.70	6.00	5.30	4.80	4.20	3.80	3.40	3.00	2.60	2.40	2.10	1.90	1.50	1.30	1.20	1.05	0.95	0.85	0.75	p_0
0.451~0.500	6, 0	7, 0	8, 0	9, 0	10, 0	11, 0	12, 0	13, 0	31, 1	35, 1	40, 1	44, 1	49, 1	56, 1	62, 1	68, 1	74, 1	80, 1	84, 1	150, 2	165, 2	175, 2	260, 3	285, 3	390, 4	505, 5	810, 7	985, 8	1300, 10					0.480
0.501~0.560	6, 0	7, 0	8, 0	9, 0	10, 0	11, 0	11, 0	28, 1	31, 1	35, 1	39, 1	44, 1	49, 1	54, 1	60, 1	64, 1	70, 1	76, 1	135, 2	145, 2	155, 2	230, 3	255, 3	350, 4	454, 5	495, 5	875, 8	1165, 10						0.530
0.561~0.630	6, 0	7, 0	8, 0	9, 0	10, 0	10, 0	24, 1	27, 1	31, 1	35, 1	39, 1	44, 1	48, 1	54, 1	58, 1	62, 1	68, 1	115, 2	125, 2	140, 2	205, 3	225, 3	310, 4	405, 5	435, 5	640, 7	1035, 10							0.600
0.631~0.710	6, 0	7, 0	8, 0	8, 0	9, 0	21, 1	24, 1	27, 1	31, 1	35, 1	39, 1	43, 1	47, 1	52, 1	56, 1	59, 1	105, 2	115, 2	125, 2	185, 3	200, 3	275, 4	360, 5	390, 5	570, 7	690, 8								0.670
0.711~0.800	6, 0	7, 0	7, 0	8, 0	19, 1	21, 1	24, 1	27, 1	31, 1	35, 1	38, 1	42, 1	46, 1	49, 1	54, 1	94, 2	105, 2	110, 2	165, 3	180, 3	250, 4	320, 5	350, 5	510, 7	620, 8	815, 10								0.750
0.801~0.900	6, 0	7, 0	7, 0	17, 1	19, 1	21, 1	24, 1	27, 1	31, 1	34, 1	38, 1	40, 1	44, 1	47, 2	84, 2	90, 2	100, 2	145, 3	160, 3	220, 4	285, 5	310, 5	455, 7	550, 8	725, 10									0.850
0.901~1.00	6, 0	7, 0	15, 1	17, 1	19, 1	21, 1	24, 1	27, 1	30, 1	34, 1	36, 1	39, 1	42, 1	74, 2	82, 2	86, 2	130, 3	104, 3	195, 4	255, 5	275, 5	405, 7	490, 8	650, 10										0.950
1.01~1.12	6, 0	6, 0	15, 1	17, 1	19, 1	21, 1	23, 1	27, 1	30, 1	32, 1	35, 1	37, 1	64, 2	72, 2	78, 2	115, 3	125, 3	175, 4	225, 5	245, 5	360, 7	435, 8	580, 10											1.05
1.13~1.25	6, 0	6, 0	15, 1	17, 1	19, 1	21, 1	23, 1	26, 1	29, 1	31, 1	33, 1	58, 2	64, 2	70, 2	105, 3	115, 3	155, 4	165, 4	220, 5	280, 6	390, 8	515, 10	715, 13											1.20
1.26~1.40	5, 0	13, 1	15, 1	16, 1	18, 1	21, 1	23, 1	25, 1	28, 1	30, 1	52, 2	58, 2	62, 2	66, 3	100, 3	135, 4	150, 4	195, 5	250, 5	350, 8	465, 10	635, 13												1.30
1.41~1.60	5, 0	13, 1	14, 1	16, 1	18, 1	21, 1	23, 1	24, 1	26, 1	47, 2	50, 2	54, 2	58, 3	90, 3	120, 4	130, 4	175, 5	220, 6	310, 8	410, 10	565, 13	825, 18												1.50
1.61~1.80	11, 1	13, 1	14, 1	16, 1	18, 1	21, 1	21, 1	36, 2	47, 2	45, 2	49, 2	52, 2	78, 3	110, 4	115, 4	155, 5	195, 6	275, 8	360, 10	505, 13	745, 18													1.70
1.81~2.00	11, 1	13, 1	14, 1	16, 1	18, 1	19, 1	21, 2	36, 2	41, 2	44, 2	47, 3	70, 3	95, 4	105, 4	140, 5	175, 6	245, 8	325, 10	445, 13	660, 18														1.90
2.01~2.24	11, 1	13, 1	14, 1	16, 1	17, 1	18, 2	32, 2	39, 2	37, 2	42, 2	62, 3	86, 4	95, 4	125, 6	155, 6	220, 8	290, 10	400, 13	585, 18															2.10
2.25~2.50	11, 1	12, 1	14, 1	15, 1	16, 1	28, 2	31, 2	34, 2	37, 2	56, 3	76, 4	84, 4	110, 5	140, 6	195, 8	260, 10	360, 13	520, 18																2.40

续表

下表为双向查表（上三角以 p_1 为行、p_0 为列；对角标注 p_1/p_0）。各单元格数值为 n, c（样本量，合格判定数）。

p_1	34.0	30.0	26.0	24.0	21.0	19.0	17.0	15.0	13.0	12.0	10.5	9.50	8.50	7.50	6.70	6.00	5.30
2.51~2.80	11, 1	12, 1	13, 1	15, 1	25, 2	28, 2	30, 2	33, 3	50, 3	54, 3	74, 4	100, 5	125, 6	175, 8	230, 10	320, 13	470, 18
2.81~3.15	11, 1	12, 1	13, 1	22, 2	25, 2	27, 2	29, 3	44, 3	48, 3	66, 4	86, 5	110, 6	155, 8	205, 10	280, 13	415, 18	
3.16~3.55	10, 1	11, 1	20, 2	22, 2	24, 2	26, 3	39, 3	42, 3	60, 4	78, 5	100, 6	140, 8	180, 10	250, 13	350, 17		
3.56~4.00	10, 1	17, 2	20, 2	22, 2	23, 2	35, 3	37, 3	52, 4	70, 5	90, 6	125, 8	165, 10	225, 13	310, 17			
4.01~4.50	10, 1	17, 2	19, 2	21, 2	31, 3	33, 3	46, 4	62, 5	78, 6	110, 8	145, 10	200, 13	275, 17				
4.51~5.00	15, 2	17, 2	18, 2	28, 3	30, 3	41, 4	54, 5	70, 6	100, 8	130, 10	180, 13	245, 17					
5.01~5.60	15, 2	16, 2	25, 3	27, 3	37, 4	48, 5	62, 6	86, 8	115, 10	160, 13	220, 17						
5.61~6.30	14, 2	22, 3	23, 3	33, 4	43, 5	54, 6	68, 7	100, 10	140, 13	195, 17							
6.31~7.10	14, 2	21, 3	29, 4	38, 5	48, 6	60, 7	82, 9	120, 12	175, 17								
7.11~8.00	18, 3	26, 4	34, 5	44, 6	54, 7	74, 9	105, 12	150, 16									
8.01~9.00	23, 4	30, 5	39, 6	48, 7	66, 9	90, 12	130, 16										
9.01~10.0	27, 5	34, 6	43, 7	58, 9	82, 12	115, 16											
10.1~11.2	26, 5	38, 7	52, 9	74, 12	105, 16												

注：其余列（p_0 = 4.80, 4.20, 3.80, 3.40, 3.00, 2.60, 2.40, 2.10, 1.90, 1.50, 1.30, 1.20, 1.05, 0.95, 0.85, 0.75）在上述各行均为空。

p_1 代表值（对应各行 p_1 区间）：

p_1 区间	代表值
2.51~2.80	2.60
2.81~3.15	3.00
3.16~3.55	3.40
3.56~4.00	3.80
4.01~4.50	4.20
4.51~5.00	4.80
5.01~5.60	5.30
5.61~6.30	6.00
6.31~7.10	6.70
7.11~8.00	7.50
8.01~9.00	8.50
9.01~10.0	9.50
10.1~11.2	10.50

p_0 列代表值与区间对照（对角标注 p_0/p_1）：

p_0 代表值	p_0 区间	p_1 区间
34.0	31.6~35.5	
30.0	28.1~31.5	
26.0	25.1~28.0	
24.0	22.5~25.0	
21.0	20.1~22.4	
19.0	18.1~20.0	
17.0	16.1~18.0	
15.0	14.1~16.0	
13.0	12.6~14.0	
12.0	11.3~12.5	
10.5	10.1~11.2	
9.50	9.01~10.0	
8.50	8.01~9.00	
7.50	7.11~8.00	
6.70	6.31~7.10	
6.00	5.61~6.30	
5.30	5.01~5.60	
4.80	4.51~5.00	
4.20	4.01~4.50	
3.80	3.56~4.00	
3.40	3.16~3.55	
3.00	2.81~3.15	
2.60	2.51~2.80	
2.40	2.25~2.50	
2.10	2.01~2.24	
1.90	1.81~2.00	
1.50	1.41~1.80	
1.30	1.26~1.40	
1.20	1.13~1.25	
1.05	1.01~1.12	
0.95	0.91~1.00	
0.85	0.81~0.90	
0.75	0.71~0.80	

6.4.2 挑选型抽样方案

挑选型抽样检查是以不合格品率表示产品批的质量，用预先规定的抽样方案对产品批进行检查，合格的批直接被接收，不合格的批需要经过全数检查将其中的不合格产品换成合格产品后再被接收。显然，挑选型抽样检查不适用于不能全部检查的场合，一般大都应用于下述非破坏性场合：连续生产的产品一批接一批入库时；各工序间的半成品交接时；向指定消费方连续供货时。制订挑选型抽样方案的准则：控制消费方风险 β，使平均检查件数最少；或者控制检后平均不合格品率 AQL，使平均检验件数最少。

对于一次计数挑选型抽样方案，挑选型抽样方案（道奇-罗米格抽样方案）的过程如下。

1）确定平均检验件数

设有一批产品，其批量为 N。假定此种产品的过程平均不合格品率为 $\bar{p}$，估计 $\bar{p}$ 的公式为

$$\bar{p} = \frac{d_1 + d_2 + \cdots + d_k}{n_1 + n_2 + \cdots + n_k}, \quad k \geqslant 20$$

其中，n_i 为第 i 批产品的样本大小，d_i 为第 i 批样本中的不合格品数，$i = 1, 2, \cdots, k$。不妨将 $\bar{p}$ 看作此种产品总体的不合格品率，从每批产品中抽取的样本都可看作此产品总体中的样本，再将此产品总体看作无限的。如果采用一次抽样方案 (n, C)，则接收概率为 $L(\bar{p}) = P(d \leqslant C)$，其中 d 为 n 个样本中的不合格品总数，拒收概率为 $1 - L(\bar{p})$。

按照均值的概念，挑选型一次抽样方案的平均检验件数为

$$\bar{I} = n \cdot \sum_{d=0}^{c} B(d; n, \bar{p}) + N \cdot \left(1 - \sum_{d=0}^{c} B(d; n, \bar{p})\right) = n + (N - n)\left(1 - \sum_{d=0}^{c} B(d; n, \bar{p})\right)$$

当 n 较大，$\dfrac{n}{N} \leqslant 0.10$，$\bar{p} \leqslant 0.10$ 时，上式可用泊松分布形式表示为

$$\bar{I} = n + (N - n)\left(1 - \sum_{d=0}^{C}(d; np_t)\right) \tag{6-8}$$

2）一次极限质量抽样方案的确定方法

规定一个极限不合格品率 p_t。当 n 较大，$\dfrac{n}{N} \leqslant 0.10$，$\bar{p} \leqslant 0.10$ 时，有

$$L(p_t) = \sum_{d=0}^{C}(d; n\bar{p}_t) \tag{6-9}$$

挑选型一次极限质量抽样方案的准则，即 $L(p_t) = 0.10$ 时，对任意给定的 N 和 $\bar{p}$，求 C 与 n 的值，使式（6-8）给出的 $\bar{I}$ 值最小。例 6.7 说明道奇-罗米格的一次极限质量抽样表。

例 6.7 已知 $N = 1000$，$p_t = 5\%$，$\bar{p} = 0.5\%$，$L(p_t) = 0.10$，求 n 与 C 的值，并使 $\bar{I}$ 最小。

解： 由 $L(p_t) = 0.10$ 得 $\displaystyle\sum_{d=0}^{c} \frac{\lambda^d}{d!} \mathrm{e}^{-\lambda} = 0.10$。

利用泊松分布累积值表，查出对应于各个 C 值的 np_t 值，并由 np_t/p_t 求出 n 值，见表 6-15。

表 6-15　泊松分布接收概率表（附表 2 节选）

C	np_t	$n = np_t/p_t$
0	2.3	46
1	3.9	78
2	5.3	106
3	6.7	134
4	8.0	160
5	9.2	184

比较表 6-15 中 6 对 (n, C) 决定的平均检验件数 $\overline{I}$，见表 6-16。

表 6-16　平均检验件数表

C	n	$n\overline{p}$	$L(\overline{p})$	$1-L(\overline{p})$	$\overline{I}$
0	46	0.23	0.80	0.20	237
1	78	0.39	0.94	0.06	133
2	106	0.53	0.98	0.02	124
3	134	0.67	0.995	0.005	138
4	160	0.80	0.998	0.002	162
5	184	0.92	0.9995	0.0005	184

由表 6-16 可知，使平均检验件数最小的方案是 $n = 106$，$C = 2$。

3）一次极限质量抽样表

道奇-罗米格的一次极限质量抽样表，将极限质量分为 8 个档次：0.5%，1.0%，2.0%，3.0%，4.0%，5.0%，7.0%，10.0%，规定消费方风险 $\beta = 0.10$。

例 6.8　已知批量 $N = 1000$，规定极限不合格品率 $p_t = 1.0\%$，$\beta = 0.10$。根据产品质量的历史资料，估计过程平均不合格品率 $\overline{p} = 0.22\%$，求使平均检验件数最少的一次抽样方案。

解：在表 6-17 中，由过程平均为 0.21～0.30（%）所在列与批量为 801～1000 所在行的交叉点，读得 $n = 335$，$C = 1$。故所求方案为 $(335, 1)$。

表 6-17　一次极限质量抽样表（$p_t = 1.0\%$，$\beta = 0.10$）

过程平均%	0～0.010			0.011～0.10			0.11～0.20			0.21～0.30			0.31～0.40			0.41～0.50		
批量 N	n	C	P_L%	n	C	P_L%	n	C	P_L%	n	C	P_L%	n	C	P_L%	n	C	P_L%
1～30	全	0	0	全	0	0	全	0	0	全	0	0	全	0	0	全	0	0
121～150	120	0	0.06	120	0	0.06	120	0	0.06	120	0	0.06	120	0	0.06	120	0	0.06
151～200	140	0	0.08	140	0	0.08	140	0	0.08	140	0	0.08	140	0	0.08	140	0	0.08

续表

过程平均%	0~0.010			0.011~0.10			0.11~0.20			0.21~0.30			0.31~0.40			0.41~0.50		
批量 N	n	C	P_L%	n	C	P_L%	n	C	P_L%	n	C	P_L%	n	C	P_L%	n	C	P_L%
201~300	165	0	0.10	165	0	0.10	165	0	0.10	165	0	0.10	165	0	0.10	165	0	0.10
301~400	175	0	0.12	175	0	0.12	175	0	0.12	175	0	0.12	175	0	0.12	175	0	0.12
401~500	180	0	0.13	180	0	0.13	180	0	0.13	180	0	0.13	180	0	0.13	180	0	0.13
501~600	190	0	0.13	190	0	0.13	190	0	0.13	190	0	0.13	190	0	0.13	305	1	0.14
601~800	200	0	0.14	200	0	0.14	200	0	0.14	330	1	0.15	330	1	0.15	330	1	0.15
801~1000	205	0	0.14	205	0	0.14	205	0	0.14	335	1	0.17	335	1	0.17	335	1	0.17
1001~2000	220	0	0.15	220	0	0.15	360	1	0.19	490	2	0.21	490	2	0.21	610	3	0.22
2001~3000	220	0	0.15	375	1	0.20	505	2	0.23	630	3	0.24	745	4	0.26	870	5	0.26
3001~4000	225	0	0.15	380	1	0.20	510	2	0.24	645	3	0.25	880	5	0.28	1000	6	0.29
4001~5000	225	0	0.16	380	1	0.20	520	2	0.24	770	4	0.28	895	5	0.29	1120	7	0.31
5001~7000	230	0	0.16	385	1	0.21	655	3	0.27	780	4	0.29	1020	6	0.32	1260	8	0.34
7001~10000	230	0	0.16	520	2	0.25	660	3	0.28	910	5	0.32	1050	7	0.34	1500	10	0.37
10001~20000	390	1	0.21	525	2	0.26	725	4	0.31	1040	6	0.35	1400	9	0.39	1980	14	0.43
20001~50000	390	1	0.21	530	2	0.26	920	5	0.34	1300	8	0.39	1890	13	0.44	2570	19	0.48
50001~100000	390	1	0.21	670	3	0.29	1040	6	0.36	1420	9	0.41	2120	15	0.47	3150	23	0.50

注：表中"全"表示全数检验

6.4.3 调整型抽样方案

1. 抽样方案的设计

调整型抽样方案指对于一系列的连续批产品，根据对样本的检验结果，按照抽样程度的规定，从一个抽样方案转移到另一个严格程度不同的抽样方案，具体的抽样方案加转移规则，构成了调整型抽样方案的抽样计划。显然，调整型抽样方案适用于连续批的检验。

制订调整型抽样方案的准则：控制生产方风险，并通过抽样方案严格程度的调整，保证产品使用质量。一般情况采用正常抽样方案，若批质量显著变好，可以采用放宽抽样方案；若批质量变差，则采用加严抽样方案。

我国标准化工作者参照国际标准 ISO 2859，制定了《计数抽样检验程序 第 1 部分：按接收质量限（AQL）检索的逐批检验抽样计划》（GB/T 2828.1—2012）。它适用于连续批的计数抽样逐批检查，是以合格质量水平（AQL）为质量指标的抽样标准，其设计过程如下。

1）确定合格质量水平

合格质量水平（AQL）是调整型抽检方案的基本参数，也是选择方案时依据的质量标准。合格质量水平是指在抽样检验中，供需双方共同认为满意的判定批合格或不合格的过程平均不合格品率式（6-1）的上限值。

确定 AQL 值一般采用以下几种方法。

（1）按用户要求的产品质量决定 AQL 值。当用户根据使用要求和经济条件，提出必须保证的质量水平（不合格品率或百单位缺陷数）时，应将其质量要求定为 AQL 值。若提供的产品质量低劣，为达到用户要求的质量水平，交货时，对不合格批往往要进行全数检验，因而应注意检验时间和成本。

（2）根据缺陷级别决定 AQL 值。按照致命缺陷、重缺陷、轻缺陷或致命不合格品、重不合格品和轻不合格品，分别规定 AQL 值。越是重要的检验项目，验收后的不合格品所造成的损失越大，AQL 值应更严格。

（3）考虑检验项目数决定 AQL 值。若同一检验项目有多个，如缺陷检验项目有三个，则 AQL 值可取得稍大一些。

（4）依据过程平均来确定 AQL 值。此种方法多用于单一品种大批量生产，且已掌握大量质量情报的场合。

（5）与供应商协商确定 AQL 值。为使用户要求的质量与供应者的生产能力协调，供、购双方可直接协商确定 AQL 值。由于是协商确定的，既可使 AQL 值确定得合理，又可减少双方的纠纷。此法多用于新产品检验等质量情报少的场合。

2）确定抽检水平

抽检水平是反映批量与样本量之间关系的等级。《计数抽样检验程序　第 1 部分：按接收质量限（AQL）检索的逐批检验抽样计划》（GB/T 2828.1—2012）规定检查水平有 7 级：一般检查水平Ⅰ、Ⅱ、Ⅲ三级和特殊检查水平 S-1，S-2，S-3，S-4 四级。一般检查水平Ⅱ是标准检验水平，无特殊要求时采用水平Ⅱ。四种特殊检查水平适用于破坏性检验或检验费用高的情况，由于抽取样本大小比较小，又称小样本检验。

在三个一般检查水平中，当批量给定时，样本大小随检查水平而变化。水平Ⅱ需要抽取样本大小比水平Ⅰ大；水平Ⅲ又比水平Ⅱ大。一般，检查水平Ⅰ、Ⅱ、Ⅲ样本大小的比例为 0.4∶1∶1.6。选择抽检水平时，一般应考虑下列因素：产品的复杂程度与价格、检验费用、是否是破坏性检查、保证 AQL 的重要性、生产的稳定性、批产品之间质量差异程度及批内产品质量波动的大小等。

3）宽严程度的转换规则

宽严程度的转换规则是判断批质量变化以及确定方案宽严程度的尺度，有以下规则。

（1）从正常检查转换为加严检查。一般首批检查从正常检查开始。当进行正常检查时，只要初次检查（即第一次提交检查，而不是不合格批经过返修或挑选后再次提交检查）连续 5 批或不到 5 批中有两批不合格，从下一批开始转为加严检查。

（2）从加严检查转换为正常检查。进行加严检查时，若连续 5 批合格，则从第 6 批恢复正常检查。

（3）正常检查转换为放宽检查。下列条件同时满足，方可转入放宽检查：①连续 10 批（不包括再次提交检验批）正常检查合格；②连续的 10 批中抽取的样本，其中不合格品总数（或缺陷总数）是在放宽检查界限 LR 以下；③生产稳定；④检查员或主管者认为可以转入放宽检查。

（4）从放宽检查转换为正常检查。出现下列任何一种情况，都应从下一批开始将放宽检查转换为正常检查：①一批产品不合格；②一批产品附条件合格。即在放宽检查方案中，有部分方案具有以下特点：合格判定数 A_c 和不合格判定数 R_e 不是连续的正整数。当样本中的不合格品数 d 在 A_c、R_e 之间，即 $A_c > d > R_e$ 时，判该批为合格批，予以接收，但从下一批开始必须恢复"正常检查"；③生产不稳定或生产中断；④检查员或主管者认为有必要恢复正常检查。

（5）暂停检查。自加严检查开始，连续 10 批均停留在加严检查时，原则上应暂停检查，待生产方采取了改进产品质量的措施后，才能恢复加严检查。

综上所述，放宽检查是非强制性的，即使生产方提供的产品非常好，如果不经检查员许可，仍然不能采用放宽检查。但是，由正常检查转为加严检查，却是带有强制性的，这是调整型抽样体系的重要原则。

2. 抽样方案的确定

按照以上调整型抽样方案的设计过程，计数调整型一次、二次和七次抽样方案的确定过程如下。

1）计数调整型一次抽样方案确定的步骤

（1）读取样本字码。根据产品的批量 N 和检查水平，从《计数抽样检验程序　第 1 部分：按接收质量限（AQL）检索的逐批检验抽样计划》（GB/T　2828.1—2012）标准中（表 6-18）读取字码，找到批量大小所在的行及指定检查水平所在的列，从相交栏可得样本大小的字码。

表 6-18　样本大小字码表

批量 N 范围	特殊检查水平				一般检查水平		
	S-1	S-2	S-3	S-4	I	II	III
1～8	A	A	A	A	A	A	B
9～15	A	A	A	A	A	A	B
16～25	A	A	A	A	A	B	C
26～50	A	A	B	B	B	C	D
51～90	A	B	B	C	C	D	E
91～150	B	B	C	C	C	E	E
151～280	B	C	D	E	E	G	H
281～500	B	C	D	E	F	H	J
501～1200	C	C	E	F	G	J	K
1201～3200	C	D	E	G	H	K	L
3201～10000	C	D	F	G	J	L	M
10001～35000	C	D	F	H	K	M	N
35001～150000	D	E	G	J	L	N	P
150001～500000	D	E	G	J	M	P	Q
≥500001	D	E	H	K	N	Q	R

（2）选用确定的抽样方案。根据样本大小字码、合格质量水平（AQL 值）、抽样方案的形式以及宽严程度，在《计数抽样检验程序　第 1 部分：按接收质量限（AQL）检

索的逐批检验抽样计划》（GB/T 2828.1—2012）标准表 3～表 6（本书表 6-19～表 6-22）中选取。

表 6-19　GB/T 2828.1—2012 表 3　一次正常检查抽样方案（部分）

（表中数值为 Ac Re；合格质量水平（AQL））

样本大小字码	样本大小	0.040	0.065	0.10	0.15	0.25	0.40	0.65	1.0	1.5	2.5
A	2	↓	↓	↓	↓	↓	↓	↓	↓	↓	↓
B	3	↓	↓	↓	↓	↓	↓	↓	↓	↓	↓
C	5	↓	↓	↓	↓	↓	↓	↓	↓	↓	0 1
D	8	↓	↓	↓	↓	↓	↓	↓	↓	0 1	↑
E	13	↓	↓	↓	↓	↓	↓	↓	0 1	↑	↓
F	20	↓	↓	↓	↓	↓	↓	0 1	↑	↓	1 2
G	32	↓	↓	↓	↓	↓	0 1	↑	↓	1 2	2 3
H	50	↓	↓	↓	↓	0 1	↑	↓	1 2	2 3	3 4
J	80	↓	↓	↓	0 1	↑	↓	1 2	2 3	3 4	5 6
K	125	↓	↓	0 1	↑	↓	1 2	2 3	3 4	5 6	7 8
L	200	↓	0 1	↑	↓	1 2	2 3	3 4	5 6	7 8	10 11
M	315	0 1	↑	↓	1 2	2 3	3 4	5 6	7 8	10 11	14 15
N	500	↑	↓	1 2	2 3	3 4	5 6	7 8	10 11	14 15	21 22
P	800	↓	1 2	2 3	3 4	5 6	7 8	10 11	14 15	21 22	↑
Q	1250	1 2	2 3	3 4	5 6	7 8	10 11	14 15	21 22	↑	↑
R	2000	2 3	3 4	5 6	7 8	10 11	14 15	21 22	↑	↑	↑

注：↓表示用箭头下面的第一个抽样方案，如果样品大小等于或超过批量，进行 100%的检查；↑表示用箭头上面的第一个抽样方案

表 6-20　GB/T 2828.1—2012 表 4　一次加严检查抽样方案（部分）

（表中数值为 Ac Re；合格质量水平（AQL））

样本大小字码	样本大小	0.15	0.25	0.40	0.65	1.0	1.5	2.5	4.0	6.5	10
A	2	↓	↓	↓	↓	↓	↓	↓	↓	↓	0 1
B	3	↓	↓	↓	↓	↓	↓	↓	↓	0 1	↑
C	5	↓	↓	↓	↓	↓	↓	↓	0 1	↑	↓
D	8	↓	↓	↓	↓	↓	↓	0 1	↑	↓	1 2
E	13	↓	↓	↓	↓	↓	0 1	↑	↓	1 2	2 3
F	20	↓	↓	↓	↓	0 1	↑	↓	1 2	2 3	3 4
G	32	↓	↓	↓	0 1	↑	↓	1 2	2 3	3 4	5 6
H	50	↓	↓	0 1	↑	↓	1 2	2 3	3 4	5 6	8 9
J	80	↓	0 1	↑	↓	1 2	2 3	3 4	5 6	8 9	12 13
K	125	0 1	↑	↓	1 2	2 3	3 4	5 6	8 9	12 13	18 19
L	200	↑	↓	1 2	2 3	3 4	5 6	8 9	12 13	18 19	↑
M	315	↓	1 2	2 3	3 4	5 6	8 9	12 13	18 19	↑	↑

续表

样本大小字码	样本大小	0.15	0.25	0.40	0.65	1.0	1.5	2.5	4.0	6.5	10
		A_c R_e	A_c R_e	A_c R_e	A_c R_e	A_c R_e	A_c R_e	A_c R_e	A_c R_e	A_c R_e	A_c R_e
N	500	1　2	2　3	3　4	5　6	8　9	12　13	18　19	↑	|	|
P	800	2　3	3　4	5　6	8　9	12　13	18　19	↑	|	|	|
Q	1250	3　4	5　6	8　9	12　13	18　19	↑	|	|	|	|
R	2000	5　6	8　9	12　13	18　19	↑	|	|	|	|	|
S	3150	↑	↑	↑	↑	|	|	|	|	|	|

注：↓表示用箭头下面的第一个抽样方案，如果样品大小等于或超过批量，进行 100%的检查；↑表示用箭头上面的第一个抽样方案

表 6-21　GB/T 2828.1—2012 表 5 一次放宽检查抽样方案（部分）

样本大小字码	样本大小	1.0	1.5	2.5	4.0	6.5	10	15	25	40
		A_c R_e	A_c R_e	A_c R_e	A_c R_e	A_c R_e	A_c R_e	A_c R_e	A_c R_e	A_c R_e
A	2	|	|	|	↓	0　1	↑	↓	1　2	2　3
B	2	|	|	↓	0　1	↑	↓	1　2	1　2	2　3
C	2	|	↓	0　1	↑	↓	0　1	1　2	1　2	2　3
D	3	↓	0　1	↑	↓	0　1	1　2	1　2	2　3	3　4
E	5	0　1	↑	↓	0　1	1　2	1　2	2　3	3　4	5　6
F	8	↑	↓	0　1	1　2	1　2	2　3	3　4	5　6	7　8
G	13	↓	0　1	1　2	1　2	2　3	3　4	5　6	7　8	10　11
H	20	0　1	1　2	1　2	2　3	3　4	5　6	7　8	10　11	↑
J	32	1　2	1　2	2　3	3　4	5　6	7　8	10　11	↑	|
K	50	1　2	2　3	3　4	5　6	7　8	10　11	↑	|	|
L	80	2　3	3　4	5　6	7　8	10　11	↑	|	|	|
M	125	3　4	5　6	7　8	10　11	↑	|	|	|	|
N	200	5　6	7　8	10　11	↑	|	|	|	|	|
P	315	7　8	10　11	↑	|	|	|	|	|	|
Q	500	10　11	↑	|	|	|	|	|	|	|
R	800	↑	|	|	|	|	|	|	|	|

注：↓表示用箭头下面的第一个抽样方案，如果样品大小等于或超过批量，进行 100%的检查；↑表示用箭头上面的第一个抽样方案

表 6-22　GB/T 2828.1—2012 表 6 一次特宽检查抽样方案（部分）

样本大小字码	样本大小	1.0	1.5	2.5	4.0	6.5	10	15	25	40
		A_c R_e	A_c R_e	A_c R_e	A_c R_e	A_c R_e	A_c R_e	A_c R_e	A_c R_e	A_c R_e
A	2	|	|	|	↓	0　1	↑	↓	3　4	4　5
B	2	|	|	↓	0　1	↑	↓	2　3	3　4	4　5
C	2	|	↓	0　1	↑	↓	1　2	2　3	3　4	4　5
D	3	↓	0　1	↑	↓	1　2	2　3	3　4	4　5	5　6

续表

样本大小字码	样本大小	合格质量水平（AQL）																
		1.0		1.5		2.5		4.0		6.5		10		15		25		40	
		A_c	R_e	A_c	R_e	A_c	R_e	A_c	R_e	A_c	R_e	A_c	R_e	A_c	R_e	A_c	R_e	A_c	R_e
E	5	0	1	↑		↓		1	2	2	3	3	4	4	5	5	6	7	8
F	8	↑		↓		1	2	2	3	3	4	4	5	5	6	7	8	9	10
G	13	↓		1	2	2	3	3	4	4	5	5	6	7	8	9	10	12	13
H	20	1	2	2	3	3	4	4	5	5	6	7	8	9	10	12	13	↑	
J	32	2	3	3	4	4	5	5	6	7	8	9	10	12	13	↑			
K	50	3	4	4	5	5	6	7	8	9	10	12	13	↑					
L	80	4	5	5	6	7	8	9	10	12	13	↑							
M	125	5	6	7	8	9	10	12	13	↑									
N	200	7	8	9	10	12	13	↑											
P	315	9	10	12	13	↑													
Q	500	12	13	↑															
R	800	↑																	

注：↓表示用箭头下面的第一个抽样方案，如果样品大小等于或超过批量，进行 100% 的检查；↑表示用箭头上面的第一个抽样方案

（3）查表确定抽样方案。在所选用的抽样方案表中，根据得到的样本大小字码水平，锁定该行并继续向右读数，在样本大小栏内读出样本大小 n，再从这一字码所在行和所指定的 AQL 值所在列的相交栏，读出合格判定数 A_c 和不合格判定数 R_e，得到抽样方案 $(n; A_c, R_e)$。

如果相交栏是箭头，则沿箭头方向，读出箭头所指的第一个合格判定数 A_c 和不合格判定数 R_e，然后，由此判定数组所在行向左，在"样本大小"栏读出相应的样本大小 n。

如果按上述查表方法，对不同类别的不合格品和不同类别的缺陷，得到不同的样本大小，则可以采用样本大小的最大者所对应的抽样方案。

例 6.9 已知 AQL = 0.1%，IL = Ⅲ，求 $N = 50$ 时，正常检查一次抽样方案。

解：（1）由表 6-18 的 $N = 50$，IL = Ⅲ读出样本大小字码为 D；

（2）在表 6-19 中，由样本大小字码 D 所在行，与 AQL = 0.10% 所在列的交点处查得[↓]，这表明应使用箭头下面的第一个方案[125; 0, 1]。

由于该方案的样本大小大于批量，所以使用抽样方案[50; 0, 1]。

例 6.10 某电子元件的验收检验中采用 GB/T 2828.1—2012，规定 AQL = 0.65%，IL = Ⅰ，求 $N = 1000$ 时，加严检查一次抽样方案。

解：（1）由表 6-18 读出样本大小字码为 G；

（2）在表 6-20 中，由样本大小 G 所在行，与 AQL = 0.65% 所在列的相交处，读出[↑]，这表明应使用箭头上的第一个方案[32; 0, 1]。

应当注意，在订货方同意的情况下，可以使用判定数组为[1, 2]的一次抽样方案代替判定数组为[0, 1]的方案。在本例中，若需要将判定数组[0, 1]的一次方案改为判定数组[1, 2]的一次方案，则可用加严检查一次抽样方案[125; 1, 2]。

例 6.11　已知 AQL = 4.0%，IL = Ⅱ，求 N = 3000 放宽检查一次抽样方案。如放宽检查不合格，再求相应的特宽检查一次抽样方案。

解：（1）由表 6-18 查得样本大小字码为 K；

（2）在表 6-21 中，查得的判定数组[5, 6]，对应的样本大小 n = 50，故求出抽样方案为[50; 5, 6]。如果放宽检查不合格，则相应的特宽检查一次抽样方案（表 6-22），抽样方案为[50; 7, 8]。

例 6.12　某电子器件的验收检验中采用 GB/T 2828.1—2012，规定 B 类不合格 AQL = 0.65%，C 类不合格 AQL = 2.5%，IL = Ⅱ，求 N = 500 正常检查一次抽样方案。

解：（1）由表 6-18 查得样本大小字码为 H；

（2）在表 6-19 中，查得 B 类不合格正常检查一次抽样方案为[80; 1, 2]，查得 C 类不合格对应的正常检查一次抽样方案为[50; 3, 4]；

（3）为了使 B 类和 C 类不合格的正常检查一次抽样方案的样本大小保持一致，可以改变 C 类不合格正常检查一次抽样方案为[80; 5, 6]。

应当注意，对非同类的不合格品，查得不同的样本大小时，可以使用较大样本所对应的抽样方案。

2）计数调整型二次抽样方案

计数调整型二次抽样方案的步骤如计数调整型一次抽样方案一样。

例 6.13　已知产品交验批量 N = 20000 件，其合格质量水平 AQL = 1.5%，选用检查水平 I。试求出正常、加严和放宽的二次抽样方案。

解：结果见表 6-23。

（1）正常检查的抽样方案。根据批量 N = 20000 件，检查水平 I，可从表 6-18 得知样本大小字码为 K。再由表 6-24 查得字码为 K、AQL = 1.5%的正常检查抽样方案见表 6-23 部分。

（2）加严检查的抽样方案。由表 6-25 查得字码为 K、AQL = 1.5%的加严检查抽样方案见表 6-23 部分。

（3）放宽检查的抽样方案。由表 6-26 查得字码为 K、AQL = 1.5%的放宽检查抽样方案见表 6-23 部分。

表 6-23　二次加严放宽检查抽样方案表（节选）

	n	A_c	R_e
正常检查	80	2	5
	80	6	7
加严检查	80	1	4
	80	4	5
放宽检查	32	0	4
	32	3	6

表6-24 二次抽样方案——正常检查主表

AQL（%）

字码	抽样次数	样本量	累计样本量	0.010	0.015	0.025	0.040	0.065	0.10	0.15	0.25	0.40	0.65	1.0	1.5	2.5	4.0	6.5	10	15	25	40	65	100	150	250	400	650	1000
				Ac Re	Ac Re	Ac Re	Ac Re	Ac Re	Ac Re	Ac Re	Ac Re	Ac Re	Ac Re	Ac Re	Ac Re	Ac Re	Ac Re	Ac Re	Ac Re	Ac Re	Ac Re	Ac Re	Ac Re	Ac Re	Ac Re	Ac Re	Ac Re	Ac Re	Ac Re
A				↓	↓	↓	↓	↓	↓	↓	↓	↓	↓	↓	↓	↓	↓	↓	↓	↓	↓	↓	↓	↓	↓	↓	↓	↓	↓
B	第一	2	2	↓	↓	↓	↓	↓	↓	↓	↓	↓	↓	↓	↓	↓	↓	↓	↓	0 2	0 3	1 4	2 5	3 7	5 9	7 11	11 16	17 22	25 31
	第二	2	4	↓	↓	↓	↓	↓	↓	↓	↓	↓	↓	↓	↓	↓	↓	↓	↓	1 2	3 4	4 5	6 7	8 9	12 13	18 19	26 27	37 38	56 57
C	第一	3	3	↓	↓	↓	↓	↓	↓	↓	↓	↓	↓	↓	↓	↓	↓	↓	0 2	0 3	1 4	2 5	3 7	5 9	7 11	11 16	17 22	25 31	↑
	第二	3	6	↓	↓	↓	↓	↓	↓	↓	↓	↓	↓	↓	↓	↓	↓	↓	1 2	3 4	4 5	6 7	8 9	12 13	18 19	26 27	37 38	56 57	↑
D	第一	5	5	↓	↓	↓	↓	↓	↓	↓	↓	↓	↓	↓	↓	↓	↓	0 2	0 3	1 4	2 5	3 7	5 9	7 11	11 16	17 22	25 31	↑	↑
	第二	5	10	↓	↓	↓	↓	↓	↓	↓	↓	↓	↓	↓	↓	↓	↓	1 2	3 4	4 5	6 7	8 9	12 13	18 19	26 27	37 38	56 57	↑	↑
E	第一	8	8	↓	↓	↓	↓	↓	↓	↓	↓	↓	↓	↓	↓	↓	0 2	0 3	1 4	2 5	3 7	5 9	7 11	11 16	17 22	25 31	↑	↑	↑
	第二	8	16	↓	↓	↓	↓	↓	↓	↓	↓	↓	↓	↓	↓	↓	1 2	3 4	4 5	6 7	8 9	12 13	18 19	26 27	37 38	56 57	↑	↑	↑
F	第一	13	13	↓	↓	↓	↓	↓	↓	↓	↓	↓	↓	↓	↓	0 2	0 3	1 4	2 5	3 7	5 9	7 11	11 16	17 22	25 31	↑	↑	↑	↑
	第二	13	26	↓	↓	↓	↓	↓	↓	↓	↓	↓	↓	↓	↓	1 2	3 4	4 5	6 7	8 9	12 13	18 19	26 27	37 38	56 57	↑	↑	↑	↑
G	第一	20	20	↓	↓	↓	↓	↓	↓	↓	↓	↓	↓	↓	0 2	0 3	1 4	2 5	3 7	5 9	7 11	11 16	17 22	25 31	↑	↑	↑	↑	↑
	第二	20	40	↓	↓	↓	↓	↓	↓	↓	↓	↓	↓	↓	1 2	3 4	4 5	6 7	8 9	12 13	18 19	26 27	37 38	56 57	↑	↑	↑	↑	↑
H	第一	32	32	↓	↓	↓	↓	↓	↓	↓	↓	↓	↓	0 2	0 3	1 4	2 5	3 7	5 9	7 11	11 16	17 22	25 31	↑	↑	↑	↑	↑	↑
	第二	32	64	↓	↓	↓	↓	↓	↓	↓	↓	↓	↓	1 2	3 4	4 5	6 7	8 9	12 13	18 19	26 27	37 38	56 57	↑	↑	↑	↑	↑	↑
J	第一	50	50	↓	↓	↓	↓	↓	↓	↓	↓	↓	0 2	0 3	1 4	2 5	3 7	5 9	7 11	11 16	17 22	25 31	↑	↑	↑	↑	↑	↑	↑
	第二	50	100	↓	↓	↓	↓	↓	↓	↓	↓	↓	1 2	3 4	4 5	6 7	8 9	12 13	18 19	26 27	37 38	56 57	↑	↑	↑	↑	↑	↑	↑
K	第一	80	80	↓	↓	↓	↓	↓	↓	↓	↓	0 2	0 3	1 4	2 5	3 7	5 9	7 11	11 16	17 22	25 31	↑	↑	↑	↑	↑	↑	↑	↑
	第二	80	160	↓	↓	↓	↓	↓	↓	↓	↓	1 2	3 4	4 5	6 7	8 9	12 13	18 19	26 27	37 38	56 57	↑	↑	↑	↑	↑	↑	↑	↑
L	第一	125	125	↓	↓	↓	↓	↓	↓	↓	0 2	0 3	1 4	2 5	3 7	5 9	7 11	11 16	17 22	25 31	↑	↑	↑	↑	↑	↑	↑	↑	↑
	第二	125	250	↓	↓	↓	↓	↓	↓	↓	1 2	3 4	4 5	6 7	8 9	12 13	18 19	26 27	37 38	56 57	↑	↑	↑	↑	↑	↑	↑	↑	↑
M	第一	200	200	↓	↓	↓	↓	↓	↓	0 2	0 3	1 4	2 5	3 7	5 9	7 11	11 16	17 22	25 31	↑	↑	↑	↑	↑	↑	↑	↑	↑	↑
	第二	200	400	↓	↓	↓	↓	↓	↓	1 2	3 4	4 5	6 7	8 9	12 13	18 19	26 27	37 38	56 57	↑	↑	↑	↑	↑	↑	↑	↑	↑	↑
N	第一	315	315	↓	↓	↓	↓	↓	0 2	0 3	1 4	2 5	3 7	5 9	7 11	11 16	17 22	25 31	↑	↑	↑	↑	↑	↑	↑	↑	↑	↑	↑
	第二	315	630	↓	↓	↓	↓	↓	1 2	3 4	4 5	6 7	8 9	12 13	18 19	26 27	37 38	56 57	↑	↑	↑	↑	↑	↑	↑	↑	↑	↑	↑

续表

字码	抽样次数	样本量	累计样本量	\multicolumn{16}{c}{AQL (%)}

表（Ac Re 栏，AQL 从 0.010 至 1000）

字码	抽样次数	样本量	累计样本量	0.025	0.040	0.065	0.10	0.15	0.25	0.40	0.65	1.0	1.5
P	第一	500	500	↑→		0 2	0 3	1 4	2 5	3 7	5 9	7 11	11 16
	第二	500	1000			1 2	3 4	4 5	6 7	8 9	12 13	18 19	26 27
Q	第一	800	800	0 2	0 3	1 4	2 5	3 7	5 9	7 11	11 16	↑	
	第二	800	1600	1 2	3 4	4 5	6 7	8 9	12 13	18 19	26 27		
R	第一	1250	1250		0 2	0 3	1 4	2 5	3 7	5 9	7 11	11 16	↑
	第二	1250	2500		1 2	3 4	4 5	6 7	8 9	12 13	18 19	26 27	

注：↓表示用箭头下面的第一个抽样方案，如果样品大小等于或超过批量，进行百分之百的检查；↑表示用箭头上面的第一个抽样方案；+表示用对应的一次抽样方案或用下面的二次抽样方案。

表 6-25　二次抽样方案——加严检查主表

AQL(%)（每一方案格内为 Ac　Re；↓＝采用箭头下面的第一个抽样方案；↑＝采用箭头上面的第一个抽样方案）

字码	抽样次数	样本量	累计样本量	0.010	0.015	0.025	0.040	0.065	0.10	0.15	0.25	0.40	0.65	1.0	1.5	2.5	4.0	6.5	10	15	25	40	65	100	150	250	400	650	1000
A	第一			↓	↓	↓	↓	↓	↓	↓	↓	↓	↓	↓	↓	↓	↓	↓	↓	↓	↓	↓	↓	↓	↓	↓	↓	↓	↓
	第二			↓	↓	↓	↓	↓	↓	↓	↓	↓	↓	↓	↓	↓	↓	↓	↓	↓	↓	↓	↓	↓	↓	↓	↓	↓	↓
B	第一	2	2	↓	↓	↓	↓	↓	↓	↓	↓	↓	↓	↓	↓	↓	↓	↓	↓	↓	0 2	0 3	1 4	2 5	3 7	6 10	9 14	15 20	23 29
	第二	2	4	↓	↓	↓	↓	↓	↓	↓	↓	↓	↓	↓	↓	↓	↓	↓	↓	↓	1 2	3 4	4 5	6 7	11 12	15 16	23 24	34 35	52 53
C	第一	3	3	↓	↓	↓	↓	↓	↓	↓	↓	↓	↓	↓	↓	↓	↓	↓	↓	0 2	0 3	1 4	2 5	3 7	6 10	9 14	15 20	23 29	↑
	第二	3	6	↓	↓	↓	↓	↓	↓	↓	↓	↓	↓	↓	↓	↓	↓	↓	↓	1 2	3 4	4 5	6 7	11 12	15 16	23 24	34 35	52 53	↑
D	第一	5	5	↓	↓	↓	↓	↓	↓	↓	↓	↓	↓	↓	↓	↓	↓	↓	0 2	0 3	1 4	2 5	3 7	6 10	9 14	15 20	23 29	↑	↑
	第二	5	10	↓	↓	↓	↓	↓	↓	↓	↓	↓	↓	↓	↓	↓	↓	↓	1 2	3 4	4 5	6 7	11 12	15 16	23 24	34 35	52 53	↑	↑
E	第一	8	8	↓	↓	↓	↓	↓	↓	↓	↓	↓	↓	↓	↓	↓	↓	0 2	0 3	1 4	2 5	3 7	6 10	9 14	15 20	23 29	↑	↑	↑
	第二	8	16	↓	↓	↓	↓	↓	↓	↓	↓	↓	↓	↓	↓	↓	↓	1 2	3 4	4 5	6 7	11 12	15 16	23 24	34 35	52 53	↑	↑	↑
F	第一	13	13	↓	↓	↓	↓	↓	↓	↓	↓	↓	↓	↓	↓	↓	0 2	0 3	1 4	2 5	3 7	6 10	9 14	15 20	23 29	↑	↑	↑	↑
	第二	13	26	↓	↓	↓	↓	↓	↓	↓	↓	↓	↓	↓	↓	↓	1 2	3 4	4 5	6 7	11 12	15 16	23 24	34 35	52 53	↑	↑	↑	↑
G	第一	20	20	↓	↓	↓	↓	↓	↓	↓	↓	↓	↓	↓	↓	0 2	0 3	1 4	2 5	3 7	6 10	9 14	15 20	23 29	↑	↑	↑	↑	↑
	第二	20	40	↓	↓	↓	↓	↓	↓	↓	↓	↓	↓	↓	↓	1 2	3 4	4 5	6 7	11 12	15 16	23 24	34 35	52 53	↑	↑	↑	↑	↑
H	第一	32	32	↓	↓	↓	↓	↓	↓	↓	↓	↓	↓	↓	0 2	0 3	1 4	2 5	3 7	6 10	9 14	15 20	23 29	↑	↑	↑	↑	↑	↑
	第二	32	64	↓	↓	↓	↓	↓	↓	↓	↓	↓	↓	↓	1 2	3 4	4 5	6 7	11 12	15 16	23 24	34 35	52 53	↑	↑	↑	↑	↑	↑
J	第一	50	50	↓	↓	↓	↓	↓	↓	↓	↓	↓	↓	0 2	0 3	1 4	2 5	3 7	6 10	9 14	15 20	23 29	↑	↑	↑	↑	↑	↑	↑
	第二	50	100	↓	↓	↓	↓	↓	↓	↓	↓	↓	↓	1 2	3 4	4 5	6 7	11 12	15 16	23 24	34 35	52 53	↑	↑	↑	↑	↑	↑	↑
K	第一	80	80	↓	↓	↓	↓	↓	↓	↓	↓	↓	0 2	0 3	1 4	2 5	3 7	6 10	9 14	15 20	23 29	↑	↑	↑	↑	↑	↑	↑	↑
	第二	80	160	↓	↓	↓	↓	↓	↓	↓	↓	↓	1 2	3 4	4 5	6 7	11 12	15 16	23 24	34 35	52 53	↑	↑	↑	↑	↑	↑	↑	↑
L	第一	125	125	↓	↓	↓	↓	↓	↓	↓	↓	0 2	0 3	1 4	2 5	3 7	6 10	9 14	15 20	23 29	↑	↑	↑	↑	↑	↑	↑	↑	↑
	第二	125	250	↓	↓	↓	↓	↓	↓	↓	↓	1 2	3 4	4 5	6 7	11 12	15 16	23 24	34 35	52 53	↑	↑	↑	↑	↑	↑	↑	↑	↑
M	第一	200	200	↓	↓	↓	↓	↓	↓	↓	0 2	0 3	1 4	2 5	3 7	6 10	9 14	15 20	23 29	↑	↑	↑	↑	↑	↑	↑	↑	↑	↑
	第二	200	400	↓	↓	↓	↓	↓	↓	↓	1 2	3 4	4 5	6 7	11 12	15 16	23 24	34 35	52 53	↑	↑	↑	↑	↑	↑	↑	↑	↑	↑
N	第一	315	315	↓	↓	↓	↓	↓	↓	0 2	0 3	1 4	2 5	3 7	6 10	9 14	15 20	23 29	↑	↑	↑	↑	↑	↑	↑	↑	↑	↑	↑
	第二	315	630	↓	↓	↓	↓	↓	↓	1 2	3 4	4 5	6 7	11 12	15 16	23 24	34 35	52 53	↑	↑	↑	↑	↑	↑	↑	↑	↑	↑	↑

续表

AQL (%)（下表各 AQL 列均分 A_c、R_e 两栏）

字码	抽样次数	样本量	累计样本量	0.010	0.015	0.025	0.040	0.065	0.10	0.15	0.25	0.40	0.65	1.0	1.5	2.5	4.0	6.5	10	15	25	40	65	100	150	250	400	650	1000
P	第一	500	500	↓	↓	↓	↓	+	0 2	0 3	1 4	2 5	3 7	6 10	9 14	↑	─	─	─	─	─	─	─	─	─	─	─	─	─
	第二	500	1000	↓	↓	↓	↓	+	1 2	3 4	4 5	6 7	11 12	15 16	23 24	↑	─	─	─	─	─	─	─	─	─	─	─	─	─
Q	第一	800	800	↓	↓	↓	+	0 2	0 3	1 4	2 5	3 7	6 10	9 14	↑	─	─	─	─	─	─	─	─	─	─	─	─	─	─
	第二	800	1600	↓	↓	↓	+	1 2	3 4	4 5	6 7	11 12	15 16	23 24	↑	─	─	─	─	─	─	─	─	─	─	─	─	─	─
R	第一	1250	1250	↓	↓	+	0 2	0 3	1 4	2 5	3 7	6 10	9 14	↑	─	─	─	─	─	─	─	─	─	─	─	─	─	─	─
	第二	1250	2500	↓	↓	+	1 2	3 4	4 5	6 7	11 12	15 16	23 24	↑	─	─	─	─	─	─	─	─	─	─	─	─	─	─	─
S	第一	2000	2000	↓	+	0 2	0 3	1 4	2 5	3 7	6 10	9 14	↑	─	─	─	─	─	─	─	─	─	─	─	─	─	─	─	─
	第二	2000	4000	↓	+	1 2	3 4	4 5	6 7	11 12	15 16	23 24	↑	─	─	─	─	─	─	─	─	─	─	─	─	─	─	─	─

注：↓表示用箭头下面的第一个抽样方案，如果样品大小等于或超过批量，进行百分之百的检查；↑表示用箭头上面的第一个抽样方案；+表示用对应的一次抽样方案或方案用下面的有□的二次抽样方案。

表 6-26　二次抽样方案——放宽检查主表

AQL (%)

注：每个 AQL 列均分为 A_c（接收数）与 R_e（拒收数）两个子列；数值单元格中"a b"表示 $A_c=a$，$R_e=b$。"第一""第二"分别为第一、第二次抽样。

字码	抽样次数	样本量	累计样本量	0.010	0.015	0.025	0.040	0.065	0.10	0.15	0.25	0.40	0.65	1.0	1.5	2.5	4.0	6.5	10	15	25	40	65	100	150	250	400	650	1000
A				↓	↓	↓	↓	↓	↓	↓	↓	↓	↓	↓	↓	↓	↓	↓	↓	+	+	+	+	+	+	+	+	+	+
B				↓	↓	↓	↓	↓	↓	↓	↓	↓	↓	↓	↓	↓	↓	↓	+	+	+	+	+	+	+	+	+	+	+
C				↓	↓	↓	↓	↓	↓	↓	↓	↓	↓	↓	↓	↓	↓	+	+	+	+	+	+	+	+	+	+	+	↑
D	第一	2	2	↓	↓	↓	↓	↓	↓	↓	↓	↓	↓	↓	↓	↓	+	0 2	0 3	0 4	0 4	0 5	2 7	3 8	5 10	7 12	11 17	+	↑
D	第二	2	4															0 2	0 4	1 5	3 6	4 7	6 9	8 12	12 16	18 22	26 30		
E	第一	3	3	↓	↓	↓	↓	↓	↓	↓	↓	↓	↓	↓	↓	+	0 2	0 3	0 4	0 4	0 5	2 7	3 8	5 10	7 12	11 17	+	↑	↑
E	第二	3	6														0 2	0 4	1 5	3 6	4 7	6 9	8 12	12 16	18 22	26 30			
F	第一	5	5	↓	↓	↓	↓	↓	↓	↓	↓	↓	↓	↓	+	0 2	0 3	0 4	0 4	0 5	2 7	3 8	5 10	7 12	11 17	+	↑	↑	↑
F	第二	5	10													0 2	0 4	1 5	3 6	4 7	6 9	8 12	12 16	18 22	26 30				
G	第一	8	8	↓	↓	↓	↓	↓	↓	↓	↓	↓	↓	+	0 2	0 3	0 4	0 4	0 5	2 7	3 8	5 10	7 12	11 17	+	↑	↑	↑	↑
G	第二	8	16												0 2	0 4	1 5	3 6	4 7	6 9	8 12	12 16	18 22	26 30					
H	第一	13	13	↓	↓	↓	↓	↓	↓	↓	↓	↓	+	0 2	0 3	0 4	0 4	0 5	2 7	3 8	5 10	7 12	11 17	+	↑	↑	↑	↑	↑
H	第二	13	26											0 2	0 4	1 5	3 6	4 7	6 9	8 12	12 16	18 22	26 30						
J	第一	20	20	↓	↓	↓	↓	↓	↓	↓	↓	+	0 2	0 3	0 4	0 4	0 5	2 7	3 8	5 10	7 12	11 17	+	↑	↑	↑	↑	↑	↑
J	第二	20	40										0 2	0 4	1 5	3 6	4 7	6 9	8 12	12 16	18 22	26 30							
K	第一	32	32	↓	↓	↓	↓	↓	↓	↓	+	0 2	0 3	0 4	0 4	0 5	2 7	3 8	5 10	7 12	11 17	+	↑	↑	↑	↑	↑	↑	↑
K	第二	32	64									0 2	0 4	1 5	3 6	4 7	6 9	8 12	12 16	18 22	26 30								
L	第一	50	50	↓	↓	↓	↓	↓	↓	+	0 2	0 3	0 4	0 4	0 5	2 7	3 8	5 10	7 12	11 17	+	↑	↑	↑	↑	↑	↑	↑	↑
L	第二	50	100								0 2	0 4	1 5	3 6	4 7	6 9	8 12	12 16	18 22	26 30									
M	第一	80	80	↓	↓	↓	↓	↓	+	0 2	0 3	0 4	0 4	0 5	2 7	3 8	5 10	7 12	11 17	+	↑	↑	↑	↑	↑	↑	↑	↑	↑
M	第二	80	160							0 2	0 4	1 5	3 6	4 7	6 9	8 12	12 16	18 22	26 30										
N	第一	125	125	↓	↓	↓	↓	+	0 2	0 3	0 4	0 4	0 5	2 7	3 8	5 10	7 12	11 17	+	↑	↑	↑	↑	↑	↑	↑	↑	↑	↑
N	第二	125	250						0 2	0 4	1 5	3 6	4 7	6 9	8 12	12 16	18 22	26 30											
P	第一	200	200	↓	↓	↓	+	0 2	0 3	0 4	0 4	0 5	2 7	3 8	5 10	7 12	11 17	+	↑	↑	↑	↑	↑	↑	↑	↑	↑	↑	↑
P	第二	200	400					0 2	0 4	1 5	3 6	4 7	6 9	8 12	12 16	18 22	26 30												
Q	第一	315	315	↓	↓	+	0 2	0 3	0 4	0 4	0 5	2 7	3 8	5 10	7 12	11 17	+	↑	↑	↑	↑	↑	↑	↑	↑	↑	↑	↑	↑
Q	第二	315	630				0 2	0 4	1 5	3 6	4 7	6 9	8 12	12 16	18 22	26 30													
R	第一	500	500	↓	+	0 2	0 3	0 4	0 4	0 5	2 7	3 8	5 10	7 12	11 17	+	↑	↑	↑	↑	↑	↑	↑	↑	↑	↑	↑	↑	↑
R	第二	500	1000			0 2	0 4	1 5	3 6	4 7	6 9	8 12	12 16	18 22	26 30														

注：↓表示用箭头下面的第一个抽样方案，如果样本大小小于或等于批量，进行百分之百的检查；↑表示用箭头上面的第一个抽样方案或用下面的有 A_c、R_e 的二次抽样方案；+表示用对应的一次抽样方案。

➤复习思考题

6-1　简述全数检验、抽样检验的优缺点及其适用场合。

6-2　什么是接收概率？

6-3　什么是抽样特性（OC）曲线？

6-4　抽样特性（OC）曲线有什么特点？

6-5　OC 曲线参数的变化抽样特性有什么影响？

6-6　抽样检验中的两种错误是什么？为什么会发生？

6-7　已知抽样检验方案 $(N,n,C)=(100,5,1)$，计算 $p=5\%$ 时的接收概率 $L(p)$。

6-8　根据二项分布概率公式，分别对抽样检验方案 $n_1=90,n_2=30,n_3=9;C=0$，计算 $p=5\%$ 时的接收概率 $L(p)$。

6-9　已知抽样检验方案的 $n=20,C=2$，试画出 $N=60,100,200,400,800,\infty$ 时的 OC 曲线。

6-10　已知抽样检验方案 $(N,n,C)=(1000,30,3)$，试画出此方案的 OC 曲线。若预先规定 $p_0=0.42\%,p_1=5.3\%;\alpha=0.05,\beta=0.10$，求 n 和 C。

6-11　已知 AQL = 1.0%，采用 S-4 水平，求 $N=200$ 时，正常检查一次和二次抽样方案。

6-12　已知 AQL = 10%，采用 S-4 水平，求 $N=200$ 时，加严检查一次和二次抽样方案。

6-13　已知 AQL = 10%，采用 II 水平，求 $N=1000$ 时，放宽检查一次和二次抽样方案。

6-14　综合应用题

建筑工程质量检验

建筑工程质量的验收是一项由验收方（包括建设、监理、设计、勘察单位等）在施工单位自行质量检查评定的基础上，共同对检验批、分项、分部、单位工程的质量进行抽样复验，并根据相关质量验收标准确认是否达到合格要求的行为。根据《建筑工程施工质量验收统一标准》（GB 50300—2013）第 2.0.11 条规定：抽样复验是指"按照规定的抽样方案，随机地从进场的材料、构配件、设备或建筑工程检验项目中，按检验批抽取一定数量的样本所进行的检验"，这里的"抽样方案"是监理工程师对施工方报验的检验批进行验收所制定的"抽样方案"。这是一个很专业、很严肃的问题，因为，抽样方案的成败，直接关系到验收结论的正确与否，是检验批验收的关键所在。

规范里"规定的抽样方案"，不一定是国家规范规定的方案，应该是根据统计学原理对足够大的样本群按照一定的原则或顺序、路线，通过抽取规定比例、规定数目的样本，对其验收内容进行检查、检测，并根据检查、检测结果，通过判定所抽取样本的质量状态，再根据其代表性进一步判定整个检验批的施工质量是否达到合格标准。这个"抽样方案"制定要求具备一定的科学性、可操作性，符合统计学原理，尤其重要的是必须具有足够的代表性，否则所抽取样本的质量就不能代表整个检验批的质量。

　　在制定检验批的抽样方案时，应合理选取生产方风险（或错判概率 α）和使用方风险（或漏判概率 β）。根据《建筑工程施工质量验收统一标准》（GB 50300—2013）第 3.0.5 条规定主控项目：对应于合格质量水平的 α 和 β 均不宜超过 5%，一般项目：对应于合格质量水平的 α 不宜超过 5%，β 不宜超过 10%。一般来讲，检验批验收时，不合格点最大误差不超过规范允许误差的 20%，对于钢结构工程不合格点最大误差不超过规范允许误差的 50%。就是说，单个误差超过 1.2（钢结构为 1.5）倍允许误差时，即便总误差率没有超过规范误差比例，依然需要对其进行返工或整改，直至达到规定标准。结合案例，分析抽样方案可以采取哪些方式，并提出当 $p_0 = 0.15\%$，$p_1 = 1.5\%$ 时对于一般项目的抽样设计方案。

第 7 章

质量成本管理

本章提要： 质量成本是指企业为获得顾客满意的质量并对组织外部做出质量保证而发生的费用，以及没有达到顾客满意的质量而造成的损失。对质量成本的管理和控制是在质量管理与成本管理的基础上结合而成的，它的形成不但有利于企业优化产品质量，而且有利于企业在达到预期质量水平的情况下寻求利益的最大化。质量成本管理为保证和提升产品质量、提高企业的经济效益与社会效益发挥了重要的作用。本章将全面地介绍企业中质量成本管理和控制的相关知识，着重解释质量成本核算、质量成本分析、预测等质量成本管理体系，最后介绍质量成本管理中的关键环节和"零缺陷"理念下的质量成本管理，为企业实施质量管理提供依据和指导。

■ 7.1 质量成本的含义

"质量成本"这一名词是由美国质量管理专家费根鲍姆于 20 世纪 50 年代最先提出的，其第一次将企业中质量预防和鉴定活动的费用与产品质量不合格所引起的损失一起考虑，并形成质量成本报告，成为企业高层管理者了解质量问题对企业经济效益影响以及与中低层管理者之间沟通的桥梁，是进行质量决策的重要依据。随后，美国又一著名的质量管理专家朱兰提出了"矿中黄金"的概念，其实质就是"质量上可减免成本的总额"，即质量成本。时至今日，学者对于质量成本概念的解释层出不穷，这里所阐述的质量成本概念以及质量成本管理体系其实就是在 20 世纪 60 年代之后，在实施全面质量管理的实践中所逐渐形成和发展起来的成本管理的一个分支学科。从此，关于质量成本的概念有了很大的发展，为推动企业有效开展质量管理工作、促进质量管理理论研究和实践的进一步完善产生了重大作用。

对于质量成本的具体含义，美国质量管理专家费根鲍姆、朱兰等的观点具有一定的代表性。费根鲍姆认为，质量成本是工厂和公司的质量成本，包括控制成本和控制失效成本，其中控制成本又包括预防成本和鉴定成本，控制失效成本则包括内部损失成本和外部损失成本。朱兰认为，质量成本是企业为了确证和提高产品的质量而支出的一切费用，与因不符合质量标准而造成的一切损失之和。

事实上，很多质量管理专家和国际组织对质量成本的内涵进行了界定，以反映质量成本的实质。表 7-1 提供了质量成本观点一览表。

表 7-1　质量成本观点一览表

编号	质量成本观点	提出者
1	工厂和公司的质量成本包括两个主要方面：控制成本和控制失效成本。这些都是生产者的经营质量成本	费根鲍姆
2	企业为保证和提高产品质量而支出的一切费用，以及因未达到既定质量水平而造成的一切损失之和。质量成本只涉及有缺陷的产品，即制造、发现、返修、报废以及避免产生不合格产品等有关的费用。质量成本是指归因于劣等质量的成本。生产合格产品的费用并不属于质量成本的内容，应属于生产成本	朱兰
3	质量成本应改称为不良质量成本，它是指使企业全体雇员每次把工作做好的成本，鉴定产品是否可以接受的成本和产品不合公司和（或）用户期望所引起的成本之和	哈灵顿
4	企业实际开支和不存在价值消耗时的假定开支间的差额	戈格
5	质量成本是对与达到或达不到产品或服务的质量要求有关的那部分费用的具体度量。这些质量要求可以由公司或由公司与顾客所签订的合同，或由社会具体规定	美国质量协会（ASQ）
6	质量成本是质量经济学的一部分，指生产方、使用方在确保和保证满意的质量时所发生的费用以及当不能获得满意的质量时所遭受的损失	ISO/TC176 提出的名词术语，ISO/DIS8402——补充件（1），1988 年
7	预防缺陷和检验活动费用与内部和外部故障造成的损失	英国标准 4778《质量保证名词术语汇编》
8	为了确保和保证满意的质量而发生的费用以及没有达到满意的质量而导致的有形和无形的损失	ISO8402：1994《质量管理和质量保证术语》
9	将产品质量保持在规定的水平上所需的费用。它包括预防成本、鉴定成本、内部损失成本和外部损失成本，在特殊情况下，还需增加外部质量保证成本	GB/T 13339—91《质量成本管理导则》

　　通过对知名学者和国际组织对质量成本的比较分析可以看出：尽管对质量成本的表述在形式上有所差异，在内容上有所侧重，但在本质上都是一致的，质量成本就是指企业为保证和提高产品质量而支出的一切费用，以及因未达到既定的质量水平而造成的有形和无形的一切损失之和。

　　根据上述国外专家给出的概念，并结合我国企业的现状，质量成本可以定义为：企业为获得顾客满意的质量并对组织外部做出质量保证而发生的费用，以及没有达到顾客满意的质量而造成的损失。一般分为运行质量成本和外部质量保证成本，如图 7-1 所示。

　　1. 运行质量成本

　　运行质量成本是指质量体系运行后，为达到和保持所规定的质量水平而支付的费用，包括预防成本、鉴定成本、内部损失成本和外部损失成本四大项。

　　（1）预防成本。为预防产品不能达到顾客满意的质量所支付的费用。主要包括需求分析与合同评审费、设计质量控制费、采购质量控制费、生产质量控制费、成品质量控制费、顾客服务费、质量改进费、质量管理费、质量奖励费、工资费（专职质量管理人员的工资及附加费）等。

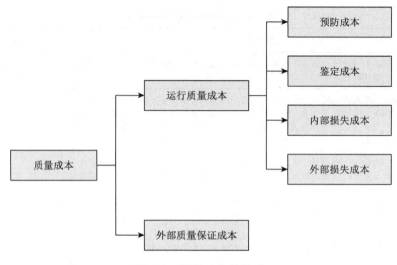

图 7-1 质量成本的构成

（2）鉴定成本。为评定产品是否达到所规定的质量要求，进行试验、检验和检查所支付的费用。主要包括进货检验费、工序检验费、成品检验费、安装检验费、支付检验费、检验/验证试验和测量管理费、检验/验证试验和测量设备费、工资费（专职从事产品质量检验/验证试验和计量的人员的工资及附加费）等。

（3）内部损失成本。产品在交付前因未能达到规定的质量要求所造成的损失。主要包括进货损失、废品损失、返工和返修损失、停工损失、降级损失、不合格处理费等。

（4）外部损失成本。产品在交付前后未能达到顾客满意的质量所造成的损失。主要包括索赔费、退货损失、质量诉讼费、降价损失、保修费等。

2. 外部质量保证成本

外部质量保证成本是指根据顾客要求，组织向顾客提供证实质量保证能力所发生的费用，包括特殊的和附加的质量保证措施、程序、数据、证实试验以及评定的费用。

上述分类有利于对生产经营过程中所发生的与产品质量有关的一切费用，按项目组织质量成本核算，明确各职能部门在质量成本管理上的经济责任。同时，也有利于分析质量成本的构成，为研究降低质量成本的途径，寻求提高质量水平与降低成本的最佳结合点，选择最优质量管理方案提供依据。

7.2 质量成本管理的概念

作为一个名词，"质量经济学"被解释为围绕真正的商业经营和质量管理的经济价值，这在一定程度上引发了错位认识。有些人确信无"质量经济学"，即忽视质量就不会有经济。还有一些管理者则持一个极端认识，他们认为质量百分百好是不经济的。这些管理者认为他们可以随意做出产品或服务所需质量的任意决定，通过听到的评语是"足够好了"。上述两种观点均会给管理带来不利影响。这种情况注定了在完成经营目标的过程中，质量永远不能发挥最佳作用。

在企业发展的过程中，质量成本管理占据着举足轻重的地位，在提高产品质量的基础上，企业要对质量成本进行适当的分析和预测，并进行系统的核算考核，对结果进行分析评价，从而达到质量成本考核和控制的目的，企业所做的这一系列活动概括起来就是质量成本管理。

质量成本管理是指企业对质量成本进行的预测、计划、核算、分析、控制、考核等一系列有组织的活动，以寻求适当的质量成本为手段，提高产品质量水平、过程的质量管理水平和质量保证能力。

质量成本管理的最终目的就是要达到质量、成本和效益的最优化。实现这一目的的关键是准确核算质量成本，加以分析，并得出考核结果。质量成本管理是整个企业管理活动的重要组成部分，不能独立于企业其他的经营管理活动。质量成本管理是在质量管理和成本管理的基础上结合而成的，它的形成不仅有利于企业优化产品质量，而且有利于企业在达到预期质量水平的情况下寻求利益的最大化。

7.3 质量成本管理的特征

自 20 世纪 50 年代以来，质量成本管理在企业管理实践中不断发展，为保证和提升产品质量、提高企业的经济效益与社会效益发挥了重要的作用。质量成本是企业降低其他成本的有力保证。质量成本管理的特征有以下几点。

（1）广泛性。质量成本管理对功能、成本、服务和环境等多方面都提出了满足用户需要的要求，既适用于有形的产品，也适用于无形的服务，包括服务质量和工作质量等。由此可见，现代成本管理工作覆盖了物质生产部门和非物质生产部门的管理效益状况，具有一定的广泛性。

（2）动态性。质量成本管理随着社会环境和市场竞争的变化，包含的内容和要求相应地改变，质量成本是相对变化发展的，随着社会科技的进步、知识的不断更新，内涵和要求也更加丰富。因此，质量成本管理必须随着产品质量适用性的变化而不断变化，时刻保持着自身的动态性。

（3）收益性。质量成本管理的目的就是通过核算质量与收益之间的关系，不断寻求两者之间的最佳结构，从而为质量经营决策提供有力的依据。因此，质量成本不仅要及时反映企业质量成本支出，还要反映质量收益，以便进行经济效益核算，进而做出正确的经济决策。

（4）多样性。质量成本除了主要采用货币计量工具，还要兼用实物计量、工时计量等多种计量形式。

（5）社会性。产品质量的社会性决定了质量成本的社会性，质量成本观必须跳出企业内部，从社会、用户的角度来反映和考察质量成本，把质量核算与产品整个生命周期结合起来，全面反映产品质量的社会成本和用户成本。

7.4 质量成本管理的意义

质量成本自提出以来，在实践中不断应用与发展，现在已经发展成为世界范围内企业进行质量管理的主要手段之一。自 20 世纪 80 年代初以来，质量成本管理相关内容被引入中国，并开始在我国的一些企业中进行实践。实践证明，质量成本是客观存在的，加强对质量成本的管理和控制有利于提高企业的经济效益。

1. 降低成本、增加效益

质量成本管理工作贯穿于企业生产活动的全过程，包括产品从设计、生产到销售的各个环节。全面的质量成本管理有效地反映了企业生产经营活动的质量经济效果，使管理者充分掌握由于产品质量提高而产生的成本费用以及质量管理工作出现的问题，以便及时采取措施降低质量成本，最终达到成本与效益的平衡。

2. 促进企业管理水平的提高

质量成本管理工作的开展可以使企业管理者清楚地了解本公司的质量成本管理现状，找出与竞争对手之间的差距，准确做出自己的市场定位。同时，质量成本管理工作的开展能够暴露企业产品质量缺陷和质量管理存在的问题。因此，质量成本管理水平的提高意味着企业管理水平的整体提高。

7.5 质量成本管理体系

7.5.1 质量成本核算

1. 质量考核表

计算质量成本首先必须有良好的基础管理工作，有完整而准确的统计资料，提供准确无误的数据，否则就没有意义。很多企业的质量成本管理失效，原因就在于此。其次，必须正确区分以下几项：生产成本和质量成本；完工产品和在制品质量控制费用；质量费用应划归哪一产品；某项费用是否应计入质量成本；显见成本和隐含成本等。最后，要对质量费用进行正确分类。

（1）在会计科目中增设"质量成本"一级科目，以便监督和反映质量成本费用的增减变动情况；下设预防成本、鉴定成本、内部损失成本、外部损失成本四个二级科目；在二级会计科目下设明细账，明确各个科目计算的内容，以便分门别类地对一定时期内发生的各种质量成本进行汇集和计算。

（2）对已明确的质量成本开支，可直接计入质量成本科目的二级科目和子项目。

（3）对于不易直接划分的质量成本，可先计入产品成本科目，然后由财务部门根据原始凭证予以区分，最后计入质量成本。

（4）根据质量成本统计和财务账目汇集结果，按质量报表进行最后汇总。汇总的形式可根据工厂的实际情况进行，如按质量成本项目进行汇总或按产品、零件工序进行汇总。根据分类后的质量成本构成，设置汇总表和有关的明细表，如质量成本汇总表（表 7-2）、质量成本预防费用明细表、质量成本鉴定费用明细表、质量成本内部损失明细表、质量成本外部损失明细表、质量成本外部保证费用明细表等。

表 7-2　质量成本汇总表

所属期间						单位			
质量成本项目 （一级科目）	序号	（二级科目） 核算内容	内容简要 说明	本月实际		本年累计		去年同期累计	
				金额/元	占总额/%	金额/元	占总额/%	金额/元	占总额/%
预防成本	1	质量培训费							
	2	质量管理活动费	奖励						
	3	质量评审费	审核费						
	4	其他预防成本	质量扣款						
		小计							
	5	试验检验费							
	6	检测设备维修费							
	7	检测设备折旧费							
	8	质检员工资							
	9	其他鉴定成本							
		小计							
	10	废品损失							
	11	返修费							
外部损失成本	12	停工损失							
	13	设计变更损失							
	14	其他内部故障成本							
		小计							
	15	退货损失							
	16	索赔费							
	17	保修费							
	18	其他外部故障 成本							
		小计							
质量成本合计									
制表：				日期：					

2. 质量成本核算的方法

质量成本数据来自各种凭证和台账，在进行质量成本核算时，应认真分析成本核算项目构成，在实践中不断探索，具体核算流程如图 7-2 所示。目前，国内外企业对质量成本核算主要采取以下三种基本方法。

1）统计核算方法

采用货币、实物、工时等多种计量工具，运用一系列的统计指标和统计图表以及统计调查的方法取得资料，并通过对统计数据的分组、整理获得所要求的各种信息，以揭示质量经济性的基本规律，不注重质量成本数据的完整性及准确性（相对准确即可）。

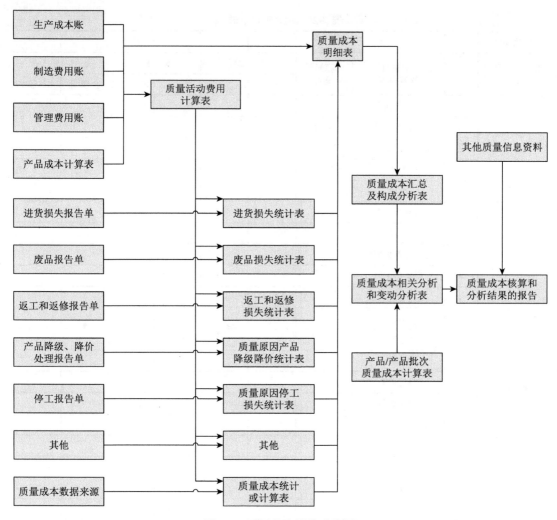

图 7-2   质量成本核算流程图

2）会计核算方法

采用货币作为统一计量单位：采用设置账户、复式记账、填制凭证、登记账簿、成本计算和分析、编制会计报表等一系列方法，对质量管理全过程进行准确、系统、全面和综合的记录与反映；严格以审核无误的凭证为依据，质量成本资料必须完整、准确，整个核算过程与现行的成本核算相类似。

3）统计与会计相结合的核算方法

此核算方法即根据质量成本数据的来源不同，而采取灵活的处理方法。其特点如下：采用货币、实物、工时等多种计量工具；采取统计调查、会计记账等方法搜集数据；方式灵活机动，资料力求完整。

质量成本是一项专项成本，具有现行财务成本的一些特征，但它更是一种经营管理成本，其出发点和归宿点都是为质量经营管理服务。因此，它不可能拘泥于现行财务成本核算的规章制度，而应体现出自己的特殊性。质量成本核算方法的理想选择是：以会

计核算为主，以统计核算和业务核算为辅。其基本特征如下：以货币计量为主，适当辅
之以实物计量、工时计量，以及其他指标，如合格品率、社会贡献率等；主要通过会计
专门方法来获取质量成本资料，但在具体运用这些专门方法时，可根据具体情况灵活处
理，如对有些数据的搜集不必设置原始凭证，也不必进行复式记账，账簿记录也可极大
简化。质量成本的归集和分配应灵活多样。对那些用会计方法获得的信息，力求准确、
完整；对通过统计手段、业务手段获取的资料，原则上只要求基本准确，也不要求以原
始凭证作为获取信息的必备依据。

实际进行质量成本核算时，应从我国实际情况出发，以会计核算为主，统计核算
为辅。显见成本按会计科目，采用会计方法计算；隐含成本按统计科目，采用统计方
法估算。

3. 质量成本核算的基础工作

质量成本核算的基础工作包括建立健全各种原始记录、建立健全计量和计价制度、
建立健全成本核算责任制等。

（1）建立健全各种原始记录。质量成本核算的各种原始记录包括各种台账、表格、
卡片、报表等。企业应根据不同的核算要求，设计不同格式的原始凭证，以便及时登
记、搜集与质量成本有关的数据。

（2）建立健全计量和计价制度。质量成本的范围涉及从设计到售后服务的各个环节，
且很多与产品成本混杂在一起，需要进行仔细的分离。有些属于隐含的、潜在的支出，
更需要通过建立一整套完善的计量、计价制度，才能相对完整地搜集到质量成本数据。
这一切都依赖于配置灵敏、准确的计量和检测器具，并保持良好的工作状态，建立必
要的计量制度，同时，还应根据企业实际及市场行情，制定不同的评价标准，为质量
成本充分运用货币手段打下基础。

（3）建立健全成本核算责任制。质量成本各项数据的记录、搜集、计算、考核、分
析、控制、改进、奖惩只有与责任单位紧密联系起来，才能落到实处，取得成效。质量
成本核算责任制的主要内容包括：质量成本各项内容的责任分解；在充分利用现有财会
人员的基础上，培训、充实各级质量成本核算员，并明确职责分工；建立质量成本数据
分离、记录、审核、汇集、计算、传递、报告的工作程序和规章，确保质量成本核算的
及时、准确。

4. 质量损失的核算

1）质量损失的账户设置

一般应设置"质量损失"总账，下设产品质量损失和工作质量损失两个二级账户。
明细科目可根据各企业质量损失的大小，以及质量损失各具体项目的构成情况，择其要
者设置，以有利于对最重要的质量损失账目进行搜集和控制。

2）质量损失各部门责任分解

在设计开发阶段造成的不良设计损失、最优设计损失、更改损失、更改设计损失由
技术开发部门、工艺设计部门负责；在生产阶段造成的报废损失、停工损失、减产损失、
降级降价损失等由生产部门、检验部门负责；在销售阶段造成的索赔费、退货换货损失、

诉讼费、包修费用、各种质量罚款损失部门、市场份额下降损失等由销售服务部门负责；质量计划工作中的设计损失由技术开发部门、工艺设计部门负责；采购损失和储备保管损失由采购部门、物流部门负责；人力资源损失由人力资源部门负责；销售服务阶段造成的质量信誉损失等由销售服务部门负责；质量计划工作中的各种机会损失原则上由质量管理部门负责，各相关部门协助。

7.5.2　质量成本分析

质量成本分析是指通过对质量成本各个构成科目核算数据的分析，找出质量方面存在的问题和管理上的薄弱环节，提出需要改进的措施，并向各级领导提供资料信息和建议，以便对质量中的问题做出正确的处理决策。质量成本分析是质量成本管理的重点环节之一。

企业对核算后的质量成本进行分析时应注意两点：一是围绕质量指标体系进行分析，以反映质量管理的有效性和规律性；二是运用正确的分析方法找出产生质量损失的主要原因，围绕重点问题找出改进点，制订措施进行解决。

质量成本分析方法有定性分析和定量分析两种。定性分析可以加强质量成本管理的科学性和实效性，定量分析可以计算出科学的经济效益，作为质量体系有效性的评价依据。组织应当根据质量管理的需要，结合工程技术和经营管理等多种技术经济因素，灵活地运用多种分析方法，分析质量成本数据。在进行质量成本分析时应当特别注意以下几点。

（1）密切结合具体的质量预防、控制和改进活动。

（2）将定量分析和定性分析相结合。

（3）与成本分析、经济效益分析和工程技术分析相结合。

（4）将质量成本数据及其指标在本组织不同时期进行纵向对比，而不应当与其他组织横向对比。

（5）不脱离产品性质及质量要求，在质量水平和成本之间进行简单的权衡分析。

质量成本的定量分析方法有质量成本指标分析法、质量成本趋势分析法、质量成本排列图分析法、质量成本灵敏度分析法、质量成本投资报酬分析法、质量成本指数分析法等。

1. 质量成本指标分析法

质量成本评价指标是指组织的质量成本总额、质量成本五大构成项目（预防成本、鉴定成本、内部损失成本、外部损失成本和外部质量保证成本）及其明细项目和相关指标的增减值或增减率，可以用来评价、分析组织加强质量管理和实施质量改进的效果。常用的评价指标有以下几个。

1）质量成本构成指标

质量成本构成指标是指预防成本、鉴定成本、内部损失成本、外部损失成本、外部质量保证成本各占质量总成本的比例，是用来说明和分析质量成本构成项目的比例关系的，以便寻找适宜的质量成本。它适用于企业内部考核和分析，还可以作为控制费用支出和故障损失的计划指标。实际应用中，可以采用列表方法对质量成本项目及其明细项

目进行构成分析，以便发现关键的质量成本明细项目，并可以将结果用直方图和圆饼图来表示。质量成本构成指标有

$$预防成本率 = \frac{预防成本}{质量成本} \times 100\%$$

$$鉴定成本率 = \frac{鉴定成本}{质量成本} \times 100\%$$

$$内部损失成本率 = \frac{内部损失成本}{质量成本} \times 100\%$$

$$外部损失成本率 = \frac{外部损失成本}{质量成本} \times 100\%$$

$$外部质量保证成本率 = \frac{外部质量保证成本}{质量成本} \times 100\%$$

2）质量成本相关指标

质量成本相关指标是指质量成本与销售收入、生产成本、利润等相关基数的比值，可以从一个侧面反映产品质量和质量管理的状况以及对经济效益的影响程度。建立质量成本相关指标应明确指标所具有的实际含义，注重指标数据应来源于相同的核算对象和核算期，以保证指标具有科学性和实用性。常用的相关指标有

$$产值质量成本率 = \frac{质量成本}{总产值} \times 100\%$$

$$质量成本率 = \frac{质量成本}{总成本} \times 100\%$$

$$销售收入质量成本率 = \frac{质量成本}{销售收入} \times 100\%$$

$$利润质量成本率 = \frac{质量成本}{销售利润} \times 100\%$$

$$销售收入内部损失率 = \frac{内部损失}{销售收入} \times 100\%$$

$$销售收入外部损失率 = \frac{外部损失}{销售收入} \times 100\%$$

$$生产成本质量损失率 = \frac{内部故障成本}{生产成本} \times 100\%$$

$$损益质量损失率 = \frac{内部故障成本 + 外部故障成本}{利润（或亏损）} \times 100\%$$

3）质量成本变动指标

质量成本变动指标是指组织的总质量成本、质量成本项目及其明细项目、质量成本的结构指标和相关指标的增减值或增减率。通过变化原因的分析研究，可以找出导致指标变化的主要因素，以便及时采取措施。实际应用时，根据质量成本分析的需要，可以

计算报告期（或本批次）相对于基期（或上批次）的变动情况，也可以计算实际值对于目标值的完成情况。变动指标一般有

$$总质量成本减少值 = 基期质量成本总额 - 报告期质量成本总额$$
$$预防成本减少值 = 基期预防成本 - 报告期预防成本$$
$$鉴定成本减少值 = 基期鉴定成本 - 报告期鉴定成本$$
$$内部损失成本减少值 = 基期内部损失成本 - 报告期内部损失成本$$
$$外部损失成本减少值 = 基期外部损失成本 - 报告期外部损失成本$$

2. 质量成本趋势分析法

质量成本趋势分析法是在积累一定质量成本数据的基础上，通过绘制趋势图对较长一段时期内的总质量成本、质量成本各项目、质量成本构成指标或相关指标的变化，进行连续的观察和分析，可以从总体上动态地、直观地观察产品质量和质量管理的情况，发现薄弱环节和偏差趋势，预测产品质量状况的发展前景。

趋势分析是比较期质量成本水平与基期质量成本水平的简单对比。这种分析方法指出，应在合理的时间内归集成本，再尝试得出结论或制订行动计划。

3. 质量成本排列图分析法

质量成本排列图分析是对质量成本数据按明细项目、产品类别、缺陷类型、责任部门、加工设备、操作者等进行划分，通过绘制排列图寻找影响产品质量及经济效益的关键少数因素。在实际应用中，主要用于对内部故障成本和外部故障成本的追踪式排列图分析，应注意密切联系工艺技术和管理问题，与产品质量的趋势分析和因果分析相结合。由排列图可以分析出影响质量成本的主要因素、次要因素和一般因素，然后针对主要因素提出改进措施。

表 7-3 为某厂各项质量成本分析的结果，根据该表的数据画出的质量成本各个项目的排列图如图 7-3 所示。

表 7-3 各项质量成本项目构成及占比

项目	内部损失	鉴定费用	预防费用	外部损失	合计
金额	208794.08	54057.91	8754.75	3057.12	274663.86
百分比	76.02%	19.68%	3.19%	1.11%	100%
累计百分比	76.02%	95.70%	98.89%	100%	—

根据排列图（图 7-3）可知，内部损失太大，而预防费用太小。说明应增加投资，主要是增加预防费用，质量总成本还有很大的下降潜力。如果把本期的排列图与上期的排列图进行对照比较，则可以得到更多的信息。

4. 质量成本灵敏度分析法

质量成本灵敏度分析是对质量成本的四个构成项目进行投入、产出分析，以反映一定时期内质量成本变化的效果或特定的质量改进项目的效果。灵敏度的含义是每增加单位质量投入所减少的质量损失，用 α 来表示，包括第一灵敏度和第二灵敏度。

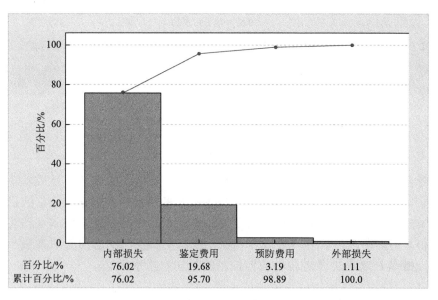

图 7-3　排列图

1）第一灵敏度

$$\alpha_1 = \frac{P + A}{\Delta F}$$

式中，A 为鉴定成本；P 为预防成本；ΔF 为报告期损失成本与基期损失成本的差值。

灵敏度 α_1 的含义是每减少单位损失成本所花费的鉴定成本和预防成本的费用，α_1 越小，表明质量改进越有意义。

2）第二灵敏度

$$\alpha_2 = \frac{\Delta F}{\Delta(P + A)}$$

式中，ΔF 为报告期损失成本与基期损失成本的差值；$\Delta(P + A)$ 为计划期内预防成本与鉴定成本之和的增加量。

若 $\alpha_2 < 0$，则说明内外部损失成本不仅没有降低，反而增加，表明质量改进效果不好；若 $\alpha_2 = 0$，则表示计划期内发生的内外部损失成本与上期内外部损失成本相同，质量改进没有成效；若 $0 < \alpha_2 < 1$，则说明计划期质量改进取得一定效果，但不明显；若 $\alpha_2 \geqslant 1$，则说明投入较少的鉴定成本和预防成本，就可使质量得到显著的改进，内外部损失成本降低的幅度最大。

5. 质量成本投资报酬分析法

质量成本投资报酬分析是指在进行质量改进投资决策时，对改进方案的投资回报所进行的分析，是一种事前的决策分析。增加投资的目的是减少内部损失和外部损失。所以增加投资的效益，就是增加单位投资所获得的内外损失的减少额。

假定 K_1 为基期质量成本利润额，K_2 为报告期质量成本利润额，C_1 为基期质量成本的投入额，C_2 为报告期质量成本的投入额，则因质量改进增加的利润额（包括因质量改进措施减少的损失和因改进产品质量增加的利润）为

$$\Delta K = K_2 - K_1$$

因质量改进需要的投入额（包括在预防和鉴定方面增加的投入额）为

$$\Delta C = C_2 - C_1$$

投资报酬率为

$$t = \frac{\Delta K}{\Delta C} = \frac{K_2 - K_1}{C_2 - C_1} \times 100\%$$

6. 质量成本指数分析法

经济符合性水平质量成本分析与控制数学模型，即传统的朱兰质量成本特性曲线模型（图7-4），允许产品质量水平（用产品合格率来表示）有缺陷存在。它的目的在于寻求质量损失成本（内部损失成本与外部损失成本之和）和质量保证成本（预防成本与鉴定成本之和）的均衡点，认为损失成本和保证成本交叉点时的总质量成本最小，此时对应的产品合格率 P^* 就是生产过程中应该控制的最佳质量水平。

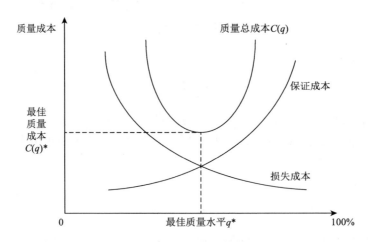

图7-4　符合性质量成本特性曲线

质量总成本包括质量损失成本和质量保证成本，质量损失成本是指内部损失成本与外部损失成本之和，用负指数函数表示，其函数模型为 $L(Q) = a_1 e^{-b_1 Q}$ $(a_1 > 0, b_1 > 0)$。质量保证成本是指预防成本与鉴定成本之和，用指数函数表示，其函数模型为 $A(Q) = a_2 e^{-b_2 Q}$ $(a_2 > 0, b_2 > 0)$。

因此，质量总成本指数分析函数模型为

$$C(Q) = L(Q) + A(Q) = a_1 e^{-b_1 Q} + a_2 e^{-b_2 Q}, \quad a_1 > 0, b_1 > 0, \quad a_2 > 0, b_2 > 0$$

最佳质量水平为

$$q^* = \frac{\ln a_1 b_1 - \ln a_2 b_2}{b_1 + b_2}$$

式中，a_1 是产品合格率趋向于100%时，所发生的最小废次品损失费用；a_2 是产品合格率趋向于100%时，所发生的最大成本费用；b_1 和 b_2 是指数函数的斜率参数。

由朱兰质量成本特性曲线模型（图7-4）可以看出，在产品质量水平由0提高到最

佳质量水平 q^* 的过程中，损失成本急剧下降，在这一范围内提高质量水平能大幅度地降低质量成本。在产品质量水平由最佳质量水平 q^* 提高到质量水平接近于"零缺陷"的过程中，损失成本下降缓慢，保证成本却迅速上升，说明在这一范围内，随着产品质量水平的提高，质量总成本也在上升，即质量投入越大，产品合格率也就越高。

7.5.3 质量成本控制

1. 质量成本控制的含义

产品质量是与一切企业生存、盈利和发展相关的大问题。在质量成本一定的前提下，高质量的产品不仅能给企业创造满意的收入，还能为企业在市场上树立良好的口碑。然而，过高的质量成本也可能使企业丧失竞争优势，获得的利润也会很有限。其实，质量成本控制对每一个企业的长远发展都有着重要的作用。企业必须采取一切措施有效控制质量成本。

质量成本控制是指企业按照成本目标，在现有的技术与经济条件下，对质量成本的形成和发生进行必要的、积极的调整，通过揭示偏差、及时纠正，进而采取措施，从而实现最佳质量效益的行为。开展质量成本控制的意义可归纳为以下几个方面。

（1）对质量成本进行控制是提高企业经济效益、增强企业活力的重要手段。企业的一个中心工作就是要通过质量成本控制，把提高产品质量过程中的各种耗费控制在一个合理水平，减少浪费，以较少的消耗和占用，取得尽量好的质量，提高企业的经济效益；通过加强质量成本控制，来保证产品质量，使企业在市场竞争中具有较强的生命力和竞争力，以求得不断发展壮大。

（2）通过质量成本控制来提高企业的现代化管理水平。质量成本控制是一项综合性工作，涉及企业诸多部门和生产经营的诸多环节。为此，在质量成本控制过程中，各方面人员要积极配合、协调行动，实行科学的管理，保证企业质量成本控制顺利进行。因此，加强质量成本控制，能够促进和提高企业的管理水平，增强市场的应变能力。

（3）质量成本控制是建立企业内部经济责任制的必要条件。企业要真正成为自主经营、自负盈亏的商品生产者和经营者，就必须建立企业内部经济责任制。质量成本控制就是要分清企业内部各单位对质量成本形成应承担的经济责任，以便进行合理的奖罚，促使企业内部各单位进一步加强管理，使质量总成本控制在一个较低的水平。

2. 质量成本控制的步骤

（1）事前控制。根据质量成本计划所规定的目标，为各项费用开支和资源消耗确定其数量界限，形成质量成本费用指标计划，作为目标质量成本控制的主要标准，以便对费用开支进程进行检查和评价。

（2）事中控制。监督控制产品质量形成全过程的质量成本发生额，即对日常发生的各种费用都要按照既定的标准进行监控，力求做到所有直接费用都不突破定额，各项间接费用都不超过预算。

（3）事后控制。查明实际质量成本偏离目标质量成本的原因，并提出切实可行的措施，改进质量，降低成本。

上述质量成本控制的三个阶段是不能完全分开的，它们相互影响、相互联系、又相互配合，融为一体，形成一个完整的闭环控制过程。

3. 质量成本控制是全过程的控制

质量成本控制贯穿于产品生产经营的全过程，从产品开发设计到销售服务的整个生产经营过程都伴随着质量成本的发生。只有对生产经营中的每个环节进行有效的质量成本控制，才能确保质量成本控制总体目标的实现。其主要体现在以下几个方面。

（1）产品开发设计阶段的质量成本控制。产品开发设计阶段包括产品的市场调研、产品策划、产品设计、工艺设计、产品制造等准备工作。所以产品的开发设计阶段是决定产品质量的关键环节。因为质量成本的控制在开始时就失控，这必然造成后续工序的损失和浪费。

（2）制造过程的质量成本控制。产品的制造过程是从原材料投入开始，直至产品完工入库的过程。质量成本中内部损失成本主要发生在制造阶段，因为对内部损失成本的控制是制造过程质量成本控制的重点。

（3）销售过程的质量成本管理。销售过程的质量成本，是指在销售过程中为保证服务或产品质量而支出的一切费用，以及未达到服务或产品质量标准而产生的一切损失性费用。加强销售过程的质量成本控制，对降低产品的质量总成本、增强企业的竞争能力、提高质量效率具有重要的意义。

4. 提升质量成本控制的措施

1）树立正确的企业质量成本控制意识

一是要让企业全员重视企业的质量成本控制活动，尤其要加强对企业决策人员的质量成本控制教育，使质量成本控制观念深入人心；二是要培养正确的质量成本观，即企业的质量成本控制应当以追求最佳质量成本为目标，而非纯粹追求质量成本的最小化，从而消除不计成本地追求高质量，寻求尽可能低的产品成本而不惜牺牲质量的极端认识；三是要调动各部门开展质量成本控制的参与性，要让各部门了解到本部门在质量成本控制中的作用，改变原来认为质量成本控制只是个别部门任务的错误观念，使企业的质量成本控制成为员工自觉自愿参与的行动。

2）构建全员参与的企业质量成本控制体系

企业质量成本控制体系一般包括质量成本控制部门责任体系、质量成本控制部门奖惩体系和质量成本核算管理体系等内容。首先，质量成本控制部门责任体系要求对各个部门的成本控制有合理的分工。一般由技术部门负责控制预防成本，主要是对质量工作费、质量培训费和新产品评审费等成本的控制；由质量检验部门负责控制鉴别成本，主要是对进货检验费、工序检验费、检测设备维修费及产品质量认证费等成本的控制。其次，对质量成本控制的奖惩手段必须加以制度化，即要求构建质量成本控制部门奖惩体系，如此企业的质量成本控制活动就有了实施奖惩的依据和标准，从而避免了因奖惩不公而造成人员的心理不平衡，防止了自身职责未完成部门的责任逃脱。最后，企业必须构建质量成本核算管理体系，以便明确质量成本各项目的数额，开展质量成本分析。为此，企业可以依据质量成本的构成项目设置预防成本、鉴别成本、内部损失、外部损失和外部保证成本五个台账。

3）理性确定企业质量成本控制的重点内容

按照现代质量成本控制理念，在产品生产之前所产生的质量成本，基本上都是可控的；在产品生产过程中所产生的质量成本，只有部分是可控的；在产品完工或销售之后所产生的质量成本，因产品质量水平已经定型，几乎是完全不可控的。显然，事前控制结果最佳，事中控制结果一般，事后控制结果极差。因此，企业应该强化对产品生产之前的质量成本控制，如可以适当增加预防成本以及鉴定成本。虽然专家对各类质量成本的适当比例关系及它们之间的合理变化规律没有研究出一个统一的标准，但企业应该根据自身的特点，结合自身开展质量成本控制实践所摸索的经验，找出使企业总质量成本最小化的各成本项目之间的比例，设计出质量成本控制的关键过程。此外，质量成本控制要坚持在全面控制的基础上，重点加强特殊控制。这样既可以避免局部环节控制发生问题，又可以取得控制重点的成果。

4）抓好企业质量成本控制的全程落实

质量成本控制要求把控制落实到企业经营的全过程，特别是落实到常常被忽视的投产前的市场调研、产品开发、产品设计等一系列过程中。事实上，加大在设计阶段进行质量成本控制的力度往往能取得最佳效果。设计阶段的质量成本控制，重点在于加强市场调查力度、合理设置企业产品的使用寿命、做好原材料质量以及工艺的选择等三个方面。其中，市场调查的目标包括明确顾客对产品功能的需求，分析产品的潜在需求和发展趋势，了解产品外观的潮流；产品使用寿命的多余意味着质量过剩，隐含着成本的增加和资源的浪费；原材料质量和制作工艺的选择不仅要充分考虑质量要求，还要注重创新。

5）做好企业质量成本控制数据的处理工作

为了解决企业质量成本原始数据采集方面的不准确问题，需要从规范采集工作、建立高效灵敏的质量成本信息反馈系统等方面着手。规范采集工作要求做好数据采集的制度设计和监督，同时加强对相关工作人员的培训。建立高效灵敏的质量成本信息反馈系统实现的是质量成本信息在质量成本控制的各个链条之间的反向输送。质量成本信息反馈包括内部反馈和外部反馈。内部反馈是指企业内部质量成本数据的反馈流转。外部反馈是指产品进入销售领域或使用过程，顾客根据产品使用过程的质量情况，提供质量成本数据的反馈过程。这两个反馈共同作用，从而不断优化和降低质量成本。另外，对于隐性质量成本数据的搜集，企业应该根据自身特征，选择最适合的方法估算隐性质量成本。对任何企业而言，经济效益的提高、经营活力的增强、管理水平的提升都离不开高效的质量成本控制。虽然我国企业的质量成本控制才刚起步，面临着众多困难，存在诸多不规范之处，效果不尽如人意，但只要企业努力作为，最终将全面实现质量成本的最优化。

7.5.4　质量成本预测

1. 质量成本预测的意义

企业质量成本预测主要依据企业的历史材料、企业的质量方针和目标、国内外同行/

竞争者的质量成本水平、产品制造中的技术和质量要求、顾客及政府部门的要求等。寻找影响质量成本的各种质量要素，确定这类要素与质量成本的依存关系，对一定时期的质量目标进行预测研究，作出短期、中期、长期的预测。成本预测的意义在于确定关键环节，为提高质量、降低成本、提高生产效率、改善企业管理等提供切实可靠的依据。

2. 质量成本预测的分类

一般而言，质量成本预测按作用期限可以分为短期、中期和长期三类，分别为企业的质量成本计划提供资料。

（1）短期预测：如 1 年以内的预测；

（2）中期预测：如 1~3 年的预测；

（3）长期预测：如 3 年、5 年、10 年期的预测。

3. 质量成本预测的依据

（1）企业的历史数据；

（2）企业的质量方针和目标；

（3）国内外同行/竞争者的质量成本水平；

（4）产品制造中的技术和质量要求；

（5）顾客及政府部门的要求。

4. 质量成本预测的步骤

预测是依赖数据、资料和信息的一种技术手段。一个好的预测需要考虑方方面面的因素，因此质量管理人员、财务人员、计划人员、检验试验人员、工程技术人员均应参与。

做好成本预测工作的步骤分为以下几个方面。

（1）调查和搜集分析所需的数据、资料和信息。管理部门应分配好有关人员从企业内部、外部搜集与质量相关的数据、资料和信息。

（2）对数据、资料和信息的处理。管理部门对搜集的数据、资料和信息汇总分析、决策，并组织相关部门和人员对搜集的信息进行系统的检查和确认。

（3）制订质量改进方案计划。根据上述的数据、资料和信息，确认质量成本的结构和水平，编制质量成本计划，并向领导提出质量改进方案。

5. 质量成本的预测方法

质量成本预测都是根据其科目或细目逐项进行的。质量成本的预测方法如下。

（1）经验确定法。由相应的管理部门组织工程、技术、生产、质量等有技术和管理经验的人员，根据搜集到的数据、资料和信息进行分析与判读，对预测期内的成本项进行推测和估计。此方法往往用于长期质量成本预测中。

（2）计算分析法。根据本企业的历史材料，确定在预测期内影响质量成本的因素，然后基于这类因素，进行数值估计、分析预测。此方法往往用于短期质量成本的预测。

（3）比例测算法。根据质量、成本的历史材料，如生产批量、销售额、利润、产品合格率等，预测未来时期的质量成本。

上述三种方法各有优劣势，企业在实际使用时，可以互相组合。

7.6　质量成本管理的关键环节

1．成本项目具体设置

我国各行业企业在推行质量成本制度的过程中，设置了不全相同而又基本一致的质量成本项目。企业在核算质量成本时，对所包含的项目可根据具体情况进行增减，以便使质量成本结构更好地满足本企业的特定需要。

2．质量成本分析

质量成本分析是质量成本管理的关键环节之一，是由质量管理部门与财务部门协同完成的，主要是通过质量成本核算的资料，对质量成本的形成、变动原因进行分析和评价，找出产品质量的缺陷以及管理工作中的薄弱环节，为降低质量成本、寻求合理质量水平、增加经济效益寻求途径，并为撰写公司质量报告提供资料，为提出质量改进建议提供基础。

3．质量成本考核

（1）质量成本考核的内涵。质量成本考核就是对质量成本责任企业和个人的质量成本指标完成情况进行考察与评价，以达到褒扬和鞭策全体成员不断提升质量成本管理绩效的目标。

（2）质量成本指标考核体系的建立。建立科学又完善的质量成本指标考核体系，是企业质量成本管理的前提和基础。实践表明，企业建立质量成本指标考核体系应坚持三个原则：系统性原则、有效性原则和科学性原则。

7.7　"零缺陷"理念下的质量成本管理

传统的质量成本观认为当控制成本（即预防成本和鉴定成本）增加时，损失成本（即内部损失成本和外部损失成本）就会减少，也就是说，两者是此消彼长的关系。那么对一个具体的产品的质量而言，肯定存在着一点，在这一点的边际上，控制成本的增加值正好等于损失成本的减少值，此时，再增加任何控制成本都会大于损失成本的减少，这一点通常称为"可接受质量水平"。在质量改进到这一点以前，增加控制成本，减少的次品率会使整个企业关于此产品的质量总成本降低，但一旦逾越这一点，企业的总质量成本反而会上升，因此，理性的厂商会把产品的质量控制在"可接受质量水平"。这种质量观实际上是提前与企业达成一种共识，即生产的产品中会有着一定数量的次品。

但是，传统的质量成本观忽略了一点，那就是在现代商业社会中，企业时时刻刻都处于激烈竞争当中，只有高质量才能使厂商在竞争中占据有利位置。换言之，传统的质量成本观可能低估了外部损失成本，没有将隐性质量成本考虑在内。

20 世纪 80 年代兴起的"零缺陷"质量成本观认为：假如企业增加其预防成本和鉴定成本并降低损失成本，则随后预防成本和鉴定成本也能得到降低。与传统质量观不同，这种观点认为，最初看起来似乎控制成本和损失成本是此消彼长的，可实际情况表明，总质量成本可以实现永久降低。这种成本观不允许有次品出现，或者说要求产品的缺陷接近于零。当这样做时，人们发现并没有出现传统质量观认为的控制成本的上升将使总质量成本大幅度上升，而是控制成本一开始要增加，然后就降低，而产品的零缺陷使得损失成本变为零，总质量成本也降低了。更重要的是，企业的次品率接近于零，将极大地提高企业的市场竞争力。这种成本观的出发点正如美国质量控制协会在推荐降低质量成本战略中所说的那样：①每一个失败都有其根本原因；②失败原因是可以预防的；③预防比其他质量相关作业成本要低一些。

可以看出，"零缺陷"理念下的质量成本管理是一种动态的质量成本观，认为质量的改进是一个没有止境的过程，很多实施这种质量成本治理方法的企业得出了和这种成本观相同的结果。在面对产品的质量成本时，我们应该意识到，质量总成本节约的每一分钱都可以直接转移到税前利润中，这也是我们需要不断改进产品、降低质量成本的一个原因。

➤复习思考题

7-1 什么是质量成本？质量成本主要由哪几部分构成？

7-2 什么是质量成本管理？质量成本管理的特征有哪些？

7-3 质量成本核算的基本方法有哪些？

7-4 质量成本预测的方法有哪些？

7-5 质量成本定量分析的方法有哪几种？

7-6 简述提升质量成本控制的措施。

7-7 谈谈你对"零缺陷"理念下的质量成本管理的认识。

第 8 章

复杂装备可靠性管理

本章提要：可靠性管理是指为确定和达到要求的产品可靠性特性所需的各项管理活动的总称。它是从系统的观点出发，通过制订和实施一项科学的计划，去组织、控制和监督可靠性活动的开展，以保证用最少的资源，实现用户所要求的产品可靠性。产品从设计、制造到使用的全过程，实行科学的管理，对提高和保证产品的可靠性实验关系极大。可靠性管理是质量管理的一项重要内容。

■ 8.1 可靠性管理主要工程指标

在可靠性工程中，狭义的可靠性指的是产品的可靠度，产品的寿命则是考核产品可靠度的一个最重要的指标。广义的可靠性除了产品的可靠度，还包括维修性和有效性。

8.1.1 产品的寿命特征

在可靠性工程中，产品的寿命是一个重要指标。从不同的角度出发，有不同表征寿命的方法，如平均寿命、可靠寿命、中位寿命、寿命方差等，总称为寿命特征。寿命是指一个产品从开始使用到发生失效（或故障）停用的时间。对于不修产品，寿命是指产品失效前的工作时间或储存时间；对于可修产品，寿命是指相邻两次故障间的工作时间，不修产品是指从使用到报废的时间，这段时间也称工作寿命或无故障工作时间。

1. 平均寿命

平均寿命是有关产品寿命（失效前时间或失效间工作时间）的平均值。平均寿命的数学意义是：如果随机变量寿命 T 服从寿命分布，分布密度函数为 $f(t)$，那么，T 的数学期望 $E(T)$ 称为平均寿命。所以平均寿命

$$m = E(T) = \int_0^\infty tf(t)\mathrm{d}t$$

根据寿命概率密度的定义

$$m = \int_0^\infty t\mathrm{d}F(t) = \int_0^\infty t\mathrm{d}\left(1 - R(t)\right)$$

$$= -\int_0^\infty t\mathrm{d}R(t) = tR(t)\big|_0^\infty + \int_0^\infty R(t)\mathrm{d}t = \int_0^\infty R(t)\mathrm{d}t$$

$R(t)$ 为产品的可靠度，即在规定的时间 t 内，按设计的功能无障碍地工作的概率。

当产品寿命 T 服从指数分布时，$R(t) = \mathrm{e}^{-\lambda t}$，平均寿命

$$m = E(T) = \int_0^\infty R(t)\mathrm{d}t = \int_0^\infty \mathrm{e}^{-\lambda t}\mathrm{d}t = 1/\lambda$$

2. 可靠寿命

给定可靠度所对应的时间称为可靠寿命。如前所述，可靠度是一个非增函数，在 $t=0$ 时，可靠度为 1，随着时间的增加，可靠度从 1 开始下降。当时间无限增大时，可靠度将趋向于 0。每一个给定的时间，都有一个对应于这个时间的可靠度值。反过来，如果给定一个可靠度值 r，也必然对应一个相应的时间 T。这个对应于给定可靠度的时间 t_r 称为可靠寿命。由此得

$$R(t_r) = r$$

当产品寿命分布服从指数分布时，即

$$R(t_r) = \mathrm{e}^{-\lambda t_r} = r$$

即得 $t_r = -\ln\dfrac{r}{\lambda}$。

此外还有两个寿命特征在可靠性工程中常用到，一个是可靠度 $r = \mathrm{e}^{-1} \approx 0.368$ 时所对应时间，称为特征寿命 $T_{\mathrm{e}^{-1}}$。即

$$R(T_{\mathrm{e}^{-1}}) = \mathrm{e}^{-1} \approx 0.368$$

另一个是可靠度 $r = 0.5$ 时所对应的时间，称为中位寿命 $T_{0.5}$。即

$$R(T_{0.5}) = 0.5$$

8.1.2　产品的广义可靠性指标

广义的可靠性除了可靠度，还包括维修性和有效度（或可用度）。一个产品的质量可靠度是"容不容易坏"，维修性是"坏了能不能修"。可用度是综合前两个指标："完好率有多大"。

1. 维修性与维修度

维修性是指产品在规定的条件下和规定的时间内，按规定的程序和方法进行维修时，保持或恢复到规定状态的能力。维修性的概率度量称为维修度。维修度也是时间的函数，记为 $M(t)$。由于每次修复产品的实际时间 τ 是一个随机变量，产品的维修度可定义为 τ 不超过规定时间 t 的概率，即

$$M(t) = P(\tau \leqslant t)$$

$M(t)$ 表示从 $t=0$ 开始到某一时刻 t 内完成维修的概率，是对时间 t 的累积概率，而且是时间 t 的非降函数。

维修时间 τ 的概率密度函数 $m(t)$ 为

$$m(t) = \mathrm{d}M(t)/\mathrm{d}t$$

可见 $m(t)$ 是单位时间内产品被修复的概率。

维修率是指修理时间已达到某时刻 t 时，尚未修复的产品在 t 以后的单位时间内完成修理的概率。它也是时间的函数，记为 $\mu(t)$。维修率与维修度的关系为

$$M(t) = 1 - \exp\left(-\int_0^t \mu(t)\mathrm{d}t\right)$$

与平均寿命类似，产品有平均修复时间（MTTR）。它是修复时间的平均值，即每次失效后所需维修时间的平均值。

2. 有效度

有效度也称可用度，指可以维修的产品在某时刻 t 具有或维持其功能的概率，通常用 $A(t)$ 表示。它是维修度和可靠度的综合表征，是反映产品效能的主要特性参数之一。通过有效度分析可以在产品的可靠度和维修度之间做出合理的权衡。

有效度是与时间相关的。一个产品投入工作现场后，在一个规定的时期内的总时间历程可以分解为若干时段，以这些不同的时段为基础，即可得出用于有效度分析的各种有效度参数。按定义，有效度 A 的数学表达式为

$$A = \frac{T_u}{T_u + T_d}$$

式中，T_u 为能工作的时间；T_d 为不能工作的时间。

在实际进行有效度分析时，根据不同需要，可以由上述不同的时段组合构成不同的有效度参数，如固有有效度、使用有效度、达到的有效度等。

8.2　不修系统的可靠性管理

系统可以分为不修系统和可修系统。它们的已知条件不同，要求的可靠性指标也不同，分析系统可靠性指标所用的数学工具亦有差异。本节和 8.3 节将分别讨论两种系统的可靠性管理问题。

不修系统是指组成系统的元件失效后不再进行维修，也不更换，因而系统失效后即行报废，不修复再用。不对系统进行修理，可能是某些产品或系统失效后不可能修复，如炮弹；可能是由于技术上的原因，如火箭在飞行过程中发生了故障，无法维修；可能是由于经济上的原因，如检修费近似地等于买一个同类新系统的费用，维修并不合算；还有系统设计制造就是准备一次性使用。因此，讨论不修系统的可靠性是很有现实意义的。

8.2.1　不修系统的基本模型

1. 串联系统

设系统由 n 个独立的单元组成，其中任何一个单元失效都会引起系统失效，这种系统称为串联系统。采用图 8-1 所示的方框图表示串联系统中各单元之间的关系，这种方框图称为可靠性逻辑方框图。

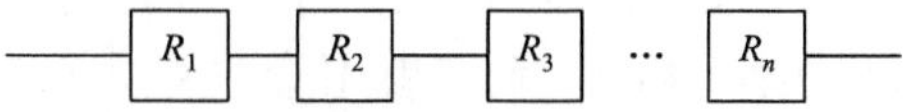

图 8-1　串联系统可靠性方框图

若已知单元 i 的寿命 t_i，可靠度为 $R_i(t_i)$，$i = 1, 2, \cdots, n$，则系统的可靠度为

$$R_s(t) = R_1(t_1) \cdot R_2(t_2) \cdots \cdots R_n(t_n) = \prod_{i=1}^{n} R_i(t_i)$$

如果单元的失效率为常数，则 $R_i = \mathrm{e}^{-\lambda_i t_i}$，因此有

$$R_s(t) = \prod_{i=1}^{n} e^{-\lambda_i t_i} = \exp\left(-\sum_{i=1}^{n} \lambda_i t_i\right)$$

若各单元的工作时间相同，即 $t_1 = t_2 = \cdots = t_n = t$ ，则

$$R_s(t) = \exp\left(-t\sum_{i=1}^{n} \lambda_i\right)$$

而 $R_s(t) = e^{-\lambda_s t}$ （ λ_s 为系统的失效率），因此系统的失效率为

$$\lambda_s = \sum_{i=1}^{n} \lambda_i$$

系统的平均寿命 θ_s 为 $\theta_s = 1/\lambda_s$ 。

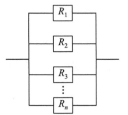

图 8-2　并联系统可靠性方框图

2. 并联系统

设系统由 n 个独立的单元组成，如果所有单元都失效时系统才失效，这种系统称为并联系统。采用如图 8-2 所示的可靠性方框图表示并联系统中各单元之间的关系。

若已知单元的可靠度 $R_i(t)$ ，不可靠度为 $F_i(t) = 1 - R_i(t)$ ， $i = 1, 2, \cdots, n$ ，根据概率乘法定理可以写出该系统的不可靠度为

$$F_s(t) = F_1(t) \cdot F_2(t) \cdots F_n(t) = \prod_{i=1}^{n} F_i(t) = \prod_{i=1}^{n}\left(1 - R_i(t)\right)$$

则系统的可靠度为

$$R_s(t) = 1 - F_s(t) = 1 - \prod_{i=1}^{n}\left(1 - R_i(t)\right)$$

假设各并联单元的可靠度相同，即 $R_1(t) = R_2(t) = \cdots = R_n(t) = R(t)$ ，则系统的可靠度为

$$R_s(t) = 1 - \left(1 - R(t)\right)^n$$

并联系统也可称为工作储备系统，是把若干功能相同的单元并联工作，并联的单元数越多，系统的可靠度越高。但是这将导致体积、重量和成本的增加。串联和并联模型是两种最基本的可靠度模型，具有互相对偶性。

3. $k/n(G)$ 系统

设系统由 n 个独立的单元组成，如果不失效的单元数不少于 k （ k 为介于 1 和 n 之间的某个数），系统就不会失效，这种系统称为 $k/n(G)$ 系统。它也属于工作储备系统。如 4 台发动机的飞机，必须有 2 台或 2 台以上发动机正常工作，飞机才能安全起飞，这就是 4 中取 2 系统，即 $2/4(G)$ 。

若已知单元 i 的寿命 t_i ，可靠度为 $R_i(t_i)$ ， $i = 1, 2, \cdots, n$ ，假设各单元可靠度相同，即 $R_1(t) = R_2(t) = \cdots = R_n(t) = R(t)$ ，利用二项分布的公式可以求出系统的可靠度为

$$R_s(t) = \sum_{i=k}^{n} C_n^i R^i(t)\left(1 - R(t)\right)^{n-i}$$

如果单元的失效率为常数且相等，则 $R = e^{-\lambda t}$ ，因此有

$$R_s(t) = \sum_{i=k}^{n} C_n^i e^{-i\lambda t} \left(1-e^{-\lambda t}\right)^{n-i}$$

系统的平均寿命 θ_s 为

$$\theta_s = \int_0^\infty R_s(t)\mathrm{d}t = \sum_{i=k}^{n} C_n^i \int_0^\infty e^{-i\lambda t}(1-e^{-\lambda t})^{n-i}\mathrm{d}t = \sum_{i=k}^{n}\frac{1}{i\lambda}$$

$k/n(G)$ 系统的平均寿命比并联系统小，比串联系统大。

例 8.1　若 $2/3(G)$ 系统的单元可靠度为 $R(t)$，单元失效率为 λ，求系统的可靠度和平均寿命。

$$\begin{aligned}
R_{2/3}(t) &= C_3^2\left(R(t)\right)^2\left(1-R(t)\right)^{(3-2)} + C_3^3\left(R(t)\right)^3\left(1-R(t)\right)^{(3-3)}\\
&= 3\left(R(t)\right)^2\left(1-R(t)\right) + \left(R(t)\right)^3\\
&= 3R^2(t) - 2R^3(t)
\end{aligned}$$

$$\theta_{2/3} = \frac{1}{2\lambda} + \frac{1}{3\lambda} = \frac{5}{6\lambda}$$

4. 混联系统

凡是可以分解为先并联然后串联或先串联然后并联的系统，称为混联系统。前者称为串—并联系统；后者称为并—串联系统。

1）串—并联系统

图 8-3 所示称为串—并联系统，即具有单元的储备。其中 m_1 个部件的可靠度均为 $R_1(t)$，m_2 个部件的可靠度均为 $R_2(t)$，$\cdots$，m_n 个部件的可靠度均为 $R_n(t)$。

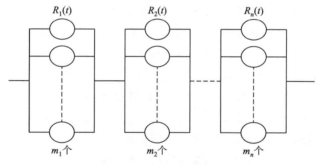

图 8-3　串—并联系统

$m_i(i=1,2,\cdots,n)$ 个可靠度为 $R_i(t)$ 的部件并联，可靠度为 $1-\left(1-R_i(t)\right)^{m_i}$，则 n 个这样的系统串联，整个系统的可靠度为

$$R(t) = \prod_{i=1}^{n}\left(1-\left(1-R_i(t)\right)^{m_i}\right)$$

2）并—串联系统

图 8-4 所示为并—串联系统，即具有系统的储备，其中 $m_i(i=1,2,\cdots,n)$ 个可靠度为 $R_i(t)$ 的部件串联，然后将这些系统并联。其中每个子系统的可靠度为 $R_i(t)^{m_i}$，则整个系统的可靠度为

$$R(t) = 1 - \prod_{i=1}^{n}\left(1-R_i(t)^{m_i}\right)$$

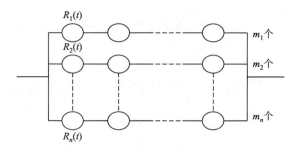

图 8-4　并—串联系统

上述两个系统的可靠度显然是不同的。在元器件数量及可靠性完全相同的情况下，单元储备的可靠度大于系统储备的可靠度。

8.2.2　不修网络系统的可靠性

不能分解为串联、并联或混联结构的系统称为网络，本节讨论一些求不修网络可靠性的方法。

1. 用布尔真值表求系统可靠度

这种方法的具体步骤如下。

（1）列出系统的全部可能状态。这里所讨论的网络由成败型部件组成，即每个部件只有正常和失效两种状态，当系统由 n 个部件组成时，就可以有 2^n 种可能的系统状态。

（2）在列出的所有状态中确定哪些能使系统正常工作。

（3）计算各个能使系统正常工作状态出现的概率。

（4）按照概率加法定理将步骤（3）算出的概率累加起来就是该网络的可靠度。

图 8-5 所示网络由五个单元组成，每个单元都有正常和失效两种状态，记"正常"为 1，"失效"为 0。如果系统能从节点 1 到 2 传输信息，表示系统处于正常状态，记为 S；反之，表示系统处于故障状态，记为 F。该网络有五个单元，则网络共有 $2^5 = 32$ 个不同状态，这些状态全部列于表 8-1。例如，表中的序号 6 表明有 C_1、A 两单元正常，且此时系统能正常工作，记为 S。此状态出现的概率为

$$R_{S6} = (1-R_{B1})(1-R_{B2})R_{C1}(1-R_{C2})R_A$$

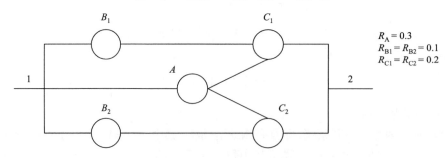

$R_A = 0.3$
$R_{B1} = R_{B2} = 0.1$
$R_{C1} = R_{C2} = 0.2$

图 8-5　网络及部件的可靠度

将表 8-1 中表示系统能正常工作（记为 S）的各状态出现的概率累加即为该网络的可靠度，若以 R_{Si} 表示使系统能正常工作的子系统可靠度，则有

$$R_S = \sum_{i=1}^{32} R_{Si} = 0.13572$$

这种方法直观、易懂，但是计算量大，当系统的部件数比较大时就太烦琐了。如果系统含有 10 个单元，将会有 $2^{10} = 1024$ 个可能状态。

表 8-1　网络的真值表

状态	B_1	B_2	C_1	C_2	A	F/S	R_{Si}
1	0	0	0	0	0	F	
2	0	0	0	0	1	F	
3	0	0	0	1	0	F	
4	0	0	0	1	1	S	$R_{S4} = (1-R_{B1})(1-R_{B2})(1-R_{C1})R_{C2}R_A = 0.03888$
5	0	0	1	0	0	F	
6	0	0	1	0	1	S	$R_{S6} = (1-R_{B1})(1-R_{B2})R_{C1}(1-R_{C2})R_A = 0.03888$
7	0	0	1	1	0	F	
8	0	0	1	1	1	S	$R_{S8} = (1-R_{B1})(1-R_{B2})R_{C1}R_{C2}R_A = 0.00972$
9	0	1	0	0	0	F	
10	0	1	0	0	1	F	
11	0	1	0	1	0	S	$R_{S11} = (1-R_{B1})R_{B2}(1-R_{C1})R_{C2}(1-R_A)= 0.01008$
12	0	1	0	1	1	S	$R_{S12} = (1-R_{B1})R_{B2}(1-R_{C1})R_{C2}R_A = 0.00432$
13	0	1	1	0	0	F	
14	0	1	1	0	1	S	$R_{S14} = (1-R_{B1})R_{B2}R_{C1}(1-R_{C2})R_A = 0.00432$
15	0	1	1	1	0	S	$R_{S15} = (1-R_{B1})R_{B2}R_{C1}R_{C2}(1-R_A) = 0.00252$
16	0	1	1	1	1	S	$R_{S16} = (1-R_{B1})R_{B2}R_{C1}R_{C2}R_A = 0.00108$
17	1	0	0	0	0	F	
18	1	0	0	0	1	F	
19	1	0	0	1	0	F	
20	1	0	0	1	1	S	$R_{S20} = R_{B1}(1-R_{B2})(1-R_{C1})R_{C2}R_A = 0.00432$
21	1	0	1	0	0	S	$R_{S21} = R_{B1}(1-R_{B2})R_{C1}(1-R_{C2})(1-R_A) = 0.01008$
22	1	0	1	0	1	S	$R_{S22} = R_{B1}(1-R_{B2})R_{C1}(1-R_{C2})R_A = 0.00432$
23	1	0	1	1	0	S	$R_{S23} = R_{B1}(1-R_{B2})R_{C1}R_{C2}(1-R_A) = 0.00252$
24	1	0	1	1	1	S	$R_{S24} = R_{B1}(1-R_{B2})R_{C1}R_{C2}R_A = 0.00108$
25	1	1	0	0	0	F	
26	1	1	0	0	1	F	
27	1	1	0	1	0	S	$R_{S27} = R_{B1}R_{B2}(1-R_{C1})R_{C2}(1-R_A) = 0.00112$
28	1	1	0	1	1	S	$R_{S28} = R_{B1}R_{B2}(1-R_{C1})R_{C2}R_A = 0.00048$
29	1	1	1	0	0	S	$R_{S29} = R_{B1}R_{B2}R_{C1}(1-R_{C2})(1-R_A) = 0.00112$
30	1	1	1	0	1	S	$R_{S30} = R_{B1}R_{B2}R_{C1}(1-R_{C2})R_A = 0.00048$
31	1	1	1	1	0	S	$R_{S31} = R_{B1}R_{B2}R_{C1}R_{C2}(1-R_A) = 0.00028$
32	1	1	1	1	1	S	$R_{S32} = R_{B1}R_{B2}R_{C1}R_{C2}R_A = 0.00012$

2. 用贝叶斯定理求系统的可靠度

这种方法是通过找出网络中的一个关键单元，关键单元正常，系统正常；关键单元不正常，系统也正常，因此可以在网络中把它除掉而不影响网络的正常运行。除掉此单元可以简化网络的计算，但这种简化并不影响精度。这种方法的重点是事先选择好分解网络中的一条弧，按照它失效与正常两种情况计算结构的条件概率。

若给定一个没有重复弧的网络系统 S（有向、无向或混合型），X 是其中任一弧，按全概率公式，S 的可靠度为

$$R = P(S) = P(X)P(S \mid X) + P(\overline{X})P(S \mid \overline{X})$$

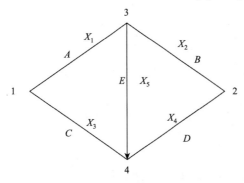

图 8-6　桥形网络及弧的可靠度

式中，$P(X)$ 为 X 弧正常的概率；$P(\overline{X})$ 为 X 弧不正常的概率；$P(S \mid X)$ 为 X 弧正常的条件下网络正常的概率；$P(S \mid \overline{X})$ 为 X 弧不正常的条件下网络正常的概率。

若令 $S(X)$ 为把某一弧的节点合并后所得的子网络，则

$$R = P(S) = P(X)P\{S(X)\} + P(\overline{X})P\{S(\overline{X})\}$$

以图 8-6 网络为例，分解弧 X_5，当 X_5 正常时看成弧短路得 $S(X_5)$。当 X_5 失效时，看成弧开路得 $S(\overline{X}_5)$。写出 $S(X_5)$ 及 $S(\overline{X}_5)$ 可靠度的公式及数值如下：

$$P\big(S(X_5)\big) = \big(1-(1-X_1)(1-X_3)\big)\big(1-(1-X_2)(1-X_4)\big)$$
$$= \big(1-(1-0.7)(1-0.95)\big)\big(1-(1-0.9)(1-0.8)\big)$$
$$= 0.9653$$

$$P\big(S(\overline{X}_5)\big) = 1-(1-X_1X_2)(1-X_3X_4)$$
$$= 1-(1-0.7\times0.9)(1-0.95\times0.8)$$
$$= 0.9112$$

$$P(X_5) = 0.6, \quad P(\overline{X}_5) = 0.4$$

$$R = P(S) = P(X_5)P\big(S(X_5)\big) + P(\overline{X}_5)P\big(S(\overline{X}_5)\big)$$
$$= 0.6\times0.9653 + 0.4\times0.9112 = 0.94366$$

■ 8.3　可修系统的可靠性管理

8.3.1　可修系统概述

1. 可修系统的假定

（1）产品可以修复；

（2）产品的失效呈指数分布。

2. 维修的必要性

维修的必要性有以下两点。

（1）改善系统的可靠性，延长有效寿命。在生产和社会实践中，为了延长价值昂贵的大型设备或系统的使用寿命和增加可靠性，经常要采用一些故障诊断技术和维修手段。一旦系统发生故障，立即进行诊断，确定故障类型和发生部位，然后组织维修，排除故障，使系统恢复正常，重新投入生产和使用。这样，对提高可靠性和延长使用寿命十分有效。

（2）降低建设成本。有些系统如海缆（20 年）对可靠性要求很高，可适当降低可靠性的设计要求，从而降低成本，但需要增加维修的次数补偿。

3. 可修系统的修复过程

可修系统除了包括实现系统的功能而组织起来的一系列元器件，还包括维修手段（维修人员的技术水平、熟练程度、工具、仪器和设备的先进性等）。由于故障类型、发生的原因和部位、系统所处的环境和维修手段的完善程度的不同，所需的修复时间也不同，因而修复时间是一个随机变量，且此随机变量还随着时间不同而变化，是一个随机过程。

4. 可修系统的范围

当构成系统的各个单元或子系统的寿命分布以及它们发生故障后所需修复时间呈指数分布时，这类系统的工作过程一般可用马尔可夫过程来描述。

本章将简要介绍随机过程以及马尔可夫过程的基本概念，用马尔可夫过程来分析一些典型系统的可靠性问题。这里的可靠性是广义的，包括有效度。

8.3.2 随机过程和马尔可夫过程

1. 随机过程概述

随机过程理论产生于 20 世纪初期，是概率论中的基础理论之一。随着科学的进步，它在物理学、生物学、无线电通信、自动控制、航天航海技术以及管理科学等领域中已获得日益广泛的应用。在生产实践和科学实验中，不仅需要讨论一个或几个随机变量，还需要研究一簇无限多个随机变量以及它们之间的关系。例如，为了描述一个生产系统或控制系统的随机运动，就必须引入依赖于时间参数的随机变量 $X(t)$，即必须考虑一簇以时间为参数的随机变量，这就是随机过程理论产生的客观基础。

设 S 是随机试验 E 的样本空间，$T \in (-\infty, +\infty)$ 称为参数集。若对每一个 $t \in T$ 都有一个定义在 S 上的随机变量 $X(e,t)(e \in S)$，则称 $\{X(e,t), t \in T\}$ 为随机过程，并简记为 $\{X(t), t \in T\}$ 或 $\{X(t)\}$。

可将随机过程理解为：对于 S 中的每一个基本事件，都指定一个函数，对这些函数组成的集是一个随机过程。也就是说，对于每一个固定的 t，$X(t)$ 是一个随机变量，对于每一个指定的基本事件 $x(t)$，则是以参数 t 为变量的一个函数，称每个这样的函数为随机过程的一个实现，又称为这个随机过程的样本函数。

例 8.2 有两台型号完全相同的设备并联运行在同一生产线上，观察在 $[0,T]$ 时间内这个系统的运行情况。该系统在任何时刻 $t(0 \leqslant t \leqslant T)$ 均有三种情况：①两台设备完好，记为"0"状态；②有一台设备出现故障，记为"1"状态；③两台设备均故障，记为"2"状态。用 $X(t)$ 描述在 $[0,T]$ 时间内的运行情况，是一个随机过程 $(0 \leqslant t \leqslant T)$。对于每个固定的 t，$X(t)$ 是一个可能取值 0、1、2 的随机变量。若对该系统的运行情况进行一次观察，则得 $X(t)$ 的一个取值 $x_1(t)$，它是 t 的确定性函数。若在另一个长度为 T 的时间内观察，则 $X(t)$ 得到另一取值 $x_2(t)$。再重复进行同样观察得 $x_3(t),\cdots$，于是得到一簇函数 $x_1(t)$，$x_2(t)$，$x_3(t)$，$\cdots$

在可靠性中，$X(t)$ 往往代表时间 t 的系统状态。状态可以相互转移，转移是随机的，此种转移过程称为随机过程。实际上是一个随时间 t 而变化的随机量。随机度量 $X(t)$ 所能取值的集合称为"状态空间"。

2. 马尔可夫过程

设 $\{X(t),t \in T\}$ 是随机过程，若已知系统在时刻 t_0 处于状态 i 的条件下，在时刻 t 系统所处的状态和时刻 t_0 以前所处的状态无关，则称此随机过程为马尔可夫过程，简称马氏过程。

例如，一个自动化的机械加工系统有两种状态，即正常工作状态和故障状态。由于系统中故障的出现与修复都是随机的，且系统以后的状态只与现在的状态有关，而与以前的状态无关。所以这种系统两种状态交替出现的过程是马尔可夫过程。

显然，马尔可夫过程是随机过程的一种特殊类型，它可以由当前状态唯一地确定过程的未来行为，这也说明事件（发生率）的分布独立于系统的历史记录。而且转移率与系统进入当前状态的时间是相互独立的。因此马尔可夫过程的基本假设是在每个状态下系统的行为是无记忆的。所以在研究系统将要发生什么时，重要的是要知道现在的状态，而对过去的状态知道或不知道是无关紧要的。

在马氏过程中，用 P_{ij} 表示已知在时刻 t_0 系统处于状态 i 的条件下，在时刻 t 系统处于状态 j 的概率，并称为转移概率，即由状态 i 转移到状态 j 的概率。若转移概率仅与 i,j 和 $t-t_0$ 有关，即在时间上是稳定的，则称此过程为时齐的马尔可夫过程。

马尔可夫过程可以分为三种类型：①时间连续，状态离散；②时间离散，状态离散；③时间连续，状态连续。

1）马尔可夫链

时间和状态都离散的马氏过程是一种最简单的随机过程，简称为马氏链。

设时刻 $t_k \in T$，T 为参数集，并将 $X(t_k)=i_k$ 称为时刻 t_k、系统处于状态 i_k。该系统全体状态 $i_k(k=1,2,\cdots)$ 所构成的集合称为该系统的状态空间。

2）转移概率矩阵

在解决实际问题时，不但要了解系统状态转换的随机过程和马氏链，还需考虑系统状态转移的概率。如果系统从时刻 m 的状态 i 转移到时刻 $m+1$ 的状态 j，转移概率可表示为

$$p_{ij}(m)=P(X(m+1)=j \mid X(m)=i), \quad i,j \in I, m=1,2,\cdots$$

上式表明系统在从已知时刻 m 处于状态 i 的条件下转移到时刻 $m+1$ 处于状态 j 的条件概率。$p_{ij}(m)$ 也称为一步转移概率，记为 $p_{ij}^{(1)}(m)$，即

$$p_{ij}^{(1)}(m) = p_{ij}(m)$$

或简记为 $p_{ij}^{(1)} = p_{ij}$。

各个一步转移概率 $p_{ij}^{(1)}$ 可以排成一个概率矩阵，即

$$P = (p_{ij}) = \begin{bmatrix} p_{11} & p_{12} & \cdots & \cdots \\ p_{21} & p_{22} & \cdots & \cdots \\ \cdots & \cdots & & \cdots \\ \cdots & \cdots & & \cdots \end{bmatrix}$$

矩阵中每一行之和为 1。P 称为一步转移概率矩阵，简称为转移概率矩阵或随机矩阵。

例 8.3　某种可修复的机械加工系统有两种状态：正常工作状态 S（记为 1）和故障状态 F（记为 2）。在实际生产过程中，这两种状态是交替出现的。假定这一系统经调试后投入运转，此时处于 S 状态；运行一段时间后，因出现故障转移到 F 状态。系统由 S 状态转为 F 状态的转移概率为 $1/3$，记为 $p_{12} = \dfrac{1}{3}$，系统保持在 S 状态的概率则为 $1 - \dfrac{1}{3} = \dfrac{2}{3}$，记为 $p_{11} = \dfrac{2}{3}$。当系统处于 F 状态时，经过一段时间修复后，便转变为 S 状态。若修复的概率是 $\dfrac{4}{5}$，记为 $p_{21} = \dfrac{4}{5}$，则系统不能修好而处于 F 状态的概率为 $1 - \dfrac{4}{5} = \dfrac{1}{5}$，记为 $p_{22} = \dfrac{1}{5}$。将上述两种状态的转移过程写成下列转移概率矩阵：

$$P(p_{ij}) = \begin{bmatrix} p_{11} & p_{12} \\ p_{21} & p_{22} \end{bmatrix} = \begin{bmatrix} \dfrac{2}{3} & \dfrac{1}{3} \\ \dfrac{4}{5} & \dfrac{1}{5} \end{bmatrix}$$

转移概率矩阵的积仍是转移概率矩阵。设 $A = [a_{ij}]$，$B = [b_{ij}]$ 是两个 $r \times r$ 的转移概率方阵；则矩阵 $C = [c_{ij}] = AB$ 具有以下性质：

$$0 \leqslant c_{ij} \leqslant 1$$
$$\sum_{j \in I} C_{ij} = 1, \qquad i, j \in I$$

3）n 步转移概率

n 步转移概率即由状态 i 经过 n 步后，转移到状态 j 的概率，记为 $p_{ij}^{(n)}$，即

$$p_{ij}^{(n)}(m) = P(X(m+n) = j \mid X(m) = i)$$

根据概率定义有

$$p_{ij}^{(n)}(m) \geqslant 0$$
$$\sum_{j \in I} p_{ij}^{(n)}(m) = \sum_{j \in I} P(X(m+n) = j \mid X(m) = i) = 1, \quad i \in I, m \in T$$

对于 n 步转移概率有

$$p_{ij}^{(k+l)}(m) = \sum_{s \in I} p_{is}^{(k)}(m) p_{sj}^{(l)}(m+k), \quad i, j \in I$$

称上式为科尔莫戈罗夫-查普曼方程，表示由状态 i 经 n 步到达状态 j，可理解为：由状

态 i 先经 k 步转移到状态 s ，然后由状态 s 经 l 步转移到状态 j ，其中 $s \in I, n = k + l$ 。

若令 $k = 1, l = 1$ ，则由 $\{p_{ij}(m), i, j \in I, m \geqslant 0\}$ ，可决定 $\{p_{ij}^{(2)}(m), i, j \in I, m \geqslant 0\}$ ，即由全部一步转移概率可确定全部两步转移概率。重复应用上述方法，就可由全部一步转移概率决定所有的转移概率。

用矩阵表示 n 步转移概率，即 $P^{(n)} \triangleq (p_{ij}^{(n)}(m))$ ，因此可用一步转移概率矩阵来描述各步转移概率，即 $P^{(n)} = P^n (n = 1, 2, \cdots)$ 。因此科尔莫戈罗夫-查普曼方程可以写成

$$P^{(k+l)} = P^k P^l$$

8.3.3　单部件可修系统

1. 马尔可夫建模的假定

在可靠性与维修性分析中，经常涉及时间连续和状态离散的随机过程。这就是指以时间参数为随机变量，在某一时刻系统可能随机地处于某种状态：工作状态、故障状态或维修状态。由于状态转移是一个随机过程，故必然要用系统在各种状态下的概率来描述。有效度是研究系统开始工作后，在任一时刻 t 系统处于可工作状态的概率。马尔可夫过程是具有这样性质的随机过程。在利用马尔可夫过程方法建立系统有效性模型时，应有以下假定。

（1）系统各部件的寿命分布和修复时间分布均为指数分布，即故障率 λ 和维修率 μ 为常数。

（2）在时刻 $(t, t + \Delta t)$ 发生故障的条件概率是 $\lambda \Delta t$ ，完成修复的条件概率是 $\mu \Delta t$ 。

（3）在 Δt 时间内出现两次或两次以上故障或修复的概率为零。

（4）每次故障或修复的事件是独立事件，与所有其他事件无关。

下面以马尔可夫过程建模研究单部件可修系统的可靠度和有效度问题。

2. 单部件可修系统的可靠度和有效度

假定系统只有一个部件，这是最简单的可修系统。当部件工作时系统工作，当部件发生故障时系统不工作。以 "0" 表示系统工作，以 "1" 表示系统故障，以 $X(t)$ 表示 t 时刻系统的状态，则

$$X(t) = \begin{cases} 0, & \text{时刻} t \text{系统工作} \\ 1, & \text{时刻} t \text{系统故障} \end{cases}$$

图 8-7 是单部件状态转移图，也称马尔可夫图或香农图，得状态转移矩阵

$$P = \begin{pmatrix} 1 - \lambda \Delta t & \lambda \Delta t \\ \mu \Delta t & 1 - \mu \Delta t \end{pmatrix}$$

令 $P_0(t) = P\{X(t) = 0\}$ ，$P_1(t) = P\{X(t) = 1\}$ 。

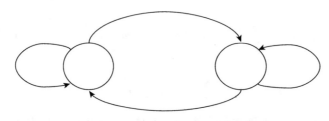

图 8-7　香农图

可以计算得，当初始状态为 $P_0(0)=1, P_1(0)=0$ 时，有

$$\begin{cases} P_0(t) = \dfrac{\mu}{\lambda+\mu} + \dfrac{\lambda}{\lambda+\mu} e^{-(\lambda+\mu)t} \\[3mm] P_1(t) = 1 - P_0(t) = \dfrac{\lambda}{\lambda+\mu} - \dfrac{\lambda}{\lambda+\mu} e^{-(\lambda+\mu)t} \end{cases}$$

系统的有效度为

$$A(t) = P_0(t) = \frac{\mu}{\lambda+\mu} + \frac{\lambda}{\lambda+\mu} e^{-(\lambda+\mu)t}$$

当初始状态为 $P_0(0)=0, P_1(0)=1$ 时，有

$$\begin{cases} P_0(t) = \dfrac{\mu}{\lambda+\mu} - \dfrac{\lambda}{\lambda+\mu} e^{-(\lambda+\mu)t} \\[3mm] P_1(t) = \dfrac{\lambda}{\lambda+\mu} + \dfrac{\lambda}{\lambda+\mu} e^{-(\lambda+\mu)t} \end{cases}$$

系统的有效度为

$$A(t) = P_0(t) = \frac{\mu}{\lambda+\mu} - \frac{\lambda}{\lambda+\mu} e^{-(\lambda+\mu)t}$$

因此，当 $t \to \infty$ 时，有效度的稳态值为

$$A(\infty) = \frac{\mu}{\lambda+\mu}$$

3. 稳态特性

对于在长期运行中的二态系统皆存在 $P_i(t)$ 的极限 $P_i = \lim_{t\to\infty} P_i(t)$，在以上分析的系统中，不论初始状态为 $P(0) = (0 \quad 1)$ 还是 $P(0) = (1 \quad 0)$，均有

$$P_0 = \lim_{t\to\infty} P_0(t) = \frac{\mu}{\lambda+\mu}, \qquad P_1 = \lim_{t\to\infty} P_1(t) = \frac{\lambda}{\lambda+\mu}$$

8.3.4　多部件可修系统

1. 串联系统

首先考虑一个只有两个元件的串联系统，并假定它的失效率 λ 和维修率 μ 是相等的。这个系统有三个可能的状态：

（1）0 态，两个元件皆正常工作；

（2）1 态，一个元件正常工作，一个元件正在修理中；

（3）2 态，两个元件都在修理中。

系统的有效度与修理工的数目有关。

1）一个修理工的情况

在一个修理工的情况下，在时间 t 至 $t+\mathrm{d}t$ 中的转移概率可描述如下。

（1）在时间 t，系统处于 0 态，如两个元件皆不失效于 t 至 $t+\mathrm{d}t$，则此状态可保持。一个元件不失效的概率为 $1-\lambda\mathrm{d}t$，两个元件同时不失效是它的概率乘，即

$$(1-\lambda\mathrm{d}t)^2 = 1 - 2\lambda\mathrm{d}t + 0(\mathrm{d}t)$$

（2）系统由 0 态转移到 1 态，条件是在 t 至 $t+\mathrm{d}t$ 中有一个元件故障，在修理状态，而另一元件还在正常状态。一个元件故障的概率为 λ，另一个元件故障的概率也是 λ，两个元件中任何一个皆可能故障，故为概率和 $2\lambda\mathrm{d}t$，而有一元件故障的概率则为 $1-\lambda\mathrm{d}t$，此二条件并存，故为概率乘，即

$$2\lambda\mathrm{d}t(1-\lambda\mathrm{d}t)=2\lambda\mathrm{d}t+0(\mathrm{d}t)$$

（3）系统在 t 时为 0 态，到 t 至 $t+\mathrm{d}t$ 时转移到 2 态，即两个元件皆故障，正在修理。因二元件同时故障，故有概率

$$(\lambda\mathrm{d}t)^2=0(\mathrm{d}t)$$

（4）在时间 t 时，系统处于 1 态，但于 t 至 $t+\mathrm{d}t$ 时回至 0 态，只有故障元件被修复才有可能，因此有概率 $\mu\mathrm{d}t$。

（5）在时间 t 时，系统处于 1 态，到 $t+\mathrm{d}t$ 时，故障元件尚未修复，另一元件仍正常工作，其概率为 $(1-\mu\mathrm{d}t)$ 与 $(1-\lambda\mathrm{d}t)$ 的概率乘，即

$$(1-\mu\mathrm{d}t)(1-\lambda\mathrm{d}t)=1-(\lambda+\mu)\mathrm{d}t+0(\mathrm{d}t)$$

（6）在时间 t 时，系统处于 1 态，到 t 至 $t+\mathrm{d}t$ 时系统转化率为 2 态，即故障元件尚未修复[其概率为 $(1-\mu\mathrm{d}t)$]，而另一元件故障（其概率为 $\lambda\mathrm{d}t$），此时系统的状态为此二概率值的概率乘，即

$$(1-\mu\mathrm{d}t)\lambda\mathrm{d}t=\lambda\mathrm{d}t+0(\mathrm{d}t)$$

（7）在时间 t，系统为 2 态，到 t 至 $t+\mathrm{d}t$ 时系统回到 0 态，则必须是二元件皆同时完成修复工作，故概率为

$$(\mu\mathrm{d}t)^2=0(\mathrm{d}t)$$

（8）在时间 t，系统为 2 态，到 t 至 $t+\mathrm{d}t$ 转移到 1 态，只需修复一个元件即可，故概率为 $\mu\mathrm{d}t$。

（9）在时间 t，系统为 2 态，到 t 至 $t+\mathrm{d}t$ 时仍为 2 态，概率为 $1-\mu\mathrm{d}t$。

由以上分析得状态转移矩阵为

$$P=\begin{bmatrix} 1-2\lambda & 2\lambda & 0 \\ \mu & 1-(\lambda+\mu) & \lambda \\ 0 & \mu & 1-\mu \end{bmatrix}$$

这是一个随机过程矩阵，其中每一行相加都得 1。

我们只关注系统的稳态 $P^*=(P_1 \quad P_2 \quad \cdots)$。当系统长期运行时，系统停留在各个状态的时间就与起始状态无关，因而希望每一个 P_i 都趋于一个常数，$\lim\limits_{t\to\infty}P_i(t)=P_i$。令 $X=\mu/\lambda$，可得如下的递推公式：

$$P_n=X^0P_n$$
$$P_{n-1}=X^1P_n$$
$$P_{n-2}=X^2/2P_n$$
$$\cdots$$
$$P_0=X^n/n!P_n$$

且 $P_1+P_2+\cdots+P_n=1$。

$$\therefore P_n = \frac{1}{\displaystyle\sum_{j=0}^{n} X^j / j!}$$

因此

$$A(\infty) = P_0 = X^n / n! P_n = \frac{X^n}{n! \displaystyle\sum_{j=0}^{n} X^j / j!}$$

任意时刻元件故障数的期望值和方差为

$$E[n] = \sum_{j=0}^{n} n_j P_j , \quad \sigma^2[n] = \sum_{j=0}^{n} n_j^2 P_j - E^2[n]$$

在上述情况下 $E[n]$ 和 $\sigma^2[n]$ 可表示为

$$E[n] = \frac{\displaystyle\sum_{j=0}^{n} j X^{n-j} \Big/ (n-j)!}{\displaystyle\sum_{j=0}^{n} X^j / j!}, \quad X \geqslant 1$$

$$\sigma^2[n] = \frac{\displaystyle\sum_{j=0}^{n} j^2 X^{n-j} \Big/ (n-j)!}{\displaystyle\sum_{j=0}^{n} X^j / j!} - \left[\frac{\displaystyle\sum_{j=0}^{n} j X^{n-j} \Big/ (n-j)!}{\displaystyle\sum_{j=0}^{n} X^j / j!} \right]^2$$

注意到 X 必须大于 1 或至少等于 1，否则，修理工修复的元件数赶不上失效的元件数。以上两式可化简为

$$E[n] = \mathrm{e}^{-X} \sum_{j=0}^{n} j X^{n-j} \Big/ (n-j)!$$

$$\sigma^2[n] = \mathrm{e}^{-X} \left\{ \sum_{j=0}^{n} j^2 X^{n-j} \Big/ (n-j)! - \left[\sum_{j=0}^{n} j X^{n-j} \Big/ (n-j)! \right]^2 \right\}$$

例 8.4 系统有四个元件（$n = 4$），$\lambda = \mu = 1$，求故障元件数的期望值。
首先算得 $X = \mu / \lambda = 1$，得

$$E[n] = 0.348^X \left[0 + \frac{X^3}{3!} + \frac{2X^2}{2!} + \frac{3X}{1!} + \frac{4X^0}{0!} \right] = 0.348 \left(\frac{1}{6} + 1 + 3 + 4 \right) = 3.005333 \approx 3$$

2）系统有 n 个元件，修理工 r（$r = n$）个
假定每个修理工只修理某一元件。先考虑二元件二修理工的情况，有如下转移矩阵：

$$p = \begin{array}{c} \\ 0 \\ 1 \\ 2 \end{array} \begin{array}{c} \quad 0 \qquad\quad 1 \qquad\quad 2 \\ \left[\begin{array}{ccc} 1-2\lambda & 2\lambda & 0 \\ \mu & 1-(\lambda+\mu) & \lambda \\ 0 & 2\mu & 1-2\mu \end{array} \right] \end{array}$$

稳态方程组为

$$\left.\begin{array}{l} 0 = -2\lambda p_0 + \mu p_1 \\ 0 = 2\lambda p_0 - (\lambda + \mu) p_1 + 2\mu p_2 \\ 0 = \lambda p_1 - 2\mu p_2 \\ 1 = p_0 + p_1 + p_2 \end{array}\right\}$$

解出 $p_0 = \dfrac{\mu^2}{(\lambda + \mu)^2}$，得有效度

$$A(\infty) = p_0 \frac{\mu^2}{(\lambda + \mu)^2}$$

仍令 $X = \mu / \lambda$，得递推公式

$$p_n = \binom{n}{n} X^0 P_n$$

$$p_{n-1} = \binom{n}{n-1} X^1 P_n$$

$$p_{n-2} = \binom{n}{n-2} X^2 P_n$$

$$\cdots$$

$$p_0 = \binom{n}{n-n} X^n P_n$$

及稳态有效度

$$A(\infty) = p_0 = \frac{X^n}{\displaystyle\sum_{j=0}^{n} \binom{n}{n-j} X^j} = \frac{\mu^n}{(\lambda + \mu)^n}$$

注意到

$$P_j = \frac{\binom{n}{n-j} X^j}{\displaystyle\sum_{j=0}^{n} \binom{n}{n-j} X^j} = \binom{n}{n-j}\left(\frac{1}{1+X}\right)^{n-j}\left(\frac{X}{1-X}\right)^j$$

则元件故障的数目的期望值就是二项式的均值

$$E[n] = \sum_{j=0}^{n} n_j p_j = n\left(\frac{1}{1+X}\right)$$

方差为

$$\sigma^2[n] = \sum_{j=0}^{n} n_j^2 p_j - E^2[n] = n\left(\frac{1}{1+X}\right)\left(\frac{X}{1+X}\right)$$

故若 $\mu = \lambda = 1$，则在任何时刻故障元件数的期望值为 2，方差为 1。

3）修理工对故障元件联合修理的情况

以上讨论的是修理工各人修各人的元件，彼此相互独立。现实的情况往往不是这样的，如二元件修理工的情况下，往往是两个修理工共同修理一个故障元件，只有两个元件都同时故障，他们才各修各的元件。假如一人修一件，其维修率为 μ，二人共修一件时，维修率是否就是 2μ？这种线性关系不一定存在，尤其是人多失效元件少的情况。现假定二人修一件的维修率为 1.5μ。若一元件失效，二人共修，当另一元件失效时，另一修理工立刻回去修理他负责的元件。在这种情况下有如下转移矩阵：

$$p = \begin{array}{c} \\ 0 \\ 1 \\ 2 \end{array} \begin{array}{ccc} 0 & 1 & 2 \\ \begin{bmatrix} 1-2\lambda & 2\lambda & 0 \\ 1.5\mu & 1-(1.5\mu+\lambda) & \lambda \\ 0 & 2\mu & 1-2\mu \end{bmatrix} \end{array}$$

解得有效度为

$$A(\infty) = p_0 = \frac{3\mu}{3\mu+4\lambda\mu+2\lambda^2}$$

现在有一系统由二串联元件组成，令 $\lambda = 0.05/h$，即每个元件平均地每 20h 出一次故障；$\mu = 1.0h$，即平均一个修理工用一小时修好一个故障元件。在一个修理工、两个修理工独立地与联合地修理三种情况下，比较系统的有效度与 10000h 内积累故障，见表 8-2。

表 8-2　三种维修方式的比较

维修方式		系统的有效度	10000h 内积累故障时间/h
一人维修		0.9050	950
二人维修	独立维修	0.9070	930
	联合维修	0.9360	640

由表可见，二人维修较一人维修好；二人维修中，联合维修比独立维修好。

2. 并联系统

在此种系统中，假定所有并联元件在同一时刻开始工作，只要其中有一个以上的元件正常，系统即正常。又假定元件是可以修理的。在此种系统中，着重考虑以下三个指标。

（1）有效度函数，给出某时刻系统至少还有一个元件正常的概率；

（2）可靠度函数，给出系统在 $(0,t)$ 不转移至故障状态的概率；

（3）失效前时间的期望值（MTTF），是系统所有 n 个元件皆正常转移到所有元件皆同时故障的平均时间。

对于二元件系统，有三种可能的状态：①0 态，两个元件皆正常工作；②1 态，一元件正常工作，一元件正在修理中；③2 态，两个元件都在修理中。

系统为 2 态时定义为故障状态。由于 0 态与 1 态皆表示系统仍能正常工作，故

$$A(t) = P_0(t) + P_1(t)$$

概率转移矩阵为

$$P = \begin{bmatrix} 1-2\lambda & 2\lambda & 0 \\ \mu & 1-(\lambda+\mu) & \lambda \\ 0 & 2\mu & 1-2\mu \end{bmatrix}$$

瞬态有效度为

$$A(t) = P_0(t) + P_1(t) = \frac{\mu^2 + 2\lambda\mu}{(\lambda+\mu)^2} - \frac{\lambda^2 \mathrm{e}^{-2(\lambda+\mu)t}}{(\lambda+\mu)^2} + \frac{2\lambda^2 \mathrm{e}^{-(\lambda+\mu)t}}{(\lambda+\mu)^2}$$

当 t 趋于无穷大时，可得系统的稳态有效度为

$$A(\infty) = P_0 + P_1 = \frac{\mu^2 + 2\lambda\mu}{(\lambda+\mu)^2}$$

为了推导出 n 元件并联一修理工的通式，注意到 $A(\infty) = 1 - P_n$，又令 $X = \mu/\lambda$，有

$$P_n = \frac{1}{\displaystyle\sum_{j=0}^{n} X^j j!}$$

因此

$$A(\infty) = 1 - P_n = 1 - \frac{1}{\displaystyle\sum_{j=0}^{n} X^j j!}$$

3. $k/n(G)$ 系统

系统有 n 个元件一个修理工，元件为相互独立且同指数分布元件，维修时间分布均为参数 μ 的指数分布。由于只有一个修理工，当他在修理时，其他故障元件要等待。系统在至少 k 个元件正常时即正常，当有 $n-k+1$ 个元件故障时系统即故障。系统故障期间 $k-1$ 个好的元件亦停止工作，不再发生故障，直至修理元件的工作完成再同时进入工作状态。$k=1$ 时，$k/n(G)$ 系统为并联系统；$k=n$ 时为串联系统。

系统的故障元件多于 $n-k+1$ 个时系统即故障，其他皆为工作状态。

令 $X(t) = j$，若时刻 t 系统有 j 个元件失效，$j = 0,1,\cdots,n-k+1$。系统的状态转移图如图 8-8 所示。

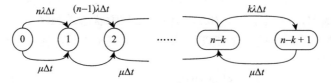

图 8-8 状态转移图

$$\begin{bmatrix} -n\lambda & n\lambda & & & & & 0 \\ \mu & -(n-1)\lambda-\mu & (n-1)\lambda & & & & \\ & \mu & -(n-2)\lambda-\mu & (n-2)\lambda & & & \\ & & & & & & \\ & & & & \mu & -(n-k)\lambda-\mu & k\lambda \\ 0 & & & & & \mu & -\mu \end{bmatrix}$$

系统的稳态有效度为

$$A = \sum_{j=0}^{n-k} \frac{1}{(n-j)!} \left(\frac{\lambda}{\mu}\right)^j - \sum_{i=0}^{n-k+1} \frac{1}{(n-i)!} \left(\frac{\lambda}{\mu}\right)^i$$

8.3.5　最低成本问题

1. 最低成本冗余结构

系统由一个或 n 个元件组成,为了减少故障,加上冗余部分。假定为了运行与保证运行一个元件,单位时间的成本为 C_1,每个元件单位时间损失为 C_2,求系统最低成本的冗余度。

若系统有 n 个元件,则运行成本为 nC_1,系统单位时间故障损失为 C_2D^n。D 是一个元件的稳态故障时间所占比例。D^n 是 n 个并接的冗余系统的故障时间所占比例。因而 n 元件系统的成本为

$$C_n = nC_1 + C_2D^n$$

由于 $D < 1$,当 n 增大时,式中第一项增大而第二项减小,函数的曲线是向上的凹曲线。先定义一个函数 $C_{n-1} = C_1(n-1) + C_2D^{n-1}$ 为 $n-1$ 个元件系统的成本,系统增加一个冗余元件的成本增量 $\Delta C_n = C_n - C_{n-1}$,将 C_n 及 C_{n-1} 值代入此式并令其为 0,得

$$D^{n-1} - D^n = \frac{C_1}{C_2}$$

此式说明当故障时间的减少量等于单位时间每元件的费用与每元件故障单位时间损失之比时,系统的冗余度是最佳的。此最佳冗余数

$$n = \frac{\lg\left[\dfrac{C_1D}{C_2(1-D)}\right]}{\lg D}$$

令 $C_1 = 10$ 元/小时,$C_2 = 50$ 元/小时,$D = 0.5$,即 10000h 中占 5000h。可求得 $n = \dfrac{\lg\left[\dfrac{10 \times 0.5}{50(1-0.5)}\right]}{\lg 0.5} = 2$,亦即两个冗余元件。

表 8-3 给出了不同的 n 值相应的 C_1、C_2 为 10 元和 50 元时,系统每小时每元件的费用。由表可看出,当 $n = 2$ 时系统的费用最小,且当 n 增大时,损失急剧下降,$n > 6$ 以后损失值几乎不起作用,冗余元件运行及维持运行费几乎等于系统的费用。

表 8-3 n、C_1、C_2 与系统费用的关系   （单位：元）

n	C_1	C_2	C_n
1	10.0	25.0	35.0
2	20.0	12.5	32.5
3	30.0	6.3	36.3
4	40.0	3.2	43.2
5	50.0	1.5	51.5
6	60.0	0.1	60.1

2. 二元件并联系统最佳修理工人数

表 8-4 给出并联系统两种运行方式、三种状态的稳态时间比值。

表 8-4   两种运行方式、三种状态的稳态时间比值

运行方式	每种状态下占时间比值		
	0 态	1 态	2 态
并联、1 个修理工	$\dfrac{\mu^2}{\mu^2+2\lambda\mu+2\lambda^2}$	$\dfrac{2\lambda\mu}{\mu^2+2\lambda\mu+2\lambda^2}$	$\dfrac{2\lambda^2}{\mu^2+2\lambda\mu+2\lambda^2}$
并联、2 个修理工	$\dfrac{\mu^2}{\mu^2+2\lambda\mu+\lambda^2}$	$\dfrac{2\lambda\mu}{\mu^2+2\lambda\mu+\lambda^2}$	$\dfrac{\lambda^2}{\mu^2+2\lambda\mu+\lambda^2}$

当 $\lambda=0.01/\mathrm{h}$，$\mu=1.0\,\mathrm{h}$ 时，表 8-4 的计算结果列于表 8-5。

表 8-5   10000h 内并联系统两种运行方式、三种状态下所占时间期望值

运行方式	10000h 内各状态所占时间期望值		
	0 态	1 态	2 态
1 个修理工	9802.00	196.04	1.96
2 个修理工	9802.96	196.06	0.98

当系统在 1 态时损失 1000 元（单位时间），在 2 态时损失 10000 元（单位时间），在计算 10000h 内损失的期望值时，还应加上运行与维持运行的费用。计算结果列于表 8-6。

表 8-6   10000h 内并联系统两种运行方式的总费用期望值   （单位：元）

运行方式	损失费用期望值	维修费用期望值	总费用期望值
1 个修理工	21564	10000	31564
2 个修理工	20586	20000	40586

由表 8-6 可见，该系统 1 个修理工的运行方式优于 2 个修理工的情况，总费用省了 40586－31564 = 9022 元。

例 8.5   有二元件的并联冗余系统，假定系统在 0 态时无损失，在 1 态时每单位时间系

统损失 100 元,在 2 态时损失 1000 元。修理工的工资为每小时 12 元,$\lambda = 0.05\,/\mathrm{h}$,$\mu = 1.0\,\mathrm{h}$。求系统的最佳运行方式为 1 个修理工还是 2 个修理工。若系统在 2 态时每单位时间内损失增为 3500 元,则情况又如何?

由表 8-4,可算得系统在各状态所占的时间及各运行方式下的总费用期望值(表 8-7),可见 1 个修理工比 2 个修理工省 353 000–234 000 = 119 000 元(在 10 000h 内),这时该选取 1 个修理工的运行方式。

但若系统在 2 态时的每单位时间内损失增为 3500 元,则 2 个修理工优于 1 个修理工,因为此时 1 个修理工在 10 000h 内,系统费用为 488 000 元,而 2 个修理工为 411 200 元,比 1 个修理工可省 76 800 元,这时该选取 2 个修理工的运行方式。

表 8-7　修理工人与费用关系

状态	10 000h 内系统停留在各状态的时间期望值/h		10000h 内各个状态费用的期望值/元	
	1 个修理工	2 个修理工	1 个修理工	2 个修理工
0	9 050	9 070	0	0
1	905	907	90 500	90 700
2	45	23	45 000	23 000
共计	10 000	10 000	134 000	113 000
修理工费用			120 000	240 000
总费用期望值			234 000	353 000

➤复习思考题

8-1　已知某产品的失效率为常数,$\lambda(t) = \lambda = 0.25 \times 10^{-4}\,/\mathrm{h}$,可靠度函数 $R(t) = \mathrm{e}^{-\lambda t}$,试求可靠度 $R = 99\%$ 的可靠寿命 $t_{0.99}$、中位寿命 $t_{0.5}$ 和特征寿命 $t_{\mathrm{e}^{-1}}$。

8-2　某设备的寿命服从指数分布,失效率为 $\lambda = 0.02\,/\mathrm{h}$。

(1)求该设备的平均寿命?

(2)试求在最初 10 个运行小时中将会失效的概率?

(3)设该设备已成功地运行了 100h,则在下一个 10h 运行期间将会无故障运行的概率是多少?

8-3　某 $2/3(G)$ 系统的各单元服从指数分布,失效率均为 $\lambda = 4 \times 10^{-5}\,/\mathrm{h}$,如果工作时间 $t = 7200\mathrm{h}$,求系统的可靠度及平均寿命。

8-4　为了运行与保证运行一个元件的单位时间成本为 15 元/h,而每个元件单位时间损失为 10 元/h,系统的故障时间比例为 1.5,试求该系统最低成本下的冗余数及此时系统的成本。

8-5　某二元件的并联冗余系统,若系统在 0 态时无损失,在 1 态时每单位时间系统损失 500 元,在 2 态时损失 2800 元。$\lambda = 0.1\,/\mathrm{h}$,$\mu = 1.0\mathrm{h}$。修理工的工资为 25 元/h。求系统的最佳运行方式为 1 个修理工还是 2 个修理工?

第9章

系统安全性分析工具

9.1 故障模式、影响及危害性分析

9.1.1 故障模式与影响分析概述

故障模式与影响分析（failure mode and effects analysis，FMEA）是一种广泛使用的事前预防的重要定性分析方法。它是在产品设计和加工过程中分析各种潜在的故障对其可靠性的影响，用以提高产品可靠性的一门分析技术。它以产品的元件、零件或系统为分析对象，通过人员的逻辑思维分析，预测结构元件或零件生产装配中可能发生的问题及潜在的故障，研究问题及故障的原因，以及它们对产品质量影响的严重程度，提出可能采取的预防改进措施，以提高产品的质量和可靠性。

20 世纪 50 年代初，美国格鲁曼公司第一次将 FMEA 的思想用于对螺旋桨飞机操作系统改进过程的设计分析，取得了很好的效果。1957 年波音和马丁公司编制了 FMEA 工作程序。20 世纪 60 年代初，美国将 FMEA 用于航天飞行器，也取得了很好的效果。随后该方法开始广泛地应用于航空、航天、舰船、兵器等军用系统的设计研制中，并逐渐渗透到机械、汽车、医疗设备、核能等民用工业领域，用于各种产品和工艺的设计、生产管理等各个方面，对设计方案的改进和产品质量的保证起到了重要作用。目前，FMEA 在很多重要的工程领域中，受到了研究和管理人员的高度重视，并且被明确规定为设计研究人员必须掌握的技术，实施 FMEA 是设计者和承制方必须完成的任务。FMEA 的有关资料也被规定为不可缺少的设计文件，是设计审查中必须重视的资料之一。FMEA 发展示意图如图 9-1 所示。

图 9-1　FMEA 起源与发展示意图

FMEA 通过计算致命度和风险度，可以对失效模式进行评估，归纳起来，其作用有

以下几点。

（1）在产品或服务送达客户之前，对已知的和可能的失效模式进行识别、分析、量化和排序，达到事前预防的效果。

（2）FMEA 是一种很好的组织方式，可以对设计或过程进行跨部门的评价，调动人员的积极性。

（3）可以分析每一项失效模式的发生原因、发生的频度和可探测的程度，进而对失效模式进行综合评价。

（4）可以确认现有的控制方法及其有效性，并确定降低失效模式和风险的措施与行动计划。进而提高产品或服务的质量、可靠性和安全性，使产品质量得到持续改进，提高产品的竞争力。

9.1.2　FMEA 的分类

FMEA 根据应用对象的不同分为四种类型，即系统 FMEA、设计 FMEA、过程 FMEA、服务 FMEA。设备 FMEA、环境 FMEA、软件 FMEA 是设计 FMEA 的变体，最常用的是设计 FMEA 和过程 FMEA。下面简要介绍主要的 FMEA 类别。

（1）系统 FMEA（有时也称概念 FMEA），在产品早期概念和设计阶段用于分析系统和子系统，其主要针对由于系统缺陷而引起系统功能间的潜在故障模式。系统 FMEA 输出包括：按 RPN（risk priority number，风险顺序数）排序的潜在故障模式清单；能够探测潜在故障模式的系统功能清单；消除潜在故障模式、安全问题和减少发生度的设计措施清单。

（2）设计 FMEA，是在产品生产阶段之前对产品进行分析。设计 FMEA 关注的是由于设计缺陷产生的故障模式。设计 FMEA 的输出是：按 RPN 排序的潜在故障模式清单；潜在关键和重要特性清单；关于消除故障模式、安全问题和减少故障发生度的设计改进清单；需要进行适当测试、检查和检测方法的参数清单；针对潜在危害性和关键特性所采取的推进改进措施清单。

（3）过程 FMEA，是在产品的生产和组装过程中进行分析。过程 FMEA 关注的是由于生产或者组装缺陷而产生的故障模式。过程 FMEA 的工作输出是：按 RPN 排序的潜在故障模式清单；潜在关键、严重特性清单；针对具有潜在危害性和关键特性所采取的推荐改进措施清单。

（4）服务 FMEA，是在产品交付用户之前对服务进行分析。服务 FMEA 关注的是由于系统或过程缺陷而产生的故障模式。服务 FMEA 的输出是：按 RPN 排序的潜在故障模式清单；针对任务或过程，提供潜在危害性和关键特性清单；列出潜在瓶颈过程或任务清单；提供消除潜在缺陷措施方法清单。

9.1.3　FMEA 的关键参数

FMEA 使用 RPN 来评判潜在失效或故障模式的严重程度，RPN 的计算公式如下：

$$RPN(风险顺序数) = 严重度(S) \times 发生度(O) \times 可探测度(D)$$

FMEA 分析中 S、O、D 分值分别设定为 1～10 分，共 10 个等级，表达不同程度。

具体介绍如下。

（1）严重度。严重度是指潜在失效及故障模式对用户造成影响和后果的严重程度，用户可以是最终的用户或者下一个操作者，此要素可以量化进行评价，如表 9-1 所示。

表 9-1　通用严重度量化表

等级	严重度
10	致命影响、功能丧失、死亡
8	重大影响、功能丧失、重伤
6	较大影响、功能部分丧失、受伤
4	轻微影响、轻伤
2	影响极小、无影响

（2）发生度。发生度是指潜在失效及故障模式发生的可能频度。此要素可以量化进行评价，如表 9-2 所示。

表 9-2　通用发生度量化表

等级	发生度
10	发生频度非常高
8	发生频度高
6	发生频度低
4	很少发生
2	几乎不发生

（3）可探测度。可探测度是指潜在失效及故障模式被发现或检测出来的难度。此要素可以量化进行评价，如表 9-3 所示。

表 9-3　通用可探测度量化表

等级	可探测度
10	几乎不可能
8	小
6	中
4	高
2	很高

9.1.4　FMEA 分析步骤

FMEA 是一组系列化的活动，它的有效实施必须遵循系统的方法。一般情况下，FMEA 分析分七个步骤进行。

（1）选择团队和集体讨论，确定要分析的系统。团队必须由具备多种能力并经过多种培训的成员组成，并且团队的成员必须有高度的热情。团队确定和就位以后，就通过集体讨论明确关注点是系统、设计、产品、过程还是服务，存在什么问题或预计到哪类问题会在什么环境中出现，是否考虑顾客和供应商，还是独立地进行持续改进，如果客户和供应商已经确定具体故障，那么工作会由于改进方向明确而变得容易，如果仅追求独立地进行持续改进，则集体讨论、类似图表、案例方法和因果图表一般是识别改进方向的最好工具。

进而根据系统的复杂程度、重要程度、技术成熟性、分析工作的进度和费用约束等，确定需要分析的系统。分析明确系统中的产品在完成不同的任务时所应具备的功能、工作方式及工作时间等。

（2）功能框图或流程图。功能框图适用于系统和设计 FMEA，过程流程图适用于过程和服务 FMEA，要确保每位成员都具有基本相同的能力，明确是否每人都了解系统、设计、过程和服务，是否每人都了解与系统、设计、过程、服务相关的问题。功能框图主要针对系统和设计，过程流程图主要针对过程和服务，两个工具对系统、子系统、部件、过程、装配和服务之间的相互作用及关联关系都提供了工作模型与概要说明，有助于成员深入了解系统、设计、过程和服务。

（3）列出故障模式及搜集数据。团队开始搜集故障数据并将其分类。典型的故障或者失效模式举例如下。①损坏类：开裂，泄漏，锈蚀等。②老化类：磨损，变质等。③功能类：功能降低，丧失等。④生产类：误操作，加工尺寸超差，表面缺陷等。此后团队开始填写 FMEA 表格，已确定的失效就是 FMEA 中的故障模式。

（4）确定严重度、发生度和可探测度。故障影响分析是找出系统中每一产品或功能、生产要素、工艺流程、生产设备等每一可能的故障模式所产生的影响，并按这些影响的严重程度进行分类，根据故障判据确定故障模式影响的严重度。找出每一个故障模式产生的原因，根据故障判据确定故障原因的发生度。分析每一种故障模式是否存在特定的检测方法，从而为系统的故障检测与隔离设计提供依据。团队可以使用集体讨论、因果分析、QFD（quality function deployment，质量功能展开）、DOE（design of experiment，试验设计）方法、统计过程控制、数据建模、仿真、可靠性分析及其他团队成员认同的方法来确定这些数据。将这些信息填入 FMEA 表格，包括故障影响、现有控制、严重度、发生度和可探测度等，如表 9-4 所示。

表 9-4　FMEA 示意表格

过程功能要求	潜在失效模式	潜在失效后果	严重度 S	级别	潜在失效起因/机理	发生度 O	现行过程控制 -预防 -探测	可探测度 D	RPN	建议措施	责任及目标完成日期

（5）最终风险评估。用数据说话，得出结论。该步骤得出的信息用于分析严重度、发生度、可探测度和风险顺序数，并完成对应列的填写。

（6）采取措施降低风险。补偿措施分析是针对故障影响严重的故障模式，提出设计改进和使用补偿的措施。

（7）给出分析结论。根据故障模式影响分析的结果，找出系统中的缺陷和薄弱环节，并制定和实施各种改进与控制措施，以提高产品或功能、生产要素、工艺流程、生产设备等的可靠性或有效性、合理性等。

9.2　故障树分析

9.2.1　故障树概述

故障树分析法（fault tree analysis，FTA）是由美国贝尔电话研究所的沃森（Watson）和默恩斯（Mearns）于 1961 年首次提出并应用于分析民兵式导弹发射控制系统的。其后，波音公司的哈斯尔（Hasse）、舒劳德（Schroder）、杰克逊（Jackson）等研制出故障树分析法计算程序，标志着故障树分析法进入了以波音公司为中心的宇航领域。1974 年，美国原子能委员会发表了以麻省理工学院（Massachusetts Institute of Technology，MIT）拉斯穆森（Rasmussen）为首的安全组所写的"商用轻水反应堆核电站事故危险性评价"的报告，该报告采用了美国国家航空和管理部于 20 世纪 60 年代发展起来的事件树（event tree，ET）和故障树分析方法。这一报告的发表引起了各方面的很大反响，并推动了故障树分析法在宇航、化工和机械等工业领域的应用。故障树分析就是首先选定某一影响最大的系统故障作为顶事件，然后将造成系统故障的原因逐级分解为中间事件，直至把不能或不需要分解的基本事件作为底事件，得到一张树状逻辑图。

故障树指用以表明产品哪些组成部分的故障或外界事件或它们的组合将导致产品发生一种给定故障的逻辑图。如图 9-2 所示就是一个简单的故障树。

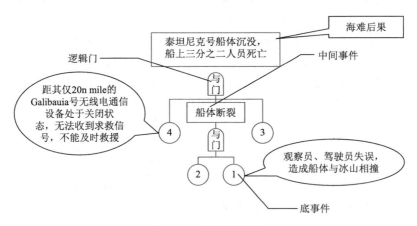

图 9-2　故障树示意图

图 9-2 表明，船体断裂是由观察员、驾驶员失误等底事件共同作用引起的，而泰坦尼克号沉没并导致严重人员伤亡是由船体断裂、事件 3、事件 4 共同作用的。通过图 9-2 可以发现组成故障树的基本要素。

故障树是一种逻辑因果关系图，构图的元素是事件和逻辑门，其常用时间符号如表 9-5 所示。

（1）事件用来描述系统和元、部件故障的状态。如图 9-2 的事件 1、事件 4 等。

（2）逻辑门把事件联系起来，表示事件之间的逻辑关系，如表 9-5 的与门等。

表 9-5　故障树常用符号

事件	符号	说明
底事件		元、部件在设计的运行条件下发生的随机故障事件。 实线圆表示硬件故障，虚线圆表示人为故障
		未探明事件：表示该事件可能发生，但是概率较小，无须再进一步分析的故障事件，在故障树定性、定量分析中一般可以忽略不计
顶事件		人们不希望发生的显著影响系统技术性能、经济性、可靠性和安全性的故障事件。顶事件可由 FMECA（failure mode effects and criticality analysis，故障模式、影响及危害性分析）确定
中间事件		故障树中除底事件及顶事件之外的所有事件
与门		B_i（$i=1, 2, \cdots, n$）为门的输入事件，A 为门的输出事件。 B_i 同时发生时，A 必然发生，这种逻辑关系称为事件交，用逻辑"与门"描述，逻辑表达式为 $$A = B_1 \cap B_2 \cap \cdots \cap B_n$$
或门		当输入事件中至少有一个发生时，输出事件 A 发生，称为事件并，用逻辑"或门"描述，逻辑表达式为 $$A = B_1 \cup B_2 \cup \cdots \cup B_n$$

故障树的主要作用如下。

（1）帮助判明可能发生的故障模式和原因。

（2）发现可靠性和安全性薄弱环节，采取改进措施，以提高产品可靠性和安全性。

（3）计算故障发生概率。

（4）发生重大故障或事故后，故障树分析是故障调查的一种有效手段，可以系统而全面地分析事故原因，为故障"归零"提供支持。

（5）指导故障诊断、改进使用和维修方案等。

9.2.2　故障树搭建步骤

故障树的建立方法有人工建树和计算机建树两类，它们的思路相同，都是首先确定顶事件，建立边界条件，通过逐级分解得到原始故障树，然后将原始故障树进行简化，得到最终的故障树，供后续的分析计算用。

（1）确定顶事件。在故障诊断中，顶事件本身就是诊断对象的系统级（总体的）故障部件。在系统的可靠性分析中，顶事件有若干的选择余地，选择得当可以使系统内部许多典型故障（作为中间事件和底事件）合乎逻辑地联系起来，便于分析。所选的顶事件应该满足：①要有明确的定义；②要能进行分解，使之便于分析顶事件和底事件之间的关系；③要能度量以便于定量分析。

选择顶事件，首先要明确系统正常和故障状态的定义；其次要对系统的故障作初步分析，找出系统组成部分（元件、组件、部件）可能存在的缺陷，设想可能发生的各种的人为因素，推出这些底事件导致系统故障发生的各种可能途径（因果链），在各种可能的系统故障中选出最不希望发生的事件作为顶事件。

对于复杂的系统，顶事件不是唯一的，必要时还可以把大型复杂的系统分解为若干个相关的子系统，以典型中间事件当作故障树的顶事件进行建树分析，最后加以综合，这样可使任务简化并可同时组织多人分工合作参与建树工作。

（2）建立边界条件。建立边界条件的目的是简化建树工作，边界条件是指：①不允许出现的事件；②不可能发生的事件，实际中常把小概率事件当作不可能事件；③必然事件；④某些事件发生的概率；⑤初始状态。当系统中的部件有数种工作状态时，应指明与顶事件发生有关的部件的工作状态。

建立边界条件和建树时应该注意的是：①小概率事件不等同于小部件的故障和小故障事件；②有的故障发生概率虽小，但一旦发生则后果严重，为安全起见，这种小概率故障就不能忽略；③故障定义必须明确，避免多义性，以免使故障树逻辑混乱；④先抓主要矛盾，开始建树时应先考虑主要的、可能性很大的以及关键性的故障事件，然后在逐步细化分解过程中再考虑次要的、不经常发生的以及后果不严重的次要故障事件；⑤强调严密的逻辑性和系统中事件的逻辑关系，条件必须清楚，不可紊乱和自相矛盾。

（3）根据表9-5所示符号构建故障树。

9.2.3　故障树定性分析

故障树定性分析的主要目的包括：①寻找顶事件的原因事件及原因事件的组合（最小割集）；②发现潜在的故障和设计的薄弱环节，以便改进设计；③指导故障诊断，改进使用和维修方案。

割集是指故障树中一些底事件的集合，当这些底事件同时发生时，顶事件必然发生。若将割集中所含的底事件任意去掉一个就不再成为割集了，这样的割集就是最小割集。为什么找最小割集这么重要？原因如下。

（1）如果能使每个最小割集中至少有一个底事件恒不发生（发生概率极低），则顶事件就恒不发生（发生概率极低），系统潜在事故的发生概率降至最低。

（2）消除可靠性关键系统中的一阶最小割集，可消除单点故障。可靠性关键系统不允许有单点故障，方法之一就是设计时进行故障树分析，找出一阶最小割集，在其所在的层次或更高的层次增加"与门"，并使"与门"尽可能接近顶事件。

（3）最小割集可以指导系统的故障诊断和维修。如果系统某一故障模式发生了，则一定是该系统中与其对应的某一个最小割集中的底事件全部发生了。进行维修时，如果只修复某个故障部件，虽然能够使系统恢复功能，但其可靠性水平还远未恢复。根据最小割集的概念，只有修复同一最小割集中的所有部件故障，才能恢复系统可靠性、安全性设计水平。下面以图 9-3 为例说明最小割集。

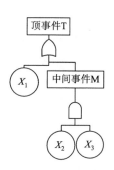

图 9-3　某故障树

根据与、或门的性质和割集的定义，可方便找出该故障树的割集是：$\{X_1\}$，$\{X_2, X_3\}$，$\{X_1, X_2, X_3\}$，$\{X_2, X_1\}$，$\{X_1, X_3\}$。根据与、或门的性质和割集的定义，可方便找出该故障树的最小割集是：$\{X_1\}$，$\{X_2, X_3\}$。如果一个故障树过于复杂，则可以采用下行法和上行法识别最小割集。

（1）下行法。这是一个从顶事件往下计算的方法，下面用图 9-4 的故障树说明该方法。算法主要步骤：从顶事件往下列表逐级进行。若顶事件下一级是与门，则把下面的所有输入都排在同一行；如果顶事件下面是或门，则把每个输入事件单独排在一行。然后依次做下面的一级，一直到不能分解的基本失效事件，如表 9-6 所示。

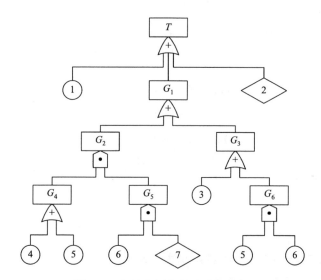

图 9-4　求最小割集的故障树事例

表 9-6　事件分解表

步骤	1	2	3	4	5
	1	1	1	1	1
	2	2	2	2	2
	G_1	G_2	G_3, G_4	4, G_5	4, 6, 7
		G_3	3	5, G_5	5, 6, 7
			G_6	3	3
				5, 6	5, 6

因此每一行的事件出现都可以使得顶端事件出现。任一行的事件组成一个割集。为了得到所有的最小割集，再进一步去除不是最小割集的割集就可以。

在上例中，先按照割集的阶数大小递增进行排序：

{1}，{2}，{3}，{5，6}，{4，6，7}，{5，6，7}

然后两两比较，因为{5，6}属于{5，6，7}。所以后者不是最小割集，因此最后得到的最小割集为{1}，{2}，{3}，{5，6}，{4，6，7}。

（2）上行法。算法自下而上进行，把最底层的逻辑门用输入事件来表示：与门为事件的交，或门是事件的并。依次将上一级的逻辑门再表示为其输入，一直到顶事件。最后利用集合运算规则进行简化，这些规则包括：

$$x_1 + x_2 = x_2 + x_1$$
$$x_1 + x_1 = x_1; x_1 x_1 = x_1$$
$$x_1(x_2 + x_3) = x_1 x_2 + x_1 x_3$$
$$x_1 + x_1 x_2 = x_1$$

"+"表示逻辑并；且省去了逻辑交符号。

仍以图 9-4 为例来识别最小割集。故障树的最后一级为

$$G_4 = x_4 + x_5, \ G_5 = x_6 x_7, \ G_6 = x_5 x_6$$

往上一级得

$$\begin{cases} G_2 = G_4 G_5 = (x_4 + x_5)x_6 x_7 \\ G_3 = x_3 + G_6 = x_3 + x_5 x_6 \end{cases}$$

再往上 $G_1 = G_2 + G_3 = (x_4 + x_5)x_6 x_7 + x_3 + x_5 x_6$。

最后获得 $T = x_1 + x_2 + G_1 = x_1 + x_2 + (x_4 + x_5)x_6 x_7 + x_3 + x_5 x_6$。经过化简得最小割集为{1}，{2}，{3}，{5，6}，{4，6，7}。

➤复习思考题

9-1　FMEA 分析有哪些主要步骤？

9-2　请思考 RPN = SOD 这种测算方法的缺点？

9-3　如何设计 FMEA 分析的模板？

9-4　故障树和成功树有什么区别和联系？

9-5　什么是故障树的最小割集？

第10章

复杂装备的安全性管理
——以民用飞机为例

本章提要：对于以民用飞机等为代表的复杂装备而言，安全性是其首要考虑的问题，贯穿于飞机从研制、生产、运营到退役的整个生命周期。以民用飞机为代表，考虑到安全性是民用飞机通过适航审查及进入市场并获得公众信任的前提条件。民用飞机机载系统属于高度综合的复杂系统，在设计过程中运用机载系统安全性设计与评估技术是减少其事故发生概率的有效手段。

■ 10.1 安全性设计与评估体系

在对系统安全性技术进行探讨时，有必要先对一些基本概念和背景知识进行了解；同时，在飞机系统研制过程中，安全性设计与评估是不可或缺的一部分，贯穿于整个研制周期，以确保研制结果满足安全性需求。安全性评估过程又与研制过程紧密结合，不可独立存在。因此，对于高度复杂综合化的飞机系统，高效、彻底和完整地实施安全性设计与评估过程，需要一个系统化的设计和评估体系，当前比较成熟的安全性设计和评估体系是"双 V"（validation-verification）体系。

10.1.1 基本概念

1. 事故

事故是指一个不期望的可能导致人员伤亡、环境破坏或财产损失的事件。可用图 10-1 的框图描述事故的定义。

国际民用航空组织（International Civil Aviation Organization，ICAO）对事故的定义为：一个跟飞机操作相关而发生的事件，且这个事件造成了任何人员的致命伤害或严重伤害，同时造成飞机实质性损害、飞机失踪（当官方搜索已终止以及残骸没有被找到就认为飞机失踪）或者完全不可接近。其中部分关键词语解释如下。

（1）致命事故，导致一个或多个致命伤害的事故。

（2）致命伤害，从事故之日起 30 天内导致死亡的一个伤害。

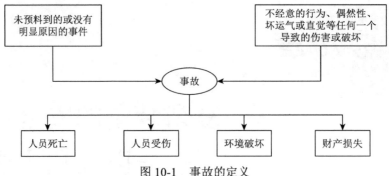

图 10-1　事故的定义

（3）严重伤害，以下所述的任何一个伤害即为严重伤害。从受到伤害之日起 7 天内，需要住院超过 48 小时的伤害；导致任何骨折的伤害（除了简单的如手指、脚趾或鼻子等骨折）；导致严重出血或神经、肌肉、肌腱的伤害；涉及任何内部器官的伤害；涉及二级或三级烧伤，或者影响超过身体表面百分之五的烧伤。

（4）实质性损害，损害或失效对结构强度、性能、飞机的飞行特性造成的不利影响，以及通常情况下可能要求对受影响部件进行较大的修复或更换。实质性损害不包括对起落架、机轮、轮胎和襟翼的损害，也不包括空气动力学的整流装置的弯曲、飞机蒙皮的凹陷和小孔、螺旋桨叶片的地面损坏或仅仅一个发动机的损坏。

2. 风险

根据国际标准化组织对风险的定义，风险是指危害发生概率与此危害严重程度的组合。常使用公式的形式对风险的概念进行简单描述：

$$R=SP \tag{10-1}$$

式中，R 表示风险；S 表示危害所造成后果的严重程度；P 表示危害所造成后果的发生概率。

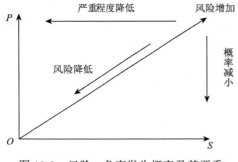

图 10-2　风险、危害发生概率及其严重程度的影响关系

S,P 这两个因素对风险的影响是正向关系，即当 P 固定不变而 S 变大时，R 也增大；当 P 固定不变而 S 减小时，R 也减小。相应地，当 S 固定不变而 P 变大时，R 也增大；当 S 固定不变而 P 减小时，R 也减小。两者的关系如图 10-2 所示。

3. 适航性

民机适航性是指民用飞机包括其系统及子系统整体性能和操纵特性在预期运行环境和使用限制下的安全性和物理完整性的一种品质，这种品质要求民机应始终处于保持符合其型号设计和始终处于安全运行状态。要保持适航性，民机的设计、制造、使用和维修各方皆负有重要责任。首先，从设计图纸、原材料的选用到试验制造、组装生产，直至取得型号合格批准和生产许可的初始适航阶段，民机设计和制造单位要对适航性负主要责任。随后运营阶段，使用单位（航空公司）和维修单位（包括所属的各类航空人员——飞行人员、维修人员、检验人员等）负责保持民机始终处于安全运行状态，即对持续适航性负主要责任。最后，适航监管当局作为国家的政府部门，则是在制定各种最低安全标准的基础上，对民机的设计、制造、使用和维修等环节中适航性相关工作进行科学统一的审定、监督和管理。

4. 安全性

与航空活动相关的安全特性，其主要的因素通常为：人、机和环境。这些安全因素的一个重要特性就是它们以串联的方式起作用，而非平行方式。如图 10-3 所示，它们可以被看作代表飞行安全链条上的三个环节，其中单个环节的失效足以引起事故的发生。

作为影响飞行安全的关键因素之一的机器，即飞机本身，飞机安全性主要是指飞机及其系统所具有的不导致人员伤亡、系统毁坏、重大财产损失或不危及人员健康和环境的能力，是其内在的一种特性。

图 10-3　飞行安全的因素

10.1.2　安全性工作总体规划

1. 民机安全性工作总体规划

安全性工作是飞机研制过程的重要组成部分。如图 10-4 所示，系统研发过程与安全性评估过程共同组成了飞机研制的完整内容，两者相互依存，不可分割。

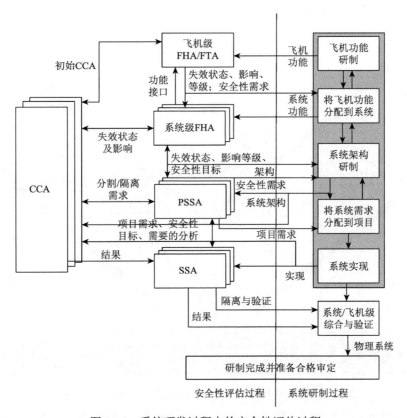

图 10-4　系统研发过程中的安全性评估过程

　　"双 V"体系是当前比较成熟的安全性设计与评估体系。根据 ARP4754（关于高度综合或复杂飞机系统的合格审定考虑），"双 V"体系流程见图 10-5，在该体系中，整个安全性评估过程提供了一套综合性方法，对飞机功能以及实现这些功能的系统设计进行评价，从而判断相关的危害是否已经得到妥善处理。"双 V"体系的左半边主要是为了自上而下进行指标和功能的分配及确认，右半边则是为了对设计进行自下而上的验证。安全性评估过程可以是定性的，也可以是定量的。同时，在安全性评估的实施过程中，应当有相应的计划和管理，以保证所有相关的失效状态都得到确认，并且要考虑到导致这些失效状态的重要的故障组合。对需求进行确认的目的是确保其正确性和完整性，使飞机满足运营人、审定局方、供应商以及飞机/系统研制人员的需求。

　　"双 V"体系是一种系统化的综合性分析方法，与飞机及系统的研制工作紧密结合，包括在系统研制期间所进行的和为了修改完善进行的具体评估，并与系统其他研制支持过程相互作用，主要用于表明对 CCAR/FAR CS25（中国民用航空规章/联邦航空条例）相关条款的符合性。如图 10-5 所示，"双 V"体系中的安全性评估过程主要包括飞机级功能危险性评估（functional hazard assessment，FHA）、系统级 FHA、初步系统安全性评估（preliminary system safety assessment，PSSA）、系统安全性评估（system safety

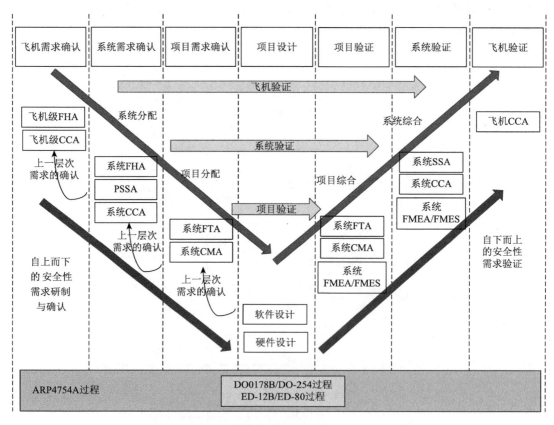

图 10-5　安全性与研制过程的交互关系（"双 V"体系）

注：DO0178B、ED-12B 指软件研制生命周期（机械系统和设备的软件审定考虑）；DO-254、ED-80 指硬件研制生命周期机械电子硬件的设计保证指南。

assessment，SSA）和共因分析（common cause analysis，CCA）等过程，以上过程中所使用的分析方法主要包括故障树分析（FTA）、故障模式与影响分析（FMEA）、故障模式及影响分析摘要（failure mode and effects summary，FMES）以及马尔可夫分析（Markov analysis，MA）等可靠性和安全性分析方法。

飞机作为一个高度综合、复杂的系统，是由各分系统整合而成的，在整合过程中所引起的衍生复杂性或其相关性都应该在评估过程中考虑到。在进行安全性评估时，只要涉及综合性系统，都需建立合理的系统安全性目标并判断设计是否满足这些目标，这一点至关重要。

2. 安全性评估过程

安全性评估过程是安全性需求确定、分配、确认、设计实现（包括图纸、分析、计算和试验等）和验证（工业方与合格审定验证）的过程。安全性评估主要通过 FHA、PSSA、SSA 和共因分析等的评估方法/流程而实施。由于篇幅限制，本章仅简单介绍 FHA、PSSA 及 SSA 等方法。

研制过程本身是一个反复迭代的过程，安全性评估过程是这个过程中必不可少的一部分。安全性评估过程始于概念设计阶段，得出其安全性需求。随着设计的推进会不断有更改产生，这些对更改的设计必须重新进行评估，这种重新评估可能产生新的设计需求，新的设计需求又可能需要通过进一步的设计更改来满足。因此，安全性评估同研制过程一样，也是一个反复迭代的过程。这种安全性评估过程要持续到设计满足安全性需求为止。

在飞机/系统研制周期的初始要进行一次 FHA，借此查明与飞机功能及功能组合相关联的失效状态并对其进行等级分类。FHA 是对飞机和系统功能进行检查，确认潜在的功能失效，并对与特定失效情况相关的危害程度进行分类。在研制过程早期进行 FHA 工作，并且随着新功能或者失效情况的确认进行更新。进行 FHA 的目的是表明每一种失效状态及其分类的原理。随着设计过程中飞机的功能被分配到各个系统，应当对每一个综合了多项功能的系统再进行 FHA 检查，此时的 FHA 应调整为考虑分配到该系统的单个功能或其组合。最后 FHA 的输出将成为 PSSA 的起始点。

PSSA 是对所提出的架构进行系统性检查，以确定失效如何导致 FHA 中所确定的失效状态。同时，PSSA 对飞机/系统进行研制保证等级的分配。PSSA 的目标是完善飞机、系统或设备（即设备、软件、硬件）的安全性需求，并确认所提出的架构能够合理地满足安全性需求。PSSA 可以确定保护性措施（如隔离、机内测试、监控、独立性和安全性维修性任务间隔等）。SSA 及其他文件应该以 PSSA 的输出作为其输入，包括但不限于系统需求、软件需求和硬件需求。PSSA 是与设计定义相关的反复迭代的过程。PSSA 在系统研制（包括飞机、系统及设备定义）的多个阶段进行。在最低层级，PSSA 确定了与硬件及软件安全性有关的设计需求。

SSA 是对所实现的飞机和系统的一种系统性与综合性评价，以表明其满足相关的安全性需求。PSSA 与 SSA 的区别在于：PSSA 是评价所提出的架构以及生成系统/设备安全性需求的方法，SSA 是验证所实施的设计满足 PSSA 定义的安全性需求的方法。SSA 综合各种分析的结果，以验证整个飞机/系统的安全性，并具体考虑了 PSSA 所确定的安全性方面的问题。SSA 通常建立在 PSSA 中 FTA 的基础上，并且要用到 FMES 所获得的定量数据。通过 SSA 应当确认 FMES 列出的所有重要的故障影响都被作为主事件在 FTA 中加以考虑。FMES 是对 FMEA 列出的故障的一个概括，其中根据故障影响对故障进行了分组。

为满足安全性或规章要求，功能、系统或设备的设计可能要求具有独立性。因此，设计时需用一定的方法、流程或程序来确保这种独立性真实的存在且可接受。共因分析（CCA）恰恰提供用以验证独立性或确定具体相关性的工具。通过 CCA 可排除会导致灾难性失效状态的共因事件，还可确定能够导致灾难性的或危险的/严重的失效状态的单个失效模式或外部事件。更进一步，共因分析可分为以下三个用以辅助安全性评估的研究方法：特定风险分析（particular risk analysis，PRA）、区域安全性分析（zonal safety analysis，ZSA）和共模分析（common mode analysis，CMA）。需注意的是，在各个系统的 PSSA 和 SSA 中将要用到飞机级共因分析的结论。CCA 可在设计过程的任何阶段进行。当然，由于对系统架构和安装的潜在影响，在设计过程的早期进行分析是最经济的。然而，只有到研制的最终完成时，CCA 的结论才是可行的。

10.1.3　安全性需求的目标与分配

1. 安全性需求的目标

根据所研制飞机的合格审定基础和期望达到的安全性目标，通过 FHA 等安全性分析与评估工具/方法来建立飞机的安全性需求，并据此制定相应的安全性设计准则（包括与安装和运行相关的安全性设计准则）。通过整机层次的安全性需求、系统层次的安全性需求、系统界面、系统安装需求、设备安装需求或技术采购规范等文件，将安全性技术需求逐一传递到研制的各个环节。

通常，适航规章所规定的飞机系统安全性目标如下。

（1）针对不同的失效影响等级需达到的安全性目标：①灾难性的失效状态须极不可能的；②危险性的失效状态发生概率须不超过极微小的概率需求；③重大的失效状态须不超过微小的概率需求；④轻微的失效状态须不超过可能的概率需求；⑤无安全影响的失效状态无概率需求。

（2）与灾难性失效状态相关的安全性目标，必须表明：①单点失效不会导致灾难性的失效状态；②每个灾难性的失效状态必须是极不可能的；③平均每飞行小时发生的所有灾难性失效状态的总发生概率是极微小的。

2. 安全性需求的分配

安全性需求存在于飞机级、系统级和设备级。鉴于此，在确定了上层级安全性需求后，必然存在一个自上而下的安全性需求分配过程。通常，下层级的安全性需求来自对上层级安全性需求的分配。飞机系统设计过程中，需根据功能把安全性需求自飞机级功能至设备级进行分解。例如，飞机级安全性需求是通过建立基于飞机功能（如方向控制、地面减速等）的飞机级 FHA 而形成的。系统级安全性需求是通过分解飞机级安全性需求得出的系统级 FHA 而形成的。

从确定安全性需求到进行安全性需求分配需要以下几个步骤。

（1）确立基本的飞机级性能和运行需求。通过这些基本的需求，能够建立飞机级功能和这些功能的需求。同时，能够确定与外部物理和运行环境的功能接口。这项工作的输出是一个包括飞机级功能、相关功能需求以及这些功能接口的清单。

（2）自飞机级功能向系统级进行分配和分解，确立适合的飞机功能分组并将这些功能的需求分配到系统。根据功能分配及相关的失效影响，确定满足安全性目标所必需的更具体的系统需求。这项工作的输出是对于每个飞机系统包括他们的相关接口的一组需求。

（3）初步的系统架构可得到确认，该架构确立了系统结构和边界，在此结构和边界之内，实施特定设备设计以满足所有已确立的安全性和技术性能需求。然后通过使用功能和性能分析、PSSA 和共因分析等过程对候选系统架构进行迭代式的评估，以确定在满足分配到系统的功能和顶层安全性需求方面的可行性。这项工作的输出包括设备级的系统架构，以及对于适用设备的系统功能和安全性需求的分配。

（4）将安全性需求分配至硬件和软件。分配到每个设备中硬件的需求，包括适合的安全性目标和研制保证等级；分配到每个设备中软件的需求，包括研制保证等级。必要时应包括软硬件集成的需求。此项工作的输出也可用于更新 PSSA。

实际上，系统架构的制订和系统需求至设备需求的分配是紧密联系的、反复迭代的过程。每次循环都会加深对衍生需求的理解和确定，并且系统级需求到设备级的软/硬件的分配原理也变得更加清晰。当在最终架构中包含了所有需求时，该过程即完成。向设备分配和分解需求时，需要保证设备可以完全实现所分配的需求。随着系统架构工作的深入，由于技术、架构、系统和设备接口或设计实施选择等因素，产生的衍生需求变得更加清晰可见。需要评估这些衍生需求对较高层级需求的潜在影响。分配中产生的衍生需求可能与系统、软件或硬件有关，因此需要考虑根据所分配的需求在系统级或设备级进行设计实现的验证。

研制保证是在系统研制过程中，通过详细具体的计划安排和系统性的研制活动来控制研制过程，以保证消除或减少系统需求和研制活动中的错误与遗漏，确保系统满足适航标准的安全性需求。研制活动保证是通过研制保证等级（DAL）来进行约束的，研制保证等级包括飞机/系统的功能研制保证等级（functional development assurance level，FDAL）和设备研制保证等级（item development assurance level，IDAL）。根据顶层失效状态最严重的类别对顶层功能分配 FDAL。表 10-1 为飞机或系统级 FHA 中的每个功能分配 FDAL。

表 10-1　顶层功能 FDAL

顶层失效状态严重性类别	相应顶层功能 FDAL 分配
灾难的	A
危险的	B
重大的	C
轻微的	D
无安全影响的	E

10.1.4　安全性需求的确认与验证

1. 安全性需求的确认

对安全性需求进行确认的目的是确保安全性需求的正确性和完整性。从简化研制过程的角度看，应在设计实施开始之前进行需求确认计划的制订。在实际中，尤其是对于复杂和综合系统，确认通常是分阶段进行的，并贯穿于整个研制周期。每一阶段的确认工作都能增加对安全性需求正确性和完整性的置信度。经验表明，制订并确认一个好的安全性需求可以及早发现细微差错或遗漏，并能降低系统重新设计或系统性能不足的风险。

安全性需求的确认应对每个层级的安全性需求进行确认，这包括在飞机功能、系统和设备级的需求确认以及对 FHA 的确认。确认过程模型如图 10-6 所示。

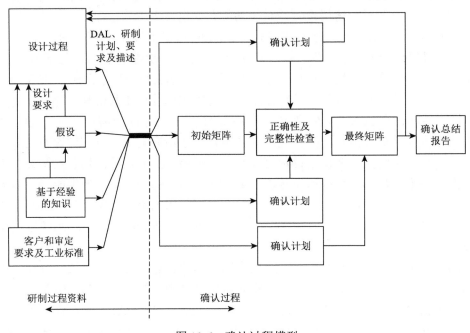

图 10-6　确认过程模型

2. 安全性需求的验证

安全性需求的验证是指对安全性要求的实现过程进行评估，以确定设计的产品（包括飞机/系统/功能/项目）是否满足这些安全性要求，即确定是否已确立了正确的飞机/系统/功能/项目。

实现验证是确定设计实现满足其对应需求，正确地实现了预期功能，保证系统实现满足被确认的需求。实现验证过程应在系统实现的每一层级上进行，图 10-7 表示通用的验证过程模型。验证包括依照验证计划进行检查、评审、分析、试验和运营经验。验证过程的输入包括系统或设备的需求集合以及待验证系统或设备的完整描述。在验证预期功能的过程中，应报告发现的任何异常情况（如非预期功能或不正常工作状态）。

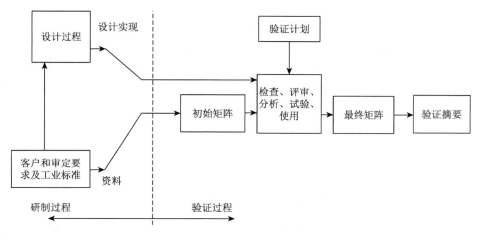

图 10-7　验证过程模型

验证过程包括以下三个不同的部分。

（1）计划，计划的内容包括必需的资源、活动的先后次序，产生的数据、必需信息的校对，特殊活动和评估准则的选择，需特殊验证硬件和软件的产生。

（2）方法，包括在验证活动中所使用的验证方法。

（3）数据，包括在验证过程中所产生的结果证据。

验证的等级由功能研制保证等级和设备研制保证等级来确定。

10.2　功能危险性评估

就民用飞机设计来说，CCAR/FAR/CS25 是飞机设计应满足的基本规章。在飞机设计过程中，除了关于系统、部件、性能等相关的条款，还应满足特定的与安全性相关的需求，表明对 CCAR/FAR/C5 25.1309 条款的符合性。因此，民机适航合格审定过程中，需要对飞机整机和重要系统进行安全性评估，以期证明飞机设计满足既定的安全性需求。功能危险性评估（FHA）是对功能进行系统而全面的检查，以确定这些功能的失效状态并按其严重性进行分类的过程，是安全性评估的第一步，起着至关重要的作用。本节首先说明 FHA 的目标及分类，随后详细介绍 FHA 分析过程，最后分别介绍飞机级 FHA 和系统级 FHA，并给出分析示例。

10.2.1　功能危险性评估目标和分类

FHA 是对功能进行系统而全面的检查，以确定这些功能的失效状态并按其严重性进行分类的过程，是新机型或改进机型设计过程中安全性评估的第一步。该评估方法起始于飞机概念设计阶段，并为飞机后续研制提供设计需求和安全性需求的重要依据。FHA 分析结果是下一步安全性评估流程（如 PSSA 和 SSA）的必要输入，也为后续系统、子系统设计架构提出了安全性设计需求，帮助确认系统架构的可接受性，发现潜在问题和所需的设计更改，确定所需进一步分析的需求及范围。图 10-4 描述了安全性评估过程与飞机研制过程的关系。FHA 通常在两个级别上进行，分别为飞机级 FHA 和系统级 FHA。

飞机级 FHA 是在飞机研制开始时对飞机的基本功能进行高层次的定性评估。飞机级 FHA 将飞机整机视为研究对象，识别飞机在不同飞行阶段可能发生的影响飞机持续和安全飞行的功能失效，并将这些功能失效进行分类，建立飞机必须满足的安全性需求。

在飞机设计过程中，将飞机功能分配到系统后，综合了多重飞机功能的每个系统必须进行系统级 FHA。系统级 FHA 是以系统的功能为研究对象，识别飞机持续、安全飞行的系统功能失效，并根据该功能失效对飞机、机组或乘员影响的严重程度进行分类。

总的来说，FHA 主要是从飞机功能或系统功能角度出发，识别各种功能失效和影响，与飞机或系统的具体构型或组成无关。

10.2.2 功能危险性评估过程

FHA 的目的是识别飞机/系统级别下的功能并考虑功能失效和功能异常两种情况时，建立飞机/系统的失效状态清单及其相关分类。当失效影响和分类从一个飞行阶段到另一个飞行阶段发生变化时，FHA 应识别每个飞行阶段的失效状态。

FHA 过程是一种自上而下识别功能失效状态和评估其影响的方法，应按照如下过程进行评估工作。

（1）确定与分析层次相关的所有功能（包括内部功能和交互功能）。

（2）确定并说明与这些功能相关的失效状态，考虑在正常和恶化环境下的单一和多重失效。

（3）确定失效状态的影响。

（4）根据失效状态对飞机或人员的影响进行分类（灾难性的、危险的、重大的、轻微的和没有安全性影响的）。

（5）给出用于证明失效状态影响分类所要求的支撑材料。

（6）提出用于验证失效状态满足安全性需求的符合性验证方法。对每个失效状态都应提出相应的符合性验证方法，具体确定原则如图 10-8 所示。

FHA 工作的结果填入分析表格。飞机级 FHA 表见表 10-2。

（1）功能，指要进行分析的功能。

（2）失效状态，对每个假设的失效状态作简要说明。通常对每个确定功能，从功能全部丧失、功能部分丧失、其他系统的故障及其他外部事件等危险根源进行考虑。

（3）工作状态或飞行阶段，功能失效时所处的工作状态或飞行阶段。若失效状态的影响由于飞行阶段不同而不同，必须按不同飞行阶段分别填写。

（4）危险对飞机或人员的影响，危险可能使飞机和人员遭受到的有害结果。

（5）影响等级，灾难性的、危险的、重大的、轻微的及无安全影响的。

（6）影响等级的支撑材料，如飞行试验、地面试验、仿真模拟等。

（7）验证方法，如定性的或定量的。

（8）附注，与该失效状态相关，但没有在其他各栏涉及的相关信息，如相似系统以前的故障资料或管理指令等。

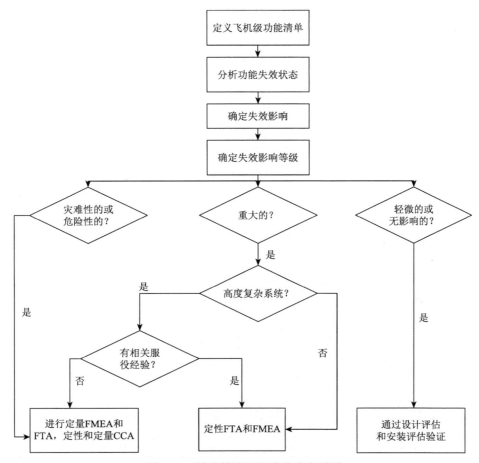

图 10-8　符合性验证方法的确定原则

表 10-2　飞机级 FHA 表

功能	失效状态	工作状态或飞行阶段	危险对飞机或人员的影响	影响等级	影响等级的支撑材料	验证方法	附注
（1）	（2）	（3）	（4）	（5）	（6）	（7）	（8）

10.2.3　功能危险性评估报告

应对 FHA 过程中产生的文件，如 FHA 功能清单、环境和应急构型清单等文件进行归档，以便对 FHA 过程中所采取的步骤具有可追溯性。

FHA 报告应包括以下内容：功能说明；失效状态；运行阶段；失效对飞机、飞行机组和乘员的影响；失效状态分类；评估过程中引用的支撑材料；验证方法（为满足安全性目标而规定的设计验证方法）。

10.2.4 飞机级 FHA 过程

图 10-9 给出了飞机级 FHA 过程，该过程包括以下五部分。

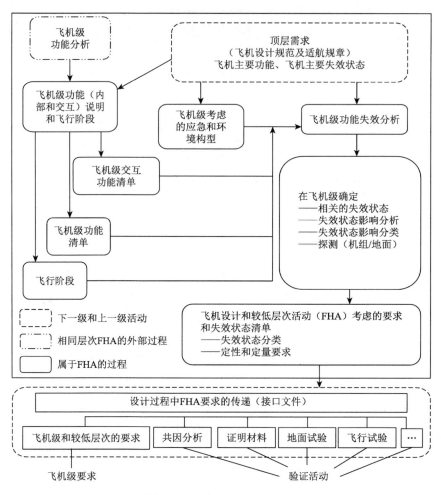

图 10-9 飞机级 FHA 过程图

（1）定义飞机级功能。

（2）确定失效状态。

（3）确定失效状态影响分析。

（4）确定失效状态影响分类。

（5）输出评估结果（包括安全性需求、假设的确认和验证方法）。

10.2.5 系统级 FHA 过程

图 10-10 给出了系统级 FHA 过程。该过程与飞机级 FHA 过程类似，区别在于系统级 FHA 分析的顶层需求来自飞机级 FHA 衍生的安全性需求及系统适用的规章。

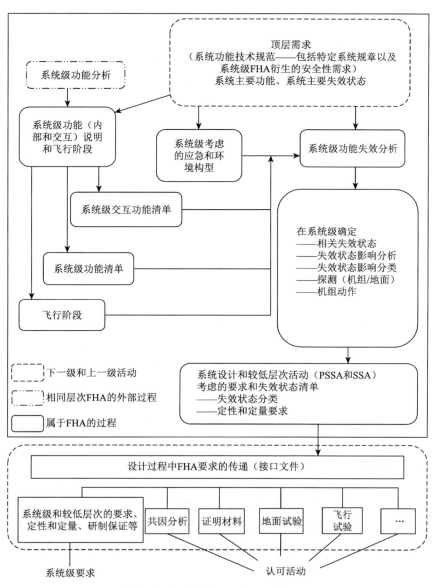

图 10-10　系统级 FHA 过程

10.3　初步系统安全性评估

FHA 初步完成后，需要结合系统架构，开展 PSSA。该评估是整机或 SSA 过程中的关键环节之一，也是系统顶层安全性工作与软件/硬件安全性工作的桥梁。通过该评估，可将顶层的安全性需求向子系统及设备级分配，是实现自上而下设计理念的核心部分。本节针对 PSSA 过程进行了简要介绍。

10.3.1　PSSA 的作用与目的

PSSA 过程与设计过程相互作用、紧密关联，在整个设计周期内连续迭代进行。其通过对推荐的系统架构进行系统的检查，确定故障是如何导致 FHA 中所确定的失效状态的，以及如何能够满足 FHA 中所确定的定量与定性的安全性目标与需求，同时将系统级 FHA 中产生的系统安全性需求（概率、研制保证等级等）分配给子系统/设备，将设备级安全性需求分配到软件和硬件，从而确定系统各层次级设计的安全性需求和目标，为系统设计与研制活动、SSA 等活动提供必要的输入，见图 10-11。

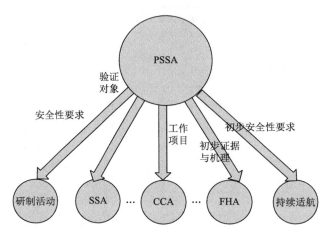

图 10-11　PSSA 对其他活动的作用

PSSA 的作用与目的主要有以下几点。

（1）探究导致 FHA 中所识别确定的功能危险性的机理，并确定满足 FHA 的途径。

（2）根据初步的数据、信息和系统详细的架构，来证明与 FHA 中失效状态相关的安全性定性和定量需求得以满足。

（3）确定系统各层次定性的和定量的安全性需求（如功能和软硬件的 DAL 需求、概率需求等），一般这些需求将包含在产品技术规范等文件中。

（4）确定对相关活动的安全性需求，如安装、维修、运行需求手册等。

（5）确定所提出架构和所制订的方案满足飞机/系统的安全性顶层需求和安全性目标。

（6）确定对其他系统、接口和交互功能的安全性需求等。

（7）产生 FTA 中所使用的独立性假设清单，以便于确认与验证。

（8）确定共模分析的输入等。

对于所分析的系统，PSSA 阐明在 FHA 中所确定识别的所有重要的故障失效状态，分析方法可定性也可定量，其使用的定性或和定量分析方法将由失效状态影响危险等级、复杂程度、相似系统服役经验等综合分析来确定。

10.3.2　PSSA 分析的假设与输入

在进行相关的 PSSA 相关分析的过程中，可能使用和/或产生了许多假设，这些假设除了需要进一步的确认与验证，还需进行有效的管理，以确保假设的完整性、正确性和可追溯性。其中 PSSA 中所使用或产生的假设主要包括故障树中"与"门的独立性假设、平均飞行时间、故障分布类型以及设计中的假设等，下面将对主要的上述假设做简要的介绍，以帮助理解 PSSA 中的分析假设。

1. PSSA 分析的假设

1）故障分布类型假设

在进行 PSSA 和 FTA 的计算、预计和分配时，一般假设系统的故障服从指数分布，指数分布中的故障率 $\lambda(t)$ 服从浴盆曲线分布，见图 10-12。从图中可看到 $\lambda(t)$ 的变化大致可分成以下三种类型。

（1）早期故障阶段。在产品开始使用的早期出现，其特点是开始故障率较高，但随时间的推移以及早期故障的排除，故障率迅速下降。

（2）偶然故障阶段。这期间故障率较低，且持续时间较长，其特点是故障率近似常数。

（3）耗损故障阶段。产品工作较长时间后出现，其特点是随时间的推移，故障率迅速上升。

一般来说，在进行 PSSA 过程计算时，假设 $\lambda(t)$ 为偶然故障时期的恒定值，其恒定值即为浴盆曲线盆底所对应的值（图 10-12）。

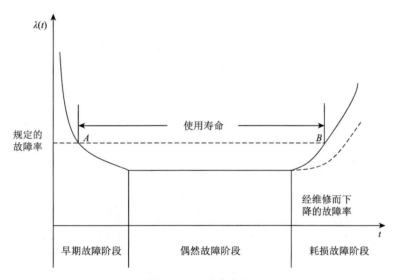

图 10-12　浴盆曲线

2）典型平均飞行时间假设

在计算暴露时间和进行 PSSA 定量分析时，需要确定一参数值，即平均飞行时间。平均飞行时间是指飞机飞行一个循环（起落）所使用的时间，以小时为单位，故也称平均飞行小时。平均飞行时间根据飞机类型和任务剖面的不同而不同，其准确的数值应结合以往的经验和用户的需求，由市场统计得出，表 10-3 给出了不同类型飞机平均飞行时间的示例。

表 10-3　不同类型飞机平均飞行时间示例

飞机类型	支线飞机	窄体飞机	宽体飞机
平均飞行时间	1h 左右	2~4h	4h 之上

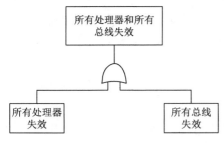

图 10-13　所有处理器或所有总线失效示例

3）"与"门的独立性假设

"与"门的独立性假设是深入进行故障树分析（FTA）和将 PSSA 进行到最低层级的条件和基础。对于危险影响等级比较高的"与"门故障树，还需要进行独立性的进一步确认和验证，主要通过 FMEA、CMA、PRA、ZSA 等方法来进行。以"所有处理器和所有总线失效"为例（图 10-13），在"与"门的独立性假设前提下，当"所有处理器失效"和"所有总线失效"这两个事件全部发生时，其顶事件"所有处理器和所有总线失效"顶事件概率计算如下：

$$P(\text{所有处理器和所有总线失效}) = \text{所有处理器失效}(\text{prob}(P_0)) \times \text{所有总线失效}(\text{prob}(B_0))$$

2. PSSA 输入

在进行 PSSA 时需要具备必要的条件和输入，其主要包括以下几个方面。

（1）飞机级 FHA 所确定识别的失效状态及相关需求（包括 DAL、概率需求等）；飞机级 FTA。

（2）系统级 FHA 所识别确定的失效状态及相关需求。

（3）初步的 CCA。

（4）推荐或确定的系统架构。

（5）与其他系统的接口和相互关系。

（6）系统设备清单及其功能等。

PSSA 的输入包含的内容比较广泛丰富，也很复杂，并且在不同的层级其 PSSA 的输入及相互关系也有所不同，以 PSSA 过程中的 FTA 顶事件为例，其可能来源于飞机级 FHA、PSSA、系统级 FHA、上一级的 FTA 等，其各层级 FTA 顶事件来源示例见表 10-4。

表 10-4　顶事件来源示例

FTA 约定层次	顶事件的来源	FTA 约定层次	顶事件的来源
飞机级 系统级	飞机级 FHA 系统级 FHA 和/或飞机级 FHA 和/或飞机级 FTA	组件级 组件功能块	系统级 FTA 组件级 FTA

10.3.3　PSSA 分析过程与输出

1. PSSA 分析过程

PSSA 是一种自上而下的分析方法，根据系统级 FHA 失效状态等级对预期的架构及其实施情况进行系统性的评估，输出系统/组件的安全性需求。在对系统架构进行初步评估时，应充分进行 CCA，对系统设计实施的功能冗余度、功能隔离和功能独立性进行评判。

PSSA 主要输入有两个：一是系统级 FHA；二是系统架构。系统级 FHA 主要产生 PSSA 过程中要分析的失效状态及其类别；系统架构则给了系统的组成、设备清单及相应功能。

由 PSSA 中的故障树底事件产生的安全性需求应传递到 FMEA 的分析者手中。这些信息可以帮助分析者决定 FMEA 的重点和深度。

系统级 PSSA 的实施过程如图 10-14 所示，图中给出了各过程需要完成的工作和目标。

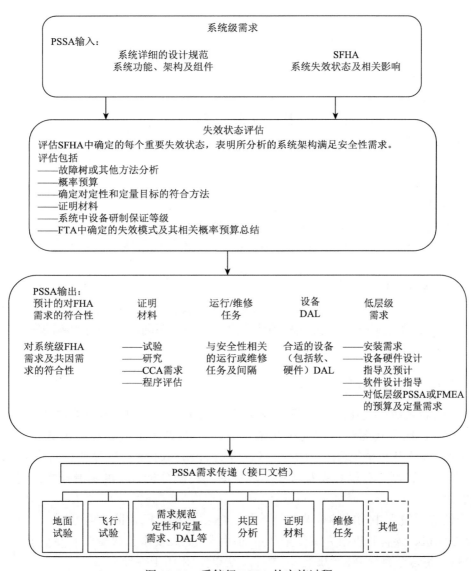

图 10-14　系统级 PSSA 的实施过程

2. PSSA 的输出结果

1）输出文件

通过进行和完成 PSSA 过程，将产生各层级的 PSSA 分析结论，并为系统设计、低一层级的 PSSA 和 SSA 验证提供输入。其中分析结论如下。

（1）低层级的系统或设备的安全性需求（故障概率、环境合格鉴定要求、闪电/HIRF 要求等）。

（2）安装需求（隔离、分离等）。

（3）功能和软/硬件的研制保证等级。

（4）安全性维修任务和运行任务等。

将这些结果形成文件进行归档，以便对完成 PSSA 报告的步骤进行跟踪。相关保留文件和信息如下。

（1）计划对 FHA 需求的符合性方法。

（2）更新的 FHA。

（3）支持失效状态分类的材料。

（4）失效状态清单。

（5）低层级的安全性需求（包括研制保证等级）。

（6）定性的 FTA。

（7）初步 CCA。

（8）运行需求（飞行和维修）。

2）输出给低层级的 PSSA

PSSA 可能在子系统或设备上实施。低层级 PSSA 的输入是在上一层级 FHA/PSSA 中确定的相关失效影响、定性需求、概率预算和研制保证等级。在获得上一层级 PSSA 的输出后，低层级的 PSSA 可按照以上过程实施。

3）PSSA 和 SSA 之间的联系

SSA 是验证 SFHA 中重要失效状态的安全性需求和目标已被满足的一种自下而上的方法。PSSA 的输出应作为 SSA 过程的输入之一。对于不同层次上所实施的每一 PSSA，应存在相应的 SSA。

10.3.4 PSSA 示例

"报信者系统"是由中国商飞美国公司牵头进行研发的，由智能快速分离、数据传输及定位、拖曳式图像追踪捕捉传输、充气缓降等四个主要系统组成。和传统黑匣子相比，"报信者系统"在数据存储容量、传输即时性、搜寻便捷性、重量等方面实现了质的飞跃，有望对灾难救援、事故原因精确分析、民机制造技术改进产生积极作用。

"报信者系统"中的故障检测装置包括传感器系统、机载报警信号等，一旦发生故障，会给飞机、乘客、机组人员带来严重的后果，因此要求其故障概率要小于 5×10^{-5}。通过 PSSA 将这个目标分配到底层，过程及结果如图 10-15 所示。

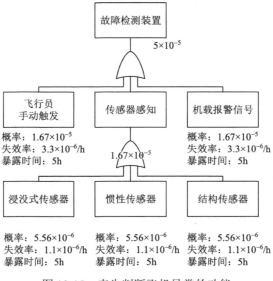

图 10-15　丧失判断飞机异常的功能

10.4　系统安全性评估

PSSA 是自上而下分配安全性需求的过程，SSA 是自下而上验证这些安全性需求的过程。对于在不同层级实施的 PSSA，都有一个 SSA 过程与之对应。本节将首先介绍 SSA 的概念，然后阐述 SSA 的过程。

10.4.1　系统安全性评估的概念

SSA 是对系统、架构及其安装等实施的系统化、综合性的评估，以证明相关的安全性需求得到满足。

SSA 是评估所有重要失效状态及其对飞机的影响，其分析过程类似于 PSSA，但在范围上有所不同。PSSA 是结合系统架构，自上而下地将 FHA 中的需求分配给子系统/设备，再将设备级需求分配到软件和硬件，导出系统各层级设计的安全性目标和需求，同时表明系统如何满足 FHA 中确认的失效状态的定量和定性安全性需求。SSA 是自下而上验证可实现的设计方案是否已满足 FHA 和 PSSA 中所定义的定性和定量安全性需求的过程。

SSA 是一个连续反复的过程，贯穿于飞机整个研制周期。SSA 可在不同层级上实施，对于在不同层级实施的 PSSA，都有一个对应的 SSA。最高层级的 SSA 是系统级 SSA，由 AFHA 和/或 SFHA 或 PSSA 引出，低层级的 SSA 是根据系统级 SSA 的输出展开得来的。

SSA 的目标如下。

（1）验证 SFHA 中安全性需求（设计需求）和目标是否满足。

（2）验证在系统架构、设备、软件及飞机安装的设计中所考虑的安全性需求是否已经满足。

（3）确认在 FHA/PSSA 中确定的所有证明材料是否已经关闭。

10.4.2 　 系统安全性评估的过程

对每个待分析的飞机系统，SSA 应总结所有重要的失效状态及其对飞机的影响，采取定性或定量分析的方法来验证其符合性。SSA 的具体分析需求可能不同，这取决于设计、复杂性和被分析系统要实现的功能类型，应根据相应的 PSSA 来建立分析需求。

图 10-16 虚线的左侧部分是 PSSA 过程中的推荐步骤顺序。图 10-16 虚线的右侧部分表示在 SSA 过程中推荐的步骤顺序。并不是上述每个步骤都必须执行，应考虑每个步骤的适用性。

通过图 10-16 虚线右侧这些自下而上的分层验证，根据在 PSSA 过程中提出的安全性需求可以验证硬件可靠性需求、架构需求和软/硬件研制保证等级。低于规定级别的设计应当执行第二次评估来决定其是否符合原来的需求。RTCA DO-178B 标准用来验证软件实现是否满足要求的研制保证等级。RTCA DO-254 标准用来验证硬件实现是否满足要求的研制保证等级。

设备级 FMEA 及其 FMES 用来支持设备 FTA/CCA 中考虑的失效模式所对应的失效率。系统级 FMEA 及其 FMES 用来支持系统 FTA 中考虑的失效模式对应的失效率。通过对 FTA/CCA 中系统的重新评估来确定飞机级 FTA 中的失效模式和失效概率。飞机 FTA/CCA 通过与 AFHA 对比，以确认是否与飞机级的失效状态及其安全性目标一致。由设备综合到系统，系统综合到飞机，并与 AFHA 中所确定的失效状态进行对比，这就是图 10-16 虚线右侧的"综合交叉检查"。

综上，SSA 过程包括以下几部分内容。

（1）验证系统设计需求。

（2）评估失效状态。

（3）输出底层设计的安全性目标及需求。

图 10-17 是系统级 SSA 过程示意图，图中给出了 SSA 过程各部分需要完成的工作和目标。

10.4.3 　 系统安全性评估的输出

1. 输出文件

应将 SSA 过程的结果形成文件进行归档，以便对完成 SSA 报告的步骤进行跟踪。值得保留的信息可能包括以下方面。

（1）已更新的失效状态清单或 FHA，包括用来表明符合安全性需求（定性和定量）的基本原理。

（2）表明系统设备安装（分隔、保护等）的设计需求如何被组合的文档。

（3）用来确认失效状态分类的材料。

（4）安全性维修任务和与之相关的维修时间间隔。

（5）表明系统和设备（包括硬件和软件）是如何开发使其与所分配的研制保证等级相一致的文档。

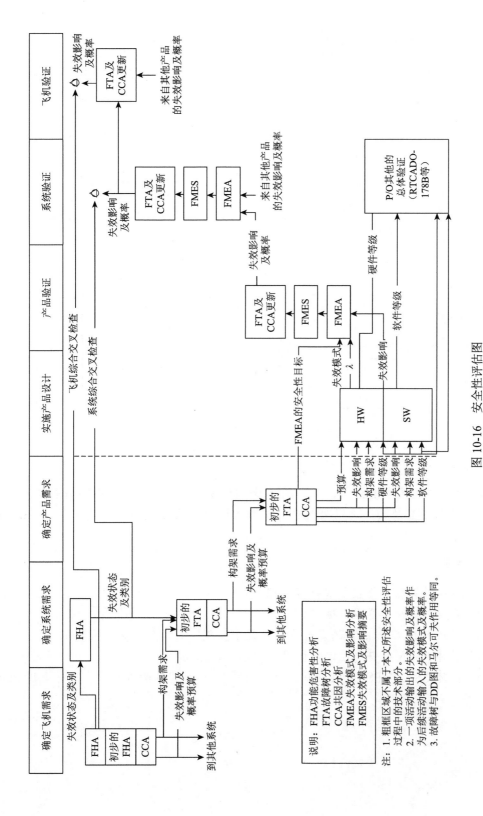

图 10-16　安全性评估图

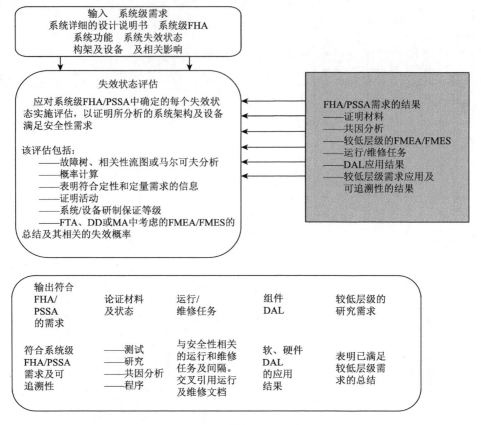

图 10-17　系统级 SSA 过程

2. 系统级 SSA 与 SFHA 的联系

在安全性评估过程终止之前，每个 SSA 必须对照 AFHA 和 SFHA 中的基本需求进行再次审查。失效影响及其在飞机级发生的概率应该对照 AFHA 的失效状态和 AFHA 的分类来验证。

➤复习思考题

10-1　安全性评估过程主要包括哪几部分？

10-2　定性的安全性需求有哪些？

10-3　开展 FHA 工作的目的是什么？分几个步骤？具体是什么？需要哪些输入？

10-4　试述 PSSA 在安全性评估过程中的作用和意义？

10-5　阐述 SSA 与 PSSA 的关系。分别列举 SSA 过程的输入和输出，并概述 SSA 的分析过程。

第 11 章

质量可靠性实验

11.1 基于统计模型的纸飞机飞行质量优化

11.1.1 实验概述

1. 实验目的

本实验首要目的是学习正交实验法，并通过正交实验法进行高效率纸飞机实验。通过改变纸飞机各参数，探索合理分组形式、配重形式，多次尝试进行优化，寻找良好的组间对比，锻炼思维发散和探索能力。练习使用 Minitab 软件，提高软件操作与数据处理能力。

2. 实验器材

A4 纸、量尺、美工刀、胶带、卷尺、计时器。

3. 实验设计

实验中使用到的纸质直升机模板以及其折叠方法来自 Johnson 等（2006）的研究，并且借鉴了此篇文献中部分实验时的细节与经验，如操作人员的操作对于直升机的影响可以忽略等，直升机设计图如图 11-1 所示，图 11-2 说明了完成后的直升机是如何飞行的。

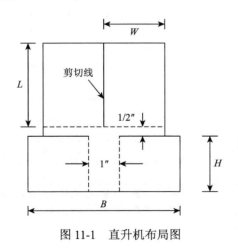

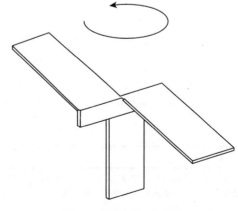

图 11-1　直升机布局图　　　　　图 11-2　直升机飞行图

通过阅读已有的研究文献，选择出对直升机飞行时间有影响的四个因素：基长 B、基高 H、翼长 L 和翼宽 W，对直升机的设计变量进行限制，确定为四因素三水平研究。在有限实验次数下，经过实验验证直升机四个尺寸因素对落地时间的影响，并求出每个尺寸分别限制在三个水平下时，直升机的最优尺寸及最长落地时间。运用 Minitab 软件进行数据分析，找出因素显著性，确定最优方案，并结合实验得到验证。

11.1.2 实验基本原理与方法

1. 正交实验设计的基本概念

正交实验法，也称为正交实验设计法，是一种多快好省地安排和分析多因素实验的科学方法，是统计学的重要分支。它是以概率论数理统计、专业技术知识和实践经验为基础，充分利用标准化的正交实验方案，并对实验结果进行计算分析最终达到减少实验次数，缩短实验周期，迅速找到优化方案的科学计算方法，是产品设计过程和质量管理的重要工具和方法。正交实验法具有实验次数少、实验效率高、实验效果好等优点，且方法简单、使用方便、易于掌握。如果设计水平数为 $t_1, t_2, \cdots, t_k$ 的 k 个因素做 n 次实验，满足以下条件则称为正交实验。

（1）均衡性：每个因素的不同水平在实验中出现相同的次数。

（2）正交性：任意两因素的不同水平组合在实验中出现相同的次数。

2. 正交表

正交表是指一套编印好的标准化的表格，是正交实验法的基本工具。实验设计用一张 n 行 p 列的表来表示，表的每一行对应一次实验，每列对应一个因素。若某个因素有 q 个水平，则可用 $1, 2, \cdots, q$ 表示该因素相应的水平。如果根据已定的 n、p、q 设计出满足一定条件的表格，则此表格为正交表。正交表是一种规格化的表格，通常用记号 $L_n(q^p)$ 表示，故也称 L 表，如表 11-1 所示。

表 11-1 $L_9(3^4)$正交表

实验号	因素 1	因素 2	因素 3	因素 4
1	1	1	1	1
2	1	2	2	2
3	1	3	3	3
4	2	1	2	3
5	2	2	3	1
6	2	3	1	2
7	3	1	3	2
8	3	2	1	3
9	3	3	2	1

注："L"表示正交表，"9"是行数，在实验中表示实验的次数，"4"是列数，在实验中表示可以安排的因子（因素）的最多个数，"3"是表的主体只有三个不同数字，在实验中表示每一因子可以取的水平数

11.1.3　实验过程

通过阅读文献，选择了对直升机飞行时间有影响的四个因素：基长 B、翼长 L、翼宽 W 和基高 H，并结合论文已有数据，对直升机尺寸进行限制，得到本次实验中四个尺寸因素的水平分别为：基长 B 取 7cm、14cm、21cm；翼长 L 取 4cm、6cm、8cm；翼宽 W 取 1cm、2cm、3cm；基高 H 取 5cm、8cm、11cm。

根据表 11-1 的正交表，结合尺寸因素的水平，确定九个直升机的尺寸要求如表 11-2 所示。

表 11-2　直升机尺寸　　　　　　　　　　（单位：cm）

编号	基长 B	翼长 L	翼宽 W	基高 H
1	7	4	1	5
2	7	6	2	8
3	7	8	3	11
4	14	4	2	11
5	14	6	3	5
6	14	8	1	8
7	21	4	3	8
8	21	6	1	11
9	21	8	2	5

小组成员用 A4 纸制作直升机并进行标识。在确保纸张材料相同（A4 纸）、实验地点相同、高度相同（均为经管院二楼至一楼的高度）、放飞者相同、掐表者相同的情况下进行放飞并记录，得到实验结果填入表 11-3。

表 11-3　实验结果

编号	基长 B/cm	翼长 L/cm	翼宽 W/cm	基高 H/cm	时间 T/s
1	7	4	1	5	
2	7	6	2	8	
3	7	8	3	11	
4	14	4	2	11	
5	14	6	3	5	
6	14	8	1	8	
7	21	4	3	8	
8	21	6	1	11	
9	21	8	2	5	

11.1.4　正交实验的结果分析

对实验数据利用 Minitab 软件进行结果分析，方法主要有以下两种。

　　直观分析法：根据直观分析实验结果的步骤，分别对每次实验各因素的一水平、二水平、三水平的实验结果求和；分别求出各因素各水平结果的平均值；分别求出各因素的平均值的差值（也称极差），如果是三个以上水平则要找出平均值最大值或最小值之间的差值；根据极差数的大小，可以判断各因素对实验结果的影响。

　　判断原则：极差越大，所对应的因素越重要，由此可以确定出主、次要因素的排列顺序；根据各因素各水平所对应的指标结果的平均值的大小可以确定各因素的水平。如果要求指标越大越好，则取最大的平均值所对应的那个水平；如果要求指标越小越好，则取最小的平均值所对应的那个水平；如果要求指标适中，取适中的平均值对应的那个指标。

　　方差分析法：通过实验获得的实验数据，除了偶然因素的影响，数据的波动还与实验的条件、实验误差的影响有关。方差分析是用来区分所考察因子水平不同，对应的实验结果的差异是由于水平的改变引起还是由于实验误差引起，进一步检验哪些因子对结果有影响，哪些没有，并区分主次因素。

■ 11.2　储存寿命实验

11.2.1　实验目的

　　（1）通过实验能够使学生了解并掌握可靠性储存实验目的与原理。

　　（2）储存实验用来评价产品的储存期的时间，其目的是验证产品在规定条件下的使用寿命、储存寿命。

11.2.2　实验原理

1. 储存寿命

　　产品在储存中处于非工作状态，由于储存应力要比工作应力小得多，所以产品因储存而发生故障，一般是长期缓慢的过程。这时要对这种缓变过程有所估计，以便在故障前采取修复补救措施，使储存寿命变长。

2. 阿伦尼斯储存加速模型

　　在加速寿命实验中用温度作为加速应力是常见的，因为高温能使产品（如电子元器件、绝缘材料等）内部加快化学反应，促使产品提前失效，阿伦尼斯在 1880 年研究这类化学反应，在大量数据基础上，总结出了反应速率与激活能的指数成反比，与温度倒数的指数成反比，阿伦尼斯模型为

$$A_f = \exp\frac{E_a}{k}\left(\frac{1}{T_{应用}} - \frac{1}{T_{应力}}\right) \tag{11-1}$$

其中，$\exp(x)$ 为 e 的 x 次方，k 为玻尔兹曼常量，取 $8.62 \times 10^{-5}\text{eV/K}$，$T_{应用}$ 为应用温度，$T_{应力}$ 为应力温度，E_a 为激活能，取 0.6eV。

用下列公式求失效率

$$\lambda = \sum_{i=1}^{\beta} \frac{X_i}{\sum_{j=1}^{K} \text{TDH}_j \times \text{AF}_{ij}} \times \frac{M \times 10^9}{\sum_{i=1}^{\beta} X_i} \qquad (11\text{-}2)$$

其中，λ 为用 F_{it} 表示的失效率（失效数/$10^9 \times$ 器件小时），β 为不同的可能的失效机理数（只考虑高温），X_i 为给定失效机理的失效数目（$i = 1, 2, \cdots, N$），TDH_j 为寿命实验数（$j = 1, 2, \cdots, K$）的总器件小时数，$M = \dfrac{\chi^2}{2}$（根据已知的失效数，查 χ^2 分布表 11-4，算出 M 的值，$n = 2r + 2$）。

表 11-4　χ^2 分布表

n	$\alpha = 0.25$	$\alpha = 0.10$	$\alpha = 0.05$
1	1.323	2.706	3.841
2	2.773	4.605	6.991
3	4.108	6.251	7.815
4	5.385	7.779	9.488
5	6.626	9.236	11.071
6	7.841	10.645	12.592
7	9.037	12.017	14.067
8	10.219	13.362	15.507
9	11.389	14.684	16.919
10	12.549	15.987	18.307
11	13.701	17.275	19.675
12	14.845	18.549	21.026

11.2.3　实验条件

（1）高低温实验箱。

（2）老化系统及电源。

（3）触摸工业一体机。

（4）实验软件。

（5）反偏老化板。功能：施加反偏工作电压 0～30V 测试指标：二极管漏电流 I_R。

（6）万用表一只，工具箱 1 个，1N5818 型号二极管 32 只。

1N5818 的相关参数如表 11-5 所示。

表 11-5　1N5818 的相关参数

特性	符号	参数值	单位
反向最大电压	V_R	30	V

续表

特性	符号	参数值	单位
反向最大电流	I_{RM}	10	mA
工作和储存温度范围	T_j	−65～125	℃

11.2.4　实验内容

（1）准备实验器材：反偏老化板；1N5818 二极管 32 只；万用表一只。

（2）开启温控箱电源按钮，按下以后电源按钮绿灯常亮。

（3）开启老化系统。

（4）开启分立器件桌面实验系统电源开关，开关按钮亮红色。

（5）开启反偏电源，黑色按钮打到 on 单元，电源指示灯会常亮。

（6）进入实验软件界面，输入班级、姓名、学号，选择相应的实验项目。

（7）选择相应实验应力类型，实验器件类型（二极管 1N5818），温度、电压应力类型具体见表 11-6，故障判据设置如表 11-7。

表 11-6　温度、电压应力类型

	第一段	第二段
温度/℃	145	145
时间/min	30	60
电压/V	5	
累积时间/min	90	

表 11-7　故障判据

恶化上限/μA	故障上限/μA	失效上限/V
3000	3500	4200

（8）进入实验系统，单击开始实验，观测数据变化；实验开始 5min 开始监控；设定有 32 个电子元器件（反偏耐压），在 145℃ 的高低温实验箱中进行 90min 的实验，在 x_1 秒有一个失效，在 x_2 秒有一个失效（因为只考虑温度影响，所以两个失效的失效机理是一致的，激活能 $E_a = 0.6$eV），求得自然储存条件下 20℃ 90% CL 的失效率。

11.2.5　实验步骤

第一步，故障记录，计算加速因子。

（1）将实验数据填入表 11-8。

表 11-8　实验数据记录表

失效工位编号 r_i	失效时间/s	应用温度（20＋273）K	应力温度（145＋273）K

（2）将表 11-8 数据代入式（11-1）求得加速因子。

第二步，计算失效率。

（1）求总的器件小时（由表 11-8 信息求得）。假定有 25 个样品，进行 3000 小时的实验，在 1000 小时有一个失效，在 2000 小时有一个失效。

$$\text{TDH} = 25 \times 1000 + 24 \times 1000 + 23 \times 1000 = 72000 \ (\text{h})$$

注意：由表 11-8 记录的失效时间单位秒（s）转换为小时（h）。

（2）求 $M = \dfrac{\chi^2}{2}$。根据已知的失效数 r，取得自由度，查表 11-4 得 90%置信度的 χ^2 的值，参数 M 的值服从自由度 $n = 2r + 2$ 的 $\chi^2/2$ 分布，即 $M \sim \dfrac{\chi^2(2r+2)}{2}$。

根据失效数（$r = 2$），得到自由度 $n = 6$，查表 11-4 得 90%置信度 χ^2 的值为 10.645，求得 $M = 5.32$。

（3）将已得到的数据代入式（11-2），可得失效率的表达式：

$$\lambda = \left(\frac{1}{72000 \times \text{AF}} + \frac{1}{72000 \times \text{AF}} \right) \times \frac{5.32 \times 10^9}{2}$$

第三步，求失效前平均（工作）时间（MTTF）。

失效前平均（工作）时间（MTTF）与失效率 λ 互为倒数：$\text{MTTF} = \dfrac{1}{\lambda}$。

11.2.6　实验结果分析

（1）实验过程记录。①剖面曲线截图。②实时监控窗口截图（停止实验时）。③实验数据填入表 11-8。

（2）计算过程（加速因子、失效率、MTTF）。

（3）实验设置情况截图。

（4）结果截图（直方图和饼图、在实验监控窗口上的查看实验结果可得）。

（5）实验小结（分析 MTTF 与储存寿命的关系）。

11.3　可靠性验收——定时截尾实验

11.3.1　实验目的

（1）通过实验使学生了解并掌握可靠性验收实验的原理。

（2）验收实验是对正式转入批生产产品是否达到可靠性定量要求的实验。

11.3.2　实验原理

1. 统计概念

产品的可靠性使用指标，也是可靠性目标值，在合同中又称规定值，实验方案中可为 θ_0。产品必须达到的可靠性使用指标称可靠性门限值，在合同中又称最低可接受值，实验方案为 θ_1。电子产品在寿命的随机失效期的故障率为常数，符合指数分布。

2. 指数寿命型统计实验方案

1）定时截尾实验标准方案

根据标准，定时截尾实验方案参数包括：生产方风险 α 和订购方风险 β、MTBF 可接收值 θ_0 和最低可接收值 θ_1、鉴别比 $d=\theta_0/\theta_1$、实验时间、判决故障数（接收数和拒收数，后者为前者加 1）；由于实验耗费资源较多，双方如果希望缩短实验时间，可采取短时高风险方案。

选定定时截尾实验方案（表 11-9）的程序如下。

（1）根据产品可靠性水平和用户要求研讨 θ_0 和 θ_1，综合实验时间和所需资源权衡确定 θ_1、d、α、β 等参数。

（2）根据 θ_1、d、α、β 等参数，查表得到相应的实验时间、接收判决的故障数及拒收故障数。

表 11-9　定时截尾实验方案

类别	方案号	决策风险				鉴别比 $d=\theta_0/\theta_1$	实验时间（θ_1 倍数）	判决拒收数	故障接收数
		名义值		实际值					
		α	β	α'	β'				
标准型	9	10%	10%	12.0%	9.9%	1.5	45.0	≥37	≤36
	10	10%	20%	10.9%	21.4%	1.5	29.9	≥26	≤25
	11	20%	20%	19.7%	19.6%	1.5	21.5	≥18	≤17
	12	10%	10%	9.6%	10.6%	2.0	18.8	≥14	≤13
	13	10%	20%	9.8%	20.9%	2.0	12.4	≥10	≤9
	14	20%	20%	19.9%	21.0%	2.0	7.8	≥6	≤5
	15	10%	10%	9.4%	9.9%	3.0	9.3	≥6	≤5
	16	10%	20%	10.9%	21.3%	3.0	5.4	≥4	≤3
	17	20%	20%	17.5%	19.7%	3.0	4.3	≥3	≤2
高风险	19	30%	30%	29.8%	30.1%	1.5	8.1	≥7	≤6
	20	30%	30%	28.3%	28.5%	2.0	3.7	≥3	≤2
	21	30%	30%	30.7%	33.3%	3.0	1.1	≥1	≤0

2）MTBF 验证值估计

定时截尾实验预先规定累积实验时间为 T^* 结束实验，其间出现 r 个关联故障，此时则 MTBF 的观测值为：$\hat{\theta}=T^*/r$；如果其间未测到故障（$r=0$），IEC（国际电工委员会）建议 MTBF 的观测值为 $3T^*$。当订购方给出单侧置信区间的置信度为 $\gamma'=1-\beta$（订购方风险），观测值的单侧置信下限（系数）为

$$\theta'_L = \frac{2r}{\chi^2_\beta(2r+2)}\hat{\theta} = \frac{2T^*}{\chi^2_\beta(2r+2)} \tag{11-3}$$

双侧的置信度为 $\gamma = 1 - 2\beta$，置信区间（系数）为

$$\theta_L = \frac{2r}{\chi^2_{(1-\gamma)/2}(2r+2)}\hat{\theta} = \frac{2T^*}{\chi^2_{(1-\gamma)/2}(2r+2)} \tag{11-4}$$

$$\theta_U = \frac{2r}{\chi^2_{(1+\gamma)/2}(2r)}\hat{\theta} = \frac{2T^*}{\chi^2_{(1+\gamma)/2}(2r)} \tag{11-5}$$

经过计算转换，编制了定时截尾置信水平系数表 11-10，直接可以查出，此时 MTBF 单侧置信下限为

$$\theta'_L = \theta_L(\gamma', r)\hat{\theta} \tag{11-6}$$

MTBF 的双侧置信区间为

$$\theta_L = \theta_L(\gamma', r)\hat{\theta} \tag{11-7}$$

$$\theta_U = \theta_U(\gamma', r)\hat{\theta} \tag{11-8}$$

实验数据处理程序如下。

（1）计算累积实验时间 T^* 及实验发生的关联故障数 r；

（2）计算 MTBF 的观测值 $\hat{\theta} = T^*/r$；

（3）计算 MTBF 的单侧置信水平 $\gamma' = 1 - \beta$，并在查出系数后计算 MTBF 单侧置信下限 θ'_L；

（4）与规定的 MTBF 比较，当 $\theta'_L \geqslant$ MTBF 时，通过鉴定；

（5）计算 MTBF 的双侧置信区间，双侧置信水平 $\gamma = 1 - 2\beta$；

（6）将置信上限 θ_U 与 MTBF 规定值进行比较，如果前者小于后者，说明 MTBF 在不可接收的区间，其错判概率为 β。

表 11-10　定时截尾实验数据处理计算系数

故障数 r	置信限							
	双侧 60%，单侧 80%		双侧 80%，单侧 90%		双侧 90%，单侧 95%		双侧 95%，单侧 97.5%	
	θ_U	θ_L	θ_U	θ_L	θ_U	θ_L	θ_U	θ_L
1	4.481	0.334	9.491	0.257	19.496	0.211	39.498	0.179
2	2.426	0.467	3.761	0.376	5.630	0.318	8.262	0.277
3	1.954	0.544	2.722	0.449	3.669	0.837	4.849	0.342
4	1.742	0.595	2.293	0.500	2.928	0.437	3.670	0.391
5	1.618	0.632	2.055	0.539	2.538	0.476	3.080	0.429
6	1.537	0.661	1.904	0.570	2.296	0.507	2.725	0.459
7	1.479	0.684	1.797	0.595	2.131	0.532	2.487	0.485
8	1.435	0.703	1.718	0.616	2.010	0.554	2.316	0.508
9	1.400	0.719	1.657	0.634	1.917	0.573	2.187	0.527
10	1.372	0.733	1.607	0.649	1.843	0.590	2.085	0.544

3. 权衡的原则

降低决策风险，则需要延长实验时间，判决故障数也相应增加，带来的问题是实验费用增加、实验周期长；相反，提高决策风险，可以缩短实验时间，判决故障数减少，实验费用和时间周期减少。

应根据产品可靠性水平和要求适当选择，较多用的为表 11-9 定时截尾方案表中的方案 17。

11.3.3　实验条件

（1）高低温实验箱。
（2）老化系统及电源。
（3）触摸工业一体机。
（4）实验软件。
（5）反偏实验老化板（型号：ZAY782011E860-001-2.PCB）。功能：施加反偏工作电压 0～25V。测试指标：二极管漏电流 I_R。
（6）实验对象 33μF/25V 的相关参数。额定电压 25V，标称容量 33μF，温度范围：−40～105℃。

11.3.4　实验内容

（1）准备实验器材：反偏老化板；33μF/25V 型号电容 32 只；万用表一只。
（2）开启温控箱电源按钮，按下以后电源按钮绿灯常亮。
（3）开启老化系统；开启反偏电源，黑色按钮打到 on 单元，电源指示灯会常亮；开启分立器件桌面实验系统电源开关，开关按钮亮红色。
（4）进入实验软件界面，输入班级、姓名、学号，选择相应的实验项目。
（5）选择相应实验应力类型，实验器件类型（33μF/25V 型号电容）。温度、电压应力类型具体见表 11-11 和表 11-12（总测试时间 110min）。恶化上限为 600μA，故障上限为 700μA，失效上限为 800μA。在稳定后开启监视（80min 左右），在 99min 开始截实时数据。

表 11-11　温度应力类型

	第一段	第二段
温度/℃	100	100
时间/min	20	90

表 11-12　电压应力类型

	第一段	第二段	第三段	第四段	第五段	第六段
电压/V	3	6	9	12	13	0
时间/min	1	1	1	90	7	10

（6）进入实验系统，单击开始实验，观测数据变化。

（7）数据记录，包括失效数、故障数、恶化数等实时数据、应力曲线、工位状态。

11.3.5　实验分析

1. 实验方案

1）定时截尾实验方案

根据产品可靠性水平和用户要求，所需资源权衡确定使用表 11-9 定时截尾方案表中的方案 17，MTBF 的真值 $\theta = 55000\text{h}$，θ_1 预计为 3 年，即 $\theta_1 = 3 \times 24 \times 365 = 26280\text{h}$。

查表 11-9 确定 $d = 3$，$\alpha = \beta = 20\%$；接收数为 2，拒收数为 3。

总实验时间 $T^* = 4.3\theta_1 = 113004\text{h}$。

$\theta_0 = d\theta_1 = 78840\text{h}$，$n = 32$，$t = T^*/n = 113004/32 \approx 3531\text{h}$。

2）加速模型（阿伦尼斯模型）：加电应力与高温

$$A_{\text{ft}} = \exp\left[\frac{E_a}{k} \times \left(\frac{1}{T_u} - \frac{1}{T_t}\right)\right] \quad （温度）$$

$$A_{\text{fv}} = \exp[\beta \times (V_t - V_u)] \quad （电压）$$

$$\text{AF} = \exp\left[\frac{E_a}{k} \times \left(\frac{1}{T_u} - \frac{1}{T_t}\right)\right] \times \exp[\beta \times (V_t - V_u)]$$

式中，AF 为加速因子，E_a 为激活能，T_u 为使用环境温度（$T_u = C + 273.15$），T_t 为实验环境温度（$T_t = C + 273.15$），β 为电压加速度常数（经验值）$0.5 < \beta < 1.0$，V_u 为使用电压，V_t 为实验电压，k 为玻尔兹曼常量，取 $8.62 \times 10^{-5}\text{eV/K}$。

由于设备、时间等多方面限制，对实验进行加速，将 $t = 3531\text{h}$ 加速完成，缩短实验时间。

设置

$$T_u = 25 + 273.15 = 298.15 \,（\text{K}），$$

$$T_t = 100 + 273.15 = 373.15 \,（\text{K}）$$

$$V_u = 7\text{V}, \quad V_t = 12\text{V}, \quad \beta = 0.6, \quad E_a = 0.6\text{eV}$$

$$\text{AF} = \exp\left[\frac{0.6}{8.62 \times 10^{-5}} \times \left(\frac{1}{298.15} - \frac{1}{373.15}\right)\right] \times \exp[0.6 \times (12 - 7)]$$

$$= 109.278 \times 20.086 \approx 2195$$

$$t' = 3531/2195 \approx 1.61 \,（\text{h}） \approx 97 \,（\text{min}）$$

本实验设计 110min（在 12V、100℃保持 90min）。

2. 实验数据处理

1）实验设置情况（图 11-3）

2）实验结果（直方图和饼图）（图 11-4）

判定这批元器件是否接收（截最后出结果的实时数据，98min 左右出现 6 个失效工位，因为 6＞3，所以拒收这批元器件）（图 11-5）。

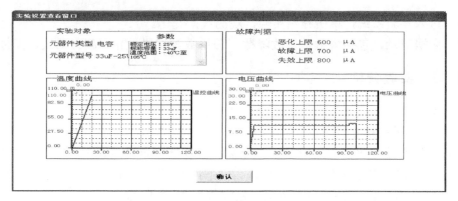

图 11-3　实验设置查看窗口

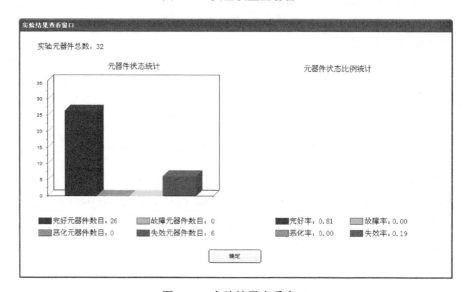

图 11-4　实验结果查看窗口

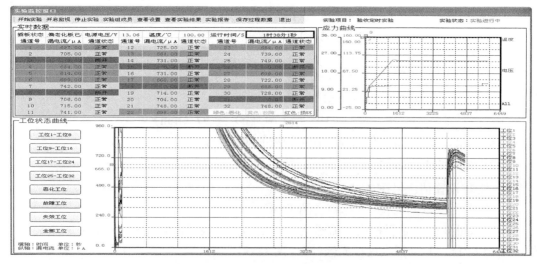

图 11-5　实验监控窗口

3）定时截尾接收 MTBF 估计

规定置信度 $\gamma = 1 - 2\beta = 60\%$，实验中出现 6 个故障，MTBF 的观测值

$$\hat{\theta} = T^* / r = 113004/6 \approx 18834 \text{（h）}$$

查表得置信度为 60% 下的置信上限为

$$\theta_U = \theta_U(\gamma', r)\hat{\theta} = 1.742 \times 18834 \approx 32809 \text{（h）}$$

置信下限为

$$\theta_L = \theta_L(\gamma', r)\hat{\theta} = 0.595 \times 18834 \approx 11206 \text{（h）}$$

MTBF 的真值 $\theta = 55000h$ 不在区间（11206，32809）中，所以确定该元器件不符合 MTBF 的要求。

11.4　可靠性验收——定数截尾实验

11.4.1　实验目的

（1）通过实验能够使学生了解并掌握可靠性验收实验的原理。

（2）验收实验是对正式转入批生产产品是否达到可靠性定量要求的实验。

11.4.2　实验原理

1. 统计概念

内容同 11.3.2 节统计概念部分。

2. 指数寿命型统计实验方案

1）抽样规则

从一批产品中，随机抽取 n 个样品进行实验，当实验到事先规定的截尾故障 r 时，停止实验，r 个责任任务故障时间分别为：$t_1 \leq t_2 \leq \cdots \leq t_r$，根据这些数据求出实验总时间为

$$T = \begin{cases} n\Delta t_r & \text{（有替换）} \\ \sum_{i=1}^{r} t_i + (n-r)\Delta t_r & \text{（无替换）} \end{cases} \tag{11-9}$$

平均寿命点估计 $\hat{\theta}$ 为

$$\hat{\theta} = T/r \tag{11-10}$$

定数截尾实验的抽样规则为：当 $\hat{\theta} \geq c$ 时，产品合格，接收这批产品；当 $\hat{\theta} < c$ 时，产品不合格，拒收这批产品，其中 c 为合格判定实验时间。

2）抽检实验方案

制订定数截尾实验方案是在给定 α、β、θ_0、θ_1 下，具体见表 11-13。

3）MTBF 验证值的估计

定数截尾实验预先规定出现 r 个故障时截止实验，此时累积实验时间为 T^*，则 MTBF

的观测值为：$\hat{\theta}=T^*/r$，当订购方给出单侧置信水平 $\gamma'=1-\beta$（订购方风险），观测值的单侧置信下限（系数）为

$$\theta_L' = \frac{2r}{\chi_\beta^2(2r)}\hat{\theta} = \frac{2T^*}{\chi_\beta^2(2r)}$$

表 11-13　定数截尾抽验方案表

鉴别比 $d=\theta_1/\theta_1$	$\alpha=0.05$, $\beta=0.05$		$\alpha=0.05$, $\beta=0.10$		$\alpha=0.10$, $\beta=0.05$		$\alpha=0.10$, $\beta=0.10$	
	r	c/θ_1	r	c/θ_1	r	c/θ_1	r	c/θ_1
1.5	67	1.212	55	1.184	52	1.241	41	1.209
2	23	1.366	19	1.310	18	1.424	15	1.374
3	10	1.629	8	1.494	8	1.746	6	1.575
5	5	1.970	4	1.710	4	2.180	3	1.835
10	3	2.720	3	2.720	2	2.660	2	2.660

双侧置信区间（系数）为

$$\theta_L = \frac{2r}{\chi_{(1-\gamma)/2}^2(2r+2)}\hat{\theta} = \frac{2T^*}{\chi_{(1-\gamma)/2}^2(2r+2)}$$

$$\theta_U = \frac{2r}{\chi_{(1+\gamma)/2}^2(2r)}\hat{\theta} = \frac{2T^*}{\chi_{(1+\gamma)/2}^2(2r)}$$

经过计算转换，编制定数截尾置信水平系数表，直接可以查出。

此时，MTBF 单侧置信下限为

$$\theta_L' = \theta_L(\gamma, r)\hat{\theta}$$

MTBF 的双侧置信区间为

$$\theta_L = \theta_L'\left(\frac{1+\gamma}{2}, r\right)\hat{\theta}$$

$$\theta_U = \theta_U'\left(\frac{1+\gamma}{2}, r\right)\hat{\theta}$$

实验数据处理程序如下，定数截尾实验数据处理计算系数的取值情况见表 11-14。

（1）计算出现定数故障数 r 时刻的累积实验时间 T^*。

（2）计算 MTBF 的观测值 $\hat{\theta}=T^*/r$。

（3）计算单侧置信水平 $\gamma'=1-\beta$，并在查出系数后计算 MTBF 单侧置信下限 θ_L'。

（4）与规定的 MTBF 比较，$\theta_L' \geq$ MTBF 时，通过鉴定。

（5）计算 MTBF 的双侧置信区间，置信水平 $\gamma=1-2\beta$。

（6）将置信上限与 MTBF 规定值进行比较，如果前者小于后者，说明 MTBF 在不可接收的区间，其错判概率为 β。

表 11-14　定数截尾实验数据处理计算系数

故障数 r	置信限							
	双侧 60%，单侧 80%		双侧 80%，单侧 90%		双侧 90%，单侧 95%		双侧 95%，单侧 97.5%	
	θ'_U	θ'_L	θ'_U	θ'_L	θ'_U	θ'_L	θ'_U	θ'_L
1	4.481	0.621	9.491	0.434	19.496	0.334	39.498	0.271
2	2.426	0.668	3.761	0.514	5.630	0.422	3.262	0.359
3	1.954	0.701	2.722	0.564	3.669	0.477	4.849	0.451
4	1.742	0.725	2.293	0.599	2.928	0.516	3.670	0.455
5	1.618	0.744	2.055	0.626	2.538	0.546	3.080	0.488
6	1.537	0.759	1.904	0.647	2.296	0.571	2.725	0.514
7	1.479	0.771	1.797	0.665	2.131	0.591	2.487	0.530
8	1.435	0.782	1.718	0.680	2.010	0.608	2.316	0.555
9	1.400	0.791	1.657	0.639	1.917	0.623	2.187	0.571
10	1.372	0.799	1.607	0.704	1.843	0.637	2.085	0.585

11.4.3　实验条件

（1）高低温实验箱。

（2）老化系统及老化电源。

（3）触摸工业一体机。

（4）可靠性实验软件。

（5）反偏实验老化板（型号：ZAY782011E860-001-2.PCB）。功能：施加反偏工作电压 0～30V。测试指标：二极管漏电流 I_R。

（6）实验对象的相关参数：特性符号 1N5818；单位反向最大电压 30V；最大反向电流 10mA；工作和储存的温度范围：-65～125℃。

11.4.4　实验内容

（1）准备实验器材：反偏老化板；1N5818 二极管 32 只；万用表一只。

（2）开启温控箱电源按钮，按下以后电源按钮绿灯常亮。

（3）开启老化系统：开启反偏电源，黑色按钮打到 on 单元，电源指示灯会常亮；开启分立器件桌面实验系统电源开关，开关按钮亮红色。

（4）进入实验软件界面，输入班级、姓名、学号，选择相应的实验项目。

（5）选择相应实验应力类型，实验器件类型（二极管 1N5818）。

温度、电压应力类型具体见表 11-15 和表 11-16（总测试时间 120 min）。恶化上限为 1000μA，故障上限为 1500μA，失效上限为 1700μA。

表 11-15　温度应力类型

	第一段	第二段	第三段	第四段
温度/℃	-3	-3	115	115
时间/min	30	10	35	45

表 11-16 电压应力类型

	第一段
电压/V	30
时间/min	120

电压稳定后开启监视:

(1) 进入实验系统,单击开始实验,观测数据变化。

(2) 数据记录,包括失效数、故障数、恶化数、实时数据、应力曲线、工位状态曲线。

11.4.5 实验分析

1. 实验方案

1) 定数截尾实验方案

根据产品可靠性水平和用户要求,所需资源权衡确定 $\alpha = \beta = 0.1$,θ_1 预计为 3 年,即 $\theta_1 = 3 \times 24 \times 365 = 26280\mathrm{h}$,$\theta_0 = 52560\mathrm{h}$,MTBF 的真值 $\theta = 68000\mathrm{h}$。

$d = \dfrac{\theta_0}{\theta_1} = 2$,查表 11-13 可得 $r = 15$,$c/\theta_1 = 1.374$。则 $c = 1.374 \times 26280 = 36109\mathrm{h}$。

得到方案:截尾故障数 $r = 15$,合格判定 $c = 36109\mathrm{h}$,即任取 n 个产品(无替换 $n > 4$),实验到 $r = 15$ 时,停止实验。

将真值大于 c,合格进行加速,加速方案如下。

2) 加速模型(阿伦尼斯模型):加电应力与高温

$$A_{\mathrm{ft}} = \exp\left[\frac{E_a}{k} \times \left(\frac{1}{T_u} - \frac{1}{T_t}\right)\right] \quad (\text{温度})$$

$$A_{\mathrm{fv}} = \exp[\beta \times (V_t - V_u)] \quad (\text{电压})$$

$$\mathrm{AF} = \exp\left[\frac{E_a}{k} \times \left(\frac{1}{T_u} - \frac{1}{T_t}\right)\right] \times \exp[\beta \times (V_t - V_u)]$$

其中,AF 为加速因子,E_a 为激活能,T_u 为使用环境温度,T_t 为实验环境温度,β 为电压加速度常数(经验值)$0.5 < \beta < 1.0$,V_u 为使用电压,V_t 为实验电压,k 为玻尔兹曼常量,取 $8.62 \times 10^{-5}\mathrm{eV/K}$。

由于设备、时间等多方面限制,对元器件鉴定实验进行加速,将 $t = 3531\mathrm{h}$ 加速完成,缩短实验时间。

设置

$$T_u = 25 + 273.15 = 298.15 \ (\mathrm{K}),$$

$$T_t = 115 + 273.15 = 388.15 \ (\mathrm{K})$$

$$V_u = 25\mathrm{V}, \ V_t = 30\mathrm{V}, \ \beta = 0.6, \ E_a = 0.6\mathrm{eV}$$

$$AF = \exp\left[\frac{0.6}{8.62\times10^{-5}}\times\left(\frac{1}{298.15}-\frac{1}{388.15}\right)\right]\times\exp[0.6\times(30-25)]$$

$$= 224.75 \times 20.09 = 4515.2$$

$$t' = 36109 / 4515.2 = 8.00\,(\text{h})$$

2. 实验数据处理

1）实验设置情况（图 11-6）

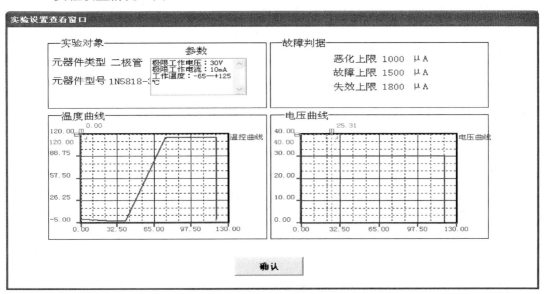

图 11-6　实验设置查看窗口

2）实验结果（直方图和饼图）（图 11-7）

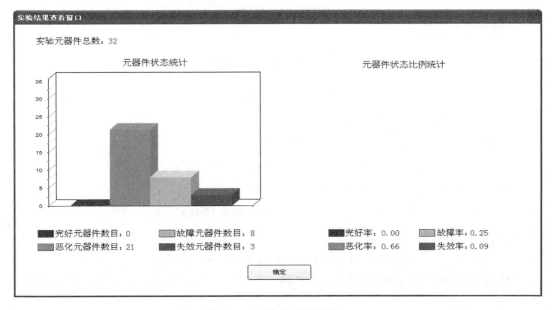

图 11-7　实验结果查看窗口

3）判定这批元器件是否接收（图 11-8）

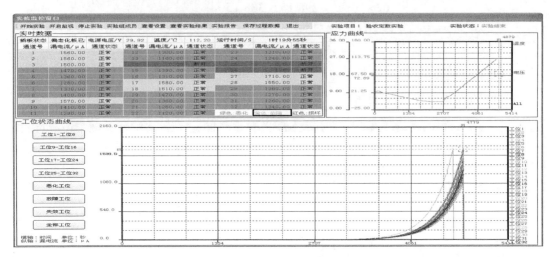

图 11-8   实验监控窗口

第一个失效工位 14，出现时间：4645s = 1.290h。

第二个失效工位 9，出现时间：4789s = 1.330h。

第三个失效工位 26，出现时间：4795s = 1.332h。

总实验时间

$$T^* = \sum_{i=1}^{r} t_i + (n-r)\Delta t_r \text{（无替换）} = 1.290 + 1.330 + 1.332 + （32\text{–}3）\times 1.332 = 42.58 \text{（h）}$$

未加速情况下

$$T = 42.58 \times 4515.2 = 192257.216 \text{（h）}$$

平均寿命的点估计：

$$\hat{\theta} = \frac{T^*}{r} = \frac{42.58}{3} = 14.19 \text{（h）}$$

$\hat{\theta}$ 与 $t' = 4.27$h 比较：因为 14.19＞4.27，接收这批元器件。

4）定数截尾接收 MTBF 估计

规定置信度 $\gamma = 1 - 2\beta = 80\%$，MTBF 的观测值

$$\hat{\theta} = T / r = 192257.216/3 = 64086 \text{（h）}$$

查表 11-14 得置信度为 80%下的置信上限为

$$\theta_U = \theta_U(\gamma', r)\hat{\theta} = 2.722 \times 64086 = 174442 \text{（h）}$$

置信下限为

$$\theta_L = \theta_L(\gamma', r)\hat{\theta} = 0.564 \times 64086 = 36144 \text{（h）}。$$

MTBF 的真值 $\theta = 68000$h 在区间（36144，174442）中，所以确定该元器件符合 MTBF 的要求。

➢复习思考题

11-1　正交实验的结果分析方法主要有哪些？

11-2　储存寿命实验内容具体有哪些？

11-3　可靠性验收——定时截尾实验和定数截尾实验的原理是什么？

11-4　指数寿命型统计实验具体的方案是什么？

附录 中华人民共和国国家标准

GB/T 19001—2016

质量管理体系 要求

1 范围

本标准为下列组织规定了质量管理体系要求：

a）需要证实其具有稳定提供满足顾客要求及适用法律法规要求的产品和服务的能力；

b）通过体系的有效应用，包括体系改进的过程，以及保证符合顾客要求和适用的法律法规要求，旨在增强顾客满意。

本标准规定的所有要求是通用的，旨在适用于各种类型、不同规模和提供不同产品和服务的组织。

注1：本标准中的术语"产品"或"服务"仅适用于预期提供给顾客或顾客所要求的产品和服务。

注2：法律法规要求可称作法定要求。

2 规范性引用文件

下列文件对于本文件的应用是必不可少的。凡是注日期的引用文件，仅注日期的版本适用于本文件。凡是不注日期的引用文件，其最新版本（包括所有的修改单）适用于本文件。

GB/T 19000—2016 质量管理体系 基础和术语（ISO 9000：2015，IDT）

3 术语和定义

GB/T 19000—2016界定的术语和定义适用于本文件。

4 组织环境

4.1 理解组织及其环境

组织应确定与其宗旨和战略方向相关并影响其实现质量管理体系预期结果的能力的各种外部和内部因素。

组织应对这些外部和内部因素的相关信息进行监视和评审。

注1：这些因素可能包括需要考虑的正面和负面要素或条件。

注2：考虑来自于国际、国内、地区或当地的各种法律法规、技术、竞争、市场、文化、社会和经济环境的因素，有助于理解外部环境。

注3：考虑与组织的价值观、文化、知识和绩效等有关的因素，有助于理解内部环境。

4.2　理解相关方的需求和期望

由于相关方对组织稳定提供符合顾客要求及适用法律法规要求的产品和服务的能力具有影响或潜在影响，因此，组织应确定：

a）与质量管理体系有关的相关方；

b）与质量管理体系有关的相关方的要求。

组织应监视和评审这些相关方的信息及其相关要求。

4.3　确定质量管理体系的范围

组织应确定质量管理体系的边界和适用性，以确定其范围。

在确定范围时，组织应考虑：

a）4.1 中提及的各种外部和内部因素；

b）4.2 中提及的相关方的要求；

c）组织的产品和服务。

如果本标准的全部要求适用于组织确定的质量管理体系范围，组织应实施本标准的全部要求。

组织的质量管理体系范围应作为成文信息，可获得并得到保持。该范围应描述所覆盖的产品和服务类型，如果组织确定本标准的某些要求不适用于其质量管理体系范围，应说明理由。

只有当所确定的不适用的要求不影响组织确保其产品和服务合格的能力或责任，对增强顾客满意也不会产生影响时，方可声称符合本标准的要求。

4.4　质量管理体系及其过程

4.4.1　组织应按照本标准的要求，建立、实施、保持和持续改进质量管理体系，包括所需过程及其相互作用。

组织应确定质量管理体系所需的过程及其在整个组织中的应用，且应：

a）确定这些过程所需的输入和期望的输出；

b）确定这些过程的顺序和相互作用；

c）确定和应用所需的准则和方法（包括监视、测量和相关绩效指标），以确保这些过程的有效运行和控制；

d）确定这些过程所需的资源并确保其可获得；

e）分配这些过程的职责和权限；

f）按照 6.1 的要求应对风险和机遇；

g）评价这些过程，实施所需的变更，以确保实现这些过程的预期结果；

h）改进过程和质量管理体系。

4.4.2　在必要的范围和程度上，组织应：

a）保持成文信息以支持过程运行；

b）保留成文信息以确信其过程按策划进行。

5 领导作用

5.1 领导作用和承诺

5.1.1 总则

最高管理者应通过以下方面，证实其对质量管理体系的领导作用和承诺：

a）对质量管理体系的有效性负责；

b）确保制定质量管理体系的质量方针和质量目标，并与组织环境相适应，与战略方向相一致；

c）确保质量管理体系要求融入组织的业务过程；

d）促进使用过程方法和基于风险的思维；

e）确保质量管理体系所需的资源是可获得的；

f）沟通有效的质量管理和符合质量管理体系要求的重要性；

g）确保质量管理体系实现预期结果；

h）促使人员积极参与，指导和支持他们为质量管理体系的有效性作出贡献；

i）推动改进；

j）支持其他相关管理者在其职责范围内发挥领导作用。

注：本标准使用的"业务"一词可广义地理解为涉及组织存在目的的核心活动，无论是公有、私有、营利或非营利组织。

5.1.2 以顾客为关注焦点

最高管理者应通过确保以下方面，证实其以顾客为关注焦点的领导作用和承诺：

a）确定、理解并持续地满足顾客要求以及适用的法律法规要求；

b）确定和应对风险和机遇，这些风险和机遇可能影响产品和服务合格以及增强顾客满意的能力；

c）始终致力于增强顾客满意。

5.2 方针

5.2.1 制定质量方针

最高管理者应制定、实施和保持质量方针，质量方针应：

a）适应组织的宗旨和环境并支持其战略方向；

b）为建立质量目标提供框架；

c）包括满足适用要求的承诺；

d）包括持续改进质量管理体系的承诺。

5.2.2 沟通质量方针

质量方针应：

a）可获取并保持成文信息；

b）在组织内得到沟通、理解和应用；

c）适宜时，可为有关相关方所获取。

5.2.3　组织的岗位、职责和权限

最高管理者应确保组织相关岗位的职责、权限得到分配、沟通和理解。

最高管理者应分配职责和权限，以：

a）确保质量管理体系符合本标准的要求；

b）确保各过程获得其预期输出；

c）报告质量管理体系的绩效以及改进机会（见 10.1），特别是向最高管理者报告；

d）确保在整个组织中推动以顾客为关注焦点；

e）确保在策划和实施质量管理体系变更时保持其完整性。

6　策划

6.1　应对风险和机遇的措施

6.1.1　在策划质量管理体系时，组织应考虑到 4.1 所提及的因素和 4.2 所提及的要求，并确定需要应对的风险和机遇，以：

a）确保质量管理体系能够实现其预期结果；

b）增强有利影响；

c）预防或减少不利影响；

d）实现改进。

6.1.2　组织应策划：

a）应对这些风险和机遇的措施；

b）如何：

（1）在质量管理体系过程中整合并实施这些措施（见 4.4）；

（2）评价这些措施的有效性。

应对措施应与风险和机遇对产品和服务符合性的潜在影响相适应。

注 1：应对风险可选择规避风险，为寻求机遇承担风险，消除风险源，改变风险的可能性或后果，分担风险，或通过信息充分的决策而保留风险。

注 2：机遇可能导致采用新实践、推出新产品、开辟新市场、赢得新顾客、建立合作伙伴关系、利用新技术和其他可行之处，以应对组织或其乘顾客的需求。

6.2　质量目标及其实现的策划

6.2.1　组织应针对相关职能、层次和质量管理体系所需的过程建立质量目标。

质量目标应：

a）与质量方针保持一致；

b）可测量；

c）考虑适用的要求；

d）与产品和服务合格以及增强顾客满意相关；

e）予以监视；

f）予以沟通；

g）适时更新。

组织应保持有关质量目标的成文信息。

6.2.2 策划如何实现质量目标时，组织应确定：

a）要做什么；

b）需要什么资源；

c）由谁负责；

d）何时完成；

e）如何评价结果。

6.3 变更的策划

当组织确定需要对质量管理体系进行变更时，变更应按所策划的方式实施（见 4.4）。

组织应考虑：

a）变更目的及其潜在后果；

b）质量管理体系的完整性；

c）资源的可获得性；

d）职责和权限的分配或再分配。

7 支持

7.1 资源

7.1.1 总则

组织应确定并提供所需的资源，以建立、实施、保持和持续改进质量管理体系。

组织应考虑：

a）现有内部资源的能力和局限；

b）需要从外部供方获得的资源。

7.1.2 人员

组织应确定并配备所需的人员，以有效实施质量管理体系，并运行和控制其过程。

7.1.3 基础设施

组织应确定、提供并维护所需的基础设施，以运行过程，并获得合格产品和服务。

注：基础设施可包括：

a）建筑物和相关设施；

b）设备，包括硬件和软件；

c）运输资源；

d）信息和通信技术。

7.1.4 过程运行环境

组织应确定、提供并维护所需的环境，以运行过程，并获得合格产品和服务。

注：适宜的过程运行环境可能是人为因素与物理因素的结合，例如：

a）社会因素（如非歧视、安定、非对抗）；

b）心理因素（如减压、预防过度疲劳、稳定情绪）；

c）物理因素（如温度、热量、湿度、照明、空气流通、卫生、噪声）。

由于所提供的产品和服务不同，这些因素可能存在显著差异。

7.1.5　监视和测量资源

7.1.5.1　总则

当利用监视或测量来验证产品和服务符合要求时，组织应确定并提供所需的资源，以确保结果有效和可靠。

组织应确保所提供的资源：

a）适合所开展的监视和测量活动的特定类型；

b）得到维护，以确保持续适合其用途。

组织应保留适当的成文信息，作为监视和测量资源适合其用途的证据。

7.1.5.2　测量溯源

当要求测量溯源时，或组织认为测量溯源是信任测量结果有效的基础时，测量设备应：

a）对照能溯源到国际或国家标准的测量标准，按照规定的时间间隔或在使用前进行校准和（或）检定，当不存在上述标准时，应保留作为校准或验证依据的成文信息；

b）予以识别，以确定其状态；

c）予以保护，防止由于调整、损坏或衰减所导致的校准状态和随后的测量结果的失效。

当发现测量设备不符合预期用途时，组织应确定以往测量结果的有效性是否受到不利影响，必要时应采取适当的措施。

7.1.6　组织的知识

组织应确定必要的知识，以运行过程，并获得合格产品和服务。

这些知识应予以保持，并能在所需的范围内得到。

为应对不断变化的需求和发展趋势，组织应审视现有的知识，确定如何获取或接触更多必要的知识和知识更新。

注1：组织的知识是组织特有的知识，通常从其经验中获得，是为实现组织目标所使用和共享的信息。

注2：组织的知识可基于：

a）内部来源（如知识产权、从经验获得的知识、从失败和成功项目汲取的经验和教训、获取和分享未成文的知识和经验，以及过程、产品和服务的改进结果）；

b）外部来源（如标准、学术交流、专业会议、从顾客或外部供方收集的知识）。

7.2　能力

组织应：

a）确定在其控制下工作的人员所需具备的能力，这些人员从事的工作影响质虽管理体系绩效和有效性；

b）基于适当的教育、培训或经验，确保这些人员是胜任的；

c）适用时，采取措施以获得所需的能力，并评价措施的有效性；

d）保留适当的成文信息，作为人员能力的证据。

注：适用措施可包括对在职人员进行培训、辅导或重新分配工作，或者聘用、外包胜任的人员。

7.3 意识

组织应确保在其控制下工作的人员知晓：

a）质量方针；

b）相关的质量目标；

c）他们对质量管理体系有效性的贡献，包括改进绩效的益处；

d）不符合质量管理体系要求的后果。

7.4 沟通

组织应确定与质量管理体系相关的内部和外部沟通，包括：

a）沟通什么；

b）何时沟通；

c）与谁沟通；

d）如何沟通；

e）谁来沟通。

7.5 成文信息

7.5.1 总则

组织的质量管理体系应包括：

a）本标准要求的成文信息；

b）组织所确定的、为确保质量管理体系有效性所需的成文信息。

注：对于不同组织，质量管理体系成文信息的多少与详略程度可以不同，取决于：

——组织的规模，以及活动、过程、产品和服务的类型；

——过程及其相互作用的复杂程度；

——人员的能力。

7.5.2 创建和更新

在创建和更新成文信息时，组织应确保适当的：

a）标识和说明（如标题、日期、作者、索引编号）；

b）形式（如语言、软件版本、图表）和载体（如纸质的、电子的）；

c）评审和批准，以保持适宜性和充分性。

7.5.3 成文信息的控制

7.5.3.1 应控制质量管理体系和本标准所要求的成文信息，以确保：

a）在需要的场合和时机，均可获得并适用；

b）予以妥善保护（如防止泄密、不当使用或缺失）。

7.5.3.2 为控制成文信息，适用时，组织应进行下列活动：

a）分发、访问、检索和使用；

b）存储和防护，包括保持可读性；

c）更改控制（如版本控制）；

d）保留和处置。

对于组织确定的策划和运行质量管理体系所必需的来自外部的成文信息，组织应进行适当识别，并予以控制。

对所保留的、作为符合性证据的成文信息应予以保护，防止非预期的更改。

注：对成文信息的"访问"可能意味着仅允许查阅，或者意味着允许查阅并授权修改。

8　运行

8.1　运行的策划和控制

为满足产品和服务提供的要求，并实施第6章所确定的措施，组织应通过以下措施对所需的过程（见4.4）进行策划、实施和控制：

a）确定产品和服务的要求；

b）建立下列内容的准则：

　　1）过程；

　　2）产品和服务的接收。

c）确定所需的资源以使产品和服务符合要求；

d）按照准则实施过程控制；

e）在必要的范围和程度上，确定并保持、保留成文信息，以：

　　1）确信过程已经按策划进行；

　　2）证实产品和服务符合要求。

策划的输出应适合于组织的运行。

组织应控制策划的变更，评审非预期变更的后果，必要时，采取措施减轻不利影响。

组织应确保外包过程受控（见8.4）。

8.2　产品和服务的要求

8.2.1　顾客沟通

与顾客沟通的内容应包括：

a）提供有关产品和服务的信息；

b）处理问询、合同或订单，包括更改；

c）获取有关产品和服务的顾客反馈，包括顾客投诉；

d）处置或控制顾客财产；

e）关系重大时，制定应急措施的特定要求。

8.2.2　产品和服务要求的确定

在确定向顾客提供的产品和服务的要求时，组织应确保：

a）产品和服务的要求得到规定，包括：

　　1）适用的法律法规要求；

　　　2）组织认为的必要要求。

　　b）提供的产品和服务能够满足所声明的要求。

8.2.3　产品和服务要求的评审

8.2.3.1　组织应确保有能力向顾客提供满足要求的产品和服务。在承诺向顾客提供产品和服务之前，组织应对如下各项要求进行评审：

　　a）顾客规定的要求，包括对交付及交付后活动的要求；

　　b）顾客虽然没有明示，但规定的用途或已知的预期用途所必需的要求；

　　c）组织规定的要求；

　　d）适用于产品和服务的法律法规要求；

　　e）与以前表述不一致的合同或订单要求。

　　组织应确保与以前规定不一致的合同或订单要求已得到解决。

　　若顾客没有提供成文的要求，组织在接受顾客要求前应对顾客要求进行确认。

　　注：在某些情况下，如网上销售，对每一个订单进行正式的评审可能是不实际的，作为替代方法，可评审有关的产品信息，如产品目录。

8.2.3.2　适用时，组织应保留与下列方面有关的成文信息：

　　a）评审结果；

　　b）产品和服务的新要求。

8.2.4　产品和服务要求的更改

　　若产品和服务要求发生更改，组织应确保相关的成文信息得到修改，并确保相关人员知道已更改的要求。

8.3　产品和服务的设计和开发

8.3.1　总则

　　组织应建立、实施和保持适当的设计和开发过程，以确保后续的产品和服务的提供。

8.3.2　设计和开发策划

　　在确定设计和开发的各个阶段和控制时，组织应考虑：

　　a）设计和开发活动的性质、持续时间和复杂程度；

　　b）所需的过程阶段，包括适用的设计和开发评审；

　　c）所需的设计和开发验证、确认活动；

　　d）设计和开发过程涉及的职责和权限；

　　e）产品和服务的设计和开发所需的内部、外部资源；

　　f）设计和开发过程参与人员之间接口的控制需求；

　　g）顾客及使用者参与设计和开发过程的需求；

　　h）对后续产品和服务提供的要求；

　　i）顾客和其他有关相关方所期望的对设计和开发过程的控制水平；

　　j）证实已经满足设计和开发要求所需的成文信息。

8.3.3　设计和开发输入

　　组织应针对所设计和开发的具体类型的产品和服务，确定必需的要求。组织应考虑：

a）功能和性能要求；

b）来源于以前类似设计和开发活动的信息；

c）法律法规要求；

d）组织承诺实施的标准或行业规范；

e）针对设计和开发的目的，输入应是充分和适宜的，且应完整、清楚。

相互矛盾的设计和开发输入应得到解决。

组织应保留有关设计和开发输入的成文信息。

8.3.4　设计和开发控制

组织应对设计和开发过程进行控制，以确保：

a）规定拟获得的结果；

b）实施评审活动，以评价设计和开发的结果满足要求的能力；

c）实施验证活动，以确保设计和开发输出满足输入的要求；

d）实施确认活动，以确保形成的产品和服务能够满足规定的使用要求或预期用途；

e）针对评审、验证和确认过程中确定的问题采取必要措施；

f）保留这些活动的成文信息。

注：设计和开发的评审、验证和确认具有不同目的，根据组织的产品和服务的具体情况，可单独或以任意组合的方式进行。

8.3.5　设计和开发输出

组织应确保设计和开发输出：

a）满足输入的要求；

b）满足后续产品和服务提供过程的需要；

c）包括或引用监视和测量的要求，适当时，包括接收准则；

d）规定产品和服务特性，这些特性对于预期目的、安全和正常提供是必需的。

组织应保留有关设计和开发输出的成文信息。

8.3.6　设计和开发更改

组织应对产品和服务在设计和开发期间以及后续所做的更改进行适当的识别、评审和控制，以确保这些更改对满足要求不会产生不利影响。

组织应保留下列方面的成文信息：

a）设计和开发更改；

b）评审的结果；

c）更改的授权；

d）为防止不利影响而采取的措施。

8.4　外部提供的过程、产品和服务的控制

8.4.1　总则

组织应确保外部提供的过程、产品和服务符合要求。

在下列情况下，组织应确定对外部提供的过程、产品和服务实施的控制：

a）外部供方的产品和服务将构成组织自身的产品和服务的一部分；

b）外部供方代表组织直接将产品和服务提供给顾客；

c）组织决定由外部供方提供过程或部分过程。

组织应基于外部供方按照要求提供过程、产品和服务的能力，确定并实施对外部供方的评价、选择、绩效监视以及再评价的准则。对于这些活动和由评价引发的任何必要的措施，组织应保留成文信息。

8.4.2　控制类型和程度

组织应确保外部提供的过程、产品和服务不会对组织稳定地向顾客交付合格产品和服务的能力产生不利影响。

组织应：

a）确保外部提供的过程保持在其质量管理体系的控制之中；

b）规定对外部供方的控制及其输出结果的控制；

c）考虑：

1）外部提供的过程、产品和服务对组织稳定地满足顾客要求和适用的法律法规要求的能力的潜在影响；

2）由外部供方实施控制的有效性；

d）确定必要的验证或其他活动，以确保外部提供的过程、产品和服务满足要求。

8.4.3　提供给外部供方的信息

组织应确保在与外部供方沟通之前所确定的要求是充分和适宜的。

组织应与外部供方沟通以下要求：

a）需提供的过程、产品和服务；

b）对下列内容的批准：

1）产品和服务；

2）方法、过程和设备；

3）产品和服务的放行；

c）能力，包括所要求的人员资格；

d）外部供方与组织的互动；

e）组织使用的对外部供方绩效的控制和监视；

f）组织或其顾客拟在外部供方现场实施的验证或确认活动。

8.5　生产和服务提供

8.5.1　生产和服务提供的控制

组织应在受控条件下进行生产和服务提供。

适用时，受控条件应包括：

a）可获得成文信息，以规定以下内容：

1）拟生产的产品、提供的服务或进行的活动的特性；

2）拟获得的结果。

b）可获得和使用适宜的监视和测量资源；

c）在适当阶段实施监视和测量活动，以验证是否符合过程或输出的控制准则以及产品和服务的接收准则；

d）为过程的运行使用适宜的基础设施，并保持适宜的环境；

e）配备胜任的人员，包括所要求的资格；

f）若输出结果不能由后续的监视或测量加以验证，应对生产和服务提供过程实现策划结果的能力进行确认，并定期再确认；

g）采取措施防止人为错误；

h）实施放行、交付和交付后的活动。

8.5.2　标识和可追溯性

需要时，组织应采用适当的方法识别输出，以确保产品和服务合格。

组织应在生产和服务提供的整个过程中按照监视和测量要求识别输出状态。

当有可追溯要求时，组织应控制输出的唯一性标识，并应保留所需的成文信息以实现可追溯。

8.5.3　顾客或外部供方的财产

组织应爱护在组织控制下或组织使用的顾客或外部供方的财产。

对组织使用的或构成产品和服务一部分的顾客和外部供方财产，组织应予以识别、验证、保护和防护。

若顾客或外部供方的财产发生丢失、损坏或发现不适用情况，组织应向顾客或外部供方报告，并保留所发生情况的成文信息。

注：顾客或外部供方的财产可能包括材料、零部件、工具和设备以及场所、知识产权和个人资料。

8.5.4　防护

组织应在生产和服务提供期间对输出进行必要的防护，以确保符合要求。

注：防护可包括标识、处置、污染控制、包装、储存、传输或运输以及保护。

8.5.5　交付后活动

组织应满足与产品和服务相关的交付后活动的要求。

在确定所要求的交付后活动的覆盖范围和程度时，组织应考虑：

a）法律法规要求；

b）与产品和服务相关的潜在不良的后果；

c）产品和服务的性质、使用和预期寿命；

d）顾客要求；

e）顾客反馈。

注：交付后活动可包括保证条款所规定的措施、合同义务（如维护服务等）、附加服务（如回收或最终处置等）。

8.5.6　更改控制

组织应对生产或服务提供的更改进行必要的评审和控制，以确保持续地符合要求。

组织应保留成文信息，包括有关更改评审的结果、授权进行更改的人员以及根据评审所采取的必要措施。

8.6 产品和服务的放行

组织应在适当阶段实施策划的安排，以验证产品和服务的要求已得到满足。

除非得到有关授权人员的批准，适用时得到顾客的批准，否则在策划的安排已圆满完成之前，不应向顾客放行产品和交付服务。

组织应保留有关产品和服务放行的成文信息。成文信息应包括：

a）符合接收准则的证据；

b）可追溯到授权放行人员的信息。

8.7 不合格输出的控制

8.7.1 组织应确保对不符合要求的输出进行识别和控制，以防止非预期的使用或交付。

组织应根据不合格的性质及其对产品和服务符合性的影响采取适当措施。这也适用于在产品交付之后，以及在服务提供期间或之后发现的不合格产品和服务。

组织应通过下列一种或几种途径处置不合格输出：

a）纠正；

b）隔离、限制、退货或暂停对产品和服务的提供；

c）告知顾客；

d）获得让步接收的授权。

对不合格输出进行纠正之后应验证其是否符合要求。

8.7.2 组织应保留下列成文信息：

a）描述不合格；

b）描述所采取的措施；

c）描述获得的让步；

d）识别处置不合格的授权。

9 绩效评价

9.1 监视、测量、分析和评价

9.1.1 总则

组织应确定：

a）需要监视和测量什么；

b）需要用什么方法进行监视、测量、分析和评价，以确保结果有效；

c）何时实施监视和测量；

d）何时对监视和测量的结果进行分析和评价。

组织应评价质量管理体系的绩效和有效性。

组织应当保留适当的成文信息，以作为结果的证据。

9.1.2 顾客满意

组织应监视顾客对其需求和期望已得到满足的程度的感受。组织应确定获取、监视和评审该信息的方法。

注：监视顾客感受的例子可包括顾客调查、顾客对交付产品或服务的反馈、顾客座谈、市场占有

率分析、顾客赞扬、担保索赔和经销商报告。

9.1.3　分析与评价

组织应分析和评价通过监视和测量获得的适当的数据和信息。

应利用分析结果评价：

a）产品和服务的符合性；

b）顾客满意程度；

c）质量管理体系的绩效和有效性；

d）策划是否得到有效实施；

e）应对风险和机遇所采取措施的有效性；

f）外部供方的绩效；

g）质量管理体系改进的需求。

注：数据分析方法可包括统计技术。

9.2　内部审核

9.2.1　组织应按照策划的时间间隔进行内部审核，以提供有关质量管理体系的下列信息：

a）是否符合：

1）组织自身的质量管理体系要求；

2）本标准的要求；

b）是否得到有效的实施和保持。

9.2.2　组织应：

a）依据有关过程的重要性、对组织产生影响的变化和以往的审核结果，策划、制定、实施和保持审核方案，审核方案包括频次、方法、职责、策划要求和报告；

b）规定每次审核的审核准则和范围；

c）选择审核员并实施审核，以确保审核过程客观公正；

d）确保将审核结果报告给相关管理者；

e）及时采取适当的纠正和纠正措施；

f）保留成文信息，作为实施审核方案以及审核结果的证据。

注：相关指南参见 GB/T 19011。

9.3　管理评审

9.3.1　总则

最高管理者应按照策划的时间间隔对组织的质量管理体系进行评审，以确保其持续的适宜性，充分性和有效性，并与组织的战略方向保持一致。

9.3.2　管理评审输入

策划和实施管理评审时应考虑下列内容：

a）以往管理评审所采取措施的情况；

b）与质量管理体系相关的内外部因素的变化；

c）下列有关质量管理体系绩效和有效性的信息，包括其趋势：

1）顾客满意和有关相关方的反馈；

　　　2）质量目标的实现程度；

　　　3）过程绩效以及产品和服务的合格情况；

　　　4）不合格及纠正措施；

　　　5）监视和测量结果；

　　　6）审核结果；

　　　7）外部供方的绩效。

　d）资源的充分性；

　e）应对风险和机遇所采取措施的有效性（见 6.1）；

　f）改进的机会。

9.3.3　管理评审输出

管理评审的输出应包括与下列事项相关的决定和措施：

　a）改进的机会；

　b）质量管理体系所需的变更；

　c）资源需求。

组织应保留成文信息，作为管理评审结果的证据。

10　改进

10.1　总则

组织应确定和选择改进机会，并采取必要措施，以满足顾客要求和增强顾客满意。这应包括：

　a）改进产品和服务，以满足要求并应对未来的需求和期望；

　b）纠正、预防或减少不利影响；

　c）改进质量管理体系的绩效和有效性。

　注：改进的例子可包括纠正、纠正措施、持续改进、突破性变革、创新和重组。

10.2　不合格和纠正措施

10.2.1　当出现不合格时，包括来自投诉的不合格，组织应：

　a）对不合格做出应对，并在适用时：

　　　1）采取措施以控制和纠正不合格；

　　　2）处置后果。

　b）通过下列活动，评价是否需要采取措施，以消除产生不合格的原因，避免其再次发生或者在其他场合发生：

　　　1）评审和分析不合格；

　　　2）确定不合格的原因；

　　　3）确定是否存在或可能发生类似的不合格。

　c）实施所需的措施；

　d）评审所采取的纠正措施的有效性；

e）需要时，更新在策划期间确定的风险和机遇；

f）需要时，变更质量管理体系。

纠正措施应与不合格所产生的影响相适应。

10.2.2　组织应保留成文信息，作为下列事项的证据：

a）不合格的性质以及随后所采取的措施；

b）纠正措施的结果。

10.3　持续改进

组织应持续改进质量管理体系的适宜性、充分性和有效性。

组织应考虑分析和评价的结果以及管理评审的输出，以确定是否存在需求或机遇，这些需求或机遇应作为持续改进的一部分加以应对。

附　表

附表 1　常用正交表

$L_4(2^3)$

列号	试验号		
	1	2	3
1	1	1	1
2	1	2	2
3	2	1	2
4	2	2	1

$L_8(2^7)$

列号	试验号						
	1	2	3	4	5	6	7
1	1	1	1	1	1	1	1
2	1	1	1	2	2	2	2
3	1	2	2	1	1	2	2
4	1	2	2	2	2	1	1
5	2	1	2	1	2	1	2
6	2	1	2	2	1	2	1
7	2	2	1	1	2	2	1
8	2	2	1	2	1	1	2

$L_6(2^7)$ 二列间的交互作用

1	2	3	4	5	6	7	列号
(1)	3	2	5	4	7	6	1
	(2)	1	6	7	4	5	2
		(3)	7	6	5	4	3
			(4)	1	2	3	4
				(5)	3	2	5
					(6)	1	6
						(7)	7

$$L_{12}(2^{11})$$

列号	试验号										
	1	2	3	4	5	6	7	8	9	10	11
1	1	1	1	2	2	1	2	1	2	2	1
2	2	1	2	1	2	1	1	2	2	2	2
3	1	2	2	2	2	2	1	2	2	1	1
4	2	2	1	1	2	2	2	2	1	2	1
5	1	1	2	2	1	2	2	2	1	2	2
6	2	1	2	1	1	2	2	1	2	1	1
7	1	2	1	1	1	1	2	2	2	1	2
8	2	2	1	2	1	2	1	1	2	2	2
9	1	1	1	1	2	2	1	1	1	1	2
10	2	1	1	2	1	1	1	2	1	1	1
11	1	2	2	1	1	1	1	1	1	2	1
12	2	2	2	2	2	1	2	1	1	1	2

$$L_{16}(2^{15})$$

列号	试验号														
	1	2	3	4	5	6	7	8	9	10	11	12	13	14	15
1	1	1	1	1	1	1	1	1	1	1	1	1	1	1	1
2	1	1	1	1	1	1	1	2	2	2	2	2	2	2	2
3	1	1	1	2	2	2	2	1	1	1	1	2	2	2	2
4	1	1	1	2	2	2	2	2	2	2	2	1	1	1	1
5	1	2	2	1	1	2	2	1	1	2	2	1	1	2	2
6	1	2	2	1	1	2	2	2	2	1	1	2	2	1	1
7	1	2	2	2	2	1	1	1	1	2	2	2	2	1	1
8	1	2	2	2	2	1	1	2	2	1	1	1	1	2	2
9	2	1	2	1	2	1	2	1	2	1	2	1	2	1	2
10	2	1	2	1	2	1	2	2	1	2	1	2	1	2	1
11	2	1	2	2	1	2	1	1	2	1	2	2	1	2	1
12	2	1	2	2	1	2	1	2	1	2	1	1	2	1	2
13	2	2	1	1	2	2	1	1	2	2	1	1	2	2	1
14	2	2	1	1	2	2	1	2	1	1	2	2	1	1	2
15	2	2	1	2	1	1	2	1	2	2	1	2	1	1	2
16	2	2	1	2	1	1	2	2	1	1	2	1	2	2	1

$L_{16}(2^{15})$ 二列间的交互作用

1	2	3	4	5	6	7	8	9	10	11	12	13	14	15	列号
(1)	3	2	5	4	7	6	9	8	11	10	13	12	15	14	1
	(2)	1	6	7	4	5	10	11	8	9	14	15	12	13	2

续表

1	2	3	4	5	6	7	8	9	10	11	12	13	14	15	列号
		(3)	7	6	5	4	11	10	9	8	15	14	13	12	3
			(4)	1	2	3	12	13	14	15	8	9	10	11	4
				(5)	3	2	13	12	15	14	9	8	11	10	5
					(6)	1	14	14	12	13	10	11	8	9	6
						(7)	15	15	13	12	11	10	9	8	7
							(8)	1	2	3	4	5	6	7	8
								(9)	3	2	5	4	7	6	9
									(10)	1	6	7	4	5	10
										(11)	7	6	5	4	11
											(12)	1	2	3	12
												(13)	3	2	13
													(14)	1	14
														(15)	15

$L_{32}(2^{31})$

列号	试验号																														
	1	2	3	4	5	6	7	8	9	10	11	12	13	14	15	16	17	18	19	20	21	22	23	24	25	26	27	28	29	30	31
1	1	1	1	1	1	1	1	1	1	1	1	1	1	1	1	1	1	1	1	1	1	1	1	1	1	1	1	1	1	1	1
2	1	1	1	1	1	1	1	1	1	1	1	1	1	1	1	2	2	2	2	2	2	2	2	2	2	2	2	2	2	2	2
3	1	1	1	1	1	1	1	2	2	2	2	2	2	2	2	1	1	1	1	1	1	1	2	2	2	2	2	2	2	2	2
4	1	1	1	1	1	1	1	2	2	2	2	2	2	2	2	2	2	2	2	2	2	2	1	1	1	1	1	1	1	1	1
5	1	1	1	2	2	2	2	1	1	1	1	2	2	2	2	1	1	1	1	2	2	2	2	1	1	1	1	2	2	2	2
6	1	1	1	2	2	2	2	1	1	1	1	2	2	2	2	2	2	2	2	1	1	1	1	2	2	2	2	1	1	1	1
7	1	1	1	2	2	2	2	2	2	2	2	1	1	1	1	1	1	1	1	2	2	2	2	2	2	2	2	1	1	1	1
8	1	1	1	2	2	2	2	2	2	2	2	1	1	1	1	2	2	2	2	1	1	1	1	1	1	1	1	2	2	2	2
9	1	2	2	1	1	2	2	1	1	2	2	1	1	2	2	1	1	2	2	1	1	2	2	1	1	2	2	1	1	2	2
10	1	2	2	1	1	2	2	1	1	2	2	1	1	2	2	2	2	1	1	2	2	1	1	2	2	1	1	2	2	1	1
11	1	2	2	1	1	2	2	2	2	1	1	2	2	1	1	1	1	2	2	1	1	2	2	2	2	1	1	2	2	1	1
12	1	2	2	1	1	2	2	2	2	1	1	2	2	1	1	2	2	1	1	2	2	1	1	1	1	2	2	1	1	2	2
13	1	2	2	2	2	1	1	1	1	2	2	2	2	1	1	1	1	2	2	2	2	1	1	1	1	2	2	2	2	1	1
14	1	2	2	2	2	1	1	1	1	2	2	2	2	1	1	2	2	1	1	1	1	2	2	2	2	1	1	1	1	2	2
15	1	2	2	2	2	1	1	2	2	1	1	1	1	2	2	1	1	2	2	2	2	1	1	2	2	1	1	1	1	2	2
16	1	2	2	2	2	1	1	2	2	1	1	1	1	2	2	2	2	1	1	1	1	2	2	1	1	2	2	2	2	1	1
17	2	1	2	1	2	1	2	1	2	1	2	1	2	1	2	1	2	1	2	1	2	1	2	1	2	1	2	1	2	1	2
18	2	1	2	1	2	1	2	1	2	1	2	1	2	1	2	2	1	2	1	2	1	2	1	2	1	2	1	2	1	2	1
19	2	1	2	1	2	1	2	2	1	2	1	2	1	2	1	1	2	1	2	1	2	1	2	2	1	2	1	2	1	2	1
20	2	1	2	1	2	1	2	2	1	2	1	2	1	2	1	2	1	2	1	2	1	2	1	1	2	1	2	1	2	1	2

续表

列号	试验号																														
	1	2	3	4	5	6	7	8	9	10	11	12	13	14	15	16	17	18	19	20	21	22	23	24	25	26	27	28	29	30	31
21	2	1	2	2	1	2	1	1	2	1	2	2	1	2	1	1	2	1	2	2	1	2	1	1	2	1	2	2	1	2	1
22	2	1	2	2	1	2	1	1	2	1	2	2	1	2	1	2	1	2	1	1	2	1	2	2	1	2	1	1	2	1	2
23	2	1	2	2	1	2	1	2	1	2	1	1	2	1	2	1	2	1	2	2	1	2	1	2	1	2	1	1	2	1	2
24	2	1	2	2	1	2	1	2	1	2	1	1	2	1	2	2	1	2	1	1	2	1	2	1	2	1	2	2	1	2	1
25	2	2	1	1	2	2	1	1	2	2	1	1	2	2	1	1	2	2	1	1	2	2	1	1	2	2	1	1	2	2	1
26	2	2	1	1	2	2	1	1	2	2	1	1	2	2	1	2	1	1	2	2	1	1	2	2	1	1	2	2	1	1	2
27	2	2	1	1	2	2	1	2	1	1	2	2	1	1	2	1	2	2	1	1	2	2	1	1	2	2	1	1	2	2	1
28	2	2	1	1	2	2	1	2	1	1	2	2	1	1	2	2	1	1	2	2	1	1	2	2	1	1	2	2	1	1	2
29	2	2	1	2	1	1	2	1	2	2	1	2	1	1	2	1	2	1	2	2	1	2	1	1	2	1	2	1	1	2	2
30	2	2	1	2	1	1	2	1	2	2	1	2	1	1	2	2	1	2	1	1	2	1	2	1	2	1	2	1	2	2	1
31	2	2	1	2	1	1	2	2	1	1	2	1	2	2	1	1	2	2	1	1	2	1	2	1	2	1	2	1	2	2	1
32	2	2	1	2	1	1	2	2	1	1	2	1	2	2	1	2	1	1	2	2	1	2	1	1	2	2	1	2	1	1	2

$$L_9(3^4)$$

列号	试验号			
	1	2	3	4
1	1	1	3	2
2	2	1	1	1
3	3	1	2	3
4	1	2	2	1
5	2	2	3	3
6	3	2	1	2
7	1	3	1	3
8	2	3	2	2
9	3	3	3	1

$$L_{27}(3^{13})\ 二列间的交互作用$$

1	2	3	4	5	6	7	8	9	10	11	12	13	列号
(1)	3	2	2	6	5	5	9	8	8	12	11	11	1
	4	4	3	7	7	6	10	10	9	13	13	12	
	(2)	1	1	8	9	10	5	6	7	5	6	7	2
		4	3	11	12	13	11	12	13	8	9	10	
		(3)	1	9	10	8	7	5	6	6	7	5	3
			2	13	11	12	12	13	11	10	8	9	
			(4)	10	8	9	6	7	5	7	5	6	4
				12	13	11	13	11	12	9	10	8	
				(5)	1	1	2	3	4	2	4	3	5

续表

1	2	3	4	5	6	7	8	9	10	11	12	13	列号
					7	6	11	13	12	8	10	9	
					(6)	1	4	2	3	3	2	4	6
						5	13	12	11	10	9	8	
						(7)	3	4	2	4	3	2	7
							12	11	13	9	9	10	
							(8)	1	1	2	3	4	8
								10	9	5	7	6	
								(9)	1	4	2	3	9
									8	7	6	5	
									(10)	3	4	2	10
										6	5	7	
										(11)	1	1	11
											13	12	
											(12)	1	12
												11	
												(13)	13

$$L_{27}(3^{13})$$

列号	试验号												
	1	2	3	4	5	6	7	8	9	10	11	12	13
1	1	1	1	1	1	1	1	1	1	1	1	1	1
2	1	1	1	1	2	2	2	2	2	2	2	2	2
3	1	1	1	1	3	3	3	3	3	3	3	3	3
4	1	2	2	2	1	1	1	2	2	2	3	3	3
5	1	2	2	2	2	2	2	3	3	3	1	1	1
6	1	2	2	2	3	3	3	1	1	1	2	2	2
7	1	3	3	3	1	1	1	3	3	3	2	2	2
8	1	3	3	3	2	2	2	1	1	1	3	3	3
9	1	3	3	3	3	3	3	2	2	2	1	1	1
10	2	1	2	3	1	2	3	1	2	3	1	2	3
11	2	1	2	3	2	3	1	2	3	1	2	3	1
12	2	1	2	3	3	1	2	3	1	2	3	1	2
13	2	2	3	1	1	2	3	2	3	1	3	1	2
14	2	2	3	1	2	3	1	3	1	2	1	2	3
15	2	2	3	1	3	1	2	1	2	3	2	3	1
16	2	3	1	2	1	2	3	3	1	2	2	3	1
17	2	3	1	2	2	3	1	1	2	3	3	1	2
18	2	3	1	2	3	1	2	2	3	1	1	2	3

列号	试验号												
	1	2	3	4	5	6	7	8	9	10	11	12	13
19	3	1	3	2	1	3	2	1	3	2	1	3	2
20	3	1	3	2	2	1	3	2	1	3	2	1	3
21	3	1	3	2	3	2	1	3	2	1	3	2	1
22	3	2	1	3	1	3	2	2	1	3	2	1	3
23	3	2	1	3	2	1	3	3	2	1	1	3	2
24	3	2	1	3	3	2	1	1	3	2	2	1	3
25	3	3	2	1	1	3	2	3	2	1	2	1	3
26	3	3	2	1	2	1	3	1	3	2	3	2	1
27	3	3	2	1	3	2	1	2	1	3	1	3	2

$$L_{18}(6^1 \times 3^6)$$

列号	试验号						
	1	2	3	4	5	6	7
1	1	1	1	1	1	1	1
2	1	2	2	2	2	2	2
3	1	3	3	3	3	3	3
4	2	1	1	2	2	3	3
5	2	2	2	3	3	1	1
6	2	3	3	1	1	2	2
7	3	1	2	1	3	2	3
8	3	2	3	2	1	3	1
9	3	3	3	1	2	2	3
10	4	1	3	3	2	2	1
11	4	2	1	1	3	3	2
12	4	3	2	2	1	1	3
13	5	1	2	3	1	3	2
14	5	2	3	1	2	1	3
15	5	3	1	2	3	2	1
16	6	1	3	2	3	1	2
17	6	2	1	3	1	2	3
18	6	3	2	1	2	3	1

$$L_{18}(2^1 \times 3^7)$$

列号	试验号							
	1	2	3	4	5	6	7	8
1	1	1	1	1	1	1	1	1
2	1	1	2	2	2	2	2	2
3	1	1	3	3	3	3	3	3

续表

列号	试验号							
	1	2	3	4	5	6	7	8
4	1	2	1	1	2	2	3	3
5	1	2	2	2	3	3	1	1
6	1	2	3	3	1	1	2	2
7	1	3	1	2	1	3	2	3
8	1	3	2	3	2	1	3	1
9	1	3	3	1	3	2	1	2
10	2	1	1	3	3	2	2	1
11	2	1	2	1	1	3	3	2
12	2	1	3	2	2	1	1	3
13	2	2	1	2	3	1	3	2
14	2	2	2	3	1	2	1	3
15	2	2	3	1	2	3	2	1
16	2	3	1	3	2	3	1	2
17	2	3	2	1	3	1	2	3
18	2	3	3	2	1	2	3	1

$$L_8(4^1 \times 2^4)$$

列号	试验号				
	1	2	3	4	5
1	1	1	1	1	1
2	1	2	2	2	2
3	2	1	1	2	2
4	2	2	2	1	1
5	3	1	2	1	2
6	3	2	1	2	2
7	4	1	2	2	1
8	4	2	1	1	2

$$L_{16}(4^5)$$

列号	试验号				
	1	2	3	4	5
1	1	1	1	1	1
2	1	2	2	2	2
3	1	3	3	3	3
4	1	4	4	4	4
5	2	1	2	3	4
6	2	2	1	4	3
7	2	3	4	1	2

列号	试验号				
	1	2	3	4	5
8	2	4	3	2	1
9	3	1	3	4	2
10	3	2	4	3	1
11	3	3	1	2	4
12	3	4	2	1	3
13	4	1	4	2	3
14	4	2	3	1	4
15	4	3	2	4	1
16	4	4	1	3	2

$$L_{16}(4^4 \times 2^3)$$

列号	试验号						
	1	2	3	4	5	6	7
1	1	1	1	1	1	1	1
2	1	2	2	2	1	2	2
3	1	3	3	3	2	1	2
4	1	4	4	4	2	2	1
5	2	1	2	3	2	2	1
6	2	2	1	4	2	1	2
7	2	3	4	1	1	2	2
8	2	4	3	2	1	1	1
9	3	1	3	4	1	2	2
10	3	2	4	3	1	1	1
11	3	3	1	2	2	2	1
12	3	4	2	1	2	1	2
13	4	1	4	2	2	1	2
14	4	2	3	1	2	2	1
15	4	3	2	4	1	1	1
16	4	4	1	3	1	2	2

$$L_{16}(4^1 \times 2^{12})$$

列号	试验号												
	1	2	3	4	5	6	7	8	9	10	11	12	13
1	1	1	1	1	1	1	1	1	1	1	1	1	1
2	1	1	1	1	1	2	2	2	2	2	2	2	2
3	1	2	2	2	2	1	1	1	1	2	2	2	1
4	1	2	2	2	2	2	2	2	2	1	1	1	1
5	2	1	1	2	2	1	1	2	2	1	1	2	2

续表

列号	试验号												
	1	2	3	4	5	6	7	8	9	10	11	12	13
6	2	1	1	2	2	2	2	1	1	2	2	1	1
7	2	2	2	1	1	1	1	2	2	2	2	1	1
8	2	2	2	1	1	2	2	1	1	1	1	2	2
9	3	1	2	1	2	1	2	1	2	1	2	1	2
10	3	1	2	1	2	2	1	2	1	2	1	2	1
11	3	2	1	2	1	1	2	1	2	2	1	2	1
12	3	2	1	2	1	2	1	2	1	1	2	2	1
13	4	1	2	2	1	1	2	2	1	1	2	2	1
14	4	1	2	2	1	2	1	1	2	2	1	2	2
15	4	2	1	1	2	2	2	2	1	2	1	1	2
16	4	2	1	1	2	2	1	1	2	1	2	2	1

$$L_{16}(4^3 \times 2^6)$$

列号	试验号								
	1	2	3	4	5	6	7	8	9
1	1	1	1	1	1	1	1	1	1
2	1	2	1	1	1	2	2	2	2
3	1	3	2	2	2	1	1	2	2
4	1	4	2	2	2	2	2	1	1
5	2	1	1	2	2	1	2	1	2
6	2	2	1	2	2	2	1	2	1
7	2	3	2	1	1	1	2	2	1
8	2	4	2	1	1	2	1	1	2
9	3	1	2	1	2	2	2	2	1
10	3	2	2	1	2	1	1	1	2
11	3	3	1	2	1	2	2	1	2
12	3	4	1	2	1	1	1	2	1
13	4	1	2	2	1	2	1	2	2
14	4	2	2	2	1	1	2	1	1
15	4	3	1	1	2	2	1	1	1
16	4	4	1	1	2	1	2	2	2

$$L_{16}(4^2 \times 2^9)$$

列号	试验号										
	1	2	3	4	5	6	7	8	9	10	11
1	1	1	1	1	1	1	1	1	1	1	1
2	1	2	1	1	1	2	2	2	2	2	2
3	1	3	2	2	2	1	1	1	2	2	2

列号	试验号										
	1	2	3	4	5	6	7	8	9	10	11
4	1	4	2	2	2	2	2	2	1	1	1
5	2	1	1	2	2	1	2	2	1	2	2
6	2	2	1	2	2	2	1	1	2	1	1
7	2	3	2	1	1	1	2	2	2	1	1
8	2	4	2	1	1	2	1	1	1	2	2
9	3	1	2	1	2	2	1	2	2	1	2
10	3	2	2	1	2	1	2	1	1	2	1
11	3	3	1	2	1	2	1	2	1	2	1
12	3	4	1	2	1	1	2	1	2	1	2
13	4	1	2	2	2	2	2	1	2	2	1
14	4	2	2	2	1	1	1	2	1	1	2
15	4	3	1	1	2	2	2	1	1	1	2
16	4	4	1	1	2	1	1	2	2	2	1

$$L_{32}(4^9 \times 2^4)$$

列号	试验号												
	1	2	3	4	5	6	7	8	9	10	11	12	13
1	1	1	1	1	1	1	1	1	1	1	1	1	1
2	1	2	2	2	2	2	2	2	2	1	1	1	1
3	1	3	3	3	3	3	3	3	3	1	1	1	1
4	1	4	4	4	4	4	4	4	4	1	1	1	1
5	2	1	1	2	2	3	3	4	4	1	1	2	2
6	2	2	2	1	1	4	4	3	3	1	1	2	2
7	2	3	3	4	4	1	1	2	2	1	1	2	2
8	2	4	4	3	3	2	2	1	1	1	1	2	2
9	3	1	2	3	4	1	2	3	4	1	2	1	2
10	3	2	1	4	3	2	1	4	3	1	2	1	2
11	3	3	4	1	2	3	4	1	2	1	2	1	2
12	3	4	3	2	1	4	3	2	1	1	2	1	2
13	4	1	2	4	3	3	4	2	1	1	2	2	1
14	4	2	1	3	4	4	3	1	2	1	2	2	1
15	4	3	4	2	1	1	2	4	3	1	2	2	1
16	4	4	3	1	2	2	1	3	4	1	2	2	1
17	1	1	4	1	4	2	3	2	4	2	2	2	2
18	1	2	3	2	3	1	4	1	4	2	2	2	2
19	1	3	2	3	2	4	1	4	1	2	2	2	2
20	1	4	1	4	1	3	2	3	2	2	2	2	2

续表

列号	试验号												
	1	2	3	4	5	6	7	8	9	10	11	12	13
21	2	1	4	2	3	4	1	3	2	2	2	1	1
22	2	2	3	1	4	3	2	4	1	2	2	1	1
23	2	3	2	4	1	2	3	1	4	2	2	1	1
24	2	4	1	3	2	1	4	2	3	2	2	1	1
25	3	1	3	3	1	2	4	4	2	2	1	2	1
26	3	2	4	4	2	1	3	3	1	2	1	2	1
27	3	3	1	1	3	4	2	2	4	2	1	2	1
28	3	4	2	2	4	3	1	1	3	2	1	2	1
29	4	1	3	4	2	4	2	1	3	2	1	1	2
30	4	2	4	3	1	3	1	2	4	2	1	1	2
31	4	3	1	2	4	2	4	3	1	2	1	1	2
32	4	4	2	1	3	1	3	4	2	2	1	1	2

$$L_{25}(5^6)$$

列号	试验号					
	1	2	3	4	5	6
1	1	1	1	1	1	1
2	1	2	2	2	2	2
3	1	3	3	3	3	3
4	1	4	4	4	4	4
5	1	5	5	5	5	5
6	2	1	2	3	4	5
7	2	2	3	4	5	1
8	2	3	4	4	1	2
9	2	4	5	1	2	3
10	2	5	1	2	3	4
11	3	1	3	5	2	4
12	3	2	4	1	3	5
13	3	3	5	2	4	1
14	3	4	1	3	5	2
15	3	5	2	4	1	3
16	4	1	4	2	5	3
17	4	2	5	3	1	4
18	4	3	1	4	2	5
19	4	4	2	5	3	1
20	4	5	3	1	4	2
21	5	1	5	4	3	2

续表

列号	试验号					
	1	2	3	4	5	6
22	5	2	1	5	4	3
23	5	3	2	1	5	4
24	5	4	3	2	1	5
25	5	5	4	3	2	1

$$L_{12}(3^1 \times 2^4)$$

列号	试验号				
	1	2	3	4	5
1	1	1	1	1	1
2	1	1	1	2	2
3	1	2	2	1	2
4	1	2	2	2	1
5	2	1	2	1	1
6	2	1	2	2	2
7	2	2	1	1	1
8	2	2	1	2	2
9	3	1	2	1	2
10	3	1	1	2	1
11	3	2	1	1	2
12	3	2	2	2	1

$$L_{12}(6^1 \times 2^2)$$

列号	试验号		
	1	2	3
1	2	1	1
2	5	1	2
3	5	2	1
4	2	2	2
5	4	1	1
6	1	1	2
7	1	2	1
8	4	2	2
9	3	1	1
10	6	1	2
11	6	2	1
12	3	2	2

附表2 泊松分布接收概率（累积概率）表

C	np 0.1		0.2		0.3		0.4		0.5	
0	0.905	(0.905)	0.819	(0.819)	0.741	(0.741)	0.670	(0.670)	0.607	(0.607)
1	0.091	(0.996)	0.164	(0.983)	0.222	(0.963)	0.268	(0.938)	0.303	(0.910)
2	0.004	(1.000)	0.016	(0.999)	0.033	(0.996)	0.054	(0.992)	0.076	(0.986)
3			0.010	(1.000)	0.004	(1.000)	0.007	(0.999)	0.013	(0.999)
4							0.001	(1.000)	0.001	(1.000)

C	np 0.6		0.7		0.8		0.9		1.0	
0	0.549	(0.549)	0.497	(0.497)	0.449	(0.449)	0.406	(0.406)	0.368	(0.368)
1	0.329	(0.878)	0.349	(0.845)	0.359	(0.808)	0.366	(0.772)	0.368	(0.736)
2	0.099	(0.977)	0.122	(0.967)	0.144	(0.952)	0.166	(0.938)	0.184	(0.920)
3	0.020	(0.997)	0.028	(0.995)	0.039	(0.991)	0.049	(0.987)	0.016	(0.981)
4	0.003	(1.000)	0.005	(1.000)	0.008	(0.999)	0.011	(0.998)	0.016	(0.997)
5					0.001	(1.000)	0.002	(1.000)	0.003	(1.000)

C	np 1.1		1.2		1.3		1.4		1.5	
0	0.333	(0.333)	0.301	(0.301)	0.273	(0.273)	0.247	(0.247)	0.223	(0.223)
1	0.366	(0.699)	0.361	(0.662)	0.354	(0.627)	0.345	(0.592)	0.335	(0.558)
2	0.201	(0.900)	0.217	(0.879)	0.230	(0.857)	0.242	(0.834)	0.251	(0.809)
3	0.074	(0.974)	0.087	(0.966)	0.100	(0.957)	0.113	0.947)	0.126	(0.935)
4	0.021	(0.995)	0.026	(0.992)	0.032	(0.989)	0.039	(0.986)	0.047	(0.982)
5	0.004	(0.999)	0.007	(0.999)	0.009	(0.998)	0.011	(0.997)	0.014	(0.996)
6	0.001	(1.000)	0.001	(1.000)	0.002	(1.000)	0.003	(1.000)	0.004	(1.000)

C	np 1.6		1.7		1.8		1.9		2.0	
0	0.202	(0.202)	0.183	(0.183)	0.165	(0.165)	0.150	(0.150)	0.135	(0.135)
1	0.323	(0.525)	0.311	(0.494)	0.298	(0.463)	0.284	(0.434)	0.271	(0.406)
2	0.258	0.783)	0.264	(0.758)	0.268	(0.731)	0.270	(0.704)	0.271	(0.677)
3	0.138	(0.921)	0.149	(0.907)	0.161	(0.892)	0.171	(0.875)	0.180	(0.857)
4	0.055	(0.976)	0.064	(0.971)	0.072	(0.964)	0.081	(0.956)	0.090	(0.947)
5	0.018	(0.994)	0.022	(0.993)	0.026	(0.990)	0.031	(0.987)	0.036	(0.983)
6	0.005	(0.999)	0.006	(0.999)	0.008	(0.998)	0.010	(0.997)	0.012	(0.995)
7	0.001	(1.000)	0.001	(1.000)	0.002	(1.000)	0.003	(1.000)	0.004	(0.999)
8									0.001	(1.000)

续表

C	np									
	2.1		2.2		2.3		2.4		2.5	
0	0.123	(0.123)	0.111	(0.111)	0.100	(0.100)	0.091	(0.091)	0.082	(0.082)
1	0.257	(0.380)	0.244	(0.355)	0.231	(0.331)	0.218	(0.309)	0.205	(0.287)
2	0.270	(0.650)	0.268	(0.623)	0.265	(0.596)	0.261	(0.570)	0.256	(0.543)
3	0.189	(0.839)	0.197	(0.820)	0.203	(0.799)	0.209	(0.779)	0.214	(0.757)
4	0099	(0.938)	0.108	(0.928)	0.117	(0.916)	0.125	(0.904)	0.134	(0.891)
5	0.042	(0.980)	0.048	(0.976)	0.054	(0.970)	0.060	(0.964)	0.067	(0.958)
6	0.015	(0.995)	0.017	(0.993)	0.021	(0.991)	0.024	(0.988)	0.028	(0.986)
7	0.004	(0.999)	0.005	(0.998)	0.007	(0.998)	0.008	(0.996)	0.010	(0.996)
8	0.001	(1.000)	0.002	(1.000)	0.002	(1.000)	0.003	(0.999)	0.003	(0.999)
9							0.001	(1.000)	0.001	(1.000)

C	np									
	2.6		2.7		2.8		2.9		3.0	
0	0.074	(0.074)	0.067	(0.067)	0.061	(0.061)	0.055	(0.055)	0.050	(0.050)
1	0.193	(0.267)	0.182	(0.249)	0.170	(0.231)	0.160	(0.215)	0.149	(0.199)
2	0.251	(0.518)	0.245	(0.494)	0.238	(0.469)	0.231	(0.446)	0.224	(0.423)
3	0.218	(0.736)	0.221	(0.715)	0.223	(0.692)	0.224	(0.670)	0.224	(0.647)
4	0.141	(0.877)	0.149	(0.864)	0.156	(0.848)	0.162	(0.832)	0.168	(0.815)
5	0.074	(0.951)	0.080	(0.944)	0.087	(0.935)	0.094	(0.926)	0.101	(0.916)
6	0.032	(0.983)	0.036	(0.980)	0.041	(0.976)	0.045	(0.971)	0.050	(0.966)
7	0.012	(0.995)	0.014	(0.994)	0.016	(0.992)	0.019	(0.990)	0.022	(0.988)
8	0.004	(0.999)	0.005	(0.999)	0.006	(0.998)	0.007	(0.997)	0.008	(0.996)
9	0.001	(1.000)	0.001	(1.000)	0.002	(1.000)	0.002	(0.999)	0.003	(0.999)
10							0.001	(1.000)	0.001	(1.000)

C	np									
	3.1		3.2		3.3		3.4		3.5	
0	0.045	(0.045)	0.041	(0.041)	0.037	(0.037)	0.033	(0.033)	0.030	(0.030)
1	0.140	(0.185)	0.130	(0.171)	0.122	(0.159)	0.113	(0.146)	0.106	(0.136)
2	0.216	(0.401)	0.209	(0.380)	0.201	(0.360)	0.193	(0.339)	0.185	(0.321)
3	0.224	(0.625)	0.223	(0.603)	0.222	(0.582)	0.219	(0.558)	0.216	(0.537)
4	0.173	(0.798)	0.178	(0.781)	0.182	(0.764)	0.186	(0.744)	0.189	(0.726)
5	0.107	(0.905)	0.114	(0.895)	0.120	(0.884)	0.126	(0.870)	0.132	(0.858)
6	0.056	(0.961)	0.061	(0.956)	0.066	(0.950)	0.071	(0.941)	0.077	(0.935)
7	0.025	(0.986)	0.028	(0.984)	0.031	(0.981)	0.035	(0.976)	0.038	(0.973)
8	0.010	(0.996)	0.011	(0.995)	0.012	(0.993)	0.015	(0.991)	0.017	(0.990)
9	0.003	(0.999)	0.004	(0.999)	0.005	(0.998)	0.006	(0.997)	0.007	(0.997)
10	0.001	(1.000)	0.001	(1.000)	0.002	(1.000)	0.002	(0.999)	0.002	(0.999)
11							0.001	(1.000)	0.001	(1.000)

C	np									
	3.6		3.7		3.8		3.9		4.0	
0	0.027	(0.027)	0.025	(0.025)	0.022	(0.022)	0.020	(0.020)	0.018	(0.018)
1	0.098	(0.125)	0.091	(0.116)	0.085	(0.107)	0.079	(0.099)	0.073	(0.091)
2	0.177	(0.302)	0.169	(0.285)	0.161	(0.268)	0.154	(0.253)	0.147	(0.238)
3	0.213	(0.515)	0.209	(0.494)	0.205	(0.473)	0.200	(0.453)	0.195	(0.433)
4	0.191	(0.706)	0.193	(0.687)	0.194	(0.667)	0.195	(0.648)	0.195	(0.628)
5	0.138	(0.844)	0.143	(0.830)	0.148	(0.815)	0.152	(0.800)	0.157	(0.785)
6	0.083	(0.927)	0.088	(0.918)	0.094	(0.909)	0.099	(0.899)	0.104	(0.889)
7	0.042	(0.969)	0.047	(0.965)	0.051	(0.960)	0.055	(0.954)	0.060	(0.949)
8	0.019	(0.988)	0.022	(0.987)	0.024	(0.984)	0.027	(0.981)	0.030	(0.979)
9	0.008	(0.996)	0.009	(0.996)	0.010	(0.994)	0.012	(0.993)	0.013	(0.992)
10	0.003	(0.999)	0.003	(0.999)	0.004	(0.998)	0.004	(0.997)	0.005	(0.997)
11	0.001	(1.000)	0.001	(1.000)	0.001	(0.999)	0.002	(0.999)	0.002	(0.999)
12					0.001	(1.000)	0.001	(1.000)	0.001	(1.000)

C	np									
	4.1		4.2		4.3		4.4		4.5	
0	0.017	(0.017)	0.015	(0.015)	0.014	(0.014)	0.012	(0.012)	0.011	(0.011)
1	0.068	(0.085)	0.063	(0.078)	0.058	(0.072)	0.054	(0.066)	0.050	(0.061)
2	0.139	(0.224)	0.132	(0.210)	0.126	(0.198)	0.119	(0.185)	0.113	(0.174)
3	0.190	(0.414)	0.185	(0.395)	0.180	(0.378)	0.174	(0.359)	0.169	(0.343)
4	0.195	(0.609)	0.195	(0.590)	0.193	(0.571)	0.192	(0.551)	0.190	(0.533)
5	0.160	(0.769)	0.163	(0.753)	0.166	(0.737)	0.169	(0.720)	0.171	(0.704)
6	0.110	(0.879)	0.114	(0.867)	0.119	(0.856)	0.124	(0.844)	0.128	(0.832)
7	0.064	(0.943)	0.069	(0.936)	0.073	(0.929)	0.078	(0.922)	0.082	(0.914)
8	0.033	(0.976)	0.036	(0.972)	0.040	(0.969)	0.043	(0.965)	0.046	(0.960)
9	0.015	(0.991)	0.017	(0.989)	0.019	(0.988)	0.021	(0.986)	0.023	(0.983)
10	0.006	(0.997)	0.007	(0.996)	0.008	(0.996)	0.009	(0.995)	0.011	(0.994)
11	0.002	(0.999)	0.003	(0.999)	0.003	(0.999)	0.004	(0.999)	0.004	(0.998)
12	0.001	(1.000)	0.001	(1.000)	0.001	(1.000)	0.001	(1.000)	0.001	(0.999)
13									0.001	(1.000)

C	np									
	4.6		4.7		4.8		4.9		5.0	
0	0.010	(0.010)	0.009	(0.009)	0.008	(0.008)	0.008	(0.008)	0.007	(0.007)
1	0.046	(0.056)	0.043	(0.052)	0.039	(0.047)	0.037	(0.045)	0.034	(0.041)
2	0.106	(0.162)	0.101	(0.153)	0.095	(0.142)	0.090	(0.135)	0.084	(0.125)
3	0.163	(0.325)	0.157	(0.310)	0.152	(0.294)	0.146	(0.281)	0.140	(0.265)
4	0.188	(0.513)	0.185	(0.495)	0.182	(0.476)	0.179	(0.460)	0.176	(0.441)

续表

C	np									
	4.6		4.7		4.8		4.9		5.0	
5	0.172	(0.685)	0.174	(0.669)	0.175	(0.651)	0.175	(0.635)	0.176	(0.617)
6	0.132	(0.817)	0.136	(0.805)	0.140	(0.791)	0.143	(0.778)	0.146	(0.763)
7	0.087	(0.904)	0.091	(0.896)	0.096	(0.887)	0.100	(0.878)	0.105	(0.868)
8	0.050	(0.954)	0.054	(0.950)	0.058	(0.945)	0.061	(0.939)	0.065	(0.933)
9	0.026	(0.980)	0.028	(0.978)	0.031	(0.976)	0.034	(0.973)	0.036	(0.969)
10	0.012	(0.992)	0.013	(0.991)	0.015	(0.991)	0.016	(0.989)	0.018	(0.987)
11	0.005	(0.997)	0.006	(0.997)	0.006	(0.997)	0.007	(0.996)	0.008	(0.995)
12	0.002	(0.999)	0.002	(0.999)	0.002	(0.999)	0.003	(0.999)	0.003	(0.998)
13	0.001	(1.000)	0.001	(1.000)	0.001	(1.000)	0.001	(1.000)	0.001	(0.999)
14									0.001	(1.000)

C	np									
	6.0		7.0		8.0		9.0		10.0	
0	0.002	(0.002)	0.001	(0.001)	0.000	(0.000)	0.000	(0.000)	0.000	(0.000)
1	0.015	(0.017)	0.006	(0.007)	0.003	(0.003)	0.001	(0.001)	0.000	(0.000)
2	0.045	(0.062)	0.022	(0.029)	0.011	(0.014)	0.005	(0.006)	0.002	(0.002)
3	0.089	(0.151)	0.052	(0.081)	0.029	(0.043)	0.015	(0.021)	0.007	(0.009)
4	0.134	(0.285)	0.091	(0.172)	0.057	(0.100)	0.034	(0.055)	0.019	(0.028)
5	0.161	(0.446)	0.128	(0.300)	0.092	(0.192)	0.061	(0.116)	0.038	(0.066)
6	0.161	(0.607)	0.149	(0.449)	0.122	(0.314)	0.091	(0.207)	0.063	(0.129)
7	0.138	(0.745)	0.149	(0.598)	0.140	(0.454)	0.117	(0.324)	0.090	(0.219)
8	0.103	(0.848)	0.131	(0.729)	0.140	(0.594)	0.132	(0.456)	0.113	(0.332)
9	0.069	(0.917)	0.102	(0.831)	0.124	(0.718)	0.132	(0.588)	0.125	(0.457)
10	0.041	(0.958)	0.071	(0.902)	0.099	(0.817)	0.119	(0.707)	0.125	(0.582)
11	0.023	(0.981)	0.045	(0.947)	0.072	(0.889)	0.097	(0.804)	0.114	(0.696)
12	0.011	(0.992)	0.026	(0.973)	0.048	(0.937)	0.073	(0.877)	0.095	(0.791)
13	0.005	(0.997)	0.014	(0.987)	0.030	(0.967)	0.050	(0.927)	0.073	(0.864)
14	0.002	(0.999)	0.007	(0.994)	0.017	(0.984)	0.032	(0.959)	0.052	(0.916)
15	0.001	(1.000)	0.003	(0.997)	0.009	(0.993)	0.019	(0.978)	0.035	(0.951)
16			0.002	(0.999)	0.004	(0.997)	0.011	(0.989)	0.022	(0.973)
17			0.001	(1.000)	0.002	(0.999)	0.006	(0.995)	0.013	(0.986)
18					0.001	(1.000)	0.003	(0.998)	0.007	(0.993)
19							0.001	(0.999)	0.004	(0.997)
20							0.001	(1.000)	0.002	(0.999)
21									0.001	(1.000)

续表

C	np									
	11.0		12.0		13.0		14.0		15.0	
0	0.000	(0.000)	0.000	(0.000)	0.000	(0.000)	0.000	(0.000)	0.000	(0.000)
1	0.000	(0.000)	0.000	(0.000)	0.000	(0.000)	0.000	(0.000)	0.000	(0.000)
2	0.001	(0.001)	0.000	(0.000)	0.000	(0.000)	0.000	(0.000)	0.000	(0.000)
3	0.004	(0.005)	0.002	(0.002)	0.001	(0.001)	0.000	(0.000)	0.000	(0.000)
4	0.010	(0.015)	0.005	(0.007)	0.003	(0.004)	0.001	(0.001)	0.001	(0.001)
5	0.022	(0.037)	0.013	(0.020)	0.007	(0.011)	0.004	(0.005)	0.002	(0.003)
6	0.041	(0.078)	0.025	(0.045)	0.015	(0.026)	0.009	(0.014)	0.005	(0.008)
7	0.065	(0.143)	0.044	(0.089)	0.028	(0.054)	0.017	(0.031)	0.010	(0.018)
8	0.089	(0.232)	0.066	(0.155)	0.046	(0.100)	0.031	(0.062)	0.019	(0.037)
9	0.109	(0.341)	0.087	(0.242)	0.066	(0.166)	0.047	(0.109)	0.032	(0.069)
10	0.119	(0.460)	0.105	(0.347)	0.086	(0.252)	0.066	(0.175)	0.049	(0.118)
11	0.119	(0.579)	0.114	(0.461)	0.101	(0.353)	0.084	(0.259)	0.066	(0.184)
12	0.109	(0.688)	0.114	(0.575)	0.110	(0.463)	0.099	(0.358)	0.083	(0.267)
13	0.093	(0.781)	0.106	(0.681)	0.110	(0.573)	0.106	(0.464)	0.096	(0.363)
14	0.073	(0.854)	0.091	(0.772)	0.102	(0.675)	0.106	(0.570)	0.102	(0.465)
15	0.053	(0.907)	0.072	(0.844)	0.088	(0.763)	0.099	(0.669)	0.102	(0.567)
16	0.037	(0.944)	0.054	(0.898)	0.072	(0.835)	0.087	(0.756)	0.096	(0.663)
17	0.024	(0.968)	0.038	(0.936)	0.055	(0.890)	0.071	(0.827)	0.085	(0.748)
18	0.015	(0.983)	0.026	(0.962)	0.040	(0.930)	0.056	(0.883)	0.071	(0.819)
19	0.008	(0.991)	0.016	(0.978)	0.027	(0.957)	0.041	(0.924)	0.056	(0.875)
20	0.005	(0.996)	0.010	(0.988)	0.018	(0.975)	0.029	(0.953)	0.042	(0.917)
21	0.002	(0.998)	0.006	(0.994)	0.011	(0.986)	0.019	(0.972)	0.030	(0.947)
22	0.001	(0.999)	0.003	(0.997)	0.006	(0.992)	0.012	(0.984)	0.020	(0.967)
23	0.001	(1.000)	0.002	(0.999)	0.004	(0.996)	0.007	(0.991)	0.013	(0.980)
24			0.001	(1.000)	0.002	(0.998)	0.004	(0.995)	0.008	(0.988)
25					0.001	(0.999)	0.003	(0.998)	0.005	(0.993)
26					0.001	(1.000)	0.001	(0.999)	0.003	(0.996)
27							0.001	(1.000)	0.002	(0.998)
28									0.001	(0.999)
29									0.001	(1.000)

参 考 文 献

阿伦·杜卡. 1998. 美国市场协会顾客满意度手册[M]. 吕一林，阎鸿雁，译. 北京：宇航出版社.

阿特金森，等. 2004. 质量创造利润[M]. 尤建新，武小军，等，译. 北京：机械工业出版社.

博特. 凯克，博特. 阿迪. 2004. 世界级质量管理工具[M]. 遇今，石柱，译. 2 版. 北京：中国人民大学
出版社.

柴邦衡，吴江全. 2000. ISO9001：2000 质量管理体系文件[M]. 北京：机械工业出版社.

方志耕，秦静，关叶青. 2016. 质量管理学[M]. 北京：科学出版社.

顾海洋. 2013. 质量管理与控制技术基础[M]. 北京：北京理工大学出版社.

韩可琦. 2008. 质量管理[M]. 北京：化学工业出版社.

韩之俊，许前. 2003. 质量管理[M]. 北京：科学出版社.

霍德盖茨. 理查.M. 1998. 质量测定与高效运作[M]. 黄志强，张小眉，译. 上海：上海人民出版社.

克劳斯比. 1994. 零缺陷的质量管理[M]. 零缺陷管理中国研究院，译. 北京：三联书店.

李晓春，曾瑶. 2007. 质量管理学[M]. 北京：北京邮电出版社.

刘广弟. 2003. 质量管理学[M]. 2 版. 北京：清华大学出版社.

刘书庆，杨水利. 2003. 质量管理学[M]. 北京：机械工业出版社.

刘源张. 2008. 推行全面质量管理三十周年回顾[J]. 上海质量，（9）：25-30.

刘源张. 2012. 中国质量的过去、现在和将来[J]. 机械工业标准化与质量，（8）：9-11.

楼维能. 2002. 现代质量管理实用指南—建立实施和改进质量管理体系过程方法应用[M]. 北京：企业管
理出版社.

罗国勋. 2005. 质量管理与可靠性[M]. 北京：高等教育出版社.

马风才. 2013. 质量管理[M]. 北京：机械工业出版社.

潘德. 彼得 S，等. 2001.6σ 管理法[M]. 刘合光，等，译. 北京：机械工业出版社.

桑德霍姆. 雷纳特. 1998. 全面质量管理[M]. 王晓生，等，译. 北京：中国经济出版社.

史蒂文. 科恩，罗纳德. 布兰德. 2001. 政府全面质量管理[M]. 孔宪遂，等，译. 北京：中国人民大学出
版社.

苏秦. 2013. 质量管理与可靠性[M]. 北京：机械工业出版社.

王绍印. 2003. 品质成本管理[M]. 广州：中山大学出版社.

修忠信，等. 2013. 民用飞机系统安全性设计与评估技术概论[M]. 上海：上海交通大学出版社.

杨永华. 2000. 服务业质量管理[M]. 深圳：海天出版社.

尤建新，杜学美，张英杰. 2004. 汽车供应链的顾客满意度评价指标体系[J]. 工业工程与管理，（1）：
45-50.

袁建国，等. 2002. 抽样检验原理与应用[M]. 北京：中国计量出版社.

张公绪，孙静. 1999. 现代质量管理学[M]. 北京：中国财政经济出版社.

张公绪，孙静. 2003. 质量工程师手册[M]. 北京：企业管理出版社.

周友苏，等. 2010. 质量管理统计技术[M]. 北京：北京大学出版社.

朱兰 J M. 1999. 朱兰论质量策划[M]. 杨文士，等，译. 北京：清华大学出版社.

Bhote K R，Bhote A K. 2002. World Class Quality[M]. second edition. AMACOM Books.

Evans J R，Lindsay W M. 2002. The management and control of quality[C]. fifth edition. South-Western
College Pub.